由南京大学郑钢基金资助出版

折射集
prisma

照亮存在之遮蔽

Tarrying with the Negative

Kant, Hegel, and the Critique of Ideology

Slavoj Žižek

当代激进思想家译丛
● 丛书主编 张一兵

延迟的否定
康德、黑格尔与意识形态批判

[斯洛文尼亚] 斯拉沃热·齐泽克 著　夏莹 译

南京大学出版社

激进思想天空中不屈的天堂鸟
——写在"当代激进思想家译丛"出版之际

张一兵

传说中的天堂鸟有很多版本。辞书上能查到的天堂鸟是鸟也是一种花。据统计,全世界共有40余种天堂鸟花,在巴布亚新几内亚就有30多种。天堂鸟花是一种生有尖尖的利剑的美丽的花。但我更喜欢的传说,还是作为极乐鸟的天堂鸟,天堂鸟在阿拉伯古代传说中是不死之鸟,相传每隔五六百年就会自焚成灰,由灰中获得重生。在自己的内心里,我们在南京大学出版社新近推出的"当代激进思想家译丛"所引介的一批西方激进思想家,正是这种在布尔乔亚世界大获全胜的复杂情势下,仍然坚守在反抗话语生生灭灭不断重生中的学术天堂鸟。

2007年,在我的邀请下,齐泽克第一次成功访问中国。应该说,这也是当代后马克思思潮中的重量级学者第一次在这块东方土地上登场。在南京大学访问的那些天里,除去他的四场学术报告,更多的时间就成了我们相互了解和沟通的过程。一天他突然很正经地对我说:"张教授,在欧洲的最重要的左翼学者中,你还应该关注阿甘本、巴迪欧和朗西埃,他们都是我很好的朋友。"说实话,那也是我第一次听到这些陌生的名字。虽然在2000年,我已经提出"后马克思思潮"这一概念,但还是局限于对国内来说已经比较热的鲍德里亚、德勒兹和后期德里达,当时,齐泽克也就是我最新指认的拉康式的后马克思批判理论的代表。正是由于齐泽克的推荐,促成了2007年南京大学出版社开始购买阿甘本、朗西埃和巴迪欧等人学术论著的版权,这也开辟了我们这一全新的"当代激进思想家译丛"。之所以没有使用"后马克思思潮"这一概念,而是转启"激进思想家"的学术指称,因之我后来开始关注的一些重要批判理论家并非与马克思的学说有过直接或间接的关联,甚至干脆就是否定马克思的,前者如法国的维里利奥、斯蒂格勒,后者如德国的斯洛特戴克等人。激进话语,可涵盖的内容和外延都更有弹性一些。这一新的研究领域已经开始成为国内西方左翼学术思潮研究新的构式前沿。为此,还真应该谢谢齐泽克。

那么,什么是今天的激进思潮呢?用阿甘本自己的指认,激进话语的本质是要做一个"同时代的人"。有趣的是,这个"同时代的人"与我们国内一些人刻意标举的"马克思是我们的同时代的人"的构境意向却正好相反。"同时代就是不合时宜"(巴特语)。不合时宜,即决不与当下的现实存在同流合污,这种同时代也就是与时代决裂。这表达了一切激进话语的本质。为此,阿甘本还专门援引尼采①在1874年出版的《不合时宜的沉思》一书。在这部作品中,尼采自指自己"这沉思本身就是不合时宜的",他在此书"第二沉思"的开头解释说,"因为它试图将这个时代引以为傲的东西,即这个时代的历史文化,理解为一种疾病、一种无能和一种缺陷,因为我相信,我们都被历史的热病消耗殆尽,我们至少应该意识到这一点。"②将一个时代当下引以为傲的东西视为一种病和缺陷,这需要何等有力的非凡透视感啊!依我之见,这可能也是当代所有激进思想的构序基因。顺着尼采的构境意向,阿甘本主张,一个真正激进的思想家必然会将自己置入一种与当下时代的"断裂和脱节之中"。正是通过这种与常识意识形态的断裂和时代错位,他们

---

① 尼采(Friedrich Wilhelm Nietzsche,1844~1900):德国著名哲学家。代表作为:《悲剧的诞生》(1872)、《查拉图斯特拉如是说》(1885)、《论道德的谱系》(1886)、《偶像的黄昏》(1889)等。

② Friedrich Nietzsche, "On the Uses and Abuses of History to Life", in *Untimely Meditations*, trans. R. J. Hollingdale, Cambridge: Cambridge University Press, 1997, p. 60.

才会比其他人更能够感知乡愁和把握他们自己时代的本质。① 我基本上同意阿甘本的观点。

阿甘本是我所指认的欧洲后马克思思潮中重要的一员大将。在我看来,阿甘本应该算得上近年来欧洲左翼知识群体中哲学功底比较深厚、观念独特的原创性思想家之一。与巴迪欧基于数学、齐泽克受到拉康哲学的影响不同,阿甘本曾直接受业于海德格尔,因此铸就了良好的哲学存在论构境功底,加之他后来对本雅明、尼采和福柯等思想大家的深入研读,所以他的激进思想往往是以极为深刻的原创性哲学方法论构序思考为基础的。并且,与朗西埃等人1968年之后简单粗暴的"去马克思化"(杰姆逊语)不同,阿甘本并没有简单地否定马克思,反倒力图将马克思的批判精神与当下的时代精神结合起来,以生成对当代资本主义社会存在更为深刻的批判性透视。他关于"911事件"之后的美国"紧急状态"(国土安全法)和收容所现象的一些有份量的政治断言,是令西方资本主义国家政要为之恐慌的天机泄露。这也是我最喜欢他的地方。

朗西埃曾经是阿尔都塞的得意门生。1965年,当身为法国巴黎高师哲学教授的阿尔都塞领着整个西方马克思主义科学思潮向着法国科学认识论和语言结构主义迈进的时候,那个著名的《资本论》研究小组中,朗西埃就是其中的重要成员。这一点,也与巴迪欧入世时的学徒身份相近。他们和巴里巴尔、马什雷等人一样,都是阿尔都塞的名著《读〈资本论〉》(*Lire le Capital*, 1965)一书的共同撰写者。应该说,朗西埃和巴迪欧二人是阿尔都塞后来最有"出息"的学生之一。然而,他们的显赫成功倒并非承袭了老师的道统衣钵,反倒是因他们在1968年"五月风暴"中的反戈一击式的叛逆。其中,朗西埃是在现实革命运动中通过接触劳动者,以完全相反的感性现实回归远离了阿尔都塞。

法国的斯蒂格勒、维里利奥和德国的斯洛特戴克三人都算不

---

① [意]阿甘本:《裸体》,黄晓武译,河南大学出版社2015年版,第7页。

上是后马克思思潮的人物,他们天生与马克思主义不亲,甚至在一定的意义上还会抱有敌意(比如斯洛特戴克作为当今德国思想界的右翼知识分子,就是反对马克思主义的)。可是,在他们留下的学术论著中,我们不难看到阿甘本所说的那种绝不与自己的时代同流合污的姿态,对于布尔乔亚世界来说,都是"不合时宜的"激进话语。斯蒂格勒继承了自己老师德里达的血统,在技术哲学的实证维度上增加了极强的批判性透视;维里利奥对光速远程在场性的思考几乎就是对现代科学意识形态的宣战;而斯洛特戴克的最近的球体学和对资本内爆的论述,也直接成为当代资产阶级全球化的批判者。

应当说,在当下这个物欲横流、尊严倒地,良知与责任在冷酷的功利谋算中碾落成泥的历史时际,我们向国内学界推介的这些激进思想家是一群真正值得我们尊敬的、严肃而有公共良知的知识分子。在当前这个物质已经极度富足丰裕的资本主义现实里,身处资本主义体制之中的他们依然坚执地秉持知识分子的高尚使命,努力透视眼前繁华世界中理直气壮的形式平等背后所深藏的无处控诉的不公和血泪,依然理想化地高举着抗拒全球化资本统治逻辑的大旗,发出阵阵出自肺腑、激奋人心的激情呐喊。无法否认,相对于对手的庞大势力而言,他们显得实在弱小,然而正有如传说中美丽的天堂鸟一般,时时处处,他们总是那么不屈不挠。人类社会发展的历史已经明证,内心的理想是这个世界上最无法征服也是力量最大的东西,这种不屈不挠的思考和抗争,常常就是燎原之前照亮人心的点点星火。因此,有他们和我们共在,就有人类更美好的解放希望在!

目 录

译者前言　经典与当代的邂逅……………………… 001
前言…………………………………………………… 001

第一部分　我思：被称之为主体的空洞

第一章　"能思维的我或者他或者它（原质）"……… 003
　　黑色的主体（The Noir Subject）………………… 003
　　……脱节……………………………………………… 009
　　从康德到黑格尔…………………………………… 020
　　非平等交换………………………………………… 025
　　货币与主体性……………………………………… 032
　　从主体到实体……而后再返回………………… 035
　　主体作为"消失的中介"………………………… 041
　　限定先于先验（Transcendence）……………… 045
　　"完全的回想"：在真实中的知识……………… 052

第二章　我思与性别差异…………………………… 060
　　在普遍中的康德式断裂…………………………… 060
　　基督式的崇高，或者"向下—综合"
　　　（Downwards-Synthesis）……………………… 067
　　"性化（Sexuation）公式"………………………… 073

"我并不在我思之处" …………………………………… 081
　　作为幻象—凝视（Fantasy-Gaze）的我思 ………… 086
　　"自我意识是一个客体" ……………………………… 091
　　"我怀疑，所以我存在" ……………………………… 097
　　加速的认同（the precipitous Identification）……… 104

第二部分　故：辩证的非逻辑性推论

第三章　根本恶及其相关事宜 ………………………… 119
　　"康德与边沁在一起" ………………………………… 119
　　幻象与现实（Fantasy and Reality）………………… 128
　　"以毒攻毒"（a hair of the Dog That Bit you）…… 131
　　根本恶（The Radical Evil）…………………………… 137
　　到处都是烟斗 ………………………………………… 147
　　非—主体间性的他者 ………………………………… 153
　　不定判断（indefinite judgment）的客体 …………… 157
　　Ate 及其越界 ………………………………………… 164
　　符号的至福（Symbolic Beatitude）………………… 173

第四章　作为意识形态理论的黑格尔的"逻辑学" …… 181
　　不充分根据之原则 …………………………………… 181
　　同一性、差异、矛盾 …………………………………… 190
　　形式/本质，形式/质料，形式/内容 ………………… 195
　　形式、真实、完成的根据 ……………………………… 198
　　从"自在"到"自为" …………………………………… 205
　　"根据"对决"条件" …………………………………… 213
　　"事物返回自身"的同义反复 ………………………… 216
　　"绝对的无休止的生成" ……………………………… 223
　　可能的现实性（actuality）…………………………… 229

第三部分 我在:快感的环路

第五章 "被矛扎伤的伤口还需扎伤的矛来治愈" ········ 239
    真实之回答(The Answer of the Real) ············ 240
    主体性与宽恕 ······································ 245

第六章 如同在你自己的祖国中一样自在! ············· 293

索 引 ·· 347

译后记 ·· 351

柔弱无力的美之所以憎恨知性,就因为知性硬要它做它所不能做的事情。但精神生活不是害怕死亡而幸免于蹂躏的生活,而是敢于担当死亡并在死亡中得以自存的生活。精神只当它在绝对的支离破碎中能保全其自身时才赢得它的真实性。……精神在否定的东西那里停留①,这就是一种魔力,这种魔力就把否定的东西转化为存在。

——黑格尔《精神现象学》序言②

---

① 齐泽克本书的书名"延迟的否定"取自黑格尔在这段文字中所谓"精神在否定的东西那里停留",两者的英文表述是相同的,都是 tarrying with the negative。——译者注

② 黑格尔:《精神现象学》(上卷),贺麟、王玖兴译,商务印书馆1979年版,第21页。

译者前言　经典与当代的邂逅
——如何理解德国古典哲学的意识形态维度？

近年来，学界从不同的理论视角展开了对齐泽克思想的研究。但由于齐泽克自身表述的繁杂、晦涩和光怪陆离，对他的研究也很容易沦入拉康思想的各个细节当中不能自拔，或者纠缠在齐泽克对大众文化的各种阐释而最终无法把握齐泽克研究的要旨，以及他作为这个时代的思想者究竟为我们贡献了什么独具原创性的思想。在我看来，作为一个思想者的齐泽克对于我们这个时代的思想有两个方面的贡献：第一，借助于大众文化通俗的表现形式揭示了晦涩的拉康哲学思想的核心内涵，这仅仅是一个阐释性，甚至带有普及性的工作；第二，致力于对当代社会意识形态新形式的揭示和批判。在犬儒主义意识形态大行其道之时，齐泽克坚持了一种不妥协的理论立场，试图探寻一种新的意识形态批判路径。显然后一方面的工作不仅具有较强的理论原创性，同时还具有相当的现实意义，正是基于后一方面的工作促使齐泽克成为当代激进左派思想的代表人物之一。

当代的激进左派面对的是一个繁荣的丰盛社会，其中不仅意识形态的编制更为精巧，而且人们对意识形态本身也已经有了更为"自觉的意识"。换言之，在马克思的意识形态批判之后，意识形态理论完成了一种"启蒙"的工作，人们对于社会的意识形态的存在已经"心知肚明",但人们却仍然乐于"明知故犯",因为人们发现这些意识形态本身已经变成了我们日常生活不可或缺的基本秩序。例如以货币为核心的经济交换制度、各种法律以及民主的政治立场,等等,破坏这些秩序有可能导致社会生活的毁灭,这就是齐泽克意识形态批判理论的最大敌人——犬儒主义意识形态存在的合理性所在。齐泽克需要做的是破除这种明知故犯和得过且过的理论立场和生活态度,在已经"和解"和"统一"的当下社会中找寻被幻想(fantasy)所掩盖的社会对抗,通过保持这种"对抗"的存在来消解今天社会的"和解"和"统一"的意识形态幻象(illusion)。

在某种意义上说,齐泽克的工作带有"再启蒙"的倾向。启蒙自身形成了一种新的遮蔽(启蒙的辩证法),同样是今天犬儒主义意识形态的理论支撑。以启蒙为代表的德国古典哲学理论与犬儒主义意识形态有着某种共谋关系,后者所代表的资本主义现代制度的建立以前者为理论先声。因此面向犬儒主义态度的深入批判需要重新思考德国古典哲学的诸多理论问题。齐泽克在被采访中总是谈及自己对黑格尔以及德国古典哲学的痴迷:"我虽然写了很多关于电影、大众文化的评论,但在内心深处最根本的还是跟从黑格尔的哲学。黑格尔在今天是鲜活的。"①但这"内心深处"为什么会有这种痴迷却从未道出,它成为了齐泽克意识形态理论构建的一种"无意识"。在这本出版于 1993 年的《延迟的否定》中,齐泽克对于康德和黑格尔的独特解读表现得最为淋漓尽致。

---

① 参见 2007 年 7 月 13 日《南方人物周刊》记者对齐泽克的专访《齐泽克:我们仍然需要马克思主义》。

一、原由：为什么将德国古典哲学与意识形态批判勾连起来？

德国古典哲学所代表的传统形而上学与现代性之间的共谋早在20世纪20年代就已被诸如维特根斯坦、卢卡奇、海德格尔等人领悟到，由此在不到十年的时间内产生了诸如《逻辑哲学论》《历史与阶级意识》以及《存在与时间》等三部重要的理论著作，他们视角各不相同，却都披着纯粹哲学批判的外衣完成了对现代性的审视和批判。因此如果齐泽克仅将德国古典哲学与现代性结合起来加以分析并不是什么新鲜的论点。但当齐泽克坚持将这一勾连照搬到对当代社会现实的描述与阐发，并同时将后现代色彩直接置入德国古典哲学当中，由此认为康德和黑格尔与拉康一样，都是我们的同代人，其理论从根本上都是当下社会现实的一种反思，那么新的阐释路径必然被拓展出来。如果说拉康哲学是一个"后-黑格尔主义哲学"①，那么黑格尔就一定是"第一个后现代主义者"。这样的说法在齐泽克的阐述中具有逻辑的一贯性，只是有悖于我们一般学界对拉康哲学所作的基本判断。于是我们一定要追问以下两个问题：第一，这种阐发路径的原初动因是什么？第二，作出这样一种阐发的根据有哪些？

对于第一个问题，一个较为简单和表面的回答是显而易见的：视拉康哲学为圭臬的齐泽克将拉康与德国哲学勾连在一起，其目的无非是为了提升拉康哲学在哲学史上的重要意

---

① Slavoj Žižek: *Tarrying with the Negative*, *Kant*, *Hegel and the Critique of Ideology*, Duke University Press, 1993 p3.

义。在齐泽克看来,拉康的地位应与柏拉图和康德并列。因为后两者,如阿兰·巴迪欧在其《哲学宣言》中视其为历史上两次哲学断裂的始作俑者,①并且两次断裂在某种意义上都是为了应对哲学上的相对主义。柏拉图对应于诡辩者,康德对应于休谟为代表的经验主义者,而他们重构哲学的路径又都是在接纳了相对主义的种种前提之下来展开的,由此才真正地发动了哲学史的革命。而拉康,作为我们这个时代的思想家,再一次面对哲学相对主义的理论现实——后现代主义以及解构主义的甚嚣尘上,他担当起哲学重建的任务。这种地位的提升显得有些过于夸张,但却为我们理解拉康哲学敞开了一个不易被人察觉的维度:拉康哲学究竟是后现代哲学的鼻祖,还是对抗后现代的新型本质主义?对于齐泽克来说,答案显然是后一种。"拉康接受了'解构主义者'的激进的偶然性的主旨,但却用这一主旨来反对自身,用这一主旨来确证自身对**作为偶然性的**真理的探求。正因如此,解构主义者们与新实证主义者们在与拉康打交道的时候,总是被在其中所流露出的'本质主义'(在菲勒斯中心主义的伪装之下)的残余所困扰——好像拉康与他们很接近,但却并不是他们中的一员。"(黑体为原文所加——笔者注)②这一判断显然为齐泽克对德国古典哲学的阐发敞开了大门。作为传统形而上学的成熟形态,德国古典哲学的本质主义完全可以在另一种审视视角下成为一个新的本质主义的表述方式。作为新的本质主义的代表人物拉康,在这一意义上复活了德国古典哲学,也因此能够担当起哲学的重建使命。或者我们可以更为大胆地做出

---

① Alain Badiou: *Manifeste pour la philosophie*, Paris: Editions du Seuil, 1989.
② Slavoj Žižek: *Tarrying with the Negative*, *Kant, Hegel and the Critique of Ideology*, Duke University Press, 1993 p4.

这样一个判断，对于齐泽克来说，根本就不存在所谓的后现代主义，那些表现怪诞而新奇的多元化的后现代主义不过是现代本质主义的当下变种，就如同拉康与黑格尔理论的同构性一样。

但对于拉康哲学地位的提升，只能算是齐泽克阐发德国古典哲学的一个表层动因，更为根本的原因，在我看来，仍需要从当下意识形态的新特点与德国古典哲学理论特性的同构性来看。而这一点对于齐泽克来说成为了没有言明的理论前提。

齐泽克对于意识形态的发展历史有一个被广泛引用的"三阶段"说，即所谓的自在意识形态、自为意识形态以及自在自为的意识形态。其中第一种自在意识形态是被马克思充分阐发的虚假意识。它意指某种"为了达到自己的目的不得不把自己利益说成是社会全体成员的共同利益，抽象地说，就是赋予自己的思想以普遍性的形式，把它们描绘成唯一合理的、有普遍意义的思想"①。这种意识形态发挥作用的前提是人们对这种意识形态并不知道，因此需要思想家的"启蒙"。第二种自为意识形态是以阿尔都塞为代表的外在化的意识形态规训。"这个意识形态谈及行为"，②它通过仪式化的行为来完成人们对某种意识形态的认同，由此意识形态本身成为外在化的物质性的存在。国家机器以及信仰的仪式等都成为这种意识形态必不可少的组成部分。而第三种是齐泽克对当代社会特有的意识形态的判断。它是在"意识形态终结"的呼声中被指认出来的，它带有自在自为性，即人们对意识形态存在认知（自为的），同时它依赖于诸多"隐含的、准'自发的'假

---

① 《马克思恩格斯选集》，第 1 卷，人民出版社 1973 年版，第 53 页。
② 陈越编：《哲学与政治：阿尔都塞读本》，吉林人民出版社 2003 年版，第 358 页。

定和看法的难以捉摸的网络构成'非意识形态'(经济的、法律的、政治的、性的……)实践的一种不能复归的瞬间再生产"①。由此它具有自在性,即一种貌似非意识形态的特质。这种意识形态不仅是虚假意识,而且是一种被人们已经认识到了的,并且是不可或缺的虚假意识。因为它所依赖的是当下社会得以正常运作的一整套经济的、法律的和政治的观念体系(ideology)。"意识形态是社会现实……是社会的有效性"②。于是这种意识形态就具有以下三个要点:它实现了封闭的自我认同(人们知道它的虚假性);它以观念体系(制度层面)的形式存在着;它在"有效性"上彰显其社会现实性。而以上三点,恰恰是德国古典哲学为哲学思想所作出的重要贡献。

德国古典哲学始于康德,他所完成的"哥白尼革命",不仅颠倒了主观与客观的关系——让认识产生于客观对主观的符合,而不是相反——更为关键的是将事物本身,即实在性的事物推入不可知的境遇当中。理性的纯粹性,也就是剔除了理性的经验性内涵,让所谓的对象世界始终不过是人的主观观念(先验范畴)的构造的结果。由此所谓的德国观念论(idealism)得以产生了。呈现在我们面前的世界无非是先验范畴作用于进入时空形式的感性杂多的一个产物,因此从根本上说是观念性的。而后-康德时代的哲学工作只是在不断完善和强化观念构造世界的基本思路。当然这里的所谓"构造"并非对事物的实在性的创造,如上帝创世一般的"无中生有",而是通过范畴或者纯粹概念使对象以某种特定的方式显现自身。因此范畴并非一个从具体事物中抽象出的共相,而是一种规范,它发挥着组织世界,使其以某种方式得以呈现的

---

① 齐泽克:《图绘意识形态》,方杰译,南京大学出版社2002年版,第20页。
② Slavoj Žižek: *the Sublime object of ideology*, Verso, 1989, p15 – 16.

功能。康德以此对抗唯理论的独断论。虽然费希特、谢林与黑格尔并非以线性的方式继承了康德,例如黑格尔的体系构造克服了康德的物自体以及范畴作用于经验的直接性,却从根本上继承了康德观念论的主要原则:世界只能以观念的呈现方式(由我们的先验范畴所构造的结果)被我们所认知,由此"这种知识应当在对象被给予我们之前就对对象有所断定"(《纯粹理性批判》BXVI)①,也就是说,我们能够认识的是我们的观念所构造的事物,海德格尔将其称之为"存在论的内在可能性的开显",并将其视为"康德'哥白尼式的转向'的标题下总被误解的东西的真实意义"。② 这种内在性原则必然带来一种内在的自我统一。而这一基本观点在后-康德时代的德国古典哲学来说都是一致的。这些原则正是齐泽克对当下意识形态存在方式进行描述所具有的基本特质。从这一意义上说,齐泽克在准确地把握了德国古典哲学的精髓之后,发现了其与当下意识形态状态的同构性。正是这一同构性,使得齐泽克痴迷于对德国古典哲学与意识形态批判的思考。这是其理论勾连的深层原因。

二、根据之一:康德缺失的先验自我与先验对象

德国古典哲学与当代意识形态之间具有以上谈到的诸多同构性,但对于齐泽克来说,德国古典哲学却并非仅仅在肯定意义上成为当下意识形态的理论支撑,它同时还埋下了批判甚至打破这种意识形态的隐形契机。对于这一契机的挖掘需

---

① 康德:《纯粹理性批判》,邓晓芒译,人民出版社2004年版,第15页。
② 海德格尔:《康德与形而上学》,王庆节译,上海译文出版社2011年版,第12页。

要拉康思想的加入，使康德与黑格尔变成拉康的同代人，虽然这种加入显然带有浓重的齐泽克本人的理论偏好，但对于一个总是立足于当下社会现实来探寻批判和超越当下社会现实的激进左派思想家来说，却又是必不可少的一步。

齐泽克究竟是如何将康德、黑格尔与拉康的思想整合为一个思路的？这种阐发在意识形态批判中究竟发挥怎样的作用？（在此回应上文第二个问题：对德国古典哲学的拉康化阐发的根据有哪些？）

齐泽克在本书中集中完成了对康德及黑格尔思想的拉康化解读。在其中康德成为先于拉康消解了主体（自我），同时引入**对象 a** 的思想家，而黑格尔的思想则驻留于延迟的否定性当中，保留了断裂，从而最终无法实现绝对精神的统一性。在他们的思想中，"缺失"与"断裂"成为核心词汇，同时却仍然保持对真理的执着追求。而这样一些特质正是极为简化了的拉康思想的轮廓。

齐泽克对拉康的把握是准确的，拉康依赖于对自我发生学的精神分析路径，展开了对主体性哲学的彻底消解，而哲学的主体性原则，自笛卡尔以来就近乎成为了近代西方形而上学的理论起点。因此对主体性的消解，对形而上学来说是釜底抽薪的，后现代主义以及解构主义的兴起与此有着内在的逻辑关联，但拉康在晚年对于真实界与**对象 a** 的执着探寻，却又让人们看到他坚守形而上学，力图找回主体的决心。尽管那个真实界总是作为某种不可能性，或者最终不过化身为一种剩余——**对象 a** 存留下来，但对于拉康来说，真实界的确从未消失，从这一意义上说，拉康是矛盾的，或者更确切地说，这个矛盾并不源于拉康本人，而正是作为有限的个人被迫在社会化的过程中完成对真理的探寻的时候必然产生的矛盾。这里包含着有限向无限的超越，特殊与普遍的冲突。这种超越与冲突都是矛盾的代名词,并且它们确实已经在康德和黑格尔的哲学思想当中被体悟和道出了。

对于齐泽克来说,康德哲学的重要意义就在于康德对笛卡尔的"自我"的彻底改造。"我思"与"我在",在齐泽克来说,不过是笛卡尔从不同角度对"自我"的一种阐发。但由于笛卡尔的自我总是一个经验的实体之我,因此它并不能满足齐泽克所热衷的对主体的"掏空"。而康德的先验统觉作为一种"功能性"的逻辑范畴,却可以在论述中处处与拉康的空洞之我相对应。

对于康德来说,先验统觉是一种能够将杂多与知性范畴结合起来的一种能力。它构成了经验产生的基本条件。它如同物自体一样都是康德为了完成认知的哥白尼革命所不得不作出的一个逻辑设定。它的存在只有在其发挥整合效用的时候才得以彰显。齐泽克反复引用了康德的这样两句话:

"在源初的、综合的统觉整体之中,我意识到了我自身,但并不是像我向自己显现的那样,也不是像我自身所是的那样,而仅仅是我在。"(《纯粹理性批判》,B157)

"通过这个能思维的我或者他或者它(物)表象出来的不是别的,无非是思想的一个先验主体=X,它唯有通过是它的谓词的那些思想才被认识,而分离开来我们就永远不能对它有丝毫概念。"(《纯粹理性批判》,A346)

齐泽克据此作出了以下推论:首先,"'我思'只不过意味着我不能接近作为思想着的本体原质(noumenal Thing)的我自身,"①即康德所谓的先验主体=X,离开"谓词"所指的思想,"我们就永远不能对它有丝毫概念";换言之,"我思"所带

---

① Slavoj Žižek: *Tarrying with the Negative*, *Kant*, *Hegel and the Critique of Ideology*, Duke University Press, 1993 p14.

来的不是我对自身的意识。其次,更进一步地,齐泽克顺势将这个对"我"的意识推向了更为拉康化的层面,"**自我意识的矛盾在于它只有在与它自身的非可能性的相对立的意义上才是可能的**:只有当我无法企及作为我的存在的真实内核的我自身的时候,我才意识到我自身('能思维的我或者他或者它[物]')"①。我只有在我无法企及的地方发现"我思"的逻辑,是拉康的"我在我不思之处"的翻版。它的理论根据在于康德在这两段话中所强调的"我意识到了我自己,但……仅仅是我在",以及那个被等同于 X 的先验主体的论述,都让齐泽克信心满满地认为自己的种种对康德之自我的解读,是康德的原意和未被揭开的隐形秘密:"我思"所指的永远只是指向外在的"我在",因此"自我意识的观念包含着主体的自我去中心化,就这一点而言要比主客体的对立更为激进"。② 按照这一思路推理下来,康德所试图构建的形而上学并不是海德格尔所批判的传统形而上学的典型代表,它已经在掏空的自我(先验主体)当中被转变为当代拉康化的本质主义,"这就是康德的形而上学理论的最终指向:形而上学,通过为主体在'伟大的存在链条'中分配到一个位置,从而试图治愈'源初压抑'的创伤(对于'能思考的物'的不可接近)"③。换言之,先验自我的设定,在齐泽克看来成为对不可能之真实(Real)(对自我本身一无所知)的一种遮掩(治愈),由此保证了形而上学的自我同一性,即在纯粹理性当中,先验自我的逻辑设定让在理性界限以内的认知获得无懈可击的确定性。因为我们当然可以认

---

① Slavoj Žižek: *Tarrying with the Negative*, *Kant*, *Hegel and the Critique of Ideology*, Duke University Press, 1993 p15.

② Slavoj Žižek: *Tarrying with the Negative*, *Kant*, *Hegel and the Critique of Ideology*, Duke University Press, 1993 p15.

③ Slavoj Žižek: *Tarrying with the Negative*, *Kant*, *Hegel and the Critique of Ideology*, Duke University Press, 1993 p15.

识那些预先已经由我们自己的逻辑（先验统觉，先验自我）所设定的对象。自我同一性的完成，是形而上学得以实现的根本。尽管在齐泽克看来，这种先验自我所获得的只是填补了一个创伤（对真之认知的不可能性）所形成的空洞的位置而已。

这种阐发存在的问题在哪里？显然康德的先验自我正如我们已经指出的那样，仅仅是一个逻辑的功能性的设定，齐泽克虽然对这一点心知肚明，但却坚持将这种逻辑设定的自我等同于拉康对于当下受困于象征界（即社会化）条件下的人们所现实感受到的缺失的自我认同。严格说来，康德的先验主体与拉康的主体概念完全是两个层面的概念：一个是逻辑设定，一个是现实的社会化的自我。一个仅仅依赖于在认知层面发挥某种效用而获得确证，而另一个则不得不在社会化的过程当中获得说明。因此对于康德来说，先验自我正是认知逻辑自足的保障，而对于拉康来说，对自我的意识却恰恰发现象征界对自我的界定永远处于不足当中，而那所剩余的东西，正是那个不能被象征化的真实。严格说来，拉康的自我更接近于笛卡尔那个所谓经验的实在的自我，而非康德的，但康德对于先验自我以及事物自身（things-in-themselves）的不可知，确实让齐泽克感到了拉康"不可能之真"的力量。显然过于急切地对这种不可知性的认同，促使齐泽克从根本上忽视了康德与拉康在主体问题上质的差异。

在齐泽克的论述中，康德关于先验自我的不可知总是因为和拉康的主体直接相关而被凸显出来，但对于谙熟于康德的齐泽克来说，他不可能忽视康德另一个更为著名的不可知——对物自体的不可知。在《延迟的否定》中，这个对物自体的不可知的论述也成为了齐泽克从康德过渡到黑格尔，并最终逼迫黑格尔与康德完全等同起来的重要一环。

在康德的《纯粹理性批判》中，物自体与先验对象

(transcendental object)是两个在某种意义上可以互换的概念,它们之间的区分并不明显。如同先验统觉一样,先验对象抑或物自体也是一种逻辑的设定。当康德将认识的开端视为一个已经进入先天形式(时空形式)的经验对象之时,他将认识带入了观念论的领域当中,我们认识的永远是已经被我们加工过的观念,而对于支撑这个观念的实在之物——物自体抑或先验对象,我们并不知道,但对于康德来说,它们的存在却是不能被抹杀的。我们或者可以将其视为康德思想中实在论的残余,或者可以将物自体视为康德对于人类理性限度的说明。但不管怎样,对于这一问题的讨论在学界注定处于某种永远的"未完待续"状态。

齐泽克绕开了物自体,转而关注先验对象,这与其对先验主体的关注形成了一种呼应。康德的原话再次"印证"了这种呼应:"关于这个先验对象(它事实上在我们的一切知识中都永远是一个东西=X)的纯粹概念,就是能够给我们的一切经验性的一般概念带来与一个对象的关系,亦即带来客观实在性的东西。"(《纯粹理性批判》,A109)先验主体=X,先验对象=X,两者共有的"先验",让其消失在经验视野当中,但却又不得不作为逻辑得以自足的必要设定、保障,康德的X只能在不可知但却存在的意义上获得解释,而在齐泽克这里,这个X再次成为一个有待填补的空位。先验主体与先验对象填补了这个空位,它们遮蔽了导致空位的断裂。在先验主体那里,我总是在"我在"(非我)那里显现,因此我对我自身是不可知的;而在先验对象这里,对象的实在性需要纯粹概念来界定,这是一种矛盾的调和,用齐泽克的话来说:"先验对象的观念瓦解掉了康德对于无形式的事物与先验形式之间的区分。"①无形式的事物，是那些未经先验形式加工的物自体，而先验对象的设定本身将无形式的事物与先验形式结合起来，并作为"对象"显现出来，齐泽克认为这个概念本身因此就是某种对立的显现："普遍的形式化——先验的'空洞'范畴的框架与我们在有限范围内的实际经验，以及为我们的直觉提供肯定性内容的效果之间存在着不可逾越的鸿沟，先验对象是这一鸿沟的化身。"②换言之，在康德的先验范畴与被先验范畴所作用于其上的事物自身（它们是直觉所提供的肯定性内容）之间存在断裂，这一点的确是康德哲学所指的关键。这是康德为了反对休谟的怀疑论必须要做出的一个划界，即必须将事物本身划归到不可知的范围内，用以保证认识的有效性。而这个有效性也只有通过先验范畴才能被给出。但需要强调的是，康德所谓的先验对象也不过是物自体或者事物本身的不同说法，现在却被齐泽克清晰地做了区分："在物自体（Ding-an-sich）与先验对象之间的区分正好对应于拉康意义上作为原质（Ding）的真实界与**对象 a**（objet petit a）之间的区分：后者确切地说是某种换喻的对象，它给予肯定性对象的匮乏以化身。"③由此物自体成为了那个不能趋近的真实，而先验对象则成为了体现这种真实的外在表象。正是这一"先验对象"将物自身的"不可知性"以表象的方式直接呈现出来——这也正是拉康那个很难说清的**对象 a**所具有的基本功能。在此齐泽克一箭双雕，将两个含糊不清又极为关键的概念连在一起，

---

① Slavoj Žižek: *Tarrying with the Negative*, *Kant*, *Hegel and the Critique of Ideology*, Duke University Press, 1993 p17.
② Slavoj Žižek: *Tarrying with the Negative*, *Kant*, *Hegel and the Critique of Ideology*, Duke University Press, 1993 p18.
③ Slavoj Žižek: *Tarrying with the Negative*, *Kant*, *Hegel and the Critique of Ideology*, Duke University Press, 1993 p18.

形成了某种互文性的解读。只是这种勾连本身如果没有以齐泽克自身的意识形态批判为旨归,多少仍让人感到繁琐而费解。

回到康德思想本身而言,物自体与先验对象的区分虽未能阐发清楚,但也不是其理论着力点所在,因为对于康德来说,所谓对真的探求已经从对实在性的符合的探寻(前康德的形而上学目的)转向了对规范性原则本身的探寻,真理的符合从来都是已经在主观先天形式内的经验对象与规范(先验范畴)的符合,比附观之,康德真理符合的过程从来都发生在被拉康所划分的象征界当中,而拉康的真,从来都是不能被象征化的真。所以将物自体类比于拉康的真,就其不可知性上说,有些类似,但却根本是一种歪曲和误读。因为康德哲学的旨归从未是探寻那个不知的物自体,而对齐泽克眼中的拉康来说,这一点却是理论的终极目的所在。

三、根据之二,黑格尔统一性哲学的内在断裂

齐泽克费尽心力地将康德的先验主体与先验对象进行拉康化的解读,其用意何在? 其实最终目的是要引出黑格尔思想中的断裂点(对抗性)。齐泽克视黑格尔为同代人,其对德国古典哲学的解读也总是将更多的笔墨放在对黑格尔思想的再阐发上。

在齐泽克看来,康德的先验主体与先验对象是统一逻辑的两个方面,因此它们都是某个断裂点的化身,也因此一定是模棱两可的,矛盾的存在,"它是一个**必要的模棱两可**……如

果我们在任何两极之间作出选择,康德的体系都将被瓦解"①。这种模棱两可所凸显的正是拉康所谓的"真"是存在的,但又是不可切近的性质。齐泽克将康德也强行拉入其中,将康德留下的物自体(先验主体、先验对象不过是物自体的这种不可知性的化身)等同于拉康对真的问题的研究。

于是按照德国古典哲学的理论思路,消解物自体的问题确实是后-康德哲学中一个重要的理论问题。齐泽克在其对康德所展开的分析语境中,将对这一问题的解决视为先验自我(对于齐泽克来说,先验对象在逻辑上与先验自我是一致的,因此可以归入一类)和物自身之间区分的消解,即占据这个鸿沟所形成的空位的那个化身与这个鸿沟(真)之间区分的消除,由此真理成了可以企及的。但同样是消解,在齐泽克看来,也有两条路径:其一,为费希特与谢林的路径,先验自我与物自体直接的统一。齐泽克将其生动地比喻为"能看到自己的眼睛",②这种统一,正如齐泽克指出的那样,的确遭到了康德本人的反对。其二,为黑格尔的路径。在此,黑格尔拒斥"直接的"统一,引入了辩证法,即自我意识在**他者**那里得以确认,经过中介之后的黑格尔完成了绝对性的统一,只是这种统一的方式,正是"将他们(**他者**——笔者注)接受为我们的"③,换言之,在**他者**那里看到我们自身。所谓的绝对不过就是这种贯穿于我与**他者**之中共同的意识。这是黑格尔哲学的原初内涵。

齐泽克对黑格尔以"绝对精神"的方式来解决物自体的路

---

① Slavoj Žižek: *Tarrying with the Negative, Kant, Hegel and the Critique of Ideology*, Duke University Press,1993 p19.
② Slavoj Žižek: *Tarrying with the Negative, Kant, Hegel and the Critique of Ideology*, Duke University Press,1993 p19.
③ Slavoj Žižek: *Tarrying with the Negative, Kant, Hegel and the Critique of Ideology*, Duke University Press,1993 p126.

径有着非常深入的理解,并且对"绝对"的把握也是符合黑格尔原意的,但齐泽克却在这样一种理解之下得出了一个结论:"他(黑格尔——笔者注)坚持在推理的理智(观念层面)与直觉之间存在着不可消解的鸿沟,就此而言,他完全保留了康德的思想。就此而言,黑格尔远不是弥合了康德的裂缝,而是进一步撕裂了它。"①这种论断的提出对于读者来说略显突兀,黑格尔致力终身的哲学视野如果能够用一个词来概括的话,那就是"和解"或者"统一"。② 齐泽克背道而驰地将黑格尔视为"分裂",这一论断的确需要大量的理论论证。这一工作,齐泽克开始于写作博士论文时期,其两个博士学位的论文写作都围绕着黑格尔展开(1981 年、1984 年),后一个完成于在法国师从雅克·阿兰-米勒时期,所展开的解读更是开创了用拉康阐释黑格尔的先河,并成为齐泽克对黑格尔研究最富有影响力的一个方面:一个极端康德主义的黑格尔,一个主张断裂的黑格尔。

齐泽克的黑格尔理论带有法国当代哲学的典型色彩。当代法国的黑格尔主义对于黑格尔解读独具特色。黑格尔辩证法中的"**他者**"在黑格尔那里塑造了"绝对"与"统一"的观念:我在**他者**那里,并且只能在**他者**那里才能看到我自身,**他者**无非是我的意识的外化与显现,自我意识的双重化中,精神诞生了。③ 精神在我与**他者**之间贯通,并在这种贯通的意义上成为"绝对精神"。黑格尔的这种辩证逻辑经过科耶夫、拉康、萨特和列维纳斯的改造之后,理论的重心转向了在统一过程中发挥中介作用的"**他者**"。拉康哲学中所热衷探讨的真实界与

---

① Slavoj Žižek, *Tarrying with the Negative*, *Kant*, *Hegel and the Critique of Ideology*, Duke University Press,1993 p19.
② 参见《青年卢卡奇》、《从黑格尔到尼采》等相关著作。
③ 黑格尔:《精神现象学》(上卷),贺麟、王玖兴译,商务印书馆 1979 年版,第 122 页。

象征界之间的关系问题,其本质彰显的无非是个体与社会(他者构筑的共同体)之间的矛盾关系。只是不同于黑格尔,拉康的**他者**没有带来个体与社会、特殊与普遍的和解,反而带来一个永远无法企及的真,一个无法被象征化而残留下的**对象 a**,或者剩余快感。因为**对象 a**的存在,真实界与象征界之间是断裂的,无法统一的。这一理论的展开与其早期的主体的镜像理论生成过程有密切的关联,因此这种断裂以及对真的不可企及最终导致的是主体自身的分裂与掏空。齐泽克对黑格尔的阐发就是通过拉康的**他者**哲学的逻辑展开的。

齐泽克对于断裂的黑格尔的理解体现在对黑格尔的两个主要命题的阐发上:其一,黑格尔的实体即主体的论断;其二,黑格尔所谓的"精神是块头盖骨"的讨论。齐泽克对其论述颇多,由于篇幅所限,我们在此也只能点到为止。

首先,对于实体即主体,在黑格尔那里,在我看来,包含两个层面的意指。第一,实体也是一种带有能动性的(主体性原则)过程。"实体作为主体是纯粹的简单的否定性,唯其如此,它是单一的东西分裂为二的过程或树立对立面的双重化过程,而这种过程则又是这种漠不相干的区别及与其对立的否定。"①第二,主体作为主词,成为一种空名,设定实体,又有待实体来加以填充。在此,如果黑格尔的主体所发挥的作用正是用其否定性(能动性)来统摄**"他者"**(实体),并将其纳入自身内在性的逻辑当中,那么实体即主体的命题最终应该是内在统一性的结果。

然而对于齐泽克来说,由于主体自身恰恰是一个非完整的裂口,黑格尔赋予主体的否定性内涵也成为了这一裂口之

---

① 黑格尔:《精神现象学》(上卷),贺麟、王玖兴译,商务印书馆 1979 年版,第 11 页。

存在的论据:"这一双重的、自我指涉的否定,没有承载对实证同一性的任何回归,没有承载对否定性之分裂力量的废除,……在'否定之否定'中,否定性保留了它全部的分裂力量。"①那么由此"在黑格尔的哲学中,'融合'并不是意指'实体成为主体'的那个时刻,即绝对主体性被上升为所有实体——的产生基础,而是意指主体性的维度介入到了实体的最核心之处,表现为一种无法还原的匮乏,这是一种它自身永远无法获得完整的自我认同的匮乏。'作为主体的实体'最终意味着某种本体论意义上的'断裂',拒斥与每一种世界观(world-view)的相似性,拒斥每一种作为一个整体,并拥有'一个庞大的存在链条'的宇宙观"②。

齐泽克通过将实体与主体之间的统一性打破,完成了黑格尔逻辑学中的内在统一性。

其次,齐泽克另一个非常著名的阐释在于他抓住黑格尔关于"精神是块头盖骨"的论述大做文章。对"精神"概念的这一阐发出现在黑格尔《精神现象学》下卷的"丙(甲)理性"中。将精神与头盖骨联系起来被黑格尔视为观察理性所包含的各运动环节的最后一环,即对自我意识与直接现实的关系的观察。其实,早在黑格尔谈论力与知性的环节的时候,就已经提出了一个观点,即从感性确定性向抽象知性的过渡之后,最终意识需要一个所谓"第二个超感性"的"颠倒的世界":"这第二个超感官世界就是颠倒了的世界,并且既然一方已经出现在第一个超感官世界内,这第二个超感官世界就是颠倒了的第

---

① 齐泽克:《意识形态的崇高客体》,季广茂译,中央编译出版社2002年版,第241页。
② Slavoj Žižek: *Tarrying with the Negative*, *Kant*, *Hegel and the Critique of Ideology*, Duke University Press, 1993 p26.

一个超感官世界。因此内在世界就是完成了的现象界。"①一直以来对于这个超感性的颠倒世界,众说纷纭。齐泽克将其称为"感性直观的另一种形式的存在",这是一种较为准确的解读。黑格尔从来将精神的世界视为一种自我意识双重化的状态,即自我与**他者**共存的状态。"精神是这样的绝对的实体,它在它的对立面之充分的自由和独立中,亦即在互相差异、各个独立存在的自我意识中,作为它们的统一而存在:我就是我们,而我们就是我。"②齐泽克在某种意义上正是抓住精神内在的这种对立与矛盾的并存状态,进一步加深了黑格尔哲学的统一性中的断裂性。于是精神是块头盖骨,这个略显奇怪的论述反而成为了齐泽克阐发黑格尔的最佳入口。

"精神"与"头盖骨"的等同意味着一种绝对的不和谐。头盖骨是一个超感性的存在,它以最直接的感性形式对于精神的显现,正好说明了黑格尔辩证逻辑的内在断裂口:"只有当我们毫无保留地屈从于'幼稚的'解读,从而体验到它的无意义,它荒诞的自我矛盾的时候才是可能。这种极端的不一致,不相容,这两个术语(精神与头盖骨)之间绝对的'否定性的关系'正是表明了作为一种否定性力量的精神。"③"我们借助于失败,通过严重的不足,通过谓语在它(头盖骨——笔者注)与主语(精神——笔者注)关系问题上的绝对失调,成功地传送了主体性之维。"④精神的断裂口仍是由于拉康化的主体造成的,因此拉康化主体中不能被象征化的剩余,**对象 a**,在齐泽

---

① 黑格尔:《精神现象学》(上卷),贺麟、王玖兴译,商务印书馆 1979 年版,第 126 页。
② 黑格尔:《精神现象学》(上卷),贺麟、王玖兴译,商务印书馆 1979 年版,第 122 页。
③ Slavoj Žižek: *Tarrying with the Negative*, *Kant*, *Hegel and the Critique of Ideology*, Duke University Press, 1993, 注解 41。
④ 齐泽克:《意识形态的崇高客体》,季广茂译,中央编译出版社 2002 年版,第 284 页。

克看来也是"头盖骨"①，因此它也就成为了精神在本质上断裂的那个直接显现。这个如此直接的、物质性的存在为何能承载精神的内涵？原因很简单，因为它正是那个距离精神最外在的表象，它与精神之间只有根本的断裂。

通过对以上两个命题的解读，齐泽克完成了一个工作：将德国古典哲学中反思性、内在性的统一哲学打碎，重现其统一性幻想下断裂的症候。

四、目的：德国古典哲学意识形态维度的自我颠覆性

齐泽克热衷于黑格尔，并力图将黑格尔的统一性哲学阐发为断裂，其最终目的是什么？作为一个当代激进左派的代表人物，齐泽克的理论绝不是一个概念游戏或某种理论上的标新立异，而是因为以下两个关涉意识形态批判的原因。

其一，他热衷于黑格尔，正如在《延迟的否定》中，齐泽克所发现的那样，黑格尔的逻辑学就是一种意识形态理论的构成原则，是黑格尔哲学体系的纯粹概念化的表达，他通过概念的辩证推演彰显了其哲学的非直接的统一过程。齐泽克将这种统一性视为一种封闭的自我认同。当下的意识形态正如我们已经指出的那样，正是由自我认同的思维模式来加以构造。这种自在自为的意识形态是表现为政治、经济与文化的制度、观念的"客观存在"样态，它们带有自在性，因此人们往往忽略这种自在性（客观性）本身恰恰是主观性设定的结果，或者即

---

① 参见 Slavoj Žižek: *Tarrying with the Negative*, *Kant, Hegel and the Critique of Ideology*, Duke University Press, 1993 p21.

便我们认识到了这一点,也将其视为社会运行不可或缺的一些规定。而这种所谓的主观性设定,正是黑格尔逻辑中为了实现自我统一而强调的"预先设定"的观念,即它是黑格尔的无基础的循环(真理是一个过程)所必须的一个逻辑环节。真理的自在自发性在于主体的反思性逻辑,即"在德国古典哲学看来,当我们'自发地'行动的时候,我们并不自由,相反我们是自然冲动的囚徒,被因果链条所决定着,这一链条让我们受制于外部世界。相反,真正的自发性在于反思性:所有的缘由得以成立的基础在于我们对他们的'整合','将他们接受为我们的';换言之,主体具有源于**他者**的确定性,本质上总是主体的自我确定"①。在此这种预先设定的反思性逻辑的核心在于:其一,自我统一性的实现;其二,实现自我统一性所必须的内在性逻辑,即所有的设定不过是预先被出发点所设定,因此所有那些外在于出发点的**他者**不过是出发点内在性逻辑的一部分。形而上学的这种内在性逻辑,确实从康德的"哥白尼革命"以来就已经被确定下来。

对于齐泽克来说,关于内在性的逻辑,不过就是"自发地将我的经验和行动进行意识形态的叙事化(narrativization):无论我们做什么,我们重视将其放入一个更大的符号的上下文当中,在这一上下文当中,我们的行为被赋予了意义"②。换言之,"这种叙事化总是回溯式地重构我们正在进行的行动,他们从来不是仅仅提供事实,我们从来不能将这些'事实'作为我们行动的基础、语境或者前提。确切地说,作为前提,这样的叙事总是已经被我们所'设定'了。传统之为传统,只

---

① Slavoj Žižek: *Tarrying with the Negative, Kant, Hegel and the Critique of Ideology*, Duke University Press,1993 p126.
② Slavoj Žižek: *Tarrying with the Negative, Kant, Hegel and the Critique of Ideology*, Duke University Press,1993 p126.

是因为我们将他们如此这般的构建起来"①。例如对于齐泽克来说,柬埔寨地区的红色高棉或者"光辉道路"(Sendero Luminoso)都将自己的运动视为向古老帝国旧有光辉的回归。当下意识形态的自我认同就奠基于这种内在性原则。实现了自我认同的意识形态就变成了名副其实的自在自为,因此很难被突破。

面对这个强大的意识形态建构模式,齐泽克仍然试图找寻批判与颠覆的突破口。于是齐泽克一边将黑格尔的逻辑学解读为构建这个意识形态的主要方式,另一方面,却又试图从黑格尔的逻辑学中阐发这种统一性的内在断裂,这对于当下的意识形态无疑是釜底抽薪。它会在意识形态已经建成的完美整体上打开缺口,那么由此留给激进左派的工作就是要发现这个缺口,通过行动来凸显这个缺口的存在,从而实现对固有意识形态的彻底颠覆。

其二,齐泽克为黑格尔的统一性哲学注入内在断裂的本性成为了当代社会对抗其不可消除性的理论支撑。而正是这一点的存在,使得齐泽克与当代后马克思主义者拉克劳和墨菲实现了理论的对接。拉克劳认为对抗是不可消除的。这种对抗,正是因为拉康在思考主体的形成过程中,总是存在着不能被完全象征化的**对象 a**所造成的。因此,"在一种对抗的范围内,我不能成为我自己的完整存在,与我构成对抗的那一力量也不能成为如此完整的存在:它的客观存在是我的非存在的一个象征,这样看来,对抗关系就被多重意义所充溢——这些意义阻止它的存在被固定为完整的实证性"②。这个**对象 a**

---

① Slavoj Žižek: *Tarrying with the Negative*, *Kant*, *Hegel and the Critique of Ideology*, Duke University Press, 1993, p127.

② Laclau and Mouffe: *Hegemony and Socialist Strategy: towards a Radical Democratic Politics*, Verso, 1985, p125.

构成的不可愈合的创伤性,恰恰是主体行动的契机。

对于齐泽克来说,当今革命主体不能如卢卡奇时代的无产阶级那般,在回应某种意识的召唤中形成,这种封闭的认同恰恰将行动本身也纳入意识形态的建构当中。真正的颠覆性行动"会彻底重新界定'游戏规则',包括行动者的身份认同本身——真正的政治行动释放出否定性的力量,撼动了我们存在的基础"[①]。"行动在其创伤性的行为当中使主体分裂,而主体永远无法将行动主体化……"[②]无法实现的行动的主体化最终保障了意识形态永远的非封闭性,也就保证不会有新的意识形态产生。

齐泽克通过对整个德国古典哲学意识形态维度的挖掘,以纯粹理论的姿态阐发了意识形态构建和运作的原则,但他却在将德国古典哲学进行"曲解"的过程中找到了当下意识形态统一性幻象背后的断裂(创伤),随后试图用总是在创伤性事件中出现,但却总是不能从根本上认同这一创伤性事件的行动来保持着行动的非主体化,即行动的非封闭性。这样的行动的基础就是那个永远无法被整合入象征界的**对象 a**,这个**对象 a**让意识形态如鲠在喉,从而保持其在当下社会中永恒的激进性。这是齐泽克绕道德国古典哲学所试图达到的理论旨归。但沿着这样一种理论思路走下来,我们发现的不仅是齐泽克对德国古典哲学的新奇的曲解,同时还可以看到所谓激进左派的激进的空洞:行动的非主体化,使得行动总是期待着一个偶然的,无法预料的意外,这样偶然的行动是缺乏任何真正颠覆性的力量的,它没有,也不能有终极的目的,否则

[①] 齐泽克:《神经质主体》,万毓泽译,桂冠图书股份有限公司 2004 年版,第 534 页。
[②] 齐泽克:《神经质主体》,万毓泽译,桂冠图书股份有限公司 2004 年版,第 532 页。

在齐泽克看来就会构建新的意识形态。所以对于以齐泽克为代表的这些激进左派来说，行动就是一切，至于为什么行动，行动是否达到目标都不是需要考虑的对象。其结果只能如齐泽克在华尔街运动中激情演讲最后所留下的那个略显清醒的认识："我唯一害怕的，是我们有一天就此回家，然后每年在这儿聚聚头，喝喝啤酒，缅怀我们在这里曾经拥有过的美好时光。"①现在这样的预言已经变成了现实，而这却不过是齐泽克及其激进左派为保持"激进性"所鼓吹的"行动"不得不付出的代价。

译者

于清华大学新斋

2013 年 5 月

---

① 《齐泽克：在"占领华尔街"运动中的演讲》，http://www.wyzxsx.com/Article/Class20/201110/267809.html。

前　言

在去年的政治暴乱中最具**崇高**（sublime）意义的场景无疑是暴力颠覆罗马尼亚的尼古拉·齐奥塞斯库（Nicolae Ceaușescu）政权的那一幕①——在此术语"崇高"严格说来是康德意义上的"崇高"：反叛者们挥舞着带有红色五星的旗帜，这一共产主义的象征。而就在此刻，这面旗帜不再是这一民族生命的组织原则的象征：虽然仍旧是这面旗帜，但这面旗帜的中间被挖了一个洞。很难设想一个"在其生成过程中"——这是克尔凯郭尔惯用的表述——的历史情景所具有的"开放"特质应具有怎样的更为显著的象征，特别是这一历史情景还在发生过程当中，之前的主人能指（Master-Signifier）尽管已经丧失了其霸权，但还没有能够被新的所替代。在这一景象中所见证的**崇高**的热情并不能影响这一事实的存在，即我们现在知道了这些事件实际上是如何被操控的（最终，这一颠覆行动仍不得不与秘密警察打交道，这显然违背了行动本身，违背了这一行动的能指，也就是说，旧有的国家机器脱去原有的象征性外衣之后再次存活了下来）。对于我们以及那些参加了这一事件的人们来说，所有这一切在反思中都变得清晰可见，在此最为关键的是那些冲入布加勒斯特街道的民众将整个情景"体验"为"开放的"，他们参与了一

---

① 在此所指的是发生于 1989 年 12 月 22 日，罗马尼亚的齐奥塞斯库政权被推翻的政治事件。
本书出版于 1993 年，写作于 1990 年前后，因此所指的去年的政治暴乱为 1989 年罗马尼亚的这一颠覆性事件。——译者注

个国家从一个阶段向另一个阶段的转变过程(社会的关节点),而正是在这一时刻,在**大他者**(the big Other)中,在象征秩序中存在的那个洞(hole)成为清晰可见的了。于是,民众的狂热严格说来是因这个洞而产生的狂热,而不是被任何意识形态的谋划所操控的结果;所有意识形态的盗用(从国家主义到自由—民主主义)都在事件发生之后登上舞台,这是对这一过程的"强暴",它赋予了事件以原本没有的内涵。正是在这一点上,民众的狂热和批判的知识分子的态度在一个短暂的时刻中重合了。批判的知识分子的职责——如果在今天的"后现代"境遇下,这种词语的组合(syntagm)①还残存某种意义的话——要始终发挥作用,甚至在新的秩序(某种"新的和谐")稳定自身的时候,让**这个洞的位置**成为不可见的时候,也即与统治的主人能指保持一定距离的时候,批判的知识分子仍要发挥自身的职责。在这一意义上,拉康指出,在一种话语(社会的关联)向另一话语的转换过程中,"话语的分析者"总是在一个短暂的时间中出现:这一话语的目的是"生产"主人能指,也就是说,使那些"被生产出来的",人为的、不确定的特质显现出来。②

与主人能指保持一定的距离是一种基本的哲学态度。拉康在其关于移情的研讨班中将苏格拉底这位"第一个哲学家"指认为对聚合(paradigm)的分析者,这并非偶然。在柏拉图

---

① 组合(syntagm)与聚合(paradigm)对应,为索绪尔语言符号学分析理论的两个术语。这里应指"批判"与"知识分子"组合成所谓"批判的知识分子"。——译者注

② 存在着一种相反的途径来瓦解某种主人能指。纪念碑通常都具有"阳物"的形态:塔、方尖塔,以及那些所有突出的建筑都是如此。正因如此,在墨西哥城大学校园中的纪念碑很特别。一个混凝土制成的庞大的、凹凸不平的圆环围绕着一个不规则的、黑色的、起伏不平的火山岩。在此我们所看到的是一个真正的原质(Thing)的纪念碑,一种凝固的快感(jouissance),一种快感的实体——它是那面旗帜上那个曾经激发了我们所有狂热的"洞"的另一种表现方式。我们穿过那面旗帜的洞所看到的是一个空洞的天空(the empty sky),我们或者可以说那面旗帜上的那个洞与凝固的火山岩之间的关系所指向的是海德格尔意义上的大地与天空之间的对抗性关系。

的《会饮篇》中,苏格拉底拒绝将自己与神像(agalma)①,即某种内在的神性等同起来,拒绝与那些未知的、充满主人魅力的要素等同起来,固守于被"神像"(内在的神性)所填充的一种空洞之中。② 正是基于这一背景,我们以此来反观标志着哲学之起源的"惊异":哲学开始于我们不再简单地接受既定的存在(诸如,它就是这样!"法则就是法则"等),而是产生这样的问题,即我们所遭遇的现实是如何可能的。哲学的特质在于将现实性"回溯至"可能性——弗雷德里克·詹姆逊(Fredric Jameson)通过引用阿多诺和霍克海默的垄右铭最好地表达了这一点:"并不是意大利就在这里,而是有证据证明它存在于这里。"③没有什么能比第欧根尼的轶事更具有反哲学的性质,作为犬儒主义者的第欧根尼面对伊里亚学派所提出的对"存在"的质疑,以及运动的非可能性的证据,他仅仅站起来,转身就走,以此来作为回应。(正如黑格尔所指出的那样,这一轶事的标准版本没有给出它的最终结局:第欧根尼狠狠地鞭笞了那个赞赏这种主人姿态[Master's gesture]的学生,他被惩罚是因为他接受了一种前理论的呆板事实[factum brutum]作为证据)。理论拥有对问题的起点进行抽象的权力,它随后依据它自身的预先假定,用先验的"可能性的条件"来进行重构——理论就是这样形成的,而正是这一点需要主人能指(Master-Signifer)的悬置。

---

① Agalma,原意为影像、偶像崇拜的对象,上帝的形象,等等。柏拉图在《会饮篇》中意指美少年所设想的苏格拉底所拥有的内在隐蔽的神性,而实际上,这种神性并不存在(即一种匮乏),这只是美少年的想象,但在这种想象中,美少年得到了满足。拉康哲学中用以指称真正的欲望对象,**对象 a** 的另一种说法。在此翻译为"神像"。——译者注

② 参见雅克·拉康《研讨班》第 8 卷第二章"移情"("*Le séminaire*, book 8: Le transfert")(Paris:Editions du Seuil, 1991)。

③ 参见弗雷德里克·詹姆逊:"意大利的存在",《可见的签名》(Signatures of the Visible)(New York:Routledge,1990)。

在这一意义上说,鲁道夫·伽谢(Rodolphe Gasché)宣称德里达仍然是一位完全"先验"的哲学家是有一定道理的。诸如延异(différance)、增补(supplement)等观念都在试图对哲学话语中"可能性条件"的问题给予回答。① 也就是说,德里达的"解构主义"策略并不是在毫无限制的游戏性"书写"中消解哲学的魅力,而是通过它自身最为严格的自恰性来开拓某种哲学的路径。它的目的是要显现某个哲学体系的"不可能性的条件"(例如在这一体系中有待克服的障碍,有待弱化的次级要素,等等),实际上作为内在的可能性条件而发挥着作用(没有书写也就不存在纯粹的逻各斯,没有增补也没有原作,等等)。由此,我们为什么不能宣称拉康也是一位"先验哲学家"?难道他的所有著作不是在努力试图回答欲望是何以可能的问题吗?难道他没有提供某种"纯粹欲望的批判"吗?或者提供了某种纯粹的欲望的机能?② 他所有的基本概念不是都已经提供了解欲望之谜的答案吗?欲望由"象征性阉割",原质(Thing)的原始缺失所构成,所有的这些缺失都被**对象a**(objet petit a),幻象—对象(fantasy-object)所填充。所有这些缺失都因我们的存在被"嵌入"象征世界之中,从而使得我们"自然的"需求脱离其固有轨道,等等。

然而,将拉康在本质上视为一位哲学家的观念是危险的,因为它显然与拉康反复声称的观念相左,即拉康将哲学拒斥为某种"主人话语"(discourse of the Master)。③ 难道拉康没有一次又一次地强调在他的教学中所固有的反哲学的特质

---

① 参见鲁道夫·伽谢(Rodolphe Gasché):《镜子的背面》(the Tain of the Mirror)(Cambridge: Harvard University Press, 1986)。
② 参见博纳德·柏斯(Bernard Baas):《纯粹的欲望》(Le désir pur),《奥赫尼卡?》(Ornicar?)38(Paris, 1985)。
③ 参见雅克·拉康《研讨班》第17卷《精神分析的反面》(L'envers de la psychanalyse)(Paris: Editions du Seuil, 1991)。

吗？直到在他生命的最后一些岁月中，他仍激昂地宣称："我强烈地反对哲学。"(Je m'insurge contre la philoscphie)然而，当他在他三个主要的研究领域（分析哲学、现象学和马克思主义）中将自身视为"反哲学"、"不再是哲学"的时候，我们却将他的哲学视为一种后—黑格尔主义哲学，于是问题变得复杂起来。在《德意志意识形态》中，马克思调侃地认为哲学与"现实生活"的关系就如"自慰"(masturbation)与性行为之间的关系；实证主义传统宣称用科学分析性的概念来替代哲学（形而上学），海德格尔式的现象学家们则努力地"穿越哲学"达到后—哲学"思想"。总而言之，在今天所进行的"哲学"研究，确切地说来不过是试图"解构"一些不同的经典哲学观念的努力（诸如"形而上学"、"逻各斯中心主义"，等等）。由此我们不得不冒风险来做这样一种假定：拉康所谓的"反哲学"可能不过是一种作为反哲学的哲学而已。如果拉康自身的理论实践中包含着某种**向哲学的回归**，又会怎样呢？

在阿兰·巴迪欧(Alain Badiou)看来，我们生活在一个"新诡辩者"的时代。① 在哲学的历史中存在着两次大的断裂，一次是柏拉图的断裂，一次是康德的断裂：它们都诞生于对新的相对主义态度的回应。这些相对主义直接威胁到了传统知识的体系：在柏拉图的时代，诡辩者的逻辑论断侵蚀了传统道德的神秘基石；在康德的时代，经验主义者（如休谟）侵蚀了莱布尼茨—沃尔夫的理性形而上学的基石。所有这些例子所提供的解决办法并不是返回传统哲学，而是发现一种新的哲学基础，用以"在诡辩者自身的游戏中将其击倒"，例如通过将诡辩者的相对主义极端化而战胜他们（柏拉图接受了诡辩

---

① 参见阿兰·巴迪欧(Alain Badiou)：《哲学宣言》(*Manifeste pour la philosophie*)(Paris: Editions du Seuil, 1989)。

者的推论过程;康德则接受了休谟对传统形而上学的埋葬)。在我们看来,拉康开启了重复这一过程的可能性,也就是说,在今天占据主导地位的"后现代理论"是新实证主义和解构主义的混合,这两种哲学倾向分别可以用罗蒂(Rorty)与利奥塔(Lyotard)来命名。他们的著作强调了"反本质主义",拒斥了宇宙的基始,将"真理"消解为多元化语言游戏的结果,在其相对主义的视域下强调富有历史性的、特殊的、主体间的交流,等等。那些孤独的、绝望的,试图让"后现代"回归神圣的努力,最终不过就是另一种语言游戏,另一种"我们讲述我们自己的故事"的方式。然而,拉康却不是这些"后现代理论"中的一支,从这一意义上说,他的地位与柏拉图和康德是一样的。将拉康视为"反本质主义者"或者"解构主义者"的看法就如同将柏拉图视为诸多诡辩者之一一样。柏拉图吸取了诡辩者们的推理逻辑,但却用来强调自身对于真理的追求;康德接受了传统形而上学的覆灭,但却用它来完成自身的先验真理的构建;同样,拉康接受了"解构主义者"的激进的偶然性的主旨,但却用这一主旨来反对自身,用这一主旨来确证自身对**作为偶然性**的真理的探求。正因如此,解构主义者们与新实证主义者们在与拉康打交道的时候,总是被其中所流露出的"本质主义"(在菲勒斯中心主义的伪装之下)的残余所困扰——好像拉康与他们很接近,但却并不是他们中的一员。

由此,对"拉康是否是后现代新诡辩者中的一员?"这一问题的追问,是一个并非局限于学术讨论层面的问题。这样说或许是一种夸张,即在某种意义上,所有的事物,从所谓"西方文明"的命运到生态危机中的人类幸存,都将依赖于对这一问题的回答:在今天这一新诡辩主义的后现代时期,关于康德的立场,我们是否还有可能做出必要的修改?

第一部分
我思：被称之为主体的空洞

第一章 "能思维的我或者他或者它(原质)"

黑色的主体(The Noir Subject)……

一种将 20 世纪 80 年代与 50 年代区分开来的方式在于比较经典的黑色电影(*film noir*)①与 20 世纪 80 年代的新黑色电影。在此出现于我脑海中的不是那些直接地或者间接地被翻拍的电影(例如两部《生死格斗》[*DOA*];《危情》[*Against All Odds*]作为《漩涡之外》[*Out of the Past*]的翻拍;《体热》[*Body Heat*]作为《双重保险》[*Double Indemnity*]的翻拍;《无路可走》[*No Way Out*]作为《大钟》[*The Big Clock*]的翻拍,等等,甚至《本能》[*Basic Instinct*]在某种意义上也可以视

---

① 黑色电影这个概念是由法国评论家尼诺·弗兰克(Nino Frank)在 1946 年提出来的,他借用了法国硬派小说 Serie Noir(黑色小说)提出了黑色电影(Film Noir)。一般对黑色电影有两种不同的理解:一种观点认为它是某种电影类型,包括黑色电影与新黑色电影,最早可以追溯到 20 世纪 40 年代,并一直延续到 21 世纪;另一个观点则认为黑色电影与其说是一种电影类型,不如说是一种风格和叙事倾向,黑色电影在其中吸取了强盗电影中愤世嫉俗、极端、强烈的叙事方式。Noir,这一法语词不仅意指黑色,而且也意指忧郁。(具体参见克莉丝汀·汤普森《世界电影史》,陈旭光等译,北京大学出版社 2004 年版,第 192 页)——译者注

为对《迷魂记》[Vertigo]的翻拍)①,而是那些试图努力通过将电影与其他类型的艺术相结合的方式来恢复黑色世界的电影,就好像今天的"黑色"如同一个吸血鬼一般,为了生存不得不吮吸其他人的新鲜血液。在此举两个例子:在艾伦·帕克(Alan Parker)的《天使之心》(Angel Heart)中,将黑色与神秘的超自然联系起来;在雷利·史考特(Ridley Scott)的《银翼杀手》(Blade Runner)中将黑色与科幻小说联系了起来。

长期以来,电影理论始终被一个问题所困扰:"黑色"叙事自身是否是一种艺术类型,或者它是在不同艺术类型的影响下产生的一个扭曲的变体? 最初,"黑色"叙事并不局限于冷酷的侦探小说,黑色叙事在喜剧(如《毒药与老妇》[Arsenic and Old Lace])中,在西部片(《追踪》[Pursued])中,在带有政治性和社会性的戏剧(《国王的弄臣》[All the King's Men]、《失去的周末》[The Lost Weekend])中也很容易被发现。在此,我们是否已经受到了这样一些事物的隐性影响,这些事物自身构筑了自己的类型(一个黑色的犯罪的世界);或者是否以犯罪为主题的电影只是黑色的逻辑得以应用的诸多可能的领域之一? 也就是说,作为对犯罪世界的叙述方式,黑色叙事是否也同时可以叙述喜剧片与西部片? 一种逻辑的运作在它所得以应用的每一艺术类型中都引入了相同的变体,由此在以犯罪为主题的电影中发现了黑色逻辑最为普泛的应

---

① 《本能》以某种特殊的方式见证了叙事框架的逻辑和功能的基本变化:十年或者二十年之前,在最后一个镜头中所发生的突然的转变(从追踪在床上做爱的情侣直到冰锥,这一作案凶器在床下被发现)是令人震撼的,它让人们晕头转向,从而迫使我们不得不对整个之前的内容进行重述;今天,这一转变失去了它富有戏剧性的影响,让我们最终归于冷漠。换言之,"希区柯克式的对象"(Hitchcockian object),浓缩于主体间关系中的"一小块真实"在今天不再是可能的了。关于"希区柯克的对象"可以参见麦迪·道拉[Mladen Dolar]的相关著作,以及齐泽克在《不敢问希区柯克的,就问拉康吧》Everything You Always Wanted to Know About Lacan (But Were Afraid to Ask Hitchcock) (London: Verso, 1992)中的"希区柯克的对象"。

用本身并不意味着什么,只不过是出于偶然。提出这些问题并不是沉迷于无聊的诡辩当中,我们的论题在于"恰当性"(proper),就如同侦探小说一般,要达及它的真理,即在黑格尔的意义上实现它的理念,只能通过与异类(another genre)的融合,特别是科学幻想或者秘传宗教等才是可能的。

由此,《银翼杀手》与《天使之心》有什么共同之处?两者都面对记忆的问题,并颠覆了个人的身份认同:一个主人公,一个冷酷的探索者,不得不开始这样一个探寻,其探寻的最终结果包含着这样一个发现,即他自己从一开始就是这个探寻的对象。在《天使之心》中,这位主人公发现那个他正在寻找的死去的歌手不过就是他自己(在很久以前的一个秘传仪式当中,他与一个老兵交换了心脏与灵魂,这个老兵正是他所认同的现在的自己)。在《银翼杀手》当中,这位主人公又成了2012年洛杉矶复制人的杀手,但在完成任务的过程中,他被告知他自己就是一个复制人。在这两个例子中对问题的探寻结果都是一个极端的自我认同的缺失,整个过程总是被某种神秘的、全能的机构所操控。在第一个例子中是魔鬼(the Devil)自身("路易斯·斯伯"[Louis Cipher]),在第二个例子中则是泰瑞尔公司,正是它成功地制造了完全没有意识到自身就是复制人的复制人,即制造了那些将自身误认为是人类的复制人。①两部影片中所描述的世界都是通过资本的运作渗透并主导了我们存在的幻象——内核(fantasy-kernel)的世界:没有什么特质是真正属于"我们的",甚至我们的记忆和幻觉都是被人为制造出来的。这正如弗雷德里克·詹姆逊关于后现代主义的讨论,他将后现代视为一个新的时代,在这一时代中,资本将最后拒斥它的领域也纳入了其所操控的范围之内,这一新的时代最终带来了这样一个夸张的结论:资本与知识的融合产生了某种新类型的无产阶级,这种无产阶级,如同被剥夺了所有的财产一般,被剥夺了所有个人的反抗,所有的一切,甚至最为内在的记忆都是被制造出来的,最终剩下的只是纯粹的无实体的主体性(substanzlose Subjektivitaet——马克思对无产阶级的界定)的空洞。具有讽刺意义的是,有人认为《银翼杀手》是一部讲述阶级意识诞生的电影。

在两部影片中,真理被隐藏起来,一部通过隐喻的方式,另一部则通过转喻的方式。在《天使之心》中,资本的运作隐喻为魔鬼的形象,而在《银翼杀手》中,某种转喻的障碍阻止了影片运演自身的内在逻辑。这就是说,经由导演剪辑过的《银翼杀手》与1982年发行的版本在两个关键点上完全不同:不

---

① 在《银翼杀手》以及《天使之心》中,那个"异类"的要素通过眼中的某种异样被察觉(机器人通过他们非自然的膨胀的瞳孔来确认自身,而当魔鬼[Devil]袒露自己真实本性的时候,他的眼睛就显现出一种神秘的蓝色光芒)。眼中的这种异样指示出了某种剩余,它不得不被排除,以便我们所体验到某种"现实(reality)"获得它的一致性。它的再次出现动摇了"现实"的协调一致。在《弗兰肯斯坦》(Frankenstein)中,那"无深度的眼睛"所给出的无法看穿的凝视就是那个科学怪人的特征。在此引用玛丽·谢利(Mary Shelley)自身关于这一"令人恐怖的幽灵"的描述就已经足够了:"他睡着,但他被吵醒了;他睁开眼睛,看到在他的床边站着的一个恐怖的东西,打开了他的窗帘,用黄色的、水汪汪的,但深邃的眼睛看着他。"(玛丽·谢利[Mary Shelley],《弗兰肯斯坦》[Frankenstein][Harmondsworth:Penguin,1992],第9页)那个不透明的、"无深度的"眼睛总挡住了我们进入"灵魂"的道路,阻挡了我们陷入"人"(person)的无限深渊的道路,由此将其变成无灵魂的恶魔:不仅是一个无主体性的机器,而且是一个怪异的主体,它并没有屈从于"主体化"的过程,而往往在这一主体化的过程中给予主体以"个性"(personality)的深度。

再有画外音,并且最终达克德(Deckard)(由哈德森·福特扮演)发现他自身也是一个复制人。① 但在两个不同的版本中,特别是在 1992 年发行的版本中,一系列特质都指向了达克德的真实境遇:达克德与利昂·库瓦斯基(Leon Kowalski)之间在视觉上的相似性强调了这一点,影片的开始,在泰瑞尔大楼中一个复制人被询问;在达克德通过对瑞歇尔(Rachael)从不与人分享的那些童年记忆的考察,从而证实了瑞歇尔(肖恩·杨[Sean Young]扮演)是一个复制人之后,镜头提供了一段简短的关于他的个人经历的展现(在钢琴边上的童年照片,他梦幻记忆中的独角兽),这个带有神话色彩的回顾暗示了这些记忆本身也是被制造出来,并不是"真正的"记忆或梦。所以当瑞歇尔调侃地问他是否也经历过类似的询问的时候,这一问题以一种不祥的低语萦绕其间;那个充满善意,但又爱讽刺别人的警察充当着达克德与警察局之间的联系人,他的存在以及他做了一个独角兽的纸模型的事实都清楚地暗示了他知道达克德是一个复制人。(我们也可以准确地推断出在真正的出自导演的剪辑中,这个警察不怀好意地告诉了达克德这一事实。)此处的矛盾在于这一颠覆性的效果(人与机器的界限的模糊)依赖于叙事封闭性,通过这个封闭性,故事在开始的时候就以隐喻的方式预言了结局(在影片的开始,达克德重放了对库瓦斯基进行询问的磁带,他自身并没有意识到最终自己将占据库瓦斯基的位置),而对这一完整叙事的逃避(如在 1982 年版本中,达克德作为复制人的线索几乎不可察觉)是一种对保守主义者的妥协,它消解了其中的颠覆力量。

那么,在记忆的恢复夺走了主人公的自我认同之后,我们

---

① 1992 年发行的版本是一个妥协的结果,并不是真正出自导演的剪辑:在其中取消了画外音,并安排了一个愚蠢的大团圆的结局,避免了对达克德本人也是一个复制人的境遇的揭露。

将如何在最终的询问中判定主人公的立场呢？正是基于这一点，经典的黑色电影与20世纪80年代以其纯粹形式而出现的黑色电影被区分开来。今天，甚至大众媒体都已经意识到，我们究竟在多大程度上可以觉察到现实（reality），包括那些我们最为内在的自我经验的现实，都已经依赖于象征的虚构（symbolic fictions）。引用最近的《时代》周刊的一句话足以说明问题："故事是昂贵的，不可或缺的。每个人必须有他自己的历史，他的叙事。你无法知道你究竟是谁，直到你拥有了关于自己的一个想象的版本。没有它，你甚至都不存在。"经典的黑色电影仍然停留在这些限制之内：他们被束缚在记忆丧失的种种案例中，在其中主人公并不知道他究竟是谁，或者在他毫无记忆的黑暗时期究竟做了什么。记忆丧失在此作为一种缺失被整合进了主体间性当中，被整合进象征共同体当中。一个成功的记忆意味着通过将其自身经历组织成一个具有同一性的叙事，主人公驱逐了弥漫于过去中的黑暗。但在《银翼杀手》和《天使之心》的世界中，记忆指向了某种无可比拟的激进：主人公的象征性认同的整体缺失。他被迫假定他不是他所认为的那样，而是其他某种东西——某个人（somebody-something else）。正因如此，《银翼杀手》的"导演剪辑"版中，加入了达克德的画外音（如同笛卡尔）：在黑色的世界中，画外音的叙事将主体的经验整合入**大他者**，这个主体间的象征传统之中。

一个普遍的关于经典黑色电影的老生常谈在于它的哲学基础为法国的存在主义；然而，为了把握发生于20世纪80年代的黑色电影中的极端变迁，我们必须要走得更远，要到笛卡尔—康德式的问题，即作为纯粹的、无实体性的主体"我思"之中来。

……脱节

笛卡尔是在本体论意义上为统一性的世界引入了裂缝的第一人:"我思"作为一个突破口获得了绝对的确定性,它暂时开启了这样一个假定,在我的背后出现了一个邪恶的天才,它控制了我,操纵着我对"现实"(reality)的感受——这是那个制作复制人的科学家的原型,从弗兰肯斯坦博士(Dr. Frankenstein)到《银翼杀手》中的泰瑞尔公司。然而,通过将他的"我思"(cogito)转变为"能思考的物"(res cogitans),笛卡尔,尽其可能地愈合着他给"现实"带来的伤口。只有康德完整地说出了自我意识的内在矛盾。康德的"先验转向"试图表达的是在"存在的庞大链条"中的主体被放置入整个世界的不可能性——这个世界总被认为是和谐的,所有的要素都有其自身的位置(今天,在生态主义的意识形态中还充斥着这样的观念)。与之相反,主体在最为极端的意义上"脱节"(out of joint)了,它缺乏自己的位置,这就是为什么拉康用($①)来表达主体了。

在笛卡尔那里,这个"脱节"的状态还是隐蔽的。笛卡尔的世界仍然局限在福柯在其《物的秩序》中所谓的"古典知识型"(classical episteme)当中,这一认识论领域被"再现"(representation)的问题所左右——诸如多个再现之间的因果链条,他们的明晰性和确定性,再现与被再现的内容之间的关

---

① 拉康的 S 多次出现在他的相关论著中,其所表达的是拉康独特的主体理论,拉康继系弗洛伊德的思想,却否认了"本我"的存在。"本我"在本体上的空无,使"主体"成了一个"主体空场""主体位置",对于拉康来说,他从未彻底否定主体的存在,他只是认为主体并不在它应该在的地方,因此,当拉康用来表达主体的时候,他常用 S 来表达,主体(S)存在,但又被划去。

联,等等。① 当笛卡尔达到了对"我思故我在"(cogito ergo sum)的确认的时候,他并不视我思与整个现实世界是相互关联的关系,即并不将我思视为一个外在于现实的点,从现实中脱离出来,但却可以画出现实的轮廓。(在维特根斯坦的《逻辑哲学》[*Tractatus*]中有一个著名的关于眼睛的比喻,即眼睛从来不属于被看的现实的一部分)。笛卡尔的我思,不同于那种自主的行动者,能够"自然而然"地构造一个与自己相对的客观的世界,我思是一种再现,通过内在的观念链条,将我们引向另外的、更高层次的再现。主体最先发现我思作为一种再现,属于某种内在的匮乏的存在("怀疑"就是一种非完美的迹象),由此,从我思必然可以推出具有某种确定性的完美存在。因为显然,某种匮乏的、较低层次的实体或者再现不能成为某种较高层次的实体或者再现的原因,那么完美的存在(上帝)不得不存在。而且具有诚实本性的上帝保障了我们所再现的外在现实的可靠性,等等。在笛卡尔最终对宇宙的理解当中,我思只不过是构成复杂整体的诸多再现中的一种,成为现实的一部分,但却仍(或者,在黑格尔式的语言中,只是就其"自在的"[in itself]而言)没有与整个现实相关联。

笛卡尔的"我思"与康德先验统觉中的"我"之间的断裂究竟是什么?对这一问题,维特根斯坦在对康德的解读中做出了回答。维特根斯坦以笛卡尔为批判对象,指出用我思(I think)作为一个完成了的短语是不合理的,因为这一短语总是期待着一种延续——"我想(快要下雨了、你是对的、我们会赢的……)"。在康德看来,笛卡尔成了"假定意识实在化之偷

---

① 参见米歇尔·福柯《物的秩序》(New York: Vintage, 1973)。

换"(subreption① of the hypostasized consciousness)的牺牲品。笛卡尔错误地推导出了这样一个结论:那个空洞的"我思",伴随着一个对象的每一再现,令我们把握了一个带有肯定性的现象的实体,"能思考的物"(res cogitans)("这是世界中的一小部分",正如胡塞尔所指出的那样),这一能思考的物在自身思考的能力中思考并呈现着自身。换句话说,自我意识促成了在思考着的我当中自己呈现自己和自己显现自己的"东西"。在此,"我所思"的形式与思考的实体(substance which thinks)之间存在的拓扑学意义上的不一致被忽略了,换言之,包含在"我思"当中的,逻辑上的思想主体的分析命题与作为一个思考着的实体—物(thing-substance)的单个人(person)的综合命题之间的差异被忽略了。通过分析这一差异,可以认为康德优于笛卡尔:他提出了某种"消失的中介"(vanishing mediator),即一旦笛卡尔的"能思考的物"出现,这个中介就不得不消失(《纯粹理性批判》,A354－356)。② 康德对这一差异的分析被拉康重新唤起,在拉康那里,这种差异转变为了阐释的主体(sujet de l'énonciation)与被阐释的主体(sujet de l'énoncé)之间的差异。拉康所谓的阐释的主体($)也是空洞的、非实体化的、逻辑的、可变的(无功能性的),而被阐释的主体("人")包含着一些幻象性(fantasmatic)的"东西",这些东西填充这个空洞的主体($)。

经验性的"我"的自我感觉与先验统觉的"我"之间存在的

---

① Subreption:康德谈论美和崇高的时候所使用的一个词,原意为骗取,隐匿真相的意思,但在康德对崇高的论述中意指着主体内心对人的理性的崇敬通过"偷换"(subreption)的途径移到自然对象之上。这样,表面上看是对于对象的崇敬,而实质上是人对自己理性的崇敬。在此康德对于笛卡尔的批判也可以从这一意义上加以理解,即笛卡尔不过是将现实化的意识移植到自然对象之上。——译者注
② 所有《纯粹理性批判》的引文都是来自于史密斯(Norman Kemp Smith)的版本(London: Macmaillan, 1992)——原文注。本书中《纯粹理性批判》的相关译文都参照李秋零的译本(中国人民大学出版社2004年版)。——译者注

差异和作为经验现实的存在与作为逻辑建构的现实,即数学意义上的存在(存在着一个 X……)之间的差异是一致的。康德先验统觉的我是一个**必要的**,同时也是**不可能**的逻辑建构(在此"不可能"的确切含义在于先验统觉的"我"的观念从来不能被直观的经验现实所填充),简言之,它就是拉康的"真实"(real)。笛卡尔的错误就在于混淆了经验性的存在与作为非可能性—真实(real-impossible)的逻辑建构。①

康德的理性比它所表现出来的更为纯粹。为了更完整地表达这种纯粹,我们不得不采用拉康的幻觉公式($\$\diamondsuit a$):"我思"只不过意味着我不能接近作为思想着的本体原质(noumenal Thing②)的我自身。原质(Thing)在最初就丢失了,幻象的对象(a)填补了它的空洞(在确切的康德的意义之中,拉康认为 a 就是"意指为作为我的那种东西"[the stuff of I])。③ "我思"的行为是某种超现象(trans-phenomenal),它不是内在经验或者直觉的对象,并且同时它也不是本体原质,不过是其匮乏的空洞。仅仅认为纯粹统觉的我"唯有通过是它的谓词的那些思想才被认识,分离开来,我们就永远不能对它有丝毫概念"(《纯粹理性批判》,A346)还远远不够。我们不得不添加上这样一种观念:**这种直观性的内容的匮乏就是我**

---

① 同样的矛盾也存在于**可能性模棱两可**的本体论之中:作为与现实性对立的"单纯的可能性"包含着某种它自身的现实性,康德的先验统觉意指了某种自我意识的纯粹可能性,它作为一种可能性产生了现实的效果,即确定了真实的主体。一旦这种可能性被现实化,我们就不再面对某种纯粹的我的自我意识,而是面对作为现象,作为现实的一部分的经验性的意识。另外一种构造这一差异的途径在于通过将作为主词的"我"(I)与作为宾词的"我"(me)区分开来:康德的先验统觉意指的是"我思"(I think)中的"我"(I),而笛卡尔则暗中将"Je pense"(我思)实体化为"moi qui pense"(思考着的作为宾词的我)。

② 将 Thing 翻译成原质,是沿用了拉康的术语,在本书中,齐泽克试图将康德作拉康化解读,因此在术语的翻译上也力求体现齐泽克的这一理论倾向,将康德的许多术语进行拉康化的翻译。——译者注

③ 雅克·拉康:《选集》(*Ecrits: A Selection*)(New York: Norton, 1977)第 314 页。

的构成,我的自我的"核心存在"的不可接近使其成为一个我。① 对此康德没有清楚地意识到,因此他只能一次又一次地将纯粹统觉的我与自我经验中的我之间的关系构想为某种物自体(Thing-in-itself)与某种经验现象之间的关系。②

在此基础之上,康德这样说:"在源初的、综合的、统觉整体之中,我意识到了我自身,但并不是像我向自己显现的那样,也不是像我自身所是的那样,而仅仅是我在。"(《纯粹理性批判》,B157)对此,我们首先注意到的是其中存在的一个基本矛盾:当通过最为极端的抽象,我将自身束缚于我们的每一表象所构筑的**思想**的空洞形式之内的时候,我与被剥夺了所有思想的确定性的存在(being)相遇了。我将自身限定在思想的空洞形式当中,而这一思想的形式却伴随着每一个我的再现。由此,思想的空洞形式与存在相一致了,然而这种一致缺乏任何形式上的思想的确定性(determination-of-thought)。而这一点,康德认为自己与笛卡尔最为接近的地方,却是他与笛卡尔距离最远的地方。在康德看来,这种在自我意识的行为当中存在的思维与存在的统一,从不意味着对作为思想实体的我自身的接近:"通过这个能思维的我或者他或者它[物]所表象出来的不是别的,无非是思想的一个先验主体＝X,它唯有通过是它的谓词的那些思想才被认识,从而分离开来,我们就永远不能对它有丝毫概念。"(《纯粹理性批判》A346)简

---

① 这就是为什么一些康德的阐释者们运用"我自体"(self-in-itself)这个似乎带有某种荒谬性的术语(例如 J. N. 弗德雷[J. N. Findlay]的《康德与先验对象》[*Kant and the Transcendental object*][Oxford: Clarendon Press, 1981])。一旦我们将自我界定为某种理智的原质(intelligible Thing),它就失去了用以界定它的特质,即属于它的先验的"自发性"与自主性等特质只能被局限在有限性的视域之内,即局限于理智的视域与直觉的视域相分割的时候。(这一点最终被康德自己所确认,康德坚持要为人类的自由留下空间,而这一做法最终要依赖于那不可接近的理智的自然——诸如上帝的眷顾——正是它利用我们来实现它深不可测的计划。)

② 极具讽刺意味的是,康德用来表述他独特的、先验统觉的我的子目录,既不叫作某种现象也不叫作某种本体,而是"将所有对象分割为现象或者本体的基础"。

言之，我们不可能回答这一问题："能思考的物（the Thing which thinks）是如何构成的？"自我意识的矛盾在于它**只有基于它自身的非可能性的背景才是可能的**。只有当我无法企及作为我的存在的真实内核的我自身的时候，我才意识到我自身（"能思维的我或者他或者它[物]"）。我们不能从我是"能思维的物"的能力之中获得对自我的意识。① 在《银翼杀手》中，当达克德得知瑞歇尔是一个（误）认为她自身是人类的复制人的时候，很惊讶地问道："它怎么能不知道它是什么？"我们可以看到，两百年之前，康德哲学已经给这个谜做了一种回答：自我意识的观念包含着主体的自我去中心化，就这一点而言其要比主客体的对立更为激进。这就是康德的形而上学理论的最终指向：形而上学，通过为主体在"伟大的存在链条"中分配到一个位置，从而试图治愈"源初压抑"的创伤（对于"能思考的物"的不可接近）。然而形而上学没有注意的是这种分配所要付出的代价：形而上学试图构建的一种能力丧失了，即人类的自由。康德自己在《实践理性批判》中也犯了这一错误，他将自由（实践理性的先决条件）视为一个本体原质（a noumenal Thing）；由此他的一个基本的洞见引发了以下的困惑，即仅当我不能接近作为原质的我自身的时候，我才确认我自身是一个自发自觉的存在。

进一步考察，当纯粹统觉的我与本体之我（"能思考的

---

① 在我看来，这一点与黑格尔的看法一样，"我思"在与"物自体"（Thing-in-itself）的关系所占据的位置也是如此："我思"意指一个空洞，一个鸿沟，在其中，在那些唯一的"真正存在"（即与经验性存在相对立的自身存在）的原质（Things）所统治的世界之中敞开了一个现象能够显现的空间，一个我们对于现象有所经验的空间。换句话说，通过"我思"，"物自体"如其所是，成为一个分裂的，并且在现象的伪装之下成为不可接近的。"那个纯粹统觉的先验事实，'我思'，会如何看待那些物自体们（Things-in-themselves）呢？"这是康德没有追问的问题。真正的属于黑格尔式的问题并不是洞穿了现象表面而达及物自体，而是阐释了在原质（Things）中，某种与现象类似的东西能够出现。

物")一致的时候,究竟是什么构成了此时出现的不一致性?哈瑞·阿留森(Henry Allison)在对斯杜森(Strawson)的康德批判所给出的精彩概括中提出了这样一种疑问。① 在这种一致当中,现象的我(经验的主体)不得不被同时设想为(在对象的经验的掩盖下)本体之主体以及本体之主体的表象。换句话说,那些作为被构成的现实的一部分的每一事物似乎都是先验主体(在此被设想为与本体之主体相一致);另一方面,经验的主体,正如每一种凭直觉了解的现实(intuitec reality)一样,是某种本体之实体的现象性的表象,在这一情景下,也即本体之主体的现象性的表象。这样一种双重化(doubling)是无意义的,是一种自我取消的短路:如果本体之主体能够自己呈现,那么表象与本体之间的区分就不存在了。那些能够将某种事物视为表象的存在自身不能是一种表象。在此,我们发现自己陷入了阿尔封斯·阿莱(Alphonse Allais)所描述的无意义的恶的循环之中,两个表象互相确认对方为表象(罗恩[Raoul]与玛格丽特[Marguerite]在假面舞会上定了一个约会;在一个隐蔽的角落,他们都去除了面具,发出了惊讶的叫声——因为罗恩发现他的伙伴并不是玛格丽特,玛格丽特发现他的伙伴并不是罗恩)。要摆脱这一困境,就需要区分纯粹统觉的我与能思考的物(Thing-which-thinks)之间的区别:我所经验到的,在我的直觉中以现象的方式给予我的,我的人格所包含的内容(经验的心理学的对象),当然,伴随着每一现象,都不过是一个原质(a Thing)的表象(在这里也就是能思考的物的表象),**但这个原质(Thing)不是能思考的物向其呈现为经验之我的纯粹的统觉之我、先验之主体。**

---

① 哈里·E. 埃里森(Henry E. Allison):《康德的先验观念论》(*Kant's Transcendental Idealism*)(New Haven: Yale University Press, 1986),第 289 页。

拥有了对这一关键点的认知，我们能够对不可接近的本体之我（noumenal self）与任何知觉对象之间的区别做出清晰的描述。当康德说先验的主体"唯有通过是它的谓词的那些思想才被认识，而分离开来，我们就永远不能对它有丝毫概念"（《纯粹理性批判》A346）的时候，这一道理对于把握在我们面前的这张桌子不也同样富有真理性吗？桌子只有"通过是它的谓词的那些思想"才能被认识，而与之分离，则我们不可能有丝毫概念。但由于上面所描述的那种对"我"的双重化的自我指涉，我们应该看到**"我思"必须在现象的层面上保持一种空无**。我的统觉只能被定义为去除了任何直观的内容所剩下的东西；它是空洞的再现，在再现的领域中挖出了一个洞。更为确切的表达在于：因为**自我触发（auto-affection）**①的**矛盾**，康德被迫将先验统觉的我既不界定为现象的，也不界定为本体的；**如果"我"，作为经验的某个对象，被现象地给予"我自己"，那么"我"将同时不得不被本体地给予"我自己"。**

另外一种方式也能达到相同的结果，即通过推理的理智和直觉的理智的双重性。在康德的有限性思想中，主体只是具有推理的知性。他感知到了那些事情本身，（things-in-themselves），运用推理的理智（形式性的先验范畴表）将无形式的"效果"结构化为客观的现实：这种结构化是他自身"自然而然的"，自主性的行为。如果主体拥有直觉理智，那么它将缓解理智与直觉分离的困境，并有可能达及事物本身。然而，"如果含糊其辞地说来，我能够前后一致地宣称如果我用某种直觉替代了某种推理的理智，我将能够知道**另外一些事物自**

---

① 法国现象学运动当中常常提到的一个词，l'auto-affection，意指超越主观与客观，人与自然等二元对立之后形成的一种自我触发的状态，即每一个存在物都有其自身的独立价值，没有任何一方仅仅处于"被观看"，另一方处于"观看"。每一方都有权利"观看"，有权利以某种方式观看。——译者注

身(对象);我却不能同样宣称我能够通过自己的能力获知我自身是自发性的、思考着的主体,即将其视为某种对象而审视"①。为什么不行? 如果我拥有某种将我自己视为"能思考的物"的直觉,即如果我能够触及自身之我,**那么我将失去那个使我成为纯粹统觉之我的特质**;我将不再是一个自发的、先验的、构筑现实的中介。②

同样的矛盾出现在与先验统觉之我有密切关联的先验对象之中。换句话说,康德是如何达到先验对象(transcendental object)的观念的? 为什么他既不能通过先验范畴来获得先验对象的观念,也不能通过见证我们对事情本身(Things-in-themselves)的效用来获得先验对象的观念? "这个先验对象(它事实上在我们的一切知识中都永远是一个东西=X)的纯粹概念,就是能够给我们的一切经验性的一般概念带来与一个对象的关系,亦即带来客观现实性的东西"。(《纯粹理性批判》A109)换句话说,没有这个充满矛盾的对象,"在我们的一切知识中都是永远等同于 X 的"(《纯粹理性批判》,A109)对象,形式逻辑与先验逻辑之间的差别就不存在了,也就是说,先验范畴表也不过仅仅是形式逻辑的范畴表,从而被去除了构建"客观现实"的先验力量。先验对象是一般的对象的形式,这个所谓的一般的对象的形式所依靠的是通过参照某种先验的范畴将感性直观的杂多综合成某种统一的对象的再现,它表明了一个关键点,即每一个可能的对象的一般形式都

---

① 哈里·E. 阿留森(Henry E. Allison):《康德的先验唯心主义》(*Kant's Transcendental Idealism*)(New Haven: Yale University Press, 1986).第 289 - 290 页。

② 在《实践理性批判》的最后一部分,同样的逻辑在伦理层面上再次出现:如果我能够有直接洞察到上帝的本质的能力,那么这一能力将恰恰消解掉伦理行动。参见康德《实践理性批判》(New York: Macmillan, 1956),第 151 - 153 页。"关于人的认知能力富有智慧的应用于实践行为中。"

被还原为"一般对象"的空洞的再现。正是因为这一原因,先验对象的观念瓦解了康德对于无形式的事物与先验形式之间的区分。前者,无形式的事物源于超验之物(即感性的效果,它见证了主体被动受到某些本体之实体的影响);而后者,先验形式,正是主体借以将所直观到的事物塑造为"现实"的手段:它是被主体所"创造"的对象,它是"一个整体,这一整体将其面前的种种规划都视为对象的阴影",①一种知性形式,这一知性形式也是它自身的内容。如此,先验形式就是对象的外表,严格说来,也即一个换喻的对象:我们的经验所具有的(现实)的界限与潜在的界限同时为它敞开了空间。普遍的形式化——先验的"空洞"范畴的框架与我们在有限范围内的实际经验,以及为我们的直觉提供肯定性内容的效果之间存在着不可逾越的鸿沟,先验对象是这一鸿沟的化身。它所发挥的作用显然是反休谟、反怀疑主义的:它保证了那些先验范畴能够规定所有可能的经验对象。在物自体(Ding-an-sich)与先验对象之间的区分正好对应于拉康意义上作为原质(Ding)的真实界与**对象 a**(objet petit a)之间的区分:后者确切地说是

---

① 贝翠斯·朗格尼斯(Beatrice Longuenesse):《黑格尔与形而上学批判》(*Hegel et la critique de la métaphysique*)(Paris: Vrin, 1981),第 24 页。存在着将先验对象从原质(the Thing)中分割出来的鸿沟:原质作用于我们的感性,但却是不可接近的一个层面,即相对于它而言,我们只是一个被动的接受者,而先验对象则是一个缺乏任何实证性的、直觉的内容,不包含任何源于超验之物的"材料";它是一个被主体所先验地"设定"的对象。将先验对象与原质区分开来的关键点在于,一个是设定,一个是预设。原质只是单纯的预设,而先验对象只是单纯的设定;原质与先验对象最终的统一给出了一个黑格尔式的纯粹预设与设定之间融合统一的例子。

某种换喻的对象,它给予了肯定性对象的匮乏以化身。①

对于先验对象,"亦即关于一般某物的完全未定的思想",在康德看来,"这个先验的对象不能被叫作**本体**;因为对于它来说我并不知道它就其自身而言是什么,而且,除了它是一般感性直观的对象因而对于一切显象来说都是同一个东西之外,对于它我没有任何概念"(《纯粹理性批判》,A253)。在第一种路径之中,康德似乎与自己原初的前提相矛盾,引用了证据来证明先验对象的非本体性,由此我们无法知道它自身究竟是什么:难道不正是这种不可知性恰恰定义了本体的对象吗?然而当考虑到先验对象的本质之后,这种明显的不一致将很容易被驱散。② 就它给予一般的对象以化身而言,即就其作为某种换喻的客观性的占位符(place-holder③)而言,**它是这样一种对象,即如果它在直觉中被给予我,那么同时它也不得不将自身给予我。**(在此我们可以回想起纯粹统觉的我所具有的基本特质:它的表象是空洞的,如果它在现象层面被

---

① 我们如何能够使得**对象 a**,即剩余快感(plus-de-jouir)与马克思的剩余价值之间的关联更为明了?参照希区柯克最为有名的轶事之一或许有所帮助(这些轶事在瑞福特[Truffaut]的《希区柯克》中被反复地讲着)。在《西北偏北》中,随着故事的演进,希区柯克计划了这样一组并没有被拍摄的画面:凯瑞·格朗特(Cary Grant)与他的同伴沿着一个汽车工厂的装配线走着,交谈着,一辆汽车以背景的方式在装配线上以同样的速度伴随着他们的脚步,以至于我们可以在他们背后清楚地看到一辆汽车生产的整个过程——我们看到所有的部件被装成一个整体。在装配线的终端,格朗特转向了那辆汽车,打开车门,从车中滚落下一具鲜血淋漓的尸体。在此,这具尸体就是**对象 a**:一个纯粹的表象,一个"没有任何出处"而突然出现的剩余,同时也是所有装配这辆汽车的生产过程的一个剩余。

② 正如它在阿留森的《康德的先验唯心主义》中被说明的那样。第245页。

③ 占位符,就是先占住一个固定的位置,等待里面添加内容的符号,例如在幻灯片的使用中,就表现为一个虚框,虚框内部往往有"单击此处添加标题"之类的提示语,一旦鼠标点击之后,提示语会自动消失。——译者注

给出,那么它在本体层面也要被给出。)①

从康德到黑格尔

康德对于先验对象模棱两可的思考(康德一会儿将其视为一个原质[a Thing],一会儿将其视为既不是现象也不是本体[noumenal]的东西)是其对先验主体模棱两可之思考的一种颠倒,进一步说,这不是一个简单的失误,只要纠正过来就可以帮助我们形成一个"正确的"康德理论,相反,它是一个**必要的模棱两可**,它产生的根源只有从黑格尔的视角来反观才能更为清晰:如果我们在任何两极之间作出选择,康德的体系都将被瓦解。也就是说,如果一方面,我们坚持先验的我与本体论意义上的物自身(Thing-Self)之间的统一性,**本体之我在现象层面向自身呈现**,这就意味着现象与本体之间的区分被消解了——"我"成为一个主体—客体的统一体,并在"理智直观"(intellectual intuition)中被自我给予,它"能看到自己的眼睛"(这一步是被费希特和谢林所完成,但被康德无条件禁止的,即将理智的视角[intelektuelle Anschauung]作为某种哲学化的"绝对的起点")。如果,另一方面,统觉之我(apperception)——这个构造现实的自发性中介——并不是一个本体原质(noumental Thing),那么现象与本体之间的差别就再次被消解了,只不过是以完全不同的另一种方式,以黑

---

① 由此先验对象和先验主体之间的确切关系究竟是什么呢?为了找寻这种答案,我们不得不记住物自体在康德的哲学中所具有的双重本质:原质(the Thing)指向整个的现象(对于我们这些有限的主体而言是不接近的),同时它也指向本体,一个作用于我们的不可知的 X。所以,先验对象是一个换喻,它代表了无限多的现象序列以及可能的直觉的对象,而主体则遵循着比喻的逻辑,即空洞的先验对象占据了那个不可接近的本体的"能思考的物"的位置。

格尔的方式。在此我们需要记住的是黑格尔拒斥这样一种观念,即"理智直观"是非自足的,并且仅仅是一种"直接"的综合。也就是说,他坚持推理的理智(观念层面)与直觉之间存在着不可消解的鸿沟,就此而言,他完全保留了康德的思想。因此黑格尔远不是弥合了康德的裂缝,而是进一步撕裂了它——他是如何做的呢?

在此有必要放弃标准的教科书式的语言,将黑格尔描述为"绝对观念论"者。在对这一概念的描述中,观念的自我运动通过自身构造出"内容"而超越了形式主义,并由此排斥了物自体的外在的刺激作用。在此,我们不是直接跌入"黑格尔的基础命题"之中,而是转而从康德的二元论所构造的先验的范畴体系以及事情本身(Things-in-themselves)出发:先验的范畴塑造着"效用",这些范畴源于本体之物,却作用于"客观之现实"。然而,正如我们已经看到的那样,问题的关键就在于这些效用的有限性:它们从来都不是"全体的"效用,因为"效用"的总体从来没有给予我们。如果这种全体被给予了,那么我们将能够接近物自体了。正是在这一点上,黑格尔批判了康德的"形式主义":黑格尔认为康德论证的非充分之处并不在于"效用"的有限本性,而是在于思想自身的抽象特质还不够充分。对于这种效用的需要(即,将多种多样的材料整合起来,为我们的理智提供内容)说明了这样一个事实,即我们的思想是抽象的,形式化的,但它还没有达到黑格尔所谓的"抽象形式"的层面。

从这一意义上说,先验的对象改变了它的功能:从前它不过是表明了直觉的不足,也就是说,我们的表象从来都局限于我们的有限性之内,直觉对象的世界从来不能在其整体性中被给予,而现在,先验对象的功能所表明的却是**话语形式**(discursive form)的不足。在这一确定的意义上说,黑格尔的"绝对观念论"不过就是将康德的"批判"推向极端,其结果是:

"不存在元语言(metalanguage)";我们永远不可能不偏不倚地测量出知识的表象与知识自身之间的距离。简言之,黑格尔正是在退回到绝对的"泛逻辑主义"(panlogicism)的意义上才将康德的批判推向极端的。**由此确认了在观念与现实之间存在的张力,每一个观念与这一观念所显现出的不可还原的他者之间的关系,在感性的、外在观念(extra-notional)的经验中的遭遇已经是一种内在观念(intra-notional)的张力,也就是说,已经包含着对这种"他者"(otherness)最低限度的观念的确定性。**①"观念的确定性"最为明显的实例,就是立足于经验主义的立场,将被观察的对象的特质分为第一性(形状)与第二性(颜色和气味):主体自身有一个内在的尺度,可以让它来区分什么仅仅是"主体的印象",什么是"客观的存在"。同样对于康德的物自体也是如此。主体是如何触及它的?将每一个与之相关的感性的确定性抽象为经验对象,留下来的是纯粹抽象的对象,纯粹的"能思考的物"(thing-of-thought)(Gedankending)。简言之,我们对于某种纯粹预设前提的探寻,即某种完全不受主体的自发行动影响的预设的探寻,最终的结果却是得到一种纯粹被规定(positedness)的实体。

在此包含了黑格尔"观念论"的担保:那些在我们的经验中呈现出来,或者向我们显现的一切,作为一种外在观念的剩余,作为不可还原为主体观念框架的"**他者**",无法穿透的**他者**,都已经被物恋化了(fetishistic),"物化"(reifier)在观念与其自身的不一致的知觉(错觉)当中。在这一意义上说,黑格尔在他的《精神现象学》的序言中指出:知识的真理性总是存在于其被证明为不充分的过程当中。如果它不能适应我们对

---

① 参见罗伯特·皮平(Robert Pippin),《黑格尔的观念论》(*Hegel'Idealism*)(Cambridge: Cambridge University Press, 1988)。

于这种真理的判定方式,那么我们不仅要用更为充分的形式来交换知识,还必须同时替换我们用来衡量真理的标准,对于这个标准自身,我们的知识是不能获得的。①黑格尔的观点并不是一种疯狂的唯我论,而是洞察到了我们——作为有限的历史的主体——永远缺乏任何一种衡量的标准,以用来保障我们与原质(Thing)自身之间的关联。教条化的理性主义的永恒真理的直觉,经验主义的感性知觉,先验反思所带来的先天范畴的框架,或者——另外两个可供参考的例子,虽然不具有历史性的价值,却仍然代表了当代哲学的立场,它们分别是:其一,现象学观念,它为我们的理性设定的前提基础为"生活世界"(lebenswelt);其二,主体间的语言交流。这些都是为了打破被黑格尔称为"经验"的恶的循环的一些错误的努力。②

首先,黑格尔的努力给我们带来的是对康德的一种简单

---

① 阿多诺通过一个实例来说明了这种从康德向黑格尔的过渡:这就是社会学和心理学之间调和的失败(参见他的《社会与心理学的境遇,社会理论与文化批判》[*Zum Verhaeltnis von Soziologie und Psychologie, Gesellschaftstheorie und Kulturkritik*][Frankfurt: Suhrkamp, 1975])在康德的术语中,它们之间的关系是严格的二律背反,我们可以试图从心理学中推导出社会学,换言之,将"匿名的"社会力量的斗争作为"具体的"人与人之间的关系,以及单个人的存在之"规划"的"对象化"(objectivization)(各种现象学的方法的最终目的都可以归结为萨特在其《辩证理性批判》当中所指出的关键性观念"惰性实践"[practico-inerte])。另一方面,我们可以将心理学中的自我体验仅仅看作客观化了的社会结构和过程,作用于自我所产生的想象(功能主义结构主义方法的最终目的体现在早期阿尔杜塞的著作当中,那时他还没有将"阶级斗争"作为其理论大厦的关键环节)。在两种情况下,简单的综合就是一种错误,例如试图(通过诸如"社会角色"[social character]等概念)来弥合两者之间的鸿沟。通过这种弥合的最终失败,我们同时也看到了这种综合的持存。如果我们仍驻留在康德的视域当中,那么寻找心理学与社会学之间的关联(在某种程度上,我们认为这是"真正的"社会空间理论的必要组成部分)就被推向了一个不可企及的僭越(unattainable Beyond),即它将获得物自体的地位。相反,黑格尔的辩证法,让我们在体验到一种整合社会学与心理学的努力失败的时候,"触及到了真实"——社会力量的"物化"与心理学的自我体验之间存在着无法弥合的鸿沟,这才是现代社会的本质特性。认识论上的失败让我们反而接近了"物自体",它以对抗的形式接近了对象自身的内核。

② 关于这一观念,参见黑格尔的《精神现象学》(oxford: oxford university Press, 1977)的"序言"。

的颠倒：在主体与实在之原质（substantial Thing）之间不再存在不可逾越的鸿沟，相反，我们获得了它们的确证（作为实体的绝对＝主体）。但尽管如此，黑格尔仍是康德主义的后继者：黑格尔的主体——黑格尔所指认的绝对，包含着自我的否定性——并不是别的，恰恰就是将现象与原质（Thing）分开的那道鸿沟。否定性的模式当中就包含着这种鸿沟。有限的现象所具有的纯粹的否定并没有提供能够弥补这一鸿沟的积极的内容。正因如此，当黑格尔坚持将绝对设想为主体，而不仅仅是实体的时候，我们必须十分小心，以免错过黑格尔真正试图表达的东西：所谓的实体的逐渐生成的主体（gradual becoming-subject）的观念（"活跃"的主体在实体上留下痕迹，以主体的方式来塑造它、调节它、表达它）显然在此是一个误导。首先，我们必须记住的是，黑格尔的这种客体的主体化从来都没有彻底"实现"：总是存在实体的一些剩余，它们逃离了"以主体为中介"的掌控；而这种剩余又并非真的是主体完全实现的一种阻碍，相反，它在严格意义上恰恰与那个主体本身密切关联。在此我们获得了关于**对象 a**（objet a）的一个可能性的定义：实体的剩余，那块"头盖骨"（"bone"），它拒绝主体化；**对象 a** 在与主体绝对的不相容当中与主体相关联。其次，在此我们产生了一个与以下观念相左的观念：一般说来，主体是一个"无"（nothing），是一个纯粹的空洞的形式，它是在实体的内容被整个地"过渡"成为谓语限定（predicates-determinations）的时候所剩下来的那一部分。与此相反，在实体的"主体化"当中，它的自在（In-itself）消解于它多样化的独特的谓语限定当中，消融在多样化的"为**他者**而存在"当中。"主体"就是那个 X，那个 a 的空洞形式，是它的"容器"，是所有的内容都被"主体化"之后所剩下的东西。两个概念由此密切相关："主体"与"客体"是这一相同过程的剩余物，它们是同一剩余物的两个方面,或者是形式(form)(主体),或者是内容,即"质料"(stuff)(客体),a是主体作为空洞的形式的一种"质料"。

非平等交换

黑格尔的无限判断(infinite judgment)与否定判断(negative judgment)的对立中蕴含着同样的矛盾。① 参照那个臭名昭著的"确定性的否定"(determination negation)的命题,我们只能寄望于以否定判断接替无限判断,作为"较高"阶段,作为辩证的"差异中的整体"(unity-within-difference)更为具体的形式:作为一种非谓语的存在,无限判断只能设定一个抽象的,整个未确定的,空洞的超越(Beyond),而否定判断则通过一种确定性的方式来进行积极的否定(例如,说一个事物是非感觉的直觉的对象,我们不仅抽象地否定了它诸多谓词中的一个,而且还将抽象的否定颠倒为一个积极的肯定:我们勾勒出这一事物所属的"非感觉的直觉"的领域)。对于黑格尔来说,正是无限判断,带着它的抽象性,非确定性的否定,推进了否定判断的"真理"——为什么?对于这个谜,所能给出的解答的关键就在于**交换**逻辑(the logic of exchange)发挥了作用:否定判断仍然停留在"等价交换"的范围内,至少在隐含的意义上来说是如此。我们通过"放弃"来"获得"(再来看关于"一个事物是非感性直观的对象"这一命题,我们失去的是感性直观[sensible intuition],这一同样确定的领域,来获得这个非感性直观

---

① 这种对立就如同康德和黑格尔的对立,参见本书的第三章。

的领域),在无限判断中,失去是纯粹的,我们在交换中没有获得任何东西。

让我们更进一步来分析这一交换逻辑的一个实例,这就是在《精神现象学》的"精神"一节中关于"教化"(Bildung)的辩证法。① 这一辩证法的起点是一个绝对的异化的状态,一种主体和实体的分裂,它们在"贵族意识"与国家的对立的掩盖之下。实际上,这个对立是某种隐性的交换的结果:主体、自我意识,用这种完全的异化(即他将自身的实体性内容完全交付给了他者——国家)所获得的是一种尊严(即一种为国家所蕴含的共同的善而服务的尊严)。在两极之间,一个交换/中介的过程产生了:"贵族意识"将其纯粹的自为(for-itself)(他的富有尊严地对国家的默默奉献),通过一种普遍性的思想(即对一个国家的首领的谄媚)观念,异化在了语言当中;所交换来的是,实体自身完成了它"主体化"的第一步,即从一种不可企及的状态,一种与我们抽象对立的状态,转变为一种财富,这种财富所具有的实体性的内容已经可以为我们所操控了(为了谄媚于君主,我们运用金钱)。另一方面,实体自身(国家)也通过它向财富的转变而从属于自我意识的主体性:在这种从属性交换当中,实体获得了主体性的形式——非个人的国家被绝对的君主所代替;它在作为单个人的某位君主当中得到了确认("朕即国家")("L'Etat, c'est moi.")。通过整个教化的辩证法,主体(自我意识)与实体之间等价交换的

---

① 这一节最终以赤裸裸的金钱为旨归,这一点被随后的马克思所发挥:一个分裂的领域——一个总是包含持久而坚硬的对立的社会(善与恶,真实与谎言,等等),在对立双方不断地向对方转换的过程中趋向消解(善最终成了恶的虚伪面具,等等)。这个领域最终呈现为一个金钱的世界。金钱是一个"存在着的观念"(existing Notion),它是一种否定性的力量,预设了某种特殊的、外在对象的物化形式,一种矛盾性的存在,即就其自身而言,仅仅是需要依赖它物而存在的一个金属物、一张纸,但同时却拥有着巨大的力量,可以颠覆许多牢固的确定性,让那些没有脚的东西动起来,让美丽变得丑陋。

表象被保留了下来：不断地异化，牺牲了自身实体化的部分，主体获得了尊严、财富、精神的语言（the language of Spirit）以及洞察力、信仰的天国、启蒙。然而，当我们达到了这一辩证法的极限——"绝对的自由"，在特殊与普遍意志之间的交换，主体"付出所有的一切，却一无所获"。他"成了一个空洞的无"（an empty nothing）；他的异化成了一个抽象的否定，这种否定在交换中不能提供任何肯定性的、确定的内容。（这种"绝对的自由"的历史时刻的代表当然是雅各宾派所统治的恐怖时期，在那时，没有什么特别的原因，我可以随时被宣判为叛徒，并被砍去头颅。在关于精神的章节当中包含了从中世纪的封建时代到法国大革命以来整个欧洲精神的演进。）然而这种对称的平等交换的瓦解使得思辨的辩证法的颠倒成为可能。自我意识必须意识到"无"（Notingness），这个对于特殊意志来说是抽象的、对立的，并总是构成一种威胁的观念，总是不得不与其自身的否定性力量并行不悖；它不得不将这种否定性力量内在化，并由此认识到它的本质，它自身存在的内核。"主体"就出现在这种否定性所带来的无意义性的释放之中，这种否定性炸开了平衡的交换框架。也就是说，"主体"并不是绝对的否定性/中介的无穷力量：与自然生命不同，自我意识在自身中包含着它自己的否定，它通过与自我相关联的否定而保持着自身。就此而言，我们从（革命的公民[revolutionary citoyen]的）绝对的自由过渡到了"精神自身"，也就是康德哲学中道德主体的缩影：对于革命的恐怖的外在的否定被内化为一种道德律令，成为普遍的纯粹知识和意志，他们不是什么外在于主体的存在，而是构成了其确证自我的中轴线；"自由意志"（Free Will）是与普遍的道德律令相一致的意志，而不是与特殊的动机（病理学意义上的）相一致，后者将意志囿于对象的世界当中。下面一段是《精神现象学》当中关于这一过渡所做出的总结：

> 在教化世界本身中，自我意识直观不到它在这种纯粹抽象的形式下的否定或异化；它的否定毋宁是内容充实的否定，是它异化了它的自身而换取来的荣誉或财富；或者说，是分裂意识所达到的精神和识见的语言，再或者，是信仰意识的天界或启蒙[阶段]的有用性[功利]原则。所有这些规定，都跟随着自我[或个人]在绝对自由中所遭受的损失而丧失了；它的否定是毫无意义的死亡，是那本身不含任何肯定性东西、不含任何充实内容的否定物的纯粹恐怖——但同时，这种否定，就其现实性而言，并不是一种外来物；它既不是位于彼岸的、伦理世界在其中归于消灭的那种普遍的必然性，也不是与分裂意识休戚所系的私有财产之个别的偶然[有无]或财产所有者之兴致的偶然[高低]，它毋宁是普遍的意志；普遍的意志，在它自己这种最后的抽象中，不具有任何肯定性的东西，因而不能从牺牲中取回任何代价；但唯其如此，它与自我意识直接即是一个东西，或者说，它是纯粹的肯定物，正因为它是纯粹的否定物；而自我或个人的毫无意义的死亡、空无内容的否定性，就在内在的概念中转化为绝对的肯定性。①

否定性的内在化逻辑通常带来两种批判。标准的马克思主义的解读将其视为黑格尔的"隐形逻辑"，同时也是"接受既存现实[des Bestehende]"的典型证明，如同新教徒的行

---

① Hegel: *the Phenomenology of Sprit*, Trans by A. V. Miller (Oxford University Press,1977). p362. 本译文采用贺麟、王玖兴译：《精神现象学》(下卷)，商务印书馆 1979 年版，第 122 页。

为那样，将现实的社会自由转变为"内在的"道德自由，而不触及所有社会现实生活中所出现的问题。从这一视角看来，黑格尔通过否定性的内化所实现的"融合"无法抹去一种弃绝的痕迹，一种对"非理性"、不正当的社会现实的顺从和接受。通过这种内化，法国大革命被内化为德国的哲学革命，理性（Reason）被迫在非理性（un-Reason）的世界中认识自己。而在另外一种理路上，解构主义的解读方式却又坚持追问这一转变过程是如何进行的，即如何将外在的革命的恐怖转变为一种道德意识的内在压力。我们在一种"闭关自守式的经济学"（closed economy）原则之下，只有努力试图使外在的极端恐怖从属于我们的自我表述。

这后一种解读没有能够对这种恐怖（the Terror）内化为道德律令的结果给出正确的评价。这种内化远远没有抚平内在的创伤，反而带来了一种寄生，一种恶的异在的躯体被植入主体存在的核心。黑格尔的教训就在于"外在"的革命的恐怖并不能将主体置于可控的范围之内，它同样也已经不能被"来自于内部"的东西所恐吓。主体的超我中介（superego-agency）所提出的要求从未能被满足，在它的眼中，我们的存在从最初就是有罪的。这种"内在化"的结果就只能带来一个康德式的主体：主体注定处于永恒的分裂之中，即注定要与"病理学"意义的驱动力相抗衡。这种施加于主体之上的张力最初被视为是来自于外在的力量，现在则被体验为——或者说被颠倒为——主体内在核心处的自我确认。主体，在雅各宾派的恐怖当中，不得不接受其在国家眼中的毫无价值。现在，作为一个道德主体又不得不将其最宝贵的东西献祭给内在的魔鬼。这就是黑格尔的"否定之否定"：某种外在的障碍最终发现自身成了一种内在的阻碍，某种外在的力量最终成了内在的强制。①

存在着这样一种指责,认为黑格尔的辩证法过程隐含着的这种"闭关自守式的经济学",将所有的损失都给予了补偿,让它们都"扬弃"(sublated)成过程中的中介。这种指责实际上是一种误读。相反,为这种"闭关自守式的经济学"的合法化做出贡献的是马克思。马克思在其最具有黑格尔色彩的特殊时期,在其手稿中将无产阶级构建为"非实体的主体"(substanceless subjectivity),那是属于"前资本主义时期"的手稿。② 随后,马克思将他的无产阶级的宏大概念作为"异化"过程的历史支点(apogee),作为将劳动力从"有机的"、实体性的生产过程的条件之下逐渐解脱的过程的历史支点(在其中无产阶级获得了双重的自由:他从所有实体化的组织[substantial-organic]中解放出来,具有一种抽象的主体性,同时他又被剥夺了所有的财产,不得不靠出卖劳动力为生),马克思由此将无产阶级革命设想为黑格尔的主体与实体相和解的"唯物主义的"(materialist)版本——它重构了主体(劳动力)与生产过程的客体条件的整合,这种整合并非在客体条件的霸权之下(即个体仅仅作为社会整体的附属),集体的主体性(collective subjectivity)是这种整合的中介力量。在社会主义当中,集体的主体注定将变得透明,并能够操控整个社会的生产和再生产的过程。

当然,从马克思的视角看来,黑格尔式的"和解"仅仅是作为"思想领域中的和解",对于社会现实毫无改变。或许坚持

---

① 康德所试图抹去的这种极端的"离心化"(decentering),在此发挥了作用。那强制主体要在道德的意义上行为,即强制其追随道德的绝对命令("意识的声音")的机制其实就是一个寄生的对象(a parasitical object),一个在主体中心存在的异在的身体(a foreign body)。
② 参见卡尔·马克思《前资本主义经济构成》(*Pre-Capitalist Economic Formations*)(London: Lawrence and Wishart, 1964)。

了近乎一个世纪将马克思主义视为"黑格尔的唯物主义翻转"的论调,现在是时候反过来用黑格尔来批判马克思了。正是黑格尔开始让我们注意到这样一个问题:在马克思的无产阶级革命的观念最为基础之处,有一种幻觉视域(perspective-illusion),它的存在依赖于这种"闭关自守的经济学"中的辩证翻转。对于马克思来说,完全有可能将"去一异化"设想为一种翻转,在其中,主体重新侵占整个实体的内容。然而,这种翻转,在黑格尔那里已经被排除了。在黑格尔的哲学中,"和解"并不是意指"实体成为主体",即绝对主体性被上升为所有实体的产生基础,而是意指主体性的维度介入了实体的最核心之处,表现为一种无法还原的匮乏,这是一种它自身永远无法获得完整的自我认同的匮乏。"作为主体的实体"最终意味着某种本体论意义上的"断裂",拒斥与每一种世界观(world-view)的相似性,拒斥每一种作为一个整体,并拥有"一个庞大的存在链条"的宇宙观。我们或可得出这样一个结论:马克思自身,在与黑格尔进行论战的伪装之下,反而退回到作为哲学家的黑格尔那里去了。正是这个黑格尔,让自我中介的观念上升为宇宙的基础和实体:由此,马克思最终斗争的对象其实不过是他自身本体论前提的观念论阴影罢了。简言之,"作为绝对观念论者的黑格尔"不过是马克思自身所否定的本体论的一个替代。难道不正是这种替代的症候,以及马克思的规划中内含的不可能性,表明了马克思借鉴黑格尔的时候所具有的含混特质吗?也就是说,在马克思试图通过黑格尔的逻辑范畴来勾勒资本主义世界的时候,马克思仍持续地并富有系统性地在两种可能之间摇摆。

——将资本(Capital)作为某种历史过程中的异化的实体(alienated Substance),并统治着原子化的主体(参见《1857—

1858年政治经济学批判大纲》[Grundrisse]中那个著名的表述,将无产阶级作为"无实体的主体性",这种"无实体的主体性"将资本作为它自身的非存在[nonbeing]);在这一语境之下,革命必然表现为一种行动,历史主体通过这一行动让自身具有了异化的实体性内涵,即在其自身的生产当中确认自身。这一主旨最终在乔治·卢卡奇(Georg Lukács)的《历史与阶级意识》当中得到充分的表达。①

——与之对立的,将资本作为某种自身已经是主体的实体,这种实体已经不再是空洞抽象的观念,而是一种通过以自我为中介,以自我设定的过程再生产自身的过程(正如对资本的界定:资本是"能够产生货币的货币":货币—商品—货币)——简言之,资本就是成为主体的货币(Money-which-became-Subject)。"黑格尔的逻辑是资本运行逻辑的观念结构",这一主体最终在将"政治经济学批判"做黑格尔式的解读当中获得了最为充分的表达。这一解读倾向在20世纪70年代早期的联邦德国十分盛行。②

货币与主体性

让我们回到黑格尔。革命的恐怖意指着这样一个转折点:等价交换的表象被打破了,主体在其牺牲中不能获得任何东西。在此,否定不再是"确定的",而是变成了"绝对的",主体与它自身遭遇,因为作为我思(cogito),主体是先于所有交

---

① 参见卢卡奇(Georg Lukács):《历史与阶级意识》(*History and Class Consciousness*)(London: New left Books,1969)。
② 参见赫穆·海耶(Helmut Reichelt),《卡尔·马克思的资本概念的逻辑结构》(*Zur logischen Struktur des Kapitalbegriffs bei Kail Marx*)(Frankfurt: Suhrkamp Verlag, 1970)。

换行为的那个否定性。从革命的恐怖转向康德式的主体的关键就在于从 S 转为 $：在革命的恐怖之中，主体还没有被画上斜线，它仍是完全的、实体化的存在，等同于某种特定的内容，在其中，主体被恐怖的抽象以及任意的否定性所带来的外在压力所威胁。康德的主体则相反，它自身就是一个深渊，这个空洞的绝对的否定性，对于每一个"病理学"（pathological）意义上特定的被确认的内容来说都是一种"被设定的"状态，都是某种外在的东西，并因此最终都只能是偶然的。随后，从 S 到 $，引发了主体的自我认同观念里的一个彻底的转变，在其中，我认同自己为这种空洞（void）。正是这一空洞在此前威胁要吞并我的存在的最特别、最珍贵的内核。这就是主体如何作为 $ 在交换的结构中显现出来：它出现在"某种东西被交换，却一无所获"中。也就是说，这个"无"正是我从象征结构中，从**他者**那里，从牺牲我的"病理学"意义上的特殊性，从牺牲我的存在的内核所获取的东西。当我在回报中一无所获的时候，我获得了自身作为 $ 的存在，作为自我关联的一个空洞的点。①

在自我意识的起源与现代纸币的观念之间构建一种概念上的关联性，将是一件非常有趣的理论工作。在中世纪，货币是一种商品，它自我保值：一个金币——就如同任何一件商品一样——就值它自身的"实际的"价值。而今天的纸币实际上什么都不值，却能够购买商品，那么我们是怎样在今天的纸币

---

① 黑格尔与克尔凯郭尔之间，实际上比他们所显现的要更为接近一些。由"某种东西被交换，却一无所获"而界定的这个 $，其实就是那种所谓的陷入困境/无法计算的牺牲。对此克尔凯郭尔在宗教的层面对其进行了界定："那些为了某种责任而放弃或者牺牲自身的人们放弃了有限，只是为了获得无限。他已经足够稳妥了。悲剧英雄放弃了某种承认，只是为了获取更为持久的承认，旁观者始终给他们投去信任的目光。但那些放弃了某种普遍性，只是为了获得某种更高的，但却不具有普遍性的东西的人们，他们又在做什么呢？"（克尔凯郭尔：《恐惧与战栗》[Harmondsworth: Penguin, 1985], p.89）。

中获得价值？布赖恩·罗特曼（Brian Rotman）①认为我们需要加入一个中介性的术语，即所谓的"想象的货币"。金币的问题在于它本身总会被磨损，于是就出现了"好的"货币（足金足两的货币）与"坏的"货币（旧的，在流通中已经被磨损的货币），这好的货币与坏的货币之间存在的差距就构成了所谓的磨损（agio）。基于这种好的货币与坏的货币之间的差距，一种新形式的货币出现在了商业交换中，这就是所谓的"银行货币"（bank-money）：它等同于那些硬币的标准价值，即这些硬币在未被磨损状态下的基本价值。因此它并不具有实体性的存在，而是具有一种想象性的存在。确切地说，它是银行与个人之间的一种协定：一张纸，在银行的认可之下，可以用以与一定数量的商品交换。由此，商人获得了一种保障，其用以交换的货币永远保持着它"真实的"价值。

在此有两点需要说明：首先，通过这一过程，"货币进入了与它自身的关联之中，成为一种商品"。② 货币有两种："好的"货币，只是在想象中存在，而"坏的"货币，则是那些现实存在的金币，它们会被磨损，但它们是可以用来衡量"货币自身价格"的。那些握在我手中的金币，因为它的磨损，其实只等同于"好的"货币的一部分价值。其次，这种想象的货币只是"依赖于收款人签名的确认"。③ 起初银行所给出的纸币只不过是银行向某个特定商人的一种承诺。为了最终获得我们今天所知道的这种纸币，这种带有具体日期和特定名字的承诺被去除了个人化，变成了一个匿名的，向所有"承担者"的一种

---

① 参见布赖恩·罗特曼（Brian Rotman）：《所指无物》（*Signifying Nothing*）（London: Macmillan, 1987）。
② 参见布赖恩·罗特曼（Brian Rotman）：《所指无物》（*Signifying Nothing*）（London: Macmillan, 1987），p. 24。
③ 参见布赖恩·罗特曼（Brian Rotman）：《所指无物》（*Signifying Nothing*），（London: Macmillan, 1987），p. 25。

承诺:在这张纸上所写的金币数量可以用来交换这些价值的商品,由此这种与具体的个人的关系就被切断了。那个认同于这个匿名"承担者"的主体就是自我意识的主体——为什么?这里的关键问题,并不仅仅在于这种"承担者"意指着某种普遍的作用,它可以被任何个人所填充;如果我们要获得自我意识,这种空洞的带有普遍性的"承担者"需要被认定为一种真实的存在,它不得不被做如此的设定,即**主体不得不与自我关联,去将自己想象为一个空洞"承担者",将自身经验性的,构成其特殊"个性"的单个人的存在看作一种偶然的变化。**这同样是一个从 S 到 $ 的转变过程,从一个"病理学"意义上的,富有内容的主体转变为**我思**,成为与自我相关联的空洞,将自己确定的、经验的存在体验为一种"被设定"的存在,因此是偶然的,并最终是无关紧要的。①

从主体到实体……而后再返回

马克思与黑格尔之间的鸿沟,主要体现在黑格尔所谓的"主体"维度(总是与那些经验个体相对立)。这一鸿沟在我们反向地"从实体向主体转变"的过程中得以显现出来。在此我们都还记得黑格尔"唯名论"的对手们,从费尔巴哈到青年马克思对黑格尔的指责。他们的一个基本假设就是在人与人的相互关系的社会网络当中,"现实地存在着的个人"实现着他们的潜能。("人的本质是社会关系的总和",马克思这样说。)

---

① 在社会认同的层面上来看,同样的转变发生在所谓的移民的自然化当中:只要他们总是将自己视为是一些居住在美国的希腊人、意大利人等,那么他们就仍保留着某种身份的特殊性,也就是说,"美国人"仍是一个抽象的普遍的谓词。当他们开始将自己看作是具有希腊和意大利血统的美国人的时候,这一关键性的转变才真正地发生了。

根据这一指责,黑格尔的"唯心主义的神秘化"通过两个步骤展开:第一步,黑格尔将作为具体的个体而存在的主体间的多样化的关系转变为主体—个体(the subject-individual)与实体之间的关系:个体之间的社会关系突然被实体化了,被转变成为**某个个体**(*the* individual)与作为实体的**某个社会**(*the* Society)之间的关系。就此,第二步,黑格尔将个体—主体与实体之间的关系再次转变为实体和它*自身*之间的关系。对这一"毫无遮掩的观念论神秘化"的范例的关注,在费尔巴哈和青年马克思那里,体现在他们对宗教意识的批判当中。在他们看来,上帝不过是现实的、活动的个人之间社会关系基本结构所拥有的一个异化的、颠倒的、"实体化的"表达。根据这种批判,宗教神秘化的第一步就是以个体与他的环境之间的关系,个体与他人的关系以及个体与上帝之间的关系为基础:当我与上帝发生关联的时候,我以一种颠倒的、异化的形式与我自身的社会本质相关联,换言之,我所感知(或者是一种错觉)的"上帝"不过就是我与同类相关联的基本方式的一种"物化"、外化的表现。当第一步完成之后,紧随而来的就是第二步,我,一个具体的个人,我与上帝之间的关联与上帝的自我关联是统一的。对于这种神秘的构造形式,我们需要注意的是,我是如何看待上帝的,上帝也就是如何来看待他自身的。

　　从黑格尔自身的视角看来,我们在此恰好处于这样一种观点的对立面:这种观点认为主体性的特殊维度已经失去了,换言之,主体从属于实体与自身的关联当中。在我看来,恰恰相反,正是在这里,我们遭遇了与个体极不相同的"主体":黑格尔的"主体"最终不过是一个名称,用以命名实体从它自身的外化,用以命名实体与它自身的"异化"所形成的一种"断裂",从而在人们的眼中,这种主体自身成为了不可接近的一物化的(inaccessible-reified)**他者**(Otherness)。也就是说,就主体与实体(Substance)的关联与实体(Substance)的自我关联相重叠而言,向主体显现的实体成为了一种异化的、外在的、不可接近的实存(entity),这一事实见证了实体自身的自我分裂。① 在拉康的《选集》(Ecrits: A Selection)当中,拉康就是借助于黑格尔哲学来解决了这个陈旧的关于个体与社会的关系问题:精神分析让我们能够认识到他们的"和解"——个体性与普遍性之间的"中介",这种和解就存在于两者之间的断裂。② 换句话说,只要我们还坚持将个体或者社会看作一个有机体,一个封闭的整体,我们就还是不能解决问题。解决问题的第一步就在于将贯穿社会实体当中的断裂(社会的对抗)与主体构成当中存在的断裂相关联(在拉康的理论当中,主体并不是"individual",一个不可分割的存在,而是一个可分割的构成性的$)。由此黑格尔的哲学不过就是将普遍与特殊的"和解"放置在分割他们,同时又整合他们的断裂,这种对黑格尔的解读让唯我论的永恒问题有了答案:并提出了(在不同的主体之间,或者,在更为一般的意义上,在不同的文化之间)交流的可能性。在唯我论的假设中所提出的问题首先已经预设了个体或者社会的自我封闭。换句话说,交流只

---

① 对于黑格尔的一个标准的指责在于,他让有限的主体非法地跃进到绝对自我的思想当中。康德的实验逻辑对于先天形式保持着反思的审视,正是这一审视勾勒了有限主体的界限。而黑格尔的逻辑却只是反映了绝对的自我在(有限的)主体当中得以显现的过程。然而,"一切问题的关键在于:不仅把真实的东西或真理理解和表达为实体,而且同样理解和表达为主体"。(Hegel: the Phenomenology of Sprit, Trans by A. V. Miller Oxford University Press, 1977. p. 10. 本译文采用贺麟、王玖兴译:《精神现象学》[下卷],商务印书馆1979年版,第10页)这并不是意味着绝对的自我是一个如与我们这般有限的人相互作用的主体,换言之,在绝对的反思运动中,我们,有限的人,成为一种工具,一个中介,绝对凭此来思考自身。在我看来,这种看法是一个过于简单的错误观念。在此黑格尔所想的其实是我们与绝对之间的断裂(这一断裂的产生正因我们是主体)同时也是绝对自身的断裂:我们参与到绝对当中,并不是因为我们可以思考绝对,而是因为在我们与绝对之间存在着一道永远的鸿沟——正如在卡夫卡的小说中,近乎疯狂的主人公总是被卷入非真实的 不可接近的法律机构的运作当中(例如《审判》《城堡》)。

② 参见雅克·拉康(Jacques Lacan),《选集》(Ecrits: A Selection), P. 80。

有在具有了交流的可能性之后才是可能的。确切地说,只有在我自身已经被分裂的情况下,我才能够与**他者**(the Other)进行交流,我自身是向他(或者它)敞开的,但我却被"压抑"着,换言之,我(处于某种无知-凄惨的状态之中),**我不能与自己交流**;他者(the Other)起源于自我分裂的去中心化的**他者**位置(Other Place)。在经典的弗洛伊德的术语当中:"他者"(others)在此仅仅因为我没有能够完全等同于我自己,我还存在着无意识。我因此不能直接触及我自身存在的真理。正因如此,我才在**他者**中寻找,迫使我与他们"交流",从而希望能够从他们那里获得关于我自己的真理,关于我自己的欲望,由此对于所谓老生常谈的"不同文化间的交流"来说也是如此。文化间可以对话,可以交流的共同基础并不在于他们预先共有了一套普遍的价值,而毋宁说是他们的相互对立,他们共有的某些僵局才是他们交流的基础,文化的交流常常在于他们可以在对方的"对抗"、僵局以及失败中发现一些基本的相同点。①

---

① 在这一方面,皮埃尔·列维(Pierre Livet)的《黑格尔逻辑中的反思性和外在性》(*Relexivité et extériorité dans la logique de Hegel*)(Archives de Philosophie, books 47 and 48, Paris, 1984)卓有成效地把握住了黑格尔的辩证法,辩证法以一种模棱两可的方式最终整合了两个矛盾的逻辑:首先是自我关联的逻辑(将某种逻辑规则运用到同一客体之上,或者运用到自身——"否定之否定"),它在当代逻辑形式中得到了推进。其次是**主体性逻辑**("实体作为主体"),它从康德那里继承而来("先验统觉"[transcendental apperception]作为思想与存在统一的保障,同时也是主体对现实的构造所具有的"自发性")。在列维看来,第一个逻辑会带来一种断裂,一个自我分裂的过程,这是一个由内在的逻辑结构产生其外在性的过程。而第二个逻辑又迫使这种外在性回到传统哲学的问题框架之中,即所谓的"主体外化"的问题。列维没有考虑到的是在这种反思的自我关联的过程中发挥作用的是作为一种观念的主体(这一点拉康的能指逻辑给我们提供了说明)。列维默认了黑格尔的主体等同于传统观念中的"主体",从而为黑格尔的思想中输入实际上并不存在的二元性。黑格尔的主体显现在反思中,在自我关联中,在一种逻辑规则的再运用当中,就如同在一个老掉牙的笑话中所讲的那个吃掉了部落中最后一个食人者的食人者。

在黑格尔关于**行动**的观念中，从定义上说，最为关键的就是行动总是一种外化，一种自我的客观化，从而进入一个未知的领域当中。所谓"付诸行动"就意味着要冒着这样一种风险：我即将做的都有可能逃出我的掌控，介入一系列不可预期的事件当中，最终所获得的东西或许与我之前预期的不同甚至完全相反——简言之，就是要在"理性的狡计"中扮演一个角色。（在这一过程[la passe]中最为关键的，如同精神分析过程中最终得出结论的那个时刻，接受分析的对象已经完全承认了这种极端的自我外化，换言之，"主体的匮乏"：我只是那个为**他者**而存在的我，这就是为什么我放弃了对于我的存在的狂热支持，放弃了固执于"我私人的爱达荷"①，在其中我将我珍贵的宝藏藏匿起来，让别人都不可接近。）②在黑格尔那里关于行动的基本问题并不在于它必然的、最终的失败（这种失败源于**他者**对其意图的颠覆，从而使得人从来不能将自己内在的计划完全地外化，从而将其变成为主体间现实模式），相反，**一个完全成功的行动（一个"与其观念相对应的行动"）带来的将是灾难**，换言之，是一个自杀行为（是一个完成的自我客观化，让主体转变为一个物[a thing]），或者是陷入一种疯狂（一个短路，一个外在与内在直接的等同，换言之，将我内心中的法则误认为是世界的法则）。换句话说，如果主体在它的行动中存活了下来，那么主体将被迫去构建它最终的失败，祈求好运来实现这种失败，避免与自身的完全等同，从

---

① 《我私人的爱达荷》(*My Own Private Idaho*)剧本是由莎士比亚的《亨利四世》改编而成。讲述的是一个患有嗜眠症的流浪汉，总是在梦中梦到自己在爱达荷州的母亲怀抱自己的场景，因为这是他一生最为美好的记忆。于是在现实中，他就总是不断地出发前去寻找母亲的踪迹。齐泽克用这个电影的名字试图表达的正是这种如同生活在梦境一般的封闭的自我。——译者注

② 黑格尔在此与克尔凯郭尔相反，在后者的眼中，存在着普遍的公共的法律，某些宗教的行为在伦理的意义上仍然是一种罪行（例如亚伯拉罕杀死他的儿子）；它所具有的宗教意义只有放在个人纯粹的心性本质意义上才能被理解。

根本上颠覆自己最初的目的,以至于看起来,获取失败成了行动的真正目的。

"理性的狡计"最终被还原为它与技术操作的某种关系:我们并不直接作用于对象,我们介入我们自身与一个个对象之间,并让两者自由地相互作用,在这些对象的相互摩擦的过程中实现我们的目的,然而我们却仍与其保持着一个相对安全的距离,不让我们自己卷入这种混乱当中。人们可能还记得亚当·斯密的"看不见的市场之手":每一个人实现自己的个人目的,最终他们的相互作用却实现了有利于国家的共同利益。黑格尔的绝对观念与那些沉浮于历史斗争中的具体的个人也具有这样一种关系。

"这并不是一个隐含于对立和斗争的普遍观念,从而向危险敞开。这一观念只是作为一个背景,不能被触及,从未被伤害。这就是所谓'理性的狡计'(the cunning of reason)——它为劳作自身带来了热情,然而那些试图通过这种驱动而展开自身存在的意图却必须付出代价,饱受损失⋯⋯特殊在与一般的比较中,只不过是诸多微小价值的一部分:个人被牺牲和抛弃了。理念(Idea)为规定的存在(determinate existence)和堕落遭受惩罚,这种惩罚不是来自于它自身,而是来自于个人的热情。"①

这段出自黑格尔《历史哲学》的引文很好地说明了所谓的"理性的狡计":个人追求着特定的目的,最终却在不知不觉当中成了神圣计划得以实现的一个工具。但有些特定的要素打破了这似乎完美的画面。在黑格尔关于"理性的狡计"的讨论中,存在这样一个关键点:这种"理性的狡计"最终实现的**不可能性**。没有任何一个特定的主体能够在"理性的狡计"中占据

---

① 黑格尔:《历史哲学》(*The Philosophy of History*)(New York: Dover, 1956),p. 33。

一席之地,没有任何一个特定的主体能够利用了他人的热情,而自己却不需要付出劳动,换言之,完全不可能为这种利用而不遭受惩罚。在这一意义上,"理性的狡计"总是包含着双重的意义:例如,一个工匠运用自然的力量(水,蒸汽……),让它们为了外在于它们的目的而相互作用,将原材料加工成为符合人们需求的形式。对于这个工匠来说,生产的目的就是为了满足人们的需求。然而,正是在这一点上,他成了他自身狡计的牺牲品:社会生产过程的真正目的不是满足个人的需要,而是发展生产力,也就是黑格尔所谓的"精神的客观化"。黑格尔在此的命题是:**操纵者自身总是已经被操纵了。**那个顺从"理性的狡计"来改造自然的人反过来也被"客观精神"所利用。在黑格尔看来,在"理性的狡计"中占据一席之地的"不可能性"的最好证明就是上帝自身:耶稣在十字架上受难显现了神的逻辑,这一逻辑总是作为一个背景,在一个相对安全的距离之外牵动着历史戏剧中的木偶。耶稣受难却表明了神的理念不可能"在背景中,不能被触及,从未被伤害":正是上帝自身,通过"道成肉身",通过耶稣在十字架上的死亡而遭受惩罚。

主体作为"消失的中介"

在主体与实体之间的这种矛盾关系中,主体在实体的世界中作为一种断裂而出现,就此主体与实体的这种关系难免被这样一种观念所萦绕:在弗洛伊德—拉康的真实(Real)意义上,主体成为了"消失的中介",换句话说,某种要素的结构,尽管不能在任何地方被现实地显现出来,并且也无法进入我们的经验,但如果所有其他的要素能够保持它们的一贯性，那么这一要素也能够在回溯中被构造出来，被预设。在黑格尔的《精神现象学》中，我们不止一次地遇到这个"消失的中介"的结构。在此仅提到两处：从主奴辩证法向斯多葛主义转变的段落；从"观察理性"（observing Reason）的最后形式，头盖骨相学（phrenology）到"主动理性"（active Reason）的段落。

——在主奴辩证法中，知识首先归属于奴隶，表现为奴隶"知道该如何做"（savoir-faire），即运用他的实践技术来处理事务，以保证他能给主人带来满足。很显然这种从实践技术上"知道该如何做"向思想的转变是直接的、非模棱两可的（所以斯多葛主义是以奴隶的立场来进行思考的结果；很显然，从黑格尔的表述上看来，正是奴隶，而不是主人，通过"劳动的观念"[notion of labor]达到了"观念的劳动"[labor of the Notion]）。我们获得了作为现实之形式的思想的普遍性，其获取方式带有典型的黑格尔色彩：将外在的结局（finality）转变为自我的结局（self-finality），换句话说，将外在的形式转变为绝对的形式。通过奴隶努力的改造，外在的对象最终能够满足主人的需要。奴隶开始意识到如此这般的思想如何已经是每种可能性的客体性形式。在此被忽视的东西，正是拉康所揭示的哲学诞生的特定时刻："被主人盗用的知识"（appropriation of Knowledge）。在拉康看来，哲学出现在当主人盗用了奴隶原有的"知道该如何做"的那种知识的时刻，主人将其转变为普遍的认知，使其脱离了实用主义的利害，换言之，使其进入了哲学的本体论层面。① 在哲学历史上，这个时刻大约等同于柏拉图和亚里士多德的时代，而斯多葛主义，

---

① 参见雅克·拉康（Jacque Lacan）《研讨班》第17卷《精神分析的反面》（Paris: Editions du Seuil, 1991）。

在亚里士多德之后，所代表的是奴隶的一种努力，他们试图参与到主人并不感兴趣的一些知识当中（斯多葛主义是一种奴隶的哲学，它仅仅停留于通过对"内在自由"来达到与主人的平等）。为什么这个中间阶段，这个哲学诞生的时候会被黑格尔所忽略呢？可能的原因或许在于这样一个事实：作为"思想着的主人"的哲学家的立场在本质上是不可能存在的，它不过**仅仅就是哲学的一种不能实现的妄想**。柏拉图总是固执于梦想存在一个全知的主人（a knowing Master）（一个哲学王），或许他已经在一次又一次的失望中不断地发现自己不过是一个跳梁小丑，他的建议不过就如在无知的主人的耳边吹起的口哨一般。①

——颅相学以一个无限的判断（the infinite judgement），即"精神是一块头盖骨"（Sprite is a bone）②为终结。其思辨的内涵在于主体与客体的统一，换言之，让精神的力量"成为"一种无生命的物，使其成为一种"中介"，以便被随后而来的主动理性（active Reason）所消耗，所使用，所"实现"。这是观察理性（the observing Reason）的真理所在，即将精神从自在（in-itself）转向自为（for-itself）。通过这种对客体的改造，主体实现了自身，"变成一个客体"，主体由此获得了一个主体内在本性的独立存在，这种存在就表现为那些围绕在人的周围，具有人的形式的物。在此，又一次，某种磨难掩盖了这一过程的平稳展开，并由此在辨证过程中引介了某种强迫性的神经官能症，并由此成为了歇斯底里产生的模型：主体逃离到现实当中，他将他已经拥有的东西转变为一种无休止的、需要在其持

---

① 进一步分析——根据拉康——事情将变得更为复杂，在柏拉图中所出现的哲学话语，不过是其从歇斯底里的立场向一种主人立场的蜕变：苏格拉底——柏拉图的"主人"，也不是一个主人，他介于一个歇斯底里患者与分析者之间。

② 关于"无限/非限定性的判断（infinite/indefinite judgement）"的观念参见本书第三章。

续的工作中逐渐获得完成的任务。换句话说,我们在此所遭遇到的是一个所谓**付诸行动**(acting out)①的精神分析理论,这一理论正是通过从颅相学向"主动理性"的转换,主体有效地延迟了与已经在那里的"真实"(Real)的遭遇:他将对自己的认同转移到一个僵死的、无生命的客体(在颅相学的经验中已经实现了)当中,从而成为他无休止的任务中的目标——这就如同骑士所拥有的谦谦君子般的爱,总是不断地制造出新的任务以延迟他与所爱慕的小姐的性相遇(the sexual encounter)。在这两个实例中,斗争的目的都是相同的:避免与不可忍受的创伤的遭遇,在一个实例中,主体作为$的可怕的困境,是绝对的自我矛盾的空洞性。在第二个实例中,创伤性的事实在于"并没有性关系的存在"。颅相学的幼稚想法认为精神的秘密就存在于头盖骨的形状之中,而没有意识到"精神是块头盖骨"的命题中所包含的辩证内容。而"主动理性"则通过赋予客体以精神的目的性而实现了这种思辨的内容,如果我们认为真理就存在于这两者之间(头盖骨的幼稚与主动理性)的话,那么我们就不得不为了构造理性而加入一个短暂的、易逝的时刻:在这一时刻中,意识已经预见到了颅相学所具有的思辨真理,但**却不能容忍它,由此不得不为躲避它而**

---

① Acting out 是一个精神分析的术语,其在临床应用中所具有的内涵是指病人将压抑在内心的记忆或者情感宣泄或者施放出来。目前有多种翻译方式:见诸行动,付诸行动,突发行为,失控行为,无意识行为表达等。——译者注

逃离到活动(activity)中去。①

限定先于先验(Transcendence)

从康德作为纯粹统觉的我的主体，到黑格尔作为与普遍实体断裂的主体，以这种转变为背景，我们可以勾勒出真实(Real)与**对象 a**(objet petit a)的确切关系。一个显而易见的解决办法是将真实设想为外在于象征秩序的快感实体(substance of jouissance)，而将**对象 a** 设想成为其假象(a semblance)：一个存在的假象。转换成康德的术语似乎再清楚不过了：真实就是物自体，是不可进入的实体，**对象 a** 就是

---

① 黑格尔对于"精神是一块头盖骨"所具有的"幼稚的"和思辨的两种解读方式与同一器官，如阴茎所具有的排泄和生育两种功能之间的关系，比它们表面看起来的要更为模棱两可。这就是说，黑格尔决不是让我们拒斥"幼稚的"解读方式(在其中，颅相学这样设想自身：精神是一个无生命的客体，头盖骨；颅相学就是要从这个骨头的凹凸形状中推演出其特质)，转而只考虑其思辨的意义(精神足够强大，可以包容一切现实，包括所有无生命的客体)。相反，这种思辨的意义的出现只有当我们毫无保留的屈从于"幼稚的"解读，从而体验到他的无意义，它荒诞的自我矛盾的时候才是可能。这种极端的不一致，不相容，这两个术语(精神与头盖骨)之间绝对的"否定性的关系"正是表明了作为一种否定性力量的精神。换句话说，**在"幼稚的"和思辨的解读之间，如果倾向于思辨的解读，那就是一个错误的选择**。这一实例警示了我们，如何不去解读黑格尔(how not to read Hegel)，换言之，非辩证的"知性"与辩证的"理性"，这两个直接对立的立场是如何从属于知性的：将黑格尔的解读换成阴茎崇拜的视角来加以分析的话，我们会发现，当我们试图直接在生殖的功能上来理解阴茎的时候，其实我们仍然停留在著"排泄"功能上。这种类比同样可以用来反观康德和黑格尔的关系：如果说有一个哲学家(从黑格尔的视角看来)试图在一种非反思的形式中产生思辨的真理，也就是说，"在谈论生殖的同时，但却仍继续意指着排泄"，这个哲学家就是康德。在康德所有关键的段落中，康德都没有能识别出在他自身的发现中所具有的思辨维度，这种思辨维度总是被掩盖于其对立面之下：在康德的哲学里，绝对否定的抽象性力量，某种精神的力量能"将原本在一起的东西撕开"，即能打破实体性的"存在的链条"，将非存在(表象)视为具有存在的本体论的那种精神的力量，都被误解为一种**性无能**(impotence)，认为它不能触及那个超验的"物自体"。从这一意义上说，我们不能简单地将康德"僵硬的"的差异性(Differences)与黑格尔的思辨中介对立起来。如果我们这样做的话，我们就退回到了康德之前，那个前批判的"教条"之中。相反，我们要做的就是，要坚持"比康德本人还要更为康德"，彻底地假定康德立场所具有的悖论性。

先验对象(the transcendental object)。这种类比是在康德对先验对象与物自体的区分的基础上实现的：两者具有相同的本质，在原质(Thing)的意义上，其重点在于强调其独立于主体的感知，独立于受其影响的主体的存在(原质就是"它自身"，与我们无关)；而就先验对象来说，重心却转向了非感知的，但却异常关键的层面，即先验对象是基础性的，是表象无法获知的基础，换言之，是被我们所感知为经验的对象的东西。然而，正是这个基础构成了我们的思维方式，即，如果我们的经验要保持它的一贯性，那么正是这个无法获知的 X 不得不被设想为一个 X(一个在感觉上无法感知的概念)。在此关键的问题在于，它**不得不被思考**。换句话说，先验对象是一个能思考的物(Gedankending)：它"就其为了我们，为了意识而言，就是它自身"，换言之，它所指出的道路是它自身在思想中的显现。①

这种解决方案的问题就在于它导致了原质(the Thing)的"实体化"：它迫使我们将原质视为"自在"(In-itself)的完成，将先验对象视为这种完成的途径在我们经验中的显现——只不过是在对立面的伪装之下，显现为一种被剥夺了任何直觉内容的空洞的思想。在这一视角之下，先验对象是第二位的。它所意指的是对物的一种否定，并且将这种否定显现在我们的经验当中，作为一个隐蔽的，不可进入的 X 的空洞思想。在作为快感实体的拉康之原质(Thing)与作为剩余快感的**对象 a** 的关系中，那些杂多(things)难道没有同源性吗？难道真实之原质(Real Thing)不是一种先于被象征所"教化"，所"驯化"的一种存在吗？难道**对象 a** 不是那种失去

---

① 这也就是雅克-阿兰·米勒(Jacques-Alain Miller)在其未出版的关于"外密性(extimité)"的研讨班(1985—1986)中，对**对象 a** 的界定：作为"为我们而存在的自在"(In-itself which is for us)。

快感的假象吗？换言之，正是**对象 a** 提醒我们在象征界里真实的消失。正是在此，我们对于康德和拉康的理解方向已经被注定了。换句话说，在拉康关于真实的观念当中，存在着一种模棱两可性：真实意指了实体的坚硬内核，它先于并且拒斥象征化，但同时，另一方面，它又被象征自身所设定，所"产生"。① 然而在此，我们需要避免这样一种设想：将这个"另一方面"看作是第二层次的，就好像我们首先有一个完成了的真实的实体，随后又有一个"清空"快感的象征化的过程，随后留下了部分残存物，留下了这些享乐之岛（islands of enjoyments），即**对象 a**。如果我们屈从于这种设想，那么我们将失去拉康的真实观念的矛盾性：如果没有一个预先存在的剩余快感，就没有快感的实体。**实体就是一个被剩余所激发出来的回溯的海市蜃楼（mirage）**。这个从属于剩余快感的 a，因此也恰恰就是快感的实体消失后的那个幻觉。换言之，作为假象的 a 以拉康的方式设了个骗局：这并不是因为 a 以欺骗的方式来替代了真实，而是因为它所再现的正是隐藏其后的真实实体所产生的作用，它如同隐藏其后的真实的一个影子。② 康德的问题也是如此。康德没有注意到：原质（Das Ding）只不过是被先验对象所激发出来的一种海市蜃楼。**限定先于先验**：所有那些"真实存在着的"不过就是那个现象的领域和它的有限性。而原质不过就是这种幻影（phantasm），它被空洞的先验对象所填充。

拉康对康德的解读的关键点在于：**现象与原质之间的区分只能在作为能指所构造的欲望空间中得以显现**。正是这种

---

① 关于这种模棱两可性，可参见齐泽克：《意识形态的崇高客体》(*The Sublime Object of Ideology*)(London: Verso, 1989)第五章。
② 在这一意义上，拉康将原初之父（the primordial father），快感之父（Pére-jouissance），解释为带有神经官能症色彩的神话，因为在拉康看来，先于禁忌，真的存在着这样一个父亲，他为所欲为地追求快感。

能指的介入才带来了一种分裂,将可进入的、被象征化所结构的现实(reality)与空洞的真实区分开来,最终表明了原质的缺失。我们所体验到的"现实",基于一种原质的匮乏和缺席,基于与某种神秘对象的遭遇,这一神秘对象带来的是对一种内在驱动力的完全的满足。这种由原质的缺席带来的"现实",在其本质维度上不属于认识论的视域,而是属于欲望的悖论式的逻辑——其悖论性的存在表现为:原质在回溯的意义上来看正是被这种象征化的过程所生产出来的,换言之,它正是在其丧失的过程中出现的。换句(黑格尔的)话来说,在现象的背后什么也没有——没有什么肯定的实体性存在——有的只是一种凝视(gaze),在这种变幻莫测的凝视中认定原质的存在的多种样态。在这一意义上,拉康并没有陷入一种理论的非法短路当中,在精神分析理论中,欲望的对象是无法获得的一种缺失,而在认识论中,认识的对象其实也具有不可知的特质。① 与此相反,拉康的目的在于指出这种所谓的短路,出自一种幻觉的视角,它带来了一种原质的非法的(但却是必要的结构方式)"实体化"。快感之原质(Thing-jouissance)成为可被认知的,它不可被获知的特性只有在我们在对其"实体化"的那个时刻,以及那个认定它在存在论意义上先于它的缺失的时刻才能被体验到,换言之,在现象的背后还存在着某种可以被发现的东西。

让限定先于先验,同时还给康德的**崇高**带来了一种新的视角(黑格尔式的):我们所体验到的那种积极的**崇高**内涵(存在于我们内心的道德律令,自由意志的尊严),严格意义上说是第二层面上的本性,其实还存在着某种东西,仅仅是为了填

---

① 莫妮卡·大卫-马奈(Monique David-Menard)对此给予了指责,参见她的《纯粹理性中的疯狂》(*la folie dans la raison pure*)(Paris: Vrin, 1991)。

充由于再现（representations）领域的崩溃所带来的一种原初的空洞。换句话说，崇高并不能包容现象领域的崩溃，对于非现象的体验，只能被确切地表达为某种超感觉的观念。这一观念，即在对崇高的体验中，现象不适合表达这种体验——来源于某种幻觉视角（perspective-illusion）。在崇高的体验中真正崩溃的正是这种观念，在现象的背后存在着某种不可进入的，却是确实可靠的实体性原质。换句话说，这种经验表明了现象与本体不能被设想为边界分明的对立的两个方面：现象领域是被限定的，但这种限定正是它内在的规定性，以至于没有任何东西能够"超越"这种限定。限定在存在论意义上先于它的超越（Beyond）：我们所体验为"崇高"的对象，不过就是一束光（Schein），只不过是对"无"、空，以及对有限的超越的第二层次上的确证。这一点已经在拉康关于精神分析的研讨班上被指出了：康德的崇高完全可以类比为弗洛伊德的升华（sublimation）观念。在弗洛伊德的理论中，"升华"所指的不过是一个填充空洞的经验对象，一个具有"原始的压抑"的原质，最终被"提升为富有尊严的原质"。确切地说来，崇高的对象同时也就是一束光，或者"一个鬼脸"，它是被剥夺了现实支撑的纯粹的假象，一个"比现实自身还更真实的存在"：就其作为纯粹假象的能力而言，崇高的对象是（我们所体验到的）真实的界限的"化身"，它占据一定的空间，替代了那些应被驱逐的、取消的，以保证"现实"的一致性的东西。①

---

① 傅科摆（Foucault's pendulum）（其规律的摆动就是为了证明地球的自转。法国物理学家傅科[1819—1868]于1851年做了一次成功的摆动实验，被言人称之为傅科摆。——译者注）之所以如此奇妙，就在于它是这个崇高逻辑的化身（即这个摆动本身）。它的奇观效果在于它最终证明了这样一个事实：我们终于真正地失去了立足之地（因为，我们经验所感知的那个坚实的，可被测量的大地，最终证明始终处于摇摆之中），更为糟糕的是，它还隐含了关于绝对静止的第三个想象之点。这个崇高的点就在于这种绝对的假设正是通过运动的自我指认来获得，换言之，正是通过这个傅科摆和地球都在运动着的事实来获得。

面对黑格尔对康德的批判,最关键的问题就在于避免一个似乎显而易见的结论:黑格尔"冲进了"康德试图退缩回来并认为不可进入的地方。也就是说,在康德看来,我们,这些有限的存在,需要在直觉与概念之间划清界限;正是这一界限说明了我们的有限性。康德的关键在于先验的建构(换言之,主体的"自发性")只能在这种有限的范围内是有效的。对于那些无限的存在(上帝),直观和理智会交汇在一起,这就是为什么这种存在会超越理论理性和实践理性(结果,需要以他的"判断力"为中介)。这种存在能够具有"理智直观"(intellectual intuition),或者从另一个角度说,它具有一种生产性知觉(productive perception):一个知觉行为能够产生被知觉的对象(不仅是在先验意义上的"构造")。黑格尔是如何回应这种分裂的?他并没有认定那个理智直观,那个概念和直观的统一体,那个被康德设定为不可接近的神圣超越,可以在纯粹的自我意识的我中得到实现。如果是这样的话,我们所面对的不过就是一个毫无意义的唯我论的宇宙创始论,其主旨不过就是认为一个大我创造了万物罢了。黑格尔的观点要比这精致得多:在他看来,这种"理智直观"属于抽象知性(abstract Understanding)(它与辩证理性相对立),换言之,它所展现的是感性和知性作为被分割的两个领域,在超越了其分裂的基础上所显现的一种综合。而这种综合对于康德来说就是在它们的分裂当中完成,因为所谓的超感性的理念不过就是这种直观现象的内在限定。黑格尔由此可以被视为对康德的这种分裂的再确认,直观与理智被就此永久地分割开来:"对象"出现在我们所体验到的现实当中,多样化的感性直观给对象提供了内容,但却仍需要作为能思考的物(Gedankending)的 X,这个 X 包含了"感性的未完成的概念"的补充,换言之,需要一个无经验性,但却具有确定性的空洞

(void)的补充,因为它与主体的统觉的综合活动能力相关,并是其功能的"具体化"。①

从康德、费希特、谢林到黑格尔,这种思想历程由此显现出了一种新的特质。当康德开启了关于先验构造的问题域,思考作为纯粹统觉的"我"的时候,他也就开启了一个新的领域,但他只是前进到一半,就被滞留在了一种非一致性当中。费希特和谢林的工作都是要克服康德的这种非一致性,思考康德所留下的关于理智与(感性)直观之间从原初的统一到最后的断裂的整个过程。这种原初的统一是哲学的出发点,它不过就是理智直观(intelektuelle Auschauung),不过就是直观与理智的统一,客体与主体的统一,理论与实践的统一。然而,黑格尔以矛盾的方式**返回到了康德**,他拒绝返回这种后康德式的努力,转而进行一种"直接的"综合,试图用一种完全不同的、黑格尔式的方式来克服康德的非统一性,指出这种综合是如何已经在康德视为分裂的地方实现了,因此没有必要再设定一种分割,并附加一个所谓的"理智直观"的活动。我们不需要在从康德到黑格尔的过渡中去填补原质的空位,这个空位就如同马格利特(Magritte)的《窗户的附近》(*Lunette*

---

① 康德和黑格尔对于限定及其超越的观点的对立通常会从完全不同的角度来加以思考。根据较为标准的版本来看,康德限制了现象界,同时也禁止对其的超越(换言之,本体的合法定义只能在纯粹否定的意义上被给出)。黑格尔对于康德的问题所给出的回答是:当我们为某种东西设定限制的时候,我们其实已经实现了对它的超越,因为在这一过程中,我们必然已经触及了位于边界另一边的观念。就此,黑格尔又重新打开了回到传统理性主义形而上学的大门。然而,这种解读包含着一个误读:根据黑格尔,正是康德保持了对超越的关注,尽管这种关注去除了任何确定性的内容。对于康德来说,空洞本身就是一个纯粹的认识论问题,它的产生是因为我们的有限性,我们不知道物自体是如何构造出来,黑格尔在此试图完成的并不是"填充"这种空洞,而仅仅是将这种认识论的空洞转变成一种存在论意义上的空洞:原质的否定性的界定所规定的正是原质本身。因为这个原质不过就是这个具有绝对否定性的空洞。换句话说,黑格尔并没有责怪康德不敢超越现象界,只是坚持了这种"再现性"观念(representational notion):所谓超越现象的空洞,只是在我们有限的思维当中,对于那些具有确定性的,但却不可接近的自在(In-itself)所做出的一种否定性的反思。

d'approche)中那半开着的两扇窗之间可以被感知到的那个黑色的空间,①在此我们需要强调的恰恰就是**这个空洞本身**,它先于任何试图填充它的确定的实体。

"完全的回想":在真实中的知识

现在回到那片黑色(noir)——它是一个空洞,所代表的是统觉的我与在本体论上的那个"能思考之物"(Thing which thinks)之间不可消除的鸿沟,它敞开了成为"偏执狂"的可能性,从本体论上说——作为能思考之物——人成了被加工的物(artifact),一个无法获知的制造者手中的物。这一造物主最近的一次人格化发生在20世纪80年代的黑色回潮时期(noir-renewal),这一形象以"后工业社会的"为特质,并与晚期资本主义合谋。电影《银翼杀手》(*Blade Runner*)当中的特芮(Tyrell)博士是这一父亲形象的缩影,一个孤独的,可怕的,同时其外表看来又很优雅而羸弱的人,没有任何性伙伴。这一父亲形象显然成了笛卡尔所谓的恶魔(Evil Genius)的道成肉身:其不仅在象征界的层面对我加以控制,同时也在我作为"能思考之物"的本体论层面对我加以控制。② 换句话说,父亲不再是一个 S_1,一个能够保证我在象征传统的秩序当中所具有的象征身份的主人能指(Master Signifier),而是 S_2,一

---

① 关于拉康对这幅作品的解读,参见本书的第三章。
② 菲利普·迪克(Philip Dick)的科幻小说:《机器人梦想电子羊?》(*do Androids Dream of Electric Sheep?*)是《银翼杀手》的原始脚本:它从1954年开始就提出了这个所谓的"父亲-物"(The father-thing):查尔斯·沃勒(Charles Walton),一个10岁的小男孩,发现他的爸爸泰德(Ted)被一种异在的、邪恶的生命形式杀死并替代。这个东西,"比父亲更加像父亲",他是一个超我的邪恶化身,可以在父亲的脸突然变化,失去平常的样子的时候被发现,它的穿着是美国中产阶级式的,但其浑身上下所散发的却是某种冷漠的、无人性的邪恶。

种将我构造为它的创造物的知识(Knowledge),当父亲从 S_1 转变为 S_2,从空洞的主人能指转变为知识的时候,我,它的儿子,也变成了一个怪物。① 从此,这个怪物—儿子也已经被歇斯底里化了。他总是在追问他的制造者,在《银翼杀手》中从弗兰肯斯坦博士的创造物到罗特杰·霍尔(Rutger Hauer)所扮演的角色都只有一个共同的追问:"你为什么要把我装配起来?你为什么要按照你的方式来构造我?这样跛脚的,不完整的。"或者,如弥尔顿在《失乐园》中所说:"我要求过您,造物主,从泥土中/将我构造成人形?我恳求过您,将我从黑暗中解救吗?"②

"知道自身是一个复制品的主体"所包含的矛盾使得"主体的无实体性的存在"更为清楚地被再现了出来;就其实体性而言,我的存在所具有的确定性的内容就在于:我不过"是"一个复制品,让我成为"人"而不是一个复制品的特质并不能在"现实"中找到。在此出现了在《银翼杀手》中隐含的哲学内涵,它在电影中被反复地证明着,它们大多指向了笛卡尔的我思(Cogito)(例如在被达瑞·汉娜[Darryl Hannah]所扮演的复制人的口中就说出了"我思,故我在")。问题在于:当所有构成"我"的一切,都不过是一些制造物——不仅我的身体,我的眼睛,甚至我最为隐蔽的记忆和幻象都是被创造出来的,那

---

① 就此而言,1992 年 9 月在佛罗里达州的奥兰多,法庭遵从了一个 10 岁男孩的要求做出了宣判,男孩拒绝回到生母那里,而坚持要与养父母生活在一起。这一结果所隐含的东西要比看起来的更为极端:因为它所关注的是 S_1 与 S_2 的关系问题。一个孩子战胜了父母,赢了一场离婚,正如报纸上所说的那样,他依据两方父母各自的财产(以及相应的对其照顾等要素)最终决定了谁是他的父母。这样的话,母亲身份与父亲身份,就不再是可以独立其特质,只具有象征功能的身份存在。换句话说,那个 S_1 的逻辑就崩溃了,在 S_1 逻辑看来:"不管你做什么,你都仍是我的父亲或者母亲,我都应该爱你",即作为主人能指,总是具有象征功能,不管他拥有多少财产。

② 与这种将父亲还原为无阴茎的存在相关的,当然是母亲的某种妄想:母亲试图成为一个自我繁衍的怪物,无须阴茎的中介就可以繁衍后代。这一点早在马克思的《资本论 Ⅲ》中就已以一个谜一样的隐喻被表明了出来:在其中资本被视为一个自我繁衍的母性之物(Mother-Thing)。

么"我思",这个自我意识究竟会在哪里呢?在此我们遭遇了拉康所谓的阐述主体(the subject of enunciation)与被阐述主体(the subject of enunciated)之间的区分:我确证所"是"的每一件事物,我能指出的每一个被阐明的内容,以及说"这是我",最终都不是"我"。我只是一个空,与任何内容保持距离。

《银翼杀手》由此给出人和机器人之间的两个区分。人是一个不知道他是复制品的复制品。但我们却不能仅仅停留于这个简单的观念,即我们作为一个"自由人"的自我意识不过是基于对规范着我们生活的那些偶然的连接的无知。我们还需要补充说明的是,在一个被阐发的层面,我确认我作为复制人的身份,在一个阐发的层面,我成了一个真正的人的主体:"我是个复制品。"这一确认是在其最为纯粹的意义上对主体的一种确认——这就如同在阿尔都塞的意识形态理论当中存在的那个确认一样:"我就在意识形态当中",这样一种确认对于我来说是逃离意识形态的恶的循环的唯一道路。(或者如同斯宾诺莎般的相似理论:意识到没有什么能够逃离必然性的操控就是我们唯一获得自由的途径。)①简言之,在《银翼杀手》中,那些复制品只有在证明自身就是一个具有确定性、具有现实性的内容的时候,才真正地成为了纯粹的主体。这其中包含着最为隐蔽的妄想。主体虽然不就是"他们自身",却已经是根植于其中了。在确切的含义上来说,对于主体的界定带有一点乡愁,它本身就是主体的缺失。让我们回忆一下,在《银翼杀手》当中,当达克德(Deckard)证明她自己就是一个复制品的时候,瑞歇尔(Rachael)开始默默地哭泣。这是一种

---

① 所有这些例子,都再生产出了一个说谎者悖论("我现在说的是一句谎话")。根据拉康,这一悖论能够让一个对真实主体的确认清晰化,因为它使得阐述与被阐述主体之间的断裂显现了出来:其方式就在于说出"我在说谎",我认识到了我的存在中的非本真性,认识到了我的主体性阐述的立场,在这一意义上,我所说的都是真的。

失去了"属人性"而产生的默默的悲哀，其中还包含着一种无休止的盼望，盼望能够再次成为人，尽管她知道这是完全不可能的了。或许相反，正是这种折磨人的怀疑：我是否是一个真正的人或者只是一个机器人，正是这种未能确定的、处于中间的状态才使得我成为一个人。①

在此最为重要的是，我们不要将"去中心性"所规定的复制品与去中心性所规定的能指的主体（the subject of the signifier）混淆起来。后者关注的是**大他者**，是象征界。我们当然可以将《银翼杀手》解读为一部描写复制品主体化过程的电影，但实际上，那些最为隐蔽的记忆并不是"真的"，而只是被植入的，复制品通过将这些记忆综合为一个个人的神话而将他们自身主体化。这种记忆的综合就是他们在象征界为自己构建起来的一个位置。但更进一步说，我们"人类"的记忆难道就不是被植入的吗？在其中，我们也向**大他者**借来了构成我们个人的神话的诸多要素。先于我们所说的一切，难道我们不是首先被**大他者**言说的吗？至于我们真实的记忆，在拉康看来，难道不也就是一个虚幻的结构吗？甚至构成这个结构的要素也是被创造出来的，被植入的，而并不是"真的属于我们的"。留下来属于我们的只有我们对这些要素的主体化的过程，我们将它们整合到一个象征界当中去。从这一角度来说，《银翼杀手》给我们的教训就在于告诉我们这种操控注定是要失败的：甚至特芮（Tyrell）能够将所有的要素都植

---

① 同样的道理可以在克尔凯郭尔关于信仰的讨论中找到答案：我们，这些有限的、终会走向死亡的存在被指责为只是"相信我们相信"；我们从未确定我们是否真的相信。这种永恒的怀疑立场，这种总是意识到我们的信仰永远是处于摇摆之间的想法，却使我们成了真正的基督教的信仰者。而那些跨越了这种非确定性的门槛，从而非常确定地认为他们是真的相信的那些人，其实不才是信仰者，他们是高傲的罪人。这个宗教意义上的问题，即"我是一个真正的信仰者，还是我只是相信我相信"，在拉康那里，就变成了一个激发了精神强迫症的问题："我是死的，还是活的？"如今，在我们的例子中，这个问题就转变成了"我是一个复制品，还是一个真正的人？"

入我们的记忆当中,他仍然无法预期的是复制品究竟会以何种方式来将这些要素整合到一个神话的表述中去,由此引发了歇斯底里式的问题。① 在拉康头脑中的"我思"(cogito),**正好与这种主体化行为相反**。作为$的"主体"并不是借助于主体化－叙述化(subjectivization-narrativization)的方式出现的,换言之,并不是通过对传统的偏离而构造的一个"个人的神话";相反,主体就出现于**它在传统体系中失去其支撑的时刻**。它与象征记忆的框架被悬置起来所出现的空洞共在。我思的出现由此瓦解了在象征传统中主体的根深蒂固,在其中划出了一道不可逾越的鸿沟,从而将探寻意义并进行叙述的传统与不可能的知识隔开,后者使得我们永远不可能接近原质(Thing),即那个在真实(Real)中的我,因为原质超越了所有的叙述,所有的象征化或者历史化。一个完整的回忆只能用一个空洞来填充,而正是这个空洞构成了作为$的我,构成了自我意识的主体,换言之,将我自身确认为"他或者它,一个能思想的物",在拉康的术语中,"完整的回想"(total recall)"就是在真实中的知识"。②

---

① 对于这方面的解读,可以参见卡亚·斯里夫曼(Kaja Silverman)的"回到未来""Back to the future,"(*Camera obscura* 27),(1991):109-132.

② 正是拉康本人最终要为这种混淆负责,在他早期的研讨班中,当他试图说明无意识的"机械"(mechanical)特征的时候,他并没有区分作为象征传统的知识与在真实中存在的知识之间的区别。然而,从研讨班20(仍旧[encore])开始,他将能指与书写标记(écrit)区分开来,所有的混淆都被排除了。基于这一背景,我们就可以解释一下《湖底少女》(一部侦探小说)的失败了,罗伯特·蒙格玛丽(Robert Montgomery)的电影就是根据这部小说拍摄的。除了一个简短的开场和后记之外,整个电影都是用主观性的镜头制作而成的。它将我们的视野局限在侦探之上。也就是说,为什么这部电影让我感到如此的做作、如此深刻的人为痕迹,而没有给我们制造一段幻觉,让我们能够真实地体验到主人公的主体感受?客观镜头提供了主观镜头的一个背景,而主观镜头则在这种客观镜头的描述下成为一个碎片,但这些碎片却仍对人产生一定的影响。由主观视角所"溢出"的这个影响并不是一个完全的主观化,而是一种可怕的机械化:所谓纯粹的主观的凝视同时带来了它极端的反面,带着摄像机所特有的机械性摄入的特征。在《湖底少女》中,我们隐约可以看到主人公的脸(例如主人公的影像在镜子中的反射),却产生了一个极端的不协调:我们所看到的那张脸,那双眼,与我们在现实生活中看看到的绝不相同。我们被要求与一种凝视一致起来,但这种凝视却只不过来自一个机器(摄像机),我们,这些观看者,最终却不得不成了"能看的物"(Thing which sees)。

复制人知道他们的生命长度只有四年。这种确定性使他们成为一种"向死的存在"。这种确定性在不可能知道他们是怎样作为"能思考的物"而被构造出来的关节点上见证了他们的到来。因此，复制人最终是我们"有死之人"不可能的幻象形式（fantasy-formation）:幻想能意识到自身作为原质，幻想自己是一个无须成为\$，即失去它实体性的支撑，也可以接近自我意识的存在。这种幻象的毁灭使得我们不得不提出这样一个"人工智能"的问题:计算机会思考吗？

关于人工智能争论的关键在于人工智能本身会带来一种颠覆自身的可能性。这注定是每一个成功的隐喻必然的命运：人们首先努力地用计算机模拟人的思想，尽可能地让模型接近"原型"，直到达到一个点，会突然发生一种翻转。随之问题产生了：**如果这个"模型"已经是"原型"自身的一个模型**，如果那个人工智能自身如同一个计算机一样运行，自身已经被"编程"，该如何呢？（在此还存在一个纠缠不清的关于计算机所产生的"虚拟现实"的问题：如果我们"真实的"现实自身就是被虚拟的，就不得不被设想为是一种人工制造的结果，那么又该如何呢？）计算机带来了一个"假象"问题（the question of semblance）的纯粹形式，带来了话语问题的纯粹形式，而话语并非是一种现实的假象：很显然，计算机在某种意义上是对思想的一种"仿真"（simulate），但问题在于**一个完全仿真的思想如何与"真实的"思想区分开来？**毫无疑问，"人工智能"的幽灵是作为一个**被禁止**，但同时又被认为是**不可能**的实体而存在的：我们认定让一个机器去思考是不可能的，同时，我们极力阻止在这方面的研究，认定它是危险的，并带有诸多的伦理问题，等等。

计算机是否能够思考呢？问题的答案围绕着这个被翻转过来的隐喻的逻辑，在此我们并不是将计算机看作人脑的模型,相反,我们认为人脑是"血肉构造的计算机"。同样,我们不是将机器人看作是人造的人,而是将人自身界定为一个"自然的机器人"。这一颠倒可以进一步在性行为中得到例证。我们通常将手淫看作"性幻想",换言之,这是一种性伙伴只存在于想象中的行为。是否有可能将这一术语颠倒过来,将真正的性行为,即将有性对象存在的性行为看作与真实的(而不只是想象中的)对象所进行的一种手淫?拉康所坚持的那种所谓"性关系的不可能性"的整个要点就在于此,即什么才是真正的性行为?男人的对象从来不是一个有真实躯体的女人,女人是作为 a,被还原为一种幻想的对象(让我们回想一下拉康将阴茎愉悦界定为一种本质上的手淫)!

正是在这一背景上,我们有可能给出拉康关于"真实"的定义:真实就是抵抗这种颠倒的剩余(由作为人脑的模型的计算机,颠倒为人脑自身成了血肉铸成的计算机,作为性幻象的手淫,颠倒为与真实的性对象的性行为成了一种手淫)。真实就成了那个 X,它表明了这个"画圆为方①"(squaring of the circle)的问题注定要失败。这一颠倒所依赖的是隐喻的实现:首先仅仅作为一个真实的隐喻的仿真而出现的东西,最先是一种无力的模仿(计算机作为对真实人脑的隐喻)随后成为了有血有肉的现实需要模仿的原型(人脑总是需要按照计算机的程序来工作)。我们所体验到的"现实"就是由这种颠倒所界定的。正如拉康所认为的那样:"现实"总是被幻象所框架,换言之,某种真实的存在要被体验为"真实"的一部分,它必须预先符合我们的幻象(一个性行为必须符合我们的性幻想,人脑必须如计算机一样运转,等等)。由此,我们可以

---

① 画圆为方:是古希腊三大作图问题之一,即求一正方形,其面积等于一给定圆的面积。——译者注

提出关于"真实"的第二个定义:一种过剩,一个坚硬的内核,拒斥任何塑性、仿真以及比喻。

让我们回想一下《异形》(Alien),一些评论提出一系列的特征(这是一个发生在男性群体中的故事,以至于瑞普雷[Ripley]不得不将自己的头发剃掉,以成为其中的一员。人们对于"异形"的入侵毫无防备,等等),并用这些特征来试图将"异形"视为对艾滋病的隐喻。但从拉康的视阈看来,我们不得不追加考虑的是这样一个问题,那些用来比喻艾滋病的"异形"或者魔鬼,并不能触及艾滋病这样一个关键的特质:艾滋病所带来的可怕影响并不是疾病本身,不是它所导致的直接的对身体的影响,它的可怕之处在于其中所蕴含的超乎想象的里比多能量(艾滋病被视为不可抗拒的,它不知从什么地方突然袭击而来,就如同上帝对于人们杂乱的生活方式的一种惩罚)。简言之,艾滋病在我们的幻象空间中占据着不同寻常的地位。恶魔般的"异形"最终化成了肉身,这一幻象的维度最初就是在艾滋病的现象中发挥着作用。

我们的观点很简单,确实,计算机所产生的"虚拟现实"(virtual reality)是一个假象,它并没有阻止"真实"(the Real),但我们所体验到的"真正的、坚硬的、外在的现实"基于同样的一种排除。"虚拟现实"的最终教训在于对"真正的"现实的虚拟化:通过"虚拟现实"的幻象,"真实的"现实自身成为自身的假象,成为一个纯粹象征的体系。"计算机不能思考"的事实意味着我们进入"真实"的代价就是有些**东西必须保持着不能思考的特质**。

第二章　我思与性别差异

在普遍中的康德式断裂

提出康德理论中存在着"普遍中的断裂",或许是一个充满矛盾的说法:难道康德没有被普遍性迷住吗?难道他的主要目标不是要建立知识的(建构性的)普遍形式吗?难道他的伦理学不是试图提出一种普遍性的法则,用以作为唯一的道德规范来规范我们的行动吗?但,**一旦物自体被设定为不可接近的,那么所有普遍性都潜在地被悬置了起来**。所有的普遍性都包含着一个例外,在这个例外中,它的有效性,它所持有的一切都将被取消;或者用当代物理学的语言来说,所有的普遍性都包含着一个"奇点"(singularity)①。这个奇点最终成为**康德的主体自身**,即其先验统觉的空洞主体。考虑到这

---

① 所谓物理学意义上的奇点是指空间—时间的具有无限曲率的一点。空间—时间,在该处开始,在该处完结。经典广义相对论预言存在奇点,但由于现有理论在该处失效,也就是说不能用定量分析的方法来描述在奇点处有些什么。一般认为,爱因斯坦的广义相对论是用于描述宇宙演化的正确理论。在经典广义相对论的框架里,霍金和彭罗斯证明了,在很一般的条件下,空间—时间一定存在奇点,最著名的奇点是黑洞里的奇点以及宇宙大爆炸处的奇点。在奇点处,所有定律以及可预见性都失效。奇点可以看成空间—时间的边缘或边界。只有给定了奇点处的边界条件,才能由爱因斯坦方程得到宇宙的演化。——译者注

种奇点的存在,康德三大批判中的每一个批判都将与普遍化的过程相左。在"纯粹理性"中,当我们试图超越有限的经验,将范畴运用到宇宙的**总体性**的时候,悖论就出现了,如果我们试图将整个宇宙设想为一个整体,必将同时出现有限的存在与无限的存在,包含了所有的偶然性的存在与完全自由的存在。在"实践理性"中,"裂缝"由"根本恶"(radical Evil)的可能性所引介,这种恶,就其形式而言,与所谓的善相一致(作为追随自我设定的普遍律令的自由意志可以在原则上选择"恶",而并不依据"病理学意义上的"、富有经验性的冲动来选择"恶")。在作为综合纯粹理性和实践理性的"判断力"当中,这种断裂出现了两次。首先我们具有一个美学和目的论的立场,这两极并没有构成一个平衡的整体。美是"没有目的的目的性":所有人的有意识行为所产生的作品都带有目的性痕迹,而美的对象却没有任何确定目的,因此也没有任何的理性与目标的介入。换句话说,美的存在彰显了一个矛盾点:人的行为(总是带有工具性特征,为一种目的所指引)总是作为一种自然的本性的力量,即真正艺术的行为从来不是一个有意识的计划,它必然是"自然而然地产生出来的"。另一方面,目的论所做的正是从那些遵从一种盲目的机械法则的自然当中辨认出其中发挥作用的潜在目的,换言之,即在本体论意义上通过先验范畴来构造"客观的现实性"(objective reality),而在这些先验范畴当中并不存在目的性。①

确切地说来,**崇高**(Sublime)所意指的是美与目的的一种失败的"综合"。用基础数学的术语来说,这是两个集合的交集,一个是"美"的集合,一个是"目的"的集合。但这个交集是

---

① 参见康德《判断力批判》(*The Critique of Judgement*)(Oxford: Clarendon Press, 1991)。

一个否定性的交集,其所包含的要素既不美,也没有目的性。**崇高**的现象(更确切地说,是主体的情感中所具有的**崇高**感)绝不是美的。它是混乱的,无形式的,与和谐的形式对立的,它也是毫无目的的,它并不是隐藏在自然中的目的的见证(它在其不恰当的过剩中显现得如同一个魔鬼,去除了某种器官的特征和某个对象的特征)。由此,**崇高**恰好就是那个纯粹的主体性所在的地方,这正是美和目的论试图用和谐的外表来加以掩盖的渊薮。

更进一步说,**崇高**是如何与美的以及目的论的交集相关联的?众所周知,康德将美视为善的象征。同时,他指出所谓真正的**崇高**并不是由那些能够引发**崇高**感的对象所产生,而是由在我们内心的道德法则所产生,由我们超感性的自然所产生。美与**崇高**是否就是善的两个不同象征?或者说相反,难道不正是这两者的存在指出了一个特定的断裂,这个断裂所指向的是道德律令自身?拉康为律令的两个方面划定了界限:一方面,是作为理想自我(Ego-Ideal)的象征而存在的律令,换言之,是发挥抚慰功能的律令,保证了社会契约的存在,引入了第三者的介入,用以解决想象界的攻击所带来的僵局;另一方面,是在超我维度上的律令,换言之,迫于"非理性"压力所得到的律令,是无法与我们现实的责任相匹配的一种有罪感。在此,我们被预先设定为有罪的,因为我们将身体交付给了对快感的追求。这种理想自我与超我的区分使得我们能够详尽阐明美与**崇高**究竟如何与伦理学具有不同的关联。美是善的象征,换言之,是发挥抚慰功能的道德律令的象征,限制着我们的利己主义,使得和谐的社会共存成为可能。相反,富有能量的**崇高**——火山爆发、暴雨海啸、悬崖峭壁等——并不能引发超我的超感觉的道德律令象征化(即不能被象征性地再现出来),而这种象征化的失败却引发了超我的维度。这种**崇高**的体验所蕴含的逻辑在于:的确,我是一粒随时可以被风吹散的尘埃,面对自然的狂暴,我总是显得非常无力,**但当这种肆虐的自然与那种超我施加于我之上的压力——正是这种超我羞辱着我,强迫我违反我的本能——相比的时候,它将显得异常苍白。**(在此我们所碰到的是康德的一个基本悖论:我是一个自由的并具有自主性的主体,但这种自主性却来源于对我的病理学意义上的本性的限制,我的自尊心总是遭受着道德律令对我的羞辱)。在拉辛的《阿格丽塔》(Athaliah)中最高的牧师阿布纳(Abner)这样说:"我惧怕上帝,除此之外无所畏惧(je crains Dieu et n'ai point d'autre crainte)",这其中同样包含着由犹太上帝所激发的超我的维度。——对于自然的恐惧,对于他人的畏惧都可能转变成为**崇高**的宁静。在这种转变中,发挥作用的并不仅仅是我意识到了那些超越我的控制能力而存在的超感性的自然,而是因为我发现了那种道德律令的压力所具有的力量要远远强大于自然的力量。

在其中,一个不可避免的结论产生了:如果美是善的象征,那么**崇高**是……的象征(the Sublime is the symbol of…)。然而在此,这种推理已经受阻。**崇高**的对象(更确切地说,那些能够引发我们产生**崇高**感的东西)不能作为一种象征而存在。它不能被象征化地再现,并因此而实现对自己的超越。所以,如果说美是善的象征,那么**崇高**会引发什么呢?只有一种可能性:它所引发的只能是非本能意义上的、伦理学意义上的、超感性的维度。但显然,**这个超感性的、伦理的立场却逃离了善的维度**——简言之,成了一种根本恶(radical Evil),作为一种伦理态度的恶。①

在今天流行的意识形态中,康德的**崇高**所具有的矛盾使得我们发现了大众迷恋托马斯·哈里斯(Thomas Harris)的小说中那个食人的连环杀手汉尼拔·莱克特(Hannibal Lecter)②的根源所在:这种迷恋最终再现的是对于拉康式精神分析学者的渴望。换言之,汉尼拔·莱克特就是康德意义上的**崇高**:一个绝望的,最终没有能够在日常的想象中将自己再现出来的拉康式精神分析者。莱克特与拉康式的精神分析者之间的关联恰好对应于康德对"动力学的**崇高**"(dynamic sublime)体验的界定:这是一种野性的、纷乱的、未经驯化的狂暴自然与超越任何自然限制的超感性的理性观念之间的关系。确实,莱克特的邪恶在于——他不仅杀死他的受害者,同时还吃掉他们内脏的一部分,就此而言已经几乎达到了我们

---

① 关于根本恶参见本书第三章。这一**崇高**的观点为拉康的《与萨德在一起的康德》(*Kant avec Sade*)提供了一个新的解读路径。在其中,拉康认为萨德的观点就是康德哲学的本质。让我们从一个非常日常的问题开始:究竟那些性指南对于我们具有什么样的吸引力?我们显然不是要从其中学到点什么。吸引我的只是一种打破日常规范的行为(当我们真正实施这一行为的时候,我们其实不能思考,我们只能屈从于一种激情……),这些行为设定与之相对立的形式,似乎真的变成了将性行为转变为一种可教授的技法。(它提出了一些建议让人们按此行事,以便获得性高潮:在性行为的前奏中,我要和我的性伙伴讨论一下我们即将做的每一步,我们想好所有的可能性,就如同我们就在整个过程中一般。有时候,正是这种讨论让我们兴奋起来。)我们在此所遇到的是一种矛盾的,被颠倒了的**崇高**:在康德意义上的**崇高**,是一种感性经验的无边界的纷乱(狂风骤雨,悬崖峭壁)。它带来了一种纯粹理性的不祥预感。纯粹理性的尺度是如此之大,任何经验的对象,甚至那些最富有野性的、最强有力的自然,也不能超越它。(换言之,在此,这种边界,这种想象的秩序属于不可触及的观念的一方,而那种无形式的纷扰则属于感性经验的一方。)在"被规制化了的性行为"(bureaucratized sexuality)当中,关系也被颠倒了。性欲的产生,本来作为一种逃避任何程序性操控的行为,现在走向了自己的反面,它首先作为一种组织规范好的职责来被看待才被激发出来。可能正是在这一意义上,萨德是康德的真理:那些萨德主义者们乐于将性视为一种可操控的被组织规范好的职责,而这种观点正好表现出了康德的**崇高**,这种**崇高**使我们通过纷扰,通过我们的经验的无边界的特性意识到超经验的尺度的存在。

② 托马斯·哈里斯(Thomas Harris)的小说是一系列惊悚恐怖小说,其中总是存在这个汉尼拔·莱克特(Hannibal Lecter)博士,他既是一个天才的精神分析师,又是一个食人的连环杀手。其系列中《沉默的羔羊》等被改编成为电影,广受欢迎。——译者注

作为人类所能想象的邪恶的极限,但尽管我们几近全力地表现莱克特的残忍,却无法捕捉到这个精神分析师的行为所具有的真正意义。穿越了我们的妄想,他实际上"偷走了我们存在的内核"。那个小写的**对象 a**,就是一个隐蔽的宝藏,一个谜,一个在我们身体之内,被我们视为珍宝的东西,现在被斥责为仅仅是一种表象。拉康将**对象 a** 界定为一种妄想的"我的某种东西"(the stuff of the I),我诉诸$,它是象征界的一个断裂,是我们称之为"主体"的那个本体论上的空,是某个"人"在本体论上所具有的一致性,是存在的完整性的外表——这就是被那个精神分析师所摧毁并"吞掉"的东西。这就是为什么拉康用带有"圣餐"色彩的表述来界定这个精神分析师,同时他还隐蔽地讽刺了海德格尔:"吃掉你的此在!(Manger ton Dasein!)"汉尼拔·莱克特具有一种妄想的力量:这个角色并没有触及拉康所谓的"主体的匮乏"所具有的绝对的界限,却让我们获得了一个分析师的预感。所以,在《沉默的羔羊》中,莱克特并不是在与其受害人的关系中,而是在与克拉丽斯·斯特林(Clarice Sterling)的关系中才变成一个真正的食人者:他们之间的关系富有讽刺意味地模仿了精神分析师与其病患的关系。他将帮助她去抓住"水牛比尔"(Buffalo Bill),但他试图让斯特林向他敞开心扉。一个被分析者向分析师说出的是什么呢?是她的存在的内核,是她的最本质的妄想(羔羊的喊叫)。莱克特对于斯特林的要求或许应该换成这样一种表达:"我会帮助你,只要你能让我吃掉你的此在(Dasein)!"在此,一个正常的精神分析关系被颠覆了:莱克特通过帮助斯特林找到了"水牛比尔"而补偿了斯特林。由此,他还没有达到拉康式精神分析师的那种残忍,因为在精神分析中,精神分析师要我们交出我们的"此在",而我们却还不得不付钱给他。

如果说，**崇高**与美对立着，它们共同构成了道德律令所包含的两个方面（发挥抚慰功能的理想自我与残忍的超我），那么我们如何将**崇高**从其《判断力批判》中所讨论的那些与之对立的一面区分开来？如何将其与目的论区分开来？**崇高**所指出的也是一些无目的的狂暴，它的强大力量的实施**并不服务于任何事物**（这也是拉康在《仍旧》[encore]的第一页中给予快感[enjoyment]的界定），然而目的论的观察视角却在自然中发现了一个预设的（仅仅是具有反思性的，而不是构成性的）知识，换言之，目的论的一般性假设就是"自然知道一切"（所有事件都不是在某种"盲目的"机械因果的操控之下，它被某种有意识的目的所牵引）。① 在**崇高**中，自然一无所知，当"它一无所知"的时候，它享受着这种状态（我们在此又一次处在作为法则而存在的超我层面，它享受着作为一种法则的体现者所具有的一种不入流的快感）。这种"自然的快感"的爆发与超我之间存在的隐秘关联可以在约翰·福特的《飓风》（*the Hurricane*）（1937）中被发现。这是一个发生在小岛上的故事，这个天堂一般的小岛被一个法国统治者德·拉伽（De Laage）（由雷蒙·马西[Raymond Massey]扮演）②所统治，他拒绝施恩于特瑞尼（Terangi），一个反击了某个法国人的土著人。当特瑞尼逃离了监狱，试图与其妻子会合的时候，德·拉伽对其进行无情的追捕，直到飓风毁掉了一切。德·拉伽当然

---

① 在这一意义上说，康德在构成性（constitutive）与规范性（regulative）之间的区分所对应的正是拉康的知识与被设定的知识（supposed knowledge）之间的区分：目的论规范性观念是一种"在真实中的知识"，它认为在自然当中蕴含着某种内在理性的秩序，尽管在理论上是无法证明的，却预设了我们确定性的知识（通过构成性的范畴所构成的）是可能的。

② 选择雷蒙·马西来扮演这个被超我所驱使的统治者本身就是富有意义的，如果我们能够发现他在银幕的形象一贯具有的特征：他总是扮演约翰·布朗（John Brown），这个名字意味着（在主流的意识形态的视角之下）对于正义的一种痴迷，但这种痴迷的结果却常常是将这种过度的热情转变成为一种极端的邪恶。

是一个非理性的"法规与秩序"(law-and-order)的狂热分子,被一种狂妄自大所操控,因此是一个典型的超我形象。从这一角度上说,飓风的发生应该告诉了德·拉伽,存在着某些东西比刑事法典更重要:当德·拉伽面对被飓风毁掉的一切的时候,他给了特瑞尼自由。但矛盾在于飓风毁掉了所有的房屋,毁掉了天堂小岛,德·拉伽却留了下来;由此,飓风或许立该被视为德·拉伽超我统治的愤怒的表现。换句话说,德·拉伽在飓风中发现了隐藏于自身当中的那种毁灭性的愤怒。飓风让他发现了这种野蛮的、没有被驯服的对于法规的狂热献身所带来的快感。他赦免特瑞尼并不是因为他发现了人类法律在面对自然的强大力量时的无效,而是相反,他发现了那些被他视为道德正义的东西所隐含的是一种极端的邪恶,这种邪恶所具有的摧毁力量会让飓风的狂暴黯然失色。

基督式的崇高,或者"向下－综合"
(Downwards-Synthesis)

50

尽管基督教的教义仍局限在**崇高**的界限之内,但它所带来的**崇高**感却与康德的**崇高**不同。它并不试图通过我们自身的能力将其再现出来(我们确实也不能将超感觉的观念再现出来,却能够划出它的界限),而是相反,它将所再现的内容转变到一种最低的想象层面:在再现的层面上,基督是"某个人的儿子",一个破衣烂衫的、被钉死在十字架上的可怜的人。与他在人间的悲惨境遇相对立的是他所具有的可以普照万物的神性光芒。在晚期的维多利亚时代,同样的观念显现在了"象人"(elephant-man)的悲惨形象当中,一本类似主题的著作有这样一个小标题,清楚地说明了这一形象的意义:一个关于人的尊严的研究。或者我们可以这样说，正是"象人"所具有的扭曲的外表使其内在精神所具有的尊严最终得以显现。同样，斯蒂芬·霍金(Stephen Hawking)的《时间简史》所获得的巨大成功难道没有包含相同的逻辑吗？如果他不是仅仅用一个羸弱的手指的运动来与世界交流，如果他不是只能通过一个机器产生的非人的声音来言说宇宙的命运，他会获得如此广泛的关注吗？在此存在着一个"基督式的**崇高**"：破碎的"真实的碎片"，却与纯粹的精神性具有必然的关联（它或许是这种纯粹的精神性的外在表现）。换句话说，我们在此要十分小心，不要错过黑格尔的要点：黑格尔的目标并不简单，虽然超感性对感性的再现无动于衷，它却可能隐藏在最为底层的再现当中。黑格尔反复强调的是并不存在某个特殊的"超感性的领域"，或者说并不存在一个脱离了我们感性经验的世界。严格说来，最为丑陋的"真实的碎片"在精神层面却最富有表现力；精神实质正是通过这种扭曲的表面才得以体现。换句话说，不仅上帝道成肉身，成为衣衫褴褛的可怜人，显现在我们眼前，而且人的道德，人的真正本性都是通过这种最为可笑的、扭曲的方式被体现出来，它常常化身并隐藏在人类最为低级的一种形式当中。这种极端的扭曲，这种绝对的对立，就是"绝对否定性"所具有的神性力量。无论是犹太教还是基督教都坚持了这种在上帝（精神）与（感性的）表象世界之间的绝对的不和谐以及对于（感性的）表象的推崇。他们之间的区分是纯粹形式上的：在犹太教中，上帝通过表象栖居在了这种不可企及的超越当中，与我们之间存在着无法弥补的鸿沟；而基督教的上帝就是**那个鸿沟本身**。正是这一转变导致了**崇高**逻辑的转变，从对所有表象的拒斥到接纳所有的，甚至是最为空洞的表象。①

"基督的**崇高**"所包含的是一个辩证运动的特殊模式，这一模式或可称之为"向下—综合"(downward-synthesis)：结论并不是一个胜利的"综合"，而是正与反的共同基础被瓦解的最低点。在此使我们受阻的是那个逃离了象征秩序的剩余物（remainder）：普遍的象征中介的秩序在这种无活力的剩余物面前崩溃了。除了基督的**崇高**，更进一步的例子为三段论式的正—反—合的判断：颅相学的辩证法（"精神是一块头盖骨"），当然，这种三段论的法则在"理性"一章中被推导出来，使其过渡到了"精神"，进入了"历史"。在黑格尔的《精神现象学》当中：理性是一个法则的施予者，是一个法则的检验。之所以接受法则只是因为它是法则。理性首先将法则作为一个伦理箴言设定下来（"每一个人都应该讲真话"，等等）；一旦理性遇到了诸多具体的情况，导致法则之间产生了可能的矛盾冲突（不同的伦理规范会排除任何行动的形式而强加给我们），那么理性就会预设某种"反思性"，从而对这些法则进行检验，看看他们是否符合普遍性与一致性的标准形式。最终，理性开始意识到了一种空洞，即这一过程的纯粹的形式性特

---

① 如果我们认识到了基督教的**崇高**所具有的这种矛盾，我们还会想起在黑格尔理论中的判断所具有的莫比乌斯带（Möbius strip）结构。这种反思性的判断，例如，"苏格拉底是会死的"，必然带来两个方面的确认：一个是（逻辑的）主体，一个确定的非概念化的"这一个"，被一个名称所指（从而替代一个直接的，非确定的，实体自身）；另一个则是谓语，它是**同一个实体**的异化形式，换言之，是它自身与自身的分裂，在一种普遍的"反思确定性"（reflective determination）的伪装之下与自身对立，正是在这种反思的确定性中，"这一个"被立刻包含其中了。（实体的"反思确定性"就是其本质，是它确认自身的核心内核，这一内核在对立的伪装之下被思考。与那些外在的普遍的确定性完全无关。）由此，我们在一个判断的公共空间中并不存在两个元素的结合，而始终只有一个同样的元素，它首先以直接的，无反思的实体显现出来（"这一个"，逻辑的主体），而后以其对立的形式，自我外化的形式出现，换言之，以一种抽象的反思的确定性而存在。对于这一状态的隐喻，比莫比乌斯带更为确切的或许是那类描述时空穿梭的科幻小说。在其中，主体总是遇到自身的不同版本，遭遇他自身在此后的化身。在此同样存在着黑格尔的逻辑：主语与谓语是一致的，是同一个东西，他们之间的差异仅仅是拓扑学意义上的差异。

征,意识到它并不能掌握真正填充着具体的、确定性内容的精神实体。由此理性不得不迫使自身接受这样一个事实:理性只有首先在那些具体的、确定的伦理行为中固执地设定法则,并认为它之所以是法则只是因为它就是法则,换言之,只是因为它是我们所组成的共同体所具有的历史传统的一个组成部分。严格说来,我们认为历史就是精神在连续的真实历史中的显现,只是因为我们接受这样一个事实:我们就体现在这些特殊的、富有历史性的"精神实体"当中。① 这一逻辑的三个阶段分别是设定的(positing)、外化的(external)以及规定的(determinate)反思,对于那些不太精通黑格尔的人来说,可能会感到吃惊:第三个阶段,即得出结论的时刻却是一个直接接受所给定的伦理实体的时刻;人们或许宁愿将这一时刻看作一个"最低点",是一个我们可以凭借着反思的中介不断获得提升的起点。整个三段论的逻辑再现了反思的失败:它最终不过是让反思的主体适应了这种伦理实体,这一伦理实体作为一个普遍的被预设了的中介促成了它的反思性调和。这种包含中介的整体性所具有的极为驯服的接受性就是黑格尔的"规定的反思"所具有的本性:反思的整体性就是通过某种偶然

---

① 在精神一节的末尾,当我们试图从通过美的灵魂摆脱困境使客观精神转入一个绝对领域(宗教,哲学)当中的时候,这一矛盾在此显现出来。显然,黑格尔在此第一次使用了"调和"(Versöhnung)这一术语:美的灵魂只能认同于它所反对的那个邪恶的世界,它不得不接受这个既成事实,将它所处的环境视为"它自身"的一部分。

的、无反思的、"仅仅在此"的剩余物而"被整合起来"的。①

依据这种形式化的结构,基督的**崇高**带来了一种暂时性的颠倒:某种质料,在其"正常的"的状态下并不能带来我们对**崇高**的感知,却能在某一瞬间的使用中获得某种"崇高"的光环。典型的例子如保罗·纽曼(Paul Newman)导演的《雏凤吟》(*The Effect of Gamma-rays on Man-in-the-Moon Marigolds*)。电影讲述了一个名叫玛格丽塔(Mathilda)的女孩,在一个贫困的家庭中,与她的姐姐,一个癫痫病患者一起生活,她的妈妈,是一个没有工作,"憎恨这个世界"的愤世嫉俗者。于是这个小女孩将自己所有的精力都投入对具有放射线的种子的生物试验当中,以此来逃避家庭的苦难。最终玛格丽塔将她的试验结果拿到学校参加竞赛,出乎意料地获得了胜利。然而回到家中,她却发现她的宠物小兔,这只她的生物老师送给她

---

① 在现代电影史上,如何去表达"病理学"意义上的里比多要素(歇斯底里等)都延续着这种"向下—综合"的模式。就某一点来说,这种形式化的过程——当其显现出来的时候可能很繁杂——仍然"驻留于"电影所构建的故事空间(diegetic)当中,换言之,它所表达的仍是在电影叙述中所表现出的人物性格的"病理学"。例如在阿伦·雷乃(Alain Resnais)的电影中,形式上的螺旋上升(例如时间链等)总是带来片中人物的记忆的矛盾;在约翰·卡索维茨(John Cassavetes)的作品中,这种电影所叙述的内容——美国日常婚姻生活的歇斯底里——沾染了太过浓重的电影形式(摄像机距离人物的脸都"太近了",由此彰显了让人感到不适的脸部抽搐;用手持摄像机来拍片,其本身带有的颤动,也给予影片强烈的电影框架,但正是这种颤抖很好地显现了歇斯底里的基本特质)。但在某一点上,这种电影所构造的叙述方式"破碎了",电影开始直接地反映这种歇斯底里,绕过了电影叙述方式,由此区分这样三个阶段已经成为不可能的了。

——"现实主义":形式不被歇斯底里的内容所浸染,不管电影叙述的内容多么富有病理学的意义,它只能通过保持一定中立距离之外的"客观"叙事来表达。

——对现实主义的第一次否定:歇斯底里的内容"感染"了形式本身。在许多现代主义的电影中,形式似乎在讲述它自己的故事,削弱了电影"正式的"叙事内容,这种电影叙事的内容与形式之间的对立,以及最终后者战胜前者,使影片更具有形式性,说明了"书写"(writing)本身的意义所指。回想一下著名的《电影评论》(Cahiers du cinema)对于约翰·福特(John Ford)的《青年林肯》的评论就足够了。这一评论认为,影片中的形式显现出了主角所具有不祥的超我,那种魔鬼般的非人性的一面,由此与该片对于林肯作为正面赞扬的"官方"主题背道而驰。

——"否定的否定":现代主义的"抽象电影",它直接表达着这种"病理学"的内容,而不再通过所谓的电影所构建的故事空间来讲述这一事实。

的礼物,被她的妈妈杀死了,以此来报复她在学校中获得的成功。玛格丽塔将小兔放在枕头上,试图将它带到楼下的花园中掩埋,而她的妈妈却继续着她愤世嫉俗的冷言冷语。这一典型的富有教育意义的情节剧,用女儿的道德战胜了只知道通过惩罚女儿来消解仇恨的母亲:女儿通过使其意识到宇宙秘密的生物试验从而超越了颓废的家庭气氛。电影最富有感染力的地方在于其最后半个小时的处理:玛格丽塔的演讲卡住了,紧张的学校竞赛被中断了,此时我们看到了这样一个场景,玛格丽塔醉醺醺的妈妈进入了大厅,向过路的人打听谁获得了胜利。在电影的结尾处,伴随着一个让人伤痛的画面——玛格丽塔抱着她死去的小兔,我们听到了玛格丽塔没有说出的演讲内容,表达了她对宇宙神秘魅力的信仰。这是一个简单的碰撞,一个鲜明的对比:可见的画面(一个受到侮辱的孩子捧着一个死去的小兔)与一个背景音(一个真正的康德式的演讲,它所关注的正是"在我们头上的灿烂星空"的秘密),它们带来了**崇高**的效果。

菲利普·考夫曼(Philip Kaufman)的电影《生命中不能承受之轻》同样诉诸一种暂时性的替代来成功地表达出昆德拉小说所浓缩的意义。结尾处,深夜,这位主人公,持有不同政见的医生,逃离到一个小山村,与他的妻子从附近小镇跳舞回来,给他们的最后一个镜头是他们的汽车在黑暗的碎石路上所照亮的一束光。随后镜头突然转向了几周后的加利福尼亚,医生夫妇俩的朋友,一位生活在那里的雕塑家萨宾娜(Sabina),收到了他们死于交通事故的消息:他们死于从小镇跳舞回来的路上,并加以评论说他们死的时候很开心。随后镜头转回到了之前的场景:一个简单的连续的镜头,从驾驶员的椅子,到我们的凝视所穿越的道路。在此,正如在《雏凤吟》当中一样,这最后的镜头所带来的**崇高**感来自一种简单的替代：它就存在于一种我们与主人公的共存当中，即我们，作为观者，得知了主人公与他的妻子已经死了，而主人公却仍然凝视着前方移动着的一束光下的道路。此处关键并不在于这束光带来了死亡的意义，而是镜头中的这最后一个视角属于那些我们认为已经死了，却仍然活着的人。随后镜头转入加利福尼亚，转向他们的死讯被告知的时候，主人公与他的妻子于是就存在于"两种死亡之间"了，换言之，同样一个凝视，在镜头切换至加利福尼亚之前，仅仅不过就是一个活着的主体的视角，但现在却变成了一个"活死人"（living dead）的凝视。

"性化（Sexuation）①公式"

这一描述的问题在于让第一类**崇高**的模式（"动力学的"超我—**崇高**在狂暴的自然中显现了出来，它是一股巨大的集中的力量，威胁着我们，将我们打倒）优越于第二类**崇高**模式，并破坏第二类**崇高**的模式，即"数量"的**崇高**（mathematical Sublime）（它在总体上量的巨大，超越了我们的掌控能力，带来了我们的一种晕眩）。作为美与目的的交集的**崇高**，自我分裂为"数量"的**崇高**与"动力学"的**崇高**（dynamical Sublime），这一点不能被忽视，因为它直接彰显出了一种性差异。对**崇高理论**关注的并不只有康德，其实这一问题早已被爱德蒙·伯克（Edmund Burke）——康德哲学的先驱所关注了，他将男

---

① 性化（sexuation），拉康的术语，即研究人是如何从一个前语言的存在/前"性"的存在，而被符号化为说话的存在/有"性"的存在；换言之，如何从尚未学会说话的、无性的小孩，而变成"男人"或"女人"。对于拉康来说，"性化"这个"化"，实际上正是"阉割"的那一刀。小孩正是经过"阉割"后，才变"化"成"男人"或"女人"，因为一旦小孩习得语言后，其同自身身体便失去了直接的原始关联，两者的关联从此只能永远地通过符号作为中介来完成。——译者注

性/女性的对立与崇高/美的对立联系起来。① 相反,我们的目的是试图证明,先于崇高/美的对立,性别差异就已经蕴含在了数量崇高与动能崇高的分裂当中了。

正如我们所知,两种崇高模式的对立其实早已蕴含在《纯粹理性批判》当中了,只不过那时他是以两种对立的纯粹理性的差异为掩盖。(《纯粹理性批判》B454-88)在先验范畴的运用中,当理性将范畴运用到不能成为经验对象的实体(如作为整体的宇宙、上帝、灵魂等)之上的时候,它必然陷入悖论当中,换言之,它必然同时得到两种相反的结论:宇宙是有限的和无限的,上帝存在和上帝不存在。康德将这些悖论分为两组:量的悖论源起于将范畴运用到作为一个整体的宇宙之上(让现象的整体进入我们有限的直觉当中);而动力学的悖论(dynamical antinomies)则产生于我们将范畴运用到那些本不属于现象秩序之中的对象(上帝,灵魂)。在此关键在于这两种悖论之间的差异:在数量的悖论中,我们需要处理的是进入感性直觉的多个(das Mannigfaltige)入口,换言之,在直觉中多个要素是并存的(在此的关键在于它们的可分割性和有限性);在动力的悖论当中,我们所面对的是知性,某种综合的能力,它超越了感性的直觉,也就是说,它要求要素间要具有必

---

① 在康德的第三部分,"基于美感和崇高感的观察"(Berkeley: University of California, 1991),此处有趣的一点在于康德在试图说清楚美丽的女人与崇高的男人之间相互作用的时候所陷入的一种矛盾:男人最终给予女人的话是这样的,"即使你不爱我,我也会强制你因我的伟大崇高而尊重我";而女人的反击在于,"即使你不尊重我,我也会强制你因为我的美丽而爱上我"。这种矛盾就其所隐含的前提来说是荒谬的,因为它预设了要去发现男人道德立场的崇高,女人不得不停止爱他,而相反,如果男人试图真的能够体验到对女人的爱,就不得不因为女人所缺乏的道德立场而蔑视她们。在这种逻辑中,康德甚至提出了两性关系的不可能性的形式:在性别关系中,男人的对象或者是没有特殊性的"任何女人"(如果他仅仅受到其肉体欲望的驱使),或者是一种想象的幻象,而没有任何一个真实的女人能与这个幻象相对应(带有浪漫主义色彩的对崇高的狂热)。在这两种情景下,真实的对象——一个具有独特性的真实女性——已经被消解了。

要的逻辑关联(Verknuepfung)(因果观念)。

这两种悖论之间的差异还可以进一步在同质性/异质性的对立中获得进一步说明。在数量悖论当中,所有的要素都隶属于相同的时空序列;在动力学悖论当中,相反,我们是从结果推到原因或者"基础"(至少要推至"原则"),而后者显然属于一个不同的本体论秩序当中(非感性的,知性的)。在一个系列中,一个原因同时也可能并不是一个原因,这一事实的存在使得悖论的两边都有了为真的可能性:从现象层面上来考虑,事件 X——例如,我向一个溺水的人伸出了手——是由一个普遍的因果关系网来决定的(就事件所具有的现实性的表象而言,它可能从属于一个物理的因果性);从本体论上来考虑,同样一个事件却被某种异质的、知性的因果关系所操控(作为一种伦理行为,它所依赖的却是具有自主性的人所具有的自由意志)。同样的对立所具有的另外一个层面在于数量的悖论,所考察的是它的对象的**真实存在**(real existence)(作为整体的宇宙),换言之,它将现实的领域延伸到了一个经验不可及的地方,而动力学的悖论所考虑的对象却不属于具有经验上的可能性的"现实"(被自由意识所装点的上帝与灵魂……)。

数量悖论与动力学悖论在结构上的差异萦绕在某种双重否定当中,这一否定定义了现象的地位:本体(noumenon)是一种非现象,一种现象的界限,更进一步说,现象的领域自身也从来不是完全的或者完整的。数量的悖论就是这种"非—全部"(non-all)的现象领域的悖论:它们源于这样一个矛盾,尽管在我们的直觉当中,没有任何一个对象不是隶属于现象领域的,但这个领域却从来都不是"全部",从来都不完整。动力学悖论,相反是一个普遍性的悖论:现象在普遍的因果联系中的逻辑关联必然包含着某种例外,某种本体意义上的自由行为,这一行为必然"坚持"悬置某种因果关系,而"自然而然"地开启某种新的因果系列。由此,被讨论的对象差别很大:"作为整体的宇宙"是一个**现象的整体**,而"上帝"或者"灵魂"是一个**超越现象**的本体层面上的实体存在。由此,解决悖论的方式在两种情形下也各不相同:在第一种情形下,正题和反题都是错误的,因为隶属于这一主题下的既是有限又是无限的对象并不存在(作为现象现实整体的宇宙是一个自我矛盾的实体,它谈论着"现实",换言之,它用先验的具有构造性的范畴构建一个可能的经验的领域,同时它又延伸到了可能的经验之外,因为作为整体的宇宙并不能成为我们有限经验的对象)。在第二种情形下,被讨论的对象(上帝,灵魂)并不被设想为可能经验的对象,换言之,作为现实的一部分,它的正题和反题有可能都为真。这种数量和动力学之间的二元性再生产了客体与主体的二元性,理论理性与实践理性的二元性:理论理性的目的在于完成因果链条,换言之,在于产生整个因果关系网,从而使得事件可以被解释(纯粹理性的基本理想);而实践理性的目的则在于通过某种自由行为来悬置这种因果关系网,由此使其不能被之前的因果链条所解释。

所有这一切与性别差异又是什么关系?① 拉康通过"性化公式"(formulae of sexuation)试图将作为一种话语的性别差异公式化,在其中,"男性"一边作为一种普遍性的功能($\forall x Fx$:所有的 x 都隶属于功能 F)意味着一种例外的存在($\exists x.$ 非 Fx:至少有一个 x 并不隶属于功能 F),而在"女性"的一边则意味着一个特殊的否定(非 $\forall x. Fx$:并不是所有的 x

---

① 我关于拉康的"性化公式"与康德的数量**崇高**与动力学**崇高**之间的对立所具有同构性的思想,来源于乔安·库贝克(Joan Copjec)的一本书,就其整体而言都可以被看作我对她的理论的一种接纳。参见乔安·库贝克(Joan Copjec)《解读我的欲望》(*Read My Desire*)(Cambrige:MIT Press, 1993)。

都隶属于功能 F)意味着在此没有例外(非∃x,非 Fx:没有 x 可能逃脱功能 F):①

$$\exists x. \overline{\Phi x} \qquad \overline{\exists x}. \overline{\Phi x}$$
$$\forall x. \Phi x \qquad \overline{\forall x}. \Phi x$$

对于这一公式,在此我们需要注意的是它按照康德悖论的方式被构造出来,它的构成项之间并不是相反的两极:相对立的关系在此被排除了。(例如,在男性的一边,与"所有的 x 都隶属于功能 F"相对立的并不是"至少有一个 x 被排除在功能 F 之外",而是"没有一个 x 从属于功能 F")。由此如果说将对角线的两项相连接,共同感(Common sense)将使得两边对等起来,"所有的 x 都隶属于功能 F",严格说来难道不是等同于"没有任何一个 x 能够不隶属于功能 F"？另一方面,"并非所有的 x 都隶属于功能 F",严格说来难道不是等同于"至少有一个 x 被排除在功能 F 之外"吗?② 拉康的 ∃ 的是质疑公式中所包含的两类符号:普遍的功能**隐含着**某种构成性的

---

① 在拉康的性化公式中,Φx 意味着阴茎功能(phallic function),为了构建这一公式,拉康依赖于亚里士多德的逻辑,将所有的命题分为普遍的肯定性,普遍的否定性,特殊的肯定性,特殊的否定性,特殊的肯定,与特殊的否定。拉康为这种分类赋予了不同的标识,普遍性被标识为∀,特殊性(或存在性)被标识为∃。由此构筑了这样一个公式。——译者注

② 拉康的 F 所指的是(象征性的)阉割功能:"男人都从属于阉割"包含着"至少有一个"是例外的。在弗洛伊德的《图腾与禁忌》中最初的那个父亲,一个神秘的存在,拥有所有的女人,因此也能获得完全的满足。关于"性化公式"的解释参见拉康的《研讨班》第二十卷《仍旧》(*Le séminare*, book 20: *Encore*)(Paris: Edit ons du Seuil, 1975),其中关键的两章已经被翻译过来,成为《女性的性征》(*Feminine Sexuality*)(London: Macmillan, 1982)。对于这一公式的简略阐发还可参见齐泽克《因为他们不知道他们在做什么》(*For They Know Not What They Do*)(London: Verso, 1991)第三章。

例外,功能 F 的无一例外却**限制了**它的普遍性范围。①

在这种"性化公式"中所包含的性征观念(notion of sexuality)究竟是什么? 拉康的回答是:性征作用于陷入困境中的活生生的存在,这一困境源于这一存在纠缠于象征秩序当中,换言之,活生生的躯体在作为普遍性秩序的象征秩序当中陷入了僵局,处于一种非一致性的状态,而性征正是在这一僵局中发挥了作用。康德是第一个发现了这种"普遍性中的断裂"的哲学家,这就是为什么他的纯粹理性的二律背反——确切说来是普遍化的二律背反——其实是拉康"性化公式"的前兆。由此可以说,**康德的二律背反所揭示的正是性别差异第一次进入哲学话语的时刻**,这种揭示并没有隐蔽在每个二律背反的相反两极之间的对立之中(宇宙是有限的/宇宙是无限的,等等),而是隐藏在两类二律背反的差异当中。② 最初的两个("数量的")二律背反都是"女性化的",并衍生了拉康"非—全部"的逻辑矛盾;后两个(动力学的)二律背反是"男性的",并衍生了通过例外而构建出的普遍性的矛盾。换句话说,数量的二律背反的拉康式解读屈从于性化中"女性"一边的两项。关于宇宙无限性的命题只能被解读为某种双重否

---

① 正是近年来关于"人权"问题的复兴使得拉康关于男性与女性相对立的公式获得了展示其"实践性功能"的机会。人权问题的"男性化"阐发基于一种普遍化的论调:"所有人都享有对(自由、财产、健康等)的权利……"而在其语境中其实潜伏着一个例外。例如,每个 x,即她或者他,在被冠名为人类(这一冠名本身是某种观念化与意识形态化的结果)的意义上都享有这些权利,这种宣称是极为简单容易的,但同时这一宣称却也暗地里将那些不符合这一标准的类型排除了(疯子,犯人,孩子,妇女,以及其他种族……)。对于这一问题的"女性化"阐发,却显然更符合我们"后现代主义"的态度:"不能否认任何人拥有她的或者他的特殊的权利。"这一立场所保障的是特殊的权利,在此,并没有在中立的伪装之下排除那些真正重要的个体性,并使其最终获得一种真正的普遍性。参见瑞纳塔·萨莱克(Renata Salecl):《自由的滥用》(The Spoils of Freedom)(London: Routledge,1993)。

② 或者,用拉康的话说来,男人与女人"被分裂为不同的两类",这种被分裂的差异构成了性别差异"(Bruce Fink,"并不存在某种性关系",《弗洛伊德研究通讯》第 5 卷,nos. 1-2[1992]p. 78)。

定,而不是作为一种普遍的肯定:(这种解读基于我们将功能F解读为"在时间上,另一现象先在于它")"并不存在某个现象不被另外一个现象所先在"(没有 x 被排除在功能 F 之外),并不是"所有的 x 都隶属于功能 F"。关于宇宙有限性的命题不得不被解读为"并非所有的 x 都隶属于功能 F"(换言之,所有的现象都不是无限可分的,并且/或者被其他现象所先在),而不是被解读为"有一个 x 可被排除在功能 F 之外"。相反,动力学的二律背反显现出了一种"男性的"性化矛盾:"所有的 x 都隶属于功能 F"(宇宙中所有的事物都被纳入了因果关系网当中),除非有一个 x 被排除在这一功能之外(例如,自由是可能的;有某种要素可以逃离普遍的因果链条,并能够在它自身之外自为地启动一种新的因果链条)。①

拉康坚持女性的"非一全部"(not-all),从而表明拉康排斥女性主义。而拉康的这种解读难道没有隐含着这样一种观点,即女性总是没有能够全面地介入象征界,不能将自身整合入其中,从而最终不过成为一种寄生性的存在?难道这些命题不属于父权制意识形态吗?难道它们不是某种有损女性的隐形规范的见证吗?男人能够在象征秩序中找到自己的身份,确认自身的象征性认同,而女性则被谴责为一和歇斯底里

---

① 在此似乎还存在着一个与此截然相反的另一种解读:将动力学的二律背反与性化公式中的女性一边连接起来,将数量的二律背反与男性一边连接起来。如阿兰·米勒(Jecque-Alain Miller)所指出的那样,女性的二律背反是一个非一致性的二律背反,而男性的二律背反则是非完整的二律背反,然而动力学的二律背反所显现的难道不是关于宇宙因果链条与自由的现实之间的非一致性吗? 另一方面,数量的二律背反难道不是萦绕在有限性,例如我们的经验性现象所具有的非完整性的周围吗? (参见米勒[Jacques-Alain Miller],"外密性"[extimité][未出版的研讨班],Paris, 1985-1986)。但"非—全部"(not-all),即在康德的现象界的非完整的特质并不意味着某种东西可以超越这一领域或者在这一领域之外。相反,它预设了这一领域包含着内在的非一致性;现象从来都不是"全部的",但对于全部来说,其中没有例外,没有什么能在它们之外。只有动力学的二律背反能够处理现象与本体性的超越之间的对立。

的分裂，她们撕去了面具，并不要她们试图去要的东西。我们该如何来思考这种女性对于象征性认同的拒斥？如果我们将这种拒斥解读为一种与象征化相对抗的某种预先存在的女性实体发挥作用的结果，那么我们就犯了致命的错误，因为这种解读认为女性在她的真实本性与被强加的象征性面具的对立中被分裂了。对于拉康的"性化公式"所给出的粗略讨论告诉我们，女性的被排除并不意味着某种确定性的实体被阻止进入象征秩序的整合：从"并非所有的女性都从属于阴茎能指（phallic signifier）"推导出在女性中存某种东西并不从属于这种阴茎能指，是不正确的。在此没有例外，女性就是这种非存在的"无"（nothing），正是这一"无"使得存在的要素成为"非—全部"。① 作为$的主体，作为纯粹的自我关联的无实体性的"我思"就是这样一个"无"（nothingness），不带有任何肯定性的本体论意义上的一致性，为一个存在的完整性注入了一种分裂。

我们由此伫立于界限与对界限的超越之间辩证法的矛盾关节点上。② 拉康对此问题的看法，其关键点在于"非—全部"对于"全部"，有限对于超越有限的逻辑优先性：总是在次级层面上，被有限所敞开的空缺才能够被一种确定性的超越所填补。由此显现出的是拉康的"非—全部"的逻辑所具有的反笛卡尔的诡计（笛卡尔的前提在于不太完美的东西不能充当完美事物的原因。这一前提是他证明上帝存在的论据。拉康的观点却与此相反）：非完整"导致了"完整，非完美敞开了

---

① 相反，我们却可以这样言说男性："男性的某一部分逃避了阴茎功能"——这是一种在普遍性中的构成性例外。在此，矛盾在于只有在男性自身中有某种东西逃离了这种阴茎功能，男性才能被阴茎功能所统治，而女性就其在她自身当中没有任何东西不从属于阴茎功能而言才最终逃离了它的掌控。对于这一矛盾所能够给出的解答只能是"阴茎功能"，就其本性来说，是一种排除机制。

② 对这一问题的详细讨论参见本书的第三章。

一个空间，以便随后被完美的假想所填补。从这一角度上说，那些仇视女性的人将女性界定为去势的男性本身反而确证了她的本体论上的优先性：她的"位置"就是那道鸿沟，那个困境，由此带来一个由男性来填补的不可见的时刻。男人被一种动力学的二律背反所界定：超越他的表象的存在，他拥有一个本体意义上的灵魂。与此相反，如果说"女性没有灵魂"决不意味着她是一个被掏空了灵魂的对象，毋宁说，正是这种否定性，这种缺失界定了她自身：她是一个限制，一种困境，反而被一种灵魂的幻象所填充。

"我并不在我思之处"

由此，所有"女性"与"男性"的立场都可以被界定为某种基本的二律背反："男性的"普遍性包含了基于某种例外（这个"自由的"主体，在理论上掌握了它的对象，即牛顿物理学意义上的因果普遍性）的普遍的因果链条；"女性"的普遍性是一个无界限的分散和分割的普遍性，正因为如此，女性的普遍性不能整合到普遍性的整体当中。在康德那里，数量的二律背反在它的对象（作为可能经验的对象的整体而存在的普遍性）的非存在中找到了对自身的解答。同样，不应感到奇怪的是，在拉康那里也是如此，他指出"女性并不存在"。这种性别差异的观念是如何看待笛卡尔的我思以及康德对我思的批判的？富有解构性的女性主义的共识在于：笛卡尔的我思（cogito）并非中立，其中隐含着男性的优先性（考虑到我思所具有的抽象的普遍性特质，等等）。这种批判没有涉及的是"正在消失的中介"，一个纯粹的"我思"（I think）的缺位，而这一缺位在逻辑上先于笛卡尔的所思之物（res cogitans）：笛卡尔的我思是

"男性的",并不是因为它具有抽象的普遍性特质,而是因为它还不够"抽象"。在所思之物中,"我思"的非实体性的缺位已经被模糊地、隐蔽地转换为一个"思想的实体",简要说来,性别差异或可等同于笛卡尔的所思之物与康德的"我思"(I think)的纯粹形式之间存在的差异。

在长达三年的时间里,拉康从对立的两极来解读我思。在这两种解读中,他打破了我思故我在的统一:我思被设想为在"思"与"在"之间做出强制性选择的结果,换言之,"我并不在我思之处"。然而在《关于四个基本概念的研讨班》(1964—1965)中,他选择了思;进入思(我思)的代价就是要失去"在"。① 然而在未出版的关于癫狂逻辑的研讨班(1966—1967)中,他却选择了"在"。进入"在"(我在)的代价就是要将"思"驱逐到无意识当中。"我并不在我思之处"由此可以从两个方面来加以解读:或者被解读为康德的作为统觉的纯粹形式的"我思",它建立在我之存在的不可介入性以及"进行思考的物"的不可介入性的基础之上;或者被解读为笛卡尔对于主体存在的确认,它建立在对驱逐思想的基础之上。同样的,在性别差异的语境中也存在着一种二元论:"男性的"我思源于"意识存在的假定";它选择了"在",并将"思"驱逐到了无意识当中(我在,所以它思考)(I am, therefore it thinks)。而"女性并不存在"包含一种选择了"思"的我思,它由此被还原为一种空洞的统觉,并由此先于它在所思之物之中的"实体化"(我思,故它存于一外在[ex-sist])。

拉康对于我思的这种二元化的解读是其教学中出现的一个急剧的转折,这一转折,确切说来,出现在关于"精神分析的

---

① 参见雅克·拉康的《精神分析的四个基本概念》(*the Four Fundamental Concepts of Psycho-Analysis*)(New York: Norton, 1977)。

伦理学"的研讨班①与其关于"与萨德在一起的康德"（Kant avec Sade）的论文之间，而后者不过是两年后对其研讨班中所提观点的一种总结。② 这种转向的结果可以从多个角度观察到。让我们从介于"两种死亡之间"的可怕空间中存在的**崇高躯体**（sublime body）开始考察。这一躯体首先被界定为性虐狂的受害者——这是一个无辜的年轻女性的躯体，在经历了无休止的不可言说的磨难之后仍然神奇地保持着自己的美丽。在"与萨德一起的康德"中，突然性虐的实施者自身被设想为一个对象-工具（object-instrument）（他人快感的对象-工具）：它占据了**对象 a**的位置，这一占据得以实现的方式是通过将自身的主体的分裂转移到他的受害者$（斜线主体）。与这种**崇高**躯体的变化更为密切相关的是安提戈涅模棱两可的立场：一方面，她是作为欲望着**他者**的欲望的化身（她所不愿意屈服的欲望是**大他者**的欲望，是世俗礼教的欲望，这种欲望要求通过一种适当的葬礼仪式让她的兄弟的躯体整合入象征性的传统当中）；而另一方面，她的自杀行为又包含着某种试图从**大他者**——这个**他者**存在的悬置——中自我解脱的愿望。在更为一般的意义上，这种转向在拉康的伦理学中产生了某种基本的张力。一方面，我们具有某种欲望的伦理，"我们不能屈服于某人的欲望"（ne pas céder sur son désir）——简言之，屈从于快感（jouissance）意味着与我们的欲望和解，所以真正的具有伦理学意义的态度中包含了为了我们欲望的

---

① 参见《精神分析的伦理学，1959—1960》（the Ethics of Psychoanalysis），收录于雅克·拉康的《研讨班》第 7 卷，由米勒（Jacques-Alain Miller）编辑（London: Routledge/Tavistock, 1992）。

② 参见雅克·拉康：《和萨德一起的康德》（Kant avec Sade），《著作选集》（Ecrits）（Paris: Editions du Seuil, 1966）。

纯粹性而对快感的牺牲。① 另一方面,欲望自身也被设想为对快感的防御,换言之,它成为一种妥协的模式(我们无休止地逃避欲望的象征性隐喻,为的是避免真实的快感),以至于唯一真正的伦理是冲动(drive)的伦理,是我们向圣兆(sinthome②)妥协的伦理,正是这一伦理界定了我们与快感的关系。这种欲望的理论与冲动的伦理之间的张力进一步深化了拉康从疏离(distance)到自我确认的转向。也就是说,直到其教学的最晚期,占据拉康精神分析理论主导的伦理倾向中包含着一种布莱希特式的疏离:首先是通过象征化的"中介"来远离富有想象性的幻象;随后则假定一种象征性的阉割,以及欲望的缺失性建构;然后"穿越幻象"(go through the fantasy),**他者**的不一致被幻象脚本(fantasy-scenario)所遮蔽。所有这些定义所具有的共同之处在于他们都将精神分析的终结时刻视为一种"出离"(exit):作为一种逃离(move out),从想象的操控中逃离,从**他者**的操控中逃离。最后,拉康强调了一种视角的反转,达到了激进性的极致:精神分析最终时刻的到来也就是主体完全让自己认同于症候(sinthome)

---

① 欲望的伦理学强迫我们拒斥拉斯·冯·提尔(Lars von Trier)的《欧洲特快车》(Zentropa)。这部电影似乎将西贝尔伯格(Hans Jurgen Syberberg)反犹太的美学规划仅仅作为德国人与其纳粹的历史共鸣和的中介。(在西贝尔伯格最近的作品中,他宣称让德国人永远无法摆脱纳粹历史阴影的正是那些犹太人以及他们反美学的禁令——阿多诺的"奥斯维辛之后不再有诗"。)这一电影所带来的欧洲美学神话在于,这个大陆陷入了一种自我堕落的快感的恶性循环当中:正是这种过度的快感悬置了述行(performative)的效用以及富有象征性本真内涵的社会关联(social link)效用。(禁令是无效的:一个年轻的美国人在一列德国火车上工作,试图竞争卧铺车厢乘务员的职务,在考试中,考官们却因为他们所提出的愚蠢的问题以及不合时宜的一本正经而显得滑稽可笑。)这部电影给我们的最终教导是:甚至最为纯洁的美国式凝视(American gaze)也不能逃离欧洲快感的漩涡。虽然该电影讲述的故事发生在1945年的秋天,也即德国战败之际,但其再现的却是一个普遍性地对"欧洲"的隐喻:欧洲必将被堕落的快感漩涡所掌控。整部电影作为某种精神创伤通过一个匿名的讲述者(马克斯·范·西朵[Max von Sydow])的讲述来展开。他给一个英雄写信,并由此获知他要做什么,未来会是怎样的。精神分析的最终目的是通过这种居于主导的声音传递给我们的。

② 也就是 Symptom,关于 sinthome 的观念,参见本书第五章。

的时刻,主体完全无保留地"屈从于"这一症候,重新回到它原来所在的地方,不再与我们的日常生活相疏离。

正因为如此,我们不应将拉康对于我思(cogito)所做出的第二种阐发视为拉康对这一问题的最终解答,从而低估对我思的第一种解释的价值,反之亦然。相反,我们应该保持它们之间不可避免的矛盾性——再一次——作为描述性别差异的一种指南。

然而,在我思与性别差异之间存在的关联是否太过抽象,是否太不具有历史性?对于这一质疑,我们可以通过借鉴马克思来给予回答。后者在《1857—1858年政治经济学批判大纲》的导言中阐明了一个抽象的范畴——其抽象性使其可以适应于任何时刻——如何仅仅在一个确定的历史时刻才能获得其社会现实性。马克思所想到是劳动力的抽象观念,以及劳动力的运用,与它们任何特殊的规定性无关:这一观念只有在资本主义当中实现自身,"成为现实的",即劳动力在市场中作为一种商品被供应,与金钱相交换,并且与其特殊的规定性毫无关联。① 在此我们所遭遇的是自在/自为的逻辑,在其中,物总是成为它已经所是的东西:在资本主义社会中,"劳动"成了它已经是的东西,对于性别差异的逻辑来说也是如此。只有在康德那里——主体在其中第一次被设想为一种非实体,而不是"世界的一个部分"——性别差异成了它所已经是的东西,它并非两个现实的、确定性的实体之间的差异,而是自相矛盾的两极之间存在的"形而上学的丑闻",由此成为了我思的两种模式之间的差异。

---

① 参见马克思《1857—1858年政治经济学批判大纲》导言第三小节,大卫·麦克莱伦(David Mclellan)选编(London: Macmillan, 1980)。

作为幻象—凝视(Fantasy-Gaze)的我思

　　福柯对笛卡尔的解读遭到了德里达的批判,后者在这种批判中将我思视为某种疯癫的极致,一种纯粹的"我思考……"的漩涡,因为它与本质,自我呈现以及某种思考的实体相隔离。① 这个我思,优先于我思之物(res cogitans),是一个"女性化"的我思。女性我思与男性我思之间的选择比看起来要复杂得多,它并非是在"思"与"在"之间一目了然的选择:

　　——"男性化"的我思选择了"在",即"我是",然而它所获得的存在其实不过仅仅是一个思想,而并不是真正的存在(我思"我在",[cogito"ergo sum"]拉康这样写下这句话),换言之,它所获得的是一个幻象—存在(fantasy-being),它是一个"人"的存在,一个"现实"的存在,然而其框架却是被幻象所构建的。

　　——"女性化"的我思选择了"思",纯粹的"我思",然而它所获得的这种思却是没有任何阐发余地的"思"。这种思仅仅是与纯粹的"在"一致。或者更为确切地说,它是一个既不是"思"也不是"在"的点。由此可以理解拉康在其《仍旧》(Encore)的研讨班中所谈到的女性快感(jouissance feminine),女性享受它却并不知道它,但这种境况并没有引导她接近那个不可言说的存在:正如拉康所说的那样,女性的快感是非存在的(nonexistent)。

　　电影《异形》的宣传画或可被命名为:死亡与少女(在画面

---

① 参见雅克·德里达:"我思与疯癫的历史",《书写与差异》(Chicago: University of Chicago Press,1978)。

的左边,外星人—怪兽死死地盯着西格妮·韦弗[Sigourney Weaver];而在右边则是西格妮惊恐的面孔,她低垂着眼睛,努力逃避着怪兽的注视,但她整个的注意力却又都集中在怪兽那里)。在此我们遭遇到了最纯粹形式的我思(cogito),在此(那些即将成为)主体通过拒斥被实体化了的黏稠的快感而构成了自身。① 仅仅宣称那个它(异化之物)是"被压抑的我们自身的一种投射"显然是不够的:那个我(I)自身通过对原质(Thing)的拒斥,通过与快感保持一定的距离而构建了自身。在那个纯粹的恐惧时刻,她思考了,她被还原为纯粹的思;这是一个我们与异形遭遇的时刻,一个我们从这一恐惧的操控中退缩的时刻,由此退回到了"存在"的天堂,在一些去中心化的地方,"它"开始思考。在此,就是拉康版的"精神是块头盖骨":纯粹的"我思"只有当主体经历了与快感的最无意义的遭遇的时候才得以产生。同样的例子还可以在埃德加·爱伦·坡(E. A. Poe)的《关于瓦德莫尔先生的事实》(*The Facts in the Case of Mr. Valdemar*)中找到,当瓦德莫尔在濒临死亡的昏睡中突然醒来的时候,他说出了不可能说出的一句话:"我死了!"他的身体在此前,还一直是如道林·格林(Dorian Gray)一般美丽而僵硬,突然之间,却变成了"一堆让人厌恶的腐败物",简而言之,它变成了一个纯粹的,无形式的,黏糊糊的快感实体。这一实体就在"存在"(being)的整体性当中,就在瓦德莫尔宣称"我死了"的那个时刻出现了:这是纯粹的不可能之思;是作为缺失了存在,从而仅仅成为一个思想之点的我思;是作为非存在的-不可能的幻象-凝视,由此我看到了

---

① 在对于"死亡与少女"这一主题的各式表现中,迈克·尼古拉约《丝克伍事件》(*Silkwood*)中的丝克伍的车祸表现得最为充分:梅丽尔·斯特里普(Meryl Streep)在夜晚驾车走在一辆汽车之后,占据着银幕右边的是主人公注视着反光镜中正在紧逼她的巨大卡车,而在银幕的左边,透过车的后窗却看到了那束卡车的光逐渐地蔓延成一个令人目眩的点,最终侵占了整个银幕。

我自身的非存在。我自身被还原为一个不可能之凝视的纯粹的我思，一个无形式的黏糊糊的快感实体，而这一还原的时刻却只能在他处存在。这就是拉康的公式S◇a。

最后，所有的一切都被浓缩在了弗兰克·卡普拉（Frank Capra）的《生活多美好》（*It's wonderful life*）一片中。这一电影毫无疑问是一部黑色电影，表现了卡普拉向民粹主义的人本主义的转向。在影片中，当主人公詹姆斯·斯图尔特（James Stewart）处于自杀边缘的时候，天使克莱斯（Clarence）阻止了他，并将其投入一个克里普克（Kripke）式的实验当中：将主人公送回了他的马萨诸塞小镇，但却使其不能被辨认，并且失去了他的身份，包括他的历史。这样他就能够见证一些事情在没有他存在的时候究竟是怎样的。由此，主人公重新获得了自信与乐观，因为他发现没有了他，许多事情最终都走向悲剧性的结果：他的兄弟很久以前溺水而亡（主人公没有在那里救他）；好心的老药剂师入狱了（在他将有毒的物质与药物混合的时候，没有了主人公的提醒）；他的妻子变成了一个绝望的老妇人；最为重要的是，他父亲的小信贷公司破产了（因为没有了主人公的接管），这一信贷公司试图给那些工人家庭提供担保，从而激怒了当地那些试图控制整个镇子的资本家们，由此导致的后果是，整个镇子不再是那个稳固的、每个穷困的家庭至少有一个属于自己小家的镇子，相反，主人公发现自己身处一个火药味十足，充斥着暴力的美国小镇当中。到处是吵闹的酒吧和醉鬼，当地的商业巨头控制着整个小镇。而这部影片让人最为震撼的地方在于，主人公所目睹的那个没有他存在的小镇恰恰是美国的真实写照，换言之，那个被尘封的美国显露出了它本来的特质（被消解的社会凝聚力，低俗的夜生活，等等）。梦与现实之间的关系被颠倒了，在这个实验中，主人公发现他认为的噩梦其实是现实的生活。于是,我们发现主人公在一个电影化的梦境中遭遇了真实(real),为了逃避创伤性的真实,主人公躲进了(剧情中的)"现实"中,换言之,一个田园牧歌式的小镇所具有的意识形态式的幻想,仍然能够抵御强大而无情的资本重压。这就是拉康所谓的在梦境中遭遇创伤性的真实(traumatic Real)。这就是意识形态构建我们的现实生活的基本方式。

然而,在此最为关键的问题还是这一实验所具有的笛卡尔式维度。也就是说,当斯图尔特作为一个陌生人被送回到小镇的时候,他被剥夺了所有的象征性身份,成了一个纯粹的**我思**(cogito):正如天使克莱斯(Clarence)所指出的那样,他没有家庭,没有个人的历史,甚至在他的嘴唇上的小伤口都消失了。由此,在两个完全不同的世界中唯一存留的确定性内核,还具有"同质性的"真实的内核,就只有他的**我思**了。这个纯粹的自我意识的形式被剥夺了所有的内容。我思所指的就是这样一个关节点,在这一点上,"我"失去了所有的传统的象征界的关系网,由此,从绝非隐喻的意义上来说,我已经不再存在了。在此,关键在于这个纯粹的我思所对应的恰好就是那个幻象-凝视:在其中,我发现自己被还原为一个非存在的凝视,换言之,在失去了对我的所有有效的称谓之后,我所剩下的仅仅是一个充满矛盾的凝视,观察着一个没有我存在的世界(就如同说,我被还原为一个先于我的存在-凝视,从而可以观察父辈的性交的幻想,或者可以见证我自己的葬礼的幻象)。在这一意义上说,**幻象**,在它最为基本的维度上,隐含着**牺牲"在",仅存"思"的选择**:在幻象中,我发现自己逐渐消失为一个思想,思考着一个自身缺席的事件的发展过程。与**症候**(symptom)相反,后者隐含着**对于"在"的选择**,因为(正如我们将会在弗洛伊德所描述的那个妻子砍去她自己食指的案例中所看到的那样)在某个症候中所显现的恰恰是在我们选择了"在"的时候,"思"的丢失与"被压抑"。

在此还存在另外一个能够确认笛卡尔的我思具有幻象性的论证。幻象-凝视的基本结构包含着这种凝视的自我双重化:这就如同我们正在观察一个我们无法看到的"原初场景",我们并不能马上认同于我们的"看",因为我们其实是站在"其后"的某个角落。这就是为什么在希区柯克的《后窗》中,那个窗户自身就如同一只巨大的眼睛发挥着作用,窗帘拉开就如同我们睡醒后张开了双眼。詹姆斯·斯图尔特在某种意义上说被还原为一个在他自己的眼睛背后存在的被凝视的客体,而他却外在于这双眼睛所能观察到的现实。他由是成为僵死不动的。然而在此关键的问题在于,笛卡尔在他的著作中同样凸显了这种幻象:在其中,人在他自身与现实之间放置了一只僵死的眼睛,由此,人并没有直接观察现实,而是观察那些出现在这只僵死的眼睛中所看到的场景。① 在那些血腥片或者时装片当中,不是也存在着同样的机制吗?在墙上总是有一只巨大的眼睛,通常是一个雕塑,然而突然之间,我们意识到确实有某个人躲藏在这双眼睛的背后观察着正在进行的一切。此处的矛盾在于**凝视被这双眼睛,换言之,被用以凝视的器官本身所掩盖**。在大卫·林奇(David Lynch)的《蓝丝绒》(*Blue Velvet*)中,这一机制同样发挥着作用。凯尔·麦克拉克伦(Kyle MacLachlan)透过衣橱的裂缝看到了伊莎贝拉·罗西里尼(Isabella Rossellini)与丹尼斯·霍珀(Dennis Hopper)的性虐游戏,那个裂缝就如同一只半睁的眼睛,由此将观察者放到了他自己的眼睛背后。在此关键点在于这一幻象-凝视所固化的主体,被剥夺了他的存在,在现实中,他仅仅

---

① 对于这一问题更为详尽的描述可以参见米汉·布兹瓦克(Miran Božovic)《在视网膜后的人》(The Man Behind His Own Retina),齐泽克:《不敢问希区柯克的,就问拉康吧》(London: Verso, 1992)。

成为一个凝视，观察着一个没有他存在的现实，而这一幻象-凝视与笛卡尔的我思具有异曲同工之妙，后者在其最为极端的怀疑之中，被还原为一个非存在的凝视，由此要求远离它的肉体存在，换言之，从"它的视网膜后面"来观察现实。

"自我意识是一个客体"

如上所述，这就是拉康关于我思的两个版本中的第一个："我思考，所以它存在"（I think, therefore it is）。而对于另一个版本，我们又该如何看待"我在，所以它思考"（I am, therefore it thinks）？让我们回想一下在弗洛伊德《日常生活的精神病理学》中所描述的一个小的症候性行为：

从前，在一个男孩与一个女孩要结婚的前一天，女孩在剪指甲的时候剪到肉。这两件事被联系起来。这种联系毫无根据，自然会引起我们的惊奇，为什么这种行为会被提及，并开始怀疑我们现在所思考的这个行为是一个症候性行为（symptomatic act）。实际上它所试图表达的是：那个被女孩笨拙的行为所伤害的手指是无名指，即带婚戒的那个手指。而且这一天也将成为她的结婚纪念日，那么由此这个小伤害就具有了某种确定性的含义。同时，她还讲述了一个梦境，暗示了她丈夫的笨拙以及她对成为妻子的麻木。但为什么她所伤害的是她左手的无名指，而不是（按照她所在国家的规矩）那个戴戒指的右手的无名指？她的丈夫是一个律师，一个"法学博士"（doctor of law）[Doktor der Rechte，字面的意思还可视为是"右边的博士"（doctor of right[s]）]，而对于这个女孩来说，她所心仪的其实是一个内科医生（在玩笑中被称之为Doktor der Linke[左边的博士（doctor of left）]）。由此，所谓的"左手婚礼"(left-handed marriage)也就有了其确定的含义。①

一个微不足道的失误,在左手无名指上的这个小伤口,却凝聚了对一个主体最终命运的预示:它隐含了女孩的婚姻本身就是一个失败,它对于女孩没有能够选择自己的真爱,即那个左边的博士而表示遗憾,这个微小的血迹污点标示出了她的无意识所在的地方。她却不能在其中认同自身,说出"我就在那里",就在其所想的得以表达的地方。相反,如果她试图要保持对自身身份的认同,那么这个血迹就只能成为一个对她来说毫无意义的污点。或者,如同拉康所做的那样,没有那个污点也就没有"我"(I)存在:"我在",当且仅当我在我不思的地方。换言之,我所看到的这个场景中包含着一个污点,并且这个污点凝聚了一个偏离正常轨道的思想——当这个污点也仅仅保持为一个污点,我并不能从中获得对自我的认同,因为我并不在那里。正因如此,拉康不断地回到这样一种观念来:我意识到了"正常的"现实,当且仅当那个"它思"(it thinks)总是保持为一个无形式的污点。②

在此,需要避免的一个理论诱惑当然是试图将这个污点与**对象 a**太过紧密地联系起来:a 并不是那个污点自身,而是一种从某一视角的凝视,从这一视角看去,这个污点的"真实含义"可以被发觉,并且,从这一视角看去,有可能看到主体作为一个无形式的污点所觉察到的东西。正因如此,分析师占

---

① 弗洛伊德:《日常生活的精神病理学》(*The Psychopathology of Everyday Life*), Pelican Freud Library, vol.5(Harmondsworth:Penguin,1976), p.248.

② 康德的分裂,即在"我思"的纯粹形式与不可知的"思想着的物"(Thing which thinks)之间的分裂,由此还并不就是弗洛伊德的无意识。无意识严格说来只是发生于对存在的选择(the choice of being)当中;它标明了这个与"我在"同时出现的"它思",这是一个主体选择存在(being)的时刻。换言之,拉康的两个关于我思(cogito)的版本使得我们能够清楚地区分了无意识与本我之间的差异:无意识就是"我在,所以它思"中的"它思";而本我则是"我思,所以它在"中的"它在"。

据了**对象 a**的位置：他想知道——想知道什么呢？当然是那个污点的真实含义。结果，拉康很确定地宣称在偏执狂当中，**对象 a"成为可见"的**：对于迫害者的一方，对象作为凝视，假定了某个现实的、经验的存在，它能够"看穿我"，因此，对象能够进入我的思想。

从这一意义上说，**对象 a**替代了自我意识这一点：如果我能够占据这一点，那么我就有可能去除这一污点，并说："我在我思之处"（I am where I think）。正是在此处，拉康颠覆了自我意识作为一个自我澄明（self-transparency）：**自我意识按其字面意思看来成为去中心的**；这个小失误——这个污点——所见证的是某种去中心化的出离—存在（ex-sistence），在一个外在于我的地方，我却触及了自我意识（弗洛伊德的病人外在于她自身的身份认同，讲述了自己的真实境遇：她失败的婚姻）。这一点正是精神分析所揭示出的丑闻，是哲学所不能容忍的：拉康对于自我意识的批判的关键并不在于主体自身从来不曾完全澄明，也不在于主体在其内心中从未运到一种完全的对自我的认知，而是在于完全的自我意识是不可能的，因为总是有些东西逃离了我的意识所能够把握的范围。更为矛盾的是**这个逃离了我的把握而存在的去中心化的硬核最终就是自我意识自身**；依据它的立场，自我意识就是脱离了我的掌控而存在的外在的对象。① 更为确切地说，自我意识是某种作为**对象 a**、作为凝视的某种对象，它能够洞察到那个污点的

---

① 那些计算机恐惧症们由此获得了一种说明：他们对于一个"能思考的机器"的恐惧预见到了存在着这样一种外在于我们自身存在的思想。

真实含义，并让这个关于自我的不能容忍的事实实体化了。①

我们现在可以发现为什么自我意识处于自我澄明的反面了：我如果要意识到自身，只能在外在于我的某个地方，讲述着关于我的真理。而至于让这两者（我与那个污点）统一起来是不可能的：污点并非是一个未反思的剩余物，并非是一个能作为自我反思，作为一个某人精神生活的深度洞察的东西而被去掉，因为它是自我意识的产物，同时它又具有客观性。这就是当拉康将 symptom（症候）写作 sinthome②（圣兆）的时候所想到的：symptom（症候）作为一种密码信息，总是等待着对它的某种方式的解读，而 sinthome（圣兆）则是一个与主体的（非）存在相关的那个污点。

为了说明这一点，让我们回忆一下《恐怖角》(Cape Fear) 的两个版本，一个出自 J. 李·汤普森（J. Lee Thompson）在 20

---

①　这种作为自我意识的对象难道不就是希区柯克式的对象吗？它所带来的创伤性的影响难道不能被归结为这样一个事实，即它使某种**不可忍受的凝视实体化了**，这种凝视捕捉到了关于主体的不可容忍的真理。让我们回忆一下在《火车怪客》(Strangers on a Train) 中，第一个谋杀案中受害者的那副眼镜：当布鲁诺正在试图掐死凯亨乱伦的妻子的时候，我们在她的眼镜中看到整个凶杀过程的扭曲的影像，尽管这副眼镜在布鲁诺第一次攻击她的时候就被掉在地上。这副眼镜就是见证了整个谋杀的"第三方"，它赋予了某种凝视以实体。（六年之后，在《申冤记》[The Wrong Man] 当中，同样的角色被那个巨大的桌灯所扮演，它见证了罗斯的暴怒。）(参见罗娜达·萨拉克 [Renata Salecl]：《右边的男人与错误的女人》，收录于齐泽克所编辑的《不敢问希区柯克的，就问拉康吧》)。正因如此，在此关键的是要将这一幕与随后的布鲁诺在一个晚会上掐住一个老人的场景连起来看看。布鲁诺所卷入的是某种简单的游戏，尽管这一游戏毫无品味：他要向那个老人（这位老人愿意伸出她的脖子）展示一下如何能够掐住一个人的脖子，从而让他不能发出一点声音。然而，当两者之间加入了"第三方"之后，事情就开始失控了：当布鲁诺发现他开玩笑掐住脖子的老人背后是一位戴着眼镜的小女孩（这是安妮的妹妹，凯亨的挚爱），这个游戏发生了致命的转折，在配乐的帮助下，女孩的眼镜让布鲁诺回忆起第一桩谋杀，这一短暂的短路让布鲁诺将玩笑变成了事实。他真的掐死了老人。此时，那个女孩（由希区柯克的女儿扮演）则只是因为戴着一副眼镜而变成了一个"知道得太多的女人"。这副眼镜成了"返回凝视"的那个客体存在。因为这副眼镜，布鲁诺在可怜女孩充满惊恐的凝视中看到了"被放大了的毁灭"。

②　晚期拉康关于乔伊斯的研讨班题为 sinthome，这本是 symptôme 的一个古体写法，但由于包含了（法语中）与之同音的"圣人"（saint homme）、"合成人"（synthhomme）的意思，因此更为拉康所青睐。——译者注

世纪60年代的第一版，以及马丁·斯克塞斯（Martin Scorcese）1991年的翻版。评论者尽管不满斯克赛斯对于原作的篡改，却对他为该片所完成的一个关键性的改造表示了赞同：在原初的版本中，那个前科犯是所有邪恶的中心，他只是从外面入侵到一个美好的美国家庭生活，打破了其固有的秩序；而在斯克塞斯的版本中，这个前科犯只不过是那个家庭已有的创伤和对立的张力的一种实体化、肉身化，妻子对性的不满，女儿的性别意识与独立精神的觉醒。简言之，对斯克赛斯版本的解读可以与希区柯克的《鸟》相比较：后者同样将那群疯狂的鸟的袭击视为母性超我的实体化，其中的混乱其实早已存在于那个家庭生活当中。当然，这种解读似乎比将邪恶力量的攻击仅仅看作外在的解读要"深刻"一些。但这种解读的失误在于外在攻击的剩余并不能被还原为内在于主体间张力的第二层次的显现，因为显然它的外在性就是主体的一个组成部分：这样一个剩余物或者客体总是将自身纳入主体间的网络之中，作为每个主体共同体的"游客"游走其间。想象一下在希区柯克的《鸟》中的那些鸟吧。尽管它们具有一种主体间的地位，难道它们不是那个在手指上的血污更为极端的显现吗？当米兰妮第一次被海鸥啄伤的时候，她用一只戴着手套的手捂着头部，而她的食指上有一小块血迹；随后各色的鸟群攻击了整个镇子可以被视为起因于这块小的血迹。同样在《西北偏北》当中，当飞机在麦田上空攻击加利·格兰特（Cary Grant）的时候，最初也不过在屏幕上显现为一个地平线上的小点而已。

这种自我意识的双重化所提供的是"主体间性"的基础：如果如同黑格尔所言，自我意识之为自我意识，只有通过以另外一个自我意识为中介来实现，那么我的自我觉知（self-awareness）——确切地说来并不等同于自我透明——所带来的是非中心化的"它思"的出现。当"我是"与"它思"之间的分裂被转译为主体间性的基本特质的时候,其问题在于这两个术语之间的极不对称。那个"他者"最初就是一个**客体**(an object),一个阻挡了自我透明的晦暗不明之污点,正是它赋予那些"为了我的出现"而不得不被排除的东西以实体。换言之,自我意识辩证法的最终矛盾在于它颠覆了一般的共识,将"意识"与某种异质的外在的客体相关联,而"自我意识"则消除了这种非中心化:**客体严格说来成了自我意识的相互关联(correlate)**。并不存在先于自我意识的客体,因为**客体最初作为不透明的内核,总是被试图获取自我觉知的"我是"排除在外**。或者用拉康的术语来说,最初的主体间的相互关联——$——并不是另一个$,而是 S,一个不透明的,完全的**他者**,拥有了主体所缺乏的东西(存在,知识)。在这一他者的意义上说——另一个人的存在——最初就是那个不能被穿越的实在的原质(substantial Thing)。

由此得出一个很极端的结论:指责笛卡尔-康德的我思是"独白式的",并由此压抑了最初的主体间性,显然是有失偏颇的。正是这种对立才是真理:前笛卡尔的主体直接地、内在地隶属于一个社团,但主体间性与(隶属于)一个社团是绝对对立的。换言之,**主体间性,只有在康德那里,通过作为$的主体观念才是可能的,可被思考的。统觉的空洞形式需要 S 与非存在(nonbeing)的一种相互关联**。换言之,主体间性严格说来包含着主体最为极端的非中心化:只有当我的自我意识在客体中被外在化,我才开始在另一个主体中寻找它。前康德主体并不是主体间性,而是一个个体构成的社团,在其中他们分享共同的、普遍的—实体基础,并积极参与其中。只有到了康德,在其作为$的主体观念当中,在作为自我统觉的空洞形式中,在一个"并不知其为何"的统一体(entity)中,他者主体（the Other Subject）才成为界定我之身份的必要条件。**他者**所认为的"我"究竟为何才最终确认了我之自我身份的界定。这种模棱两可性与拉康的**大他者**的观念密切相关。在这一**大他者**的观念当中，在其不可穿越的非透明性中存在着另一个主体，它同时也恰好是主体的象征性结构，在一个中立的领域当中，我与这另一个主体相遇了。这种模棱两可由此与这样一种简单观念，即**他者**主体表达了深层次的结构的必要性相去甚远。确切说来，我作为一个$，我不能想象我自身参与到某种共同的实体当中，换言之，这种实体必然在**他者**主体的掩盖之下将自身与我对立起来。

"我怀疑，所以我存在"

拉康关于"我思"与怀疑所做的思考揭示出了笛卡尔的怀疑与强迫症中的怀疑之间的亲缘关系。这一揭示虽然看似简单，但却影响深远（由此引申出诸多理论）。这一揭示决不能被归结为一种"精神分析化的哲学"——将哲学的观念还原为一种精神病理学的表达——而是相反，应该视为一种临床范畴的"哲学化"：对于拉康来说，强迫症、倒错、歇斯底里等都不再是一个简单的疾病，而是成了对诸多具有存在的—本体的（existential-ontological）意义的命名，就如同黑格尔在《哲学全书》的导言当中提出的所谓"面对客观性的思想方式"（Stellungen des Gedankens zur Objektivitaet）。简言之，拉康对笛卡尔的补充，提出了"我怀疑，所以我存在"，即我的极端怀疑蕴含着作为思考主体的我的存在，并提供了绝对的确定性——这一命题最终发生了翻转，颠覆了它自身的逻辑——我存在着，当且仅当我怀疑着。由此，我们获得了强迫症行为方式的基本特质：偏执得附着于他的怀疑当中，附着于他的非确定性的状态当中，仅以此来作为对其存在的牢固支撑。这种偏执在其最终的强制性决定当中获得了显现，这种决定最终切断了他的摇摆不定，即他"既不—也不"（neither-nor）的存在状态。这种非确定性不仅没有打破主体的宁静，甚至也没有威胁到他确证自身的完整性，相反这种非确定性为他提供了最低限度的本体论意义上的一致性。只要回想一下希区柯克《深闺疑云》（*Suspicion*）中的丽娜就可以了。她总是被她的丈夫试图杀死她的怀疑折磨着，但她坚持着这种不确定性，将那些能够马上消除她的怀疑的行动无限地推延着。在影片结尾那个最为著名的场景中，丽娜呆呆地凝视着那杯白色的牛奶，其中包含着对所有怀疑的答案，但她却一动也不能动——为什么？因为一旦找到了她所有怀疑的答案，那么她将失去作为主体的地位。① 正是这种内在的富有辩证性的颠倒界定了怀疑者的主体的基本特征："表面看来"，她殚精竭虑地为那些模棱两可的答案寻找着确定性，这种确定性或许能够将她从被怀疑所侵蚀的痛苦中拯救出来，但实际上她不惜一切代价正在逃避的灾难却正是那个答案，那个最终的、非模棱两可的答案，这就是为什么她坚持着自己的非确定性的、非决定的、摇摆不定的地位。这里有某种反思性的颠倒在发挥着作用：主体坚持着他的犹豫，拒绝做出选择，并不是因为他们害怕在两种中选择一个，最终有可能使他失去另一个（在丽娜的例子里，如果选择了丈夫的无辜，那么她就不得不接受这样一个事实：她的丈夫不过是一个不入流的混混，没有任何潜在的力量，甚至连邪恶的力量也没有）；相反，她真正的恐惧在

---

① 参见马尔丹·道拉（Mladen Dolar）：《并没有真正死亡的父亲》，收录于齐泽克《不敢问希区柯克的，就问拉康吧》。

于失去怀疑,失去非确定性,一个敞开的境遇包含着无数的可能性,在其中没有任何一个选择被排除在外。正是基于这个原因,拉康给予了"行动"以客体的位置(the status of object):行动并非意指着主体性的维度("主体行动,客体不过是行动所施加的对象"),行动切断了非确定性,从而构建了一段距离,这一距离将主体与客体世界分离了。

这种思考让我们能够对"与萨德在一起的康德"(Kant avec Sade)的提法有了一个新的审视视角。今天,将康德视为一个强迫症患者已经是一个共识:主体的非确定性被铭刻在了康德伦理学的核心处。换言之,康德的主体就其定义而言从来都没有达到"他的任务的高度";他总是永远忍受着可能性的煎熬,在这种可能性当中,他的伦理行为,尽管与责任是一致的,但就这一责任而言,却从不能完成,相反这种行为总是被某些隐蔽的"病理学"意义上的考量所驱使着(例如通过完成我的责任,我将在他人那里获得尊敬)。隐藏于康德之中的,被其应然(Sollen)的逻辑——对于实现道德理念的无限趋近——所遮蔽的,正是这种非确定性的玷污(stain of uncertainty),支撑着伦理普遍性的维度:康德的主体,为了保持其固有的道德地位,令人绝望地附着于他的怀疑当中,附着于他的非确定性当中。在我们脑海中所浮现的并不是种种老生常谈,而是一旦道德理想(Ideal)被实现,所有生命的张力都失去了,最终留给我们的将只是令人困倦的无聊。一个更为确切的事实在于:**一旦"病理学"意义上的玷污失去了,那么普遍性将坍塌为特殊性。**这一点就发生在萨德的颠覆当中,就因如此,康德的强迫性的非确定性被颠覆为绝对的确定性:一个性变态者,由于将自己视为**他者**"享乐意志"的工具,因此清楚地知道他正在做什么,知道**他者**试图从他那里获得什么。在这一意义上说,萨德揭示了康德的真理:你要一个脱离了任何强制性怀疑的道德行为吗？你将获得的是萨德的堕落。①

更为确切地说，这种主体的本体论意义上的非确定性究竟在哪里？关键在渴望（anxiety）与**他者**的欲望（desire）之间的关联：渴望被**他者**的欲望所激发，这种欲望源于"我不知道什么是**对象a**，我是**他者**欲望的客体"。**他者**从我这里所要求的是什么？那因为我是**他者**欲望的客体而产生的在"我当中而又不仅仅是我自身"的东西究竟是什么？——或者，用哲学的术语，即在一个"巨大的存在链条上，在实体当中，我的位置究竟在哪里？"渴望的内核就在于这种关于"我是什么"的绝对的非确定性："我不知道我是什么（因为对于**他者**来说，我仅仅为**他者**而存在）。"这种非确定性界定了主体：主体"是"（"is"）并仅仅是作为"实体中的断裂"，他的位置随着**他者**的变化而变化。性虐待狂最终就是试图逃避这种非确定性，在这种非确定性中包含着主体的地位会失去的原因，从而导致一种极端的自我—客体化（self-objectivization）：倒错者**知道他对于他者究竟意味着什么**，因为他将自己就定位为**他者快感**

---

① 帕特里夏·海史密斯（Patricia Highsmith）的经典名著《哭泣的猫头鹰》（*The Cry of the Owl*）完美地表达了这种倒错所应当具有的微妙距离。一个独自居住的女人突然发现在房子后面的灌木丛中藏着一个害羞的偷窥者。由于可怜他，她邀请他进了房间，对他表示了友好，并最终爱上了他。由此无意间跨越了一道看不见的围栏，正是这道围栏支撑着他的欲望，而跨越这道围栏则导致了偷窥者的厌烦。这就是倒错的经济学（perverse economy）：一个恰当的距离应该被保留下来，以便防止主体进入"正常"的性关系，而跨越这个距离则将被爱的对象变成了令人厌恶的肮脏之物。这就是"所偏爱之对象"（partial object）的基本逻辑：在受阻的性关系的伪装之下，实际上隐蔽着内在的性关系的不可能性，由此"所偏爱之对象"被归结为一种距离，一种看不见的围栏，以阻止我去真正地触及这个性关系；这就如同我们不得不讨论一个无物神（fetish）的拜物教。（帕特里夏·海史密斯总是尽其所能地讨论这种非对称的情感，在其中顺从变成了一种入侵。在她的另一部杰作《狗赎金》[*Dog' Ransom*]当中，一个年轻的侦探帮助一对夫妇找寻他们失窃的狗，最终却逐渐成了一个令人尴尬的入侵者。）

(jouissance)的工具——对象。①

从这一方面说,那些倒错者与那些精神分析师具有神秘的亲缘性:他们仅仅被一条很细小的,近乎看不见的线分割着。由此,拉康关于分析话语的公式也同时可以衍生出倒错的公式($a \diamond \$$),这绝非偶然。考虑到他们的被动性,分析者对于被分析者的对象来说总是发挥着**对象 a**的作用,总是作为后者的幻想框架(fantasy-frame),作为一种被分析者投射他或者她的幻想于其上的黑屏。这就是倒错的公式颠倒了幻想的公式的原因($\$ \diamond a$):倒错者最终的幻想将是对**他者**的(合作者的)幻想的完全顺从,倒错者将自己视为**他者**享乐意愿(will-to-enjoy)的工具(如同唐·乔望尼[Don Giovanni],通过激发一个接一个女性独特的幻想而诱惑女性:拉康正确地指出了唐·乔望尼其实就是一个女性气质的神话[a feminine myth])。倒错者与精神分析者之间的所有不同都盘旋在这一特定的看不清的界限之上,在某种"虚无"(nothing)当中将他们分割开来:倒错者确认了主体的幻象,而精神分析者却引导他或者她"穿越"幻象,通过让这种被幻象所遮蔽的空无(在**他者**中的缺失)显现出来的方法,获得与这一幻象最近的距离。

正因为如此,在其最基本的维度上,将那个倒错与肛门期的"性虐待狂"联系起来有其合理性。在拉康关于移情

---

① 神经官能症和倒错性症状之间的差异就在这一点上。(参见科莱特·苏勒[Colette Soler]的《分析行为的真正目的》,Lacanian Ink 5[1992]:53-60)。神经官能症被它所有的症状所困扰着,这些症状让他感到不适,他将它们体验为一种不受欢迎的负担,一种破坏他固有平衡的东西,简言之,他因为他的症状而感到痛苦(由此转向了精神分析的帮助)。而一个倒错者则毫无羞耻地享受着他自己的症状,甚至他后来可能会为此感到羞耻,感到被打扰,但如此这般的症状却是一种深层次的满足的源泉;这给他的精神一个固定的锚定点,正因如此,他并不感到需要精神分析的帮助,换言之,并没有体验到他的症状给予他的痛苦。

(transference)的研讨班中,①拉康清楚地指出了从口腔期到肛门期的转变并不与生理学意义上的成熟有关,它完全建立在某种主体间的象征构造当中所产生的辩证转变。肛门期被界定为主体的欲望对**他者**要求的一种适应,换言之,主体欲望(a)的客体——成因(object-cause)与**他者**要求之间相一致。正因如此,拉康的"肛门"性强迫官能症的公式所表达的正是这种内在驱力:$\$ \Diamond D$。确实如此,口腔期隐含着一种试图"吞并一切"的态度,并由此满足了所有的需求。然而,作为未成熟就出生的生物,孩童的独立性,他们需要的满足,从一开始总是通过向**他者**(主要是母亲)提出的要求来提供满足孩子需求的对象。在肛门期所发生的是需要(need)与要求(demand)②之间关系的辩证转换:**对需要的满足隶属于他者的要求。**换言之,主体(孩子)的需求只能在他与**他者**的要求相妥协的时候才能被满足。让我们回忆一下那个臭名昭著的关于排泄的例子:一个进入了"肛门期"的孩子,为了满足自己的需要,不得不努力去迎合母亲对他排泄的要求,要规律地排泄到坐便器当中,而不是裤子里。对于吃饭的控制也是如此。孩子在吃饭的时候要尽力表现出自己的行为是如何富有教养:他要按照妈妈的要求将盘子中的饭吃干净,同时还没有弄脏自己的手和桌子。概而言之,我们以这样的方式来满足自己的需求,无非是要在社会秩序中找到一个属于自己的位置。在此,在肛门期当中存在着一个基本的障碍:享乐,在其最直接的方式上,即就其在客体当中直接获取满足的意义上,是被"阻拦"的,被禁止的。享乐只有在与**他者**的要求相妥协的过程中才

---

① 参见雅克・拉康《研讨班》第八卷第二章"移情"(Paris: Editions du Seuil, 1991)

② 参见拉康的欲望理论层次,其中 need 代表着一种生物学意义上的需要,而 demand 则位于象征层面,侧重强调的是通过语言来表达的一种要求。他们与 desire 共同构成了拉康的欲望理论。——译者注

能产生。在确切的意义上,肛门期提供了偏执与强迫性症状的源头。与此相关的例子,很容易从成人生活当中获取。在"后现代"理论当中,这一点获得了最为清楚的表达,例如铺天盖地的著作与会议所努力证明的是由于在希区柯克的电影当中所具有的那种技术的精巧("最后一分钟营救"[save-the-failures]的时刻)导致了对希区柯克的迷恋。但我们是否应该从另一个层面来为这种迷恋做出这样一种解释:这种迷恋的产生得益于那些不愿意简单地屈从于希区柯克电影快感的知识分子们所具有的一种强迫性的"不良居心",他们觉得有必要证明观看希区柯克是为了展现一些理论观念(观众的机械性认同,男性偷窥者的兴衰等)。我被允许享乐只是因为这种享乐能够服务于作为我的**大他者**的理论实践本身。① 这种口腔期向肛门期的反转有着黑格尔式的另一个阐释方向:需要的满足是他者(Other)对我们要求的回应,这一点使得需要满足了,"达到了它的真理"。而与**他者**的要求相妥协则被直接设定为"满足我们需要"的必要条件,一个"先验的框架",一个可能性的条件。随即,第三个阶段,即"阴茎"阶段的功能,就是要从**他者**的要求的操控中解救出主体。

---

① 例如,这类作者无法独自在一个豪华的酒店当中享用美餐。这会给他带来一种犯罪感;唯一正当合理的方式是,让他处于一个团体当中,在其中一顿丰盛的美餐是这个社团仪式当中的一部分,换言之,享乐这一美食与向他人展示"我对此很享受"是同一个过程。一个偏执的神经官能症式的伦理规范或可为此提供进一步的例证:一个患者,他没能俘获他所心仪的女人,最终导致了他总是不断去体验为了取悦于她而遭受到的诸多痛苦(由此不断一次次地体验到他的失败)。如果他所迷恋的女人喜欢深海潜水,那么他立刻就会参加潜水课程(虽然他个人可能完全拒斥这一观点);甚至这个女人永远地离开了他,并且他也有了新的情感投注的对象,并且这个新的对象对于潜水毫无兴趣,但他仍然会出于一种责任感而继续参加潜水课程。

加速的认同(the precipitous Identification)

阿尔都塞的"意识形态质询"(ideological interpellation)[①]在回溯的意义上指向了一种"总是—已然"(always-already)的幻象:意识形态认同的颠倒是一种行动上的误认。也就是说,当一个主体在意识形态召唤中确认自身的时候,他不自觉地忽视了这样一个事实:认同行为的形式本身构造了主体在其中认同自身的内容。(想象斯大林的经典共产主义吧。当他认为他自身不过是历史朝向共产主义发展的"客观必然性"的一种工具的时候,那么他也误认了这样一个事实,即这种"客观必然性"正是在共产主义话语当中被构造出来的,仅仅是共产主义者将其激发出来论证他们行动的合法性。)阿尔都塞对这种象征性认同的姿态,对个体对这种象征性召唤的认同所给出的理解忽视了这样一个问题:这种召唤本身是为了解决主体对自身地位的非确定的困扰而产生的(即我作为**他者**的对象究竟是什么?)。在拉康的思想中,对于质询(interpellation)的首要问题并非如阿尔都塞所认为的那样:"个体被质询为主体",相反,个体从未被质询为主体,主体自身被质询为 X(某种特殊的主体-位置,象征性认同或者命令),以此来逃避$的困境。在经典的自由意识形态当中,主体确切地说被质询为"个体"。正如常常引用的马克斯兄弟笑话里所说的那个拉维利(Ravelli)(你看起来像拉维利——但我就是拉维利!——毫无疑问,你就是很像他!),他或者应该

[①] 参见阿尔都塞:"意识形态与意识形态国家机器",《列宁与哲学以及其他论文集》(*Lenin and Philosophy, and Other Essays*)(London:Verso,1991)。

这样兴高采烈地得出这样一个结论："所以,我确实很像!"这个令人愉快的对于命令的回应,这个胜利的确证,即我确实与我的象征性形象很相似,最终让主体松了一口气,因为主体最终成功地避免了对于"你要怎样"(Che vuoi)的非确定性。①

正因如此,主体的象征性认同总是呈现出预先发生(an anticipatory)、瞬间加速的特征(这一点与镜像阶段对自我的仓促认同极为相似,但当然不能混同)。正如拉康在上个世纪40年代,在其非常有名的关于逻辑时间(logical time)的论文中所指出的那样:②象征性认同的基本形式,即假定一种象征性命令让我"将自身认同为X",就是宣称或者宣告我自己为X,以此来压倒那些试图将我驱逐出"隶属X"团体的人。这就如同一个简化版的三个囚徒的逻辑谜题,拉康以此提出了三种不同的逻辑时间的模型:监狱的头领,依据大赦令,要释放三个囚徒中的一个。为了决定究竟放哪一个,他让他们三个参加了一个逻辑考试。囚徒们知道有五顶帽子,其中三顶的颜色分别为一顶白色,两顶黑色。这三顶帽子被分发给三个囚徒,并让他们坐成一个三角形,以便任何一个人都可以看到另外两人头上帽子的颜色,却并不知道自己头上帽子的颜色。胜利者将是那个第一个猜出自己头上帽子颜色的人,他将站起来,走出房间给出答案。我们由此有了三种可能的情景。

——如果一个囚徒戴着白色的帽子,另外两个人戴着黑

---

① 关于某人"看起来像……"的例子可以在卢比勒(Lubitch)的《存在或者死亡》(*To be or not to be*)当中找到:一个波兰演员,为了蒙蔽纳粹,伪装成一个盖世太保的屠夫,他粗疏的言语与笑声,使得观众都认为他的行为带有讽刺性的夸张,然而,最后,当那个真正的盖世太保进入舞台的时候,他竟然也是同样的行为方式,就如同自身的讽刺画一般——简言之,他"很像[他自身]"。

② 参见雅克·拉康:"逻辑时间与被预定的确定性",《弗洛伊德领地的新住户》(Newsletter of the Freudian Field),Vol.2,no,2 (1988)。

色的帽子,那么这个囚徒将立刻"发现"他自己的帽子是白色的。所依据的是一个简单的推理:"有两顶黑色的帽子,我看到它们都在对方的头上,因此我自己的帽子一定是白色的。"在此无须任何时间的介入,只要"一眼看去",答案就出现了。

——第二种可能性在于有两顶白色帽子和一顶黑色帽子。如果我的是白色的,我会这样推理:"我看到了一顶黑色和一顶白色,那么我的帽子或者是白色或者是黑色,然而,如果我的帽子是黑色,那么那个戴着白色帽子的囚徒看到的就是两顶黑色的帽子,那么他会立刻得出结论,他的帽子是白色的;既然他没有这么做,那么我的帽子就是白色的。"在此,一些时间被消耗了,换言之,我们需要某些时间"来理解":我就如同**他者**,换位思考;我通过**他者**未能行动来推出我自己的结论。

——第三种情况——三顶帽子都是白色的——这是最复杂的。推理这样展开着:我看到两顶白色的帽子,所以我的帽子颜色或者是白色的或者是黑色的。如果我的帽子是黑色的,那么其他两个囚徒都会这样推论:"我看到一个白色帽子和黑色帽子,如果我的帽子是黑色的,那么那个戴着白色帽子的囚徒就会看到两个黑色帽子,因此他会站起来离开,但他没有这么做,那么我帽子的颜色是白色的。我应该站起来离开。"但既然其他两个囚徒都没有站起来,那么我的帽子也是白色的。

由此,拉康指出,最后的这种推论需要双重的延迟与阻碍。也就是说,如果三个囚徒都具有相同的智商,那么经过了第一个延迟,即发现没有任何人采取行动,他们会同时站起来——由此问题变得有些困难了,他们互相交换着困惑的表情:他们完全不知道**他者**行为的意义所在(他们中每一个人会问自己:"他是否是出于与我同样的原因站起来了呢,还是因为他看到了我头上的帽子是黑色的?")。只有当注意到所有其他的人都出现迟疑,他们才能够得出最终的结论:这种共同的迟疑说明他们处于同一情景之下,换言之,他们头顶上的帽子都是白色的。在此时此刻,延迟立刻变成了急促,每个囚徒都对自己说:"我一定要在其他人之前跑到门那边去!"①

在此很容易发现的是对应于三类逻辑时间而得以确认的一个特殊的主体类型:"凝视的那一刻"隐含着客观的"某个人"("某人发现"),隐含着一个没有任何主体间的辩证法介入其逻辑推论的中性的主体;"用以理解的时间"已经包含着一种主体间性(intersubjectivity),换言之,在我还没有得出结论认为我的帽子是白色之前,我就不得不将自己"换位"到**他者**的推理当中(如果那个戴着白色帽子的**他者**看到我的头上是黑色的帽子,他会立刻知道他戴着的是黑色的帽子并站起来,但他没有这么做,所以我的帽子也是白色的)。这和交互主体性中蕴含着某种"非确定的交互性的主体",拉康对此是这样说的:这是一种简单的交互性的能力,将**他者**所应有的推理纳入自己的考虑当中。只有在第三个时刻,即那个"得出结论的时刻",提供了真正的"我的诞生":在此所发生的是从 \$ 转移为 S_1,从非确定性所导致的主体的空无转向了"我所是"的确定性,换言之,从对我的状态的悬而未决转向了我发现我戴着白色的帽子,转向了对象征性认同的顺从——"这就是我!"

在此我们必须要牢记于心的是这种拉康式的反思要点中所包含的反列维-斯特劳斯的本质。列维-斯特劳斯所设想的象征秩序作为一种非主体(a subjective)的结构,作为一个客观的领域,每个个人都在其中占据着预先指定给自己的一个

---

① 可能(未来的)主人不过就是那个抓住机会,发现"我戴的是白色帽子"而第一个采取行动的人:如果他的莽撞正逢其时,那么他将成为新的主人。

位置。拉康所引发的却是对这种社会化-象征秩序的起源的探讨：如果我们仅仅等待着分发给自己的象征性位置，我们将永远看不到它。也就是说，在象征性命令当中，我们从未能够确认我们是什么。我们只有通过某种瞬间加速的主体性质询"成为我们所是"。这种加速认同包含着从客体（object）向能指（signifier）的转变：（白色或者黑色）的帽子就是我所是的客体，它对于我的不可见性恰好说明了这样一个事实：我从未能够发现"我作为一个客体究竟为何"。（换言之，$\$$与**对象 a** 在拓扑学意义上是不相容的。）当我说"我戴的是白色的帽子"的时候，我假定了一种象征性的认同，这一认同填补了我的存在的非确定性。在此最为重要的是这种提早的认同带有偶然性链条当中的**非决定性**（inconclusive）的特质：象征性秩序被"非充足的理性原则"所操控着。在象征性主体间性的空间当中，我从来不能确认我是什么，因此我的"客观的"社会认同就是通过"主观"的预期所建构起来的。在此一个被悄无声息地忽略掉的重要细节在于，拉康的逻辑时间的文本完全可以用来作为政治例证，以说明斯大林式共产主义的集体主义认同的本质：我急忙宣布我的共产主义信仰，只是因为我害怕其他的人会将我作为修正主义叛徒而驱逐。①

在此存在着象征与死亡之间模棱两可的关联：通过假定一种象征性的认同，换言之，将我自己与某种象征界的符号（a symbol）等同起来，而这一符号潜在的成为了我的墓志铭，我如此这般的认同"将我自己推向了死亡"。然而向死亡的这种仓促的

---

① 在一个不同的层面上，罗莎·卢森堡在革命的过程中发现了同样的问题：如果我们等待革命的"正确的时机"，那么它将不能发生。"正确的时机"只能出现在一系列失败的"不成熟的"努力当中，换言之，我们只有通过让自己去填补主体的空缺，在"革命时刻真正到来之前"宣布这种认同，我们才能获得作为一个革命之主体的认同。对于这一矛盾的详尽讨论可参见齐泽克《意识形态的崇高客体》第五章，(London: Verso, 1989)。

推进同时还发挥着与之相反的作用:它被意指为一种预先被阻止的死亡,保证了我死后在象征性传统当中的生命,它在我死后将继续存在着——这是一个带有偏执性的策略。这一策略如果存在的话,那么它将是这样的:在一种瞬间快速的认同当中,**我急忙承担(assume)了死亡,而目的只是为了避免死亡**。

预先认同由此成了一种先在的反抗,试图预先给出"我为**他者**而存在"的答案,以此来缓解与**他者**的欲望有关的种种焦虑。在**他者**当中代表着我的能指解决了**我作为他者的客体**的困境。然而实际上通过象征性认同所凸显的我之所是不过是在我自身当中的**对象 a**;对于它的形式化的结构,象征性认同仅仅出自"我之所是的客体"当中。例如,通过说"你是我妻子",你在你的存在之内核——原质(Thing)——当中获得你所是,而我据此逃避并抹去了我的极端的非确定性。① 这就是阿尔都塞对质询的描述中所忽略的东西:诉诸回溯性的探寻是合理的,在其中附带着"总是—已然"(always-already)的幻象,由此使这种回溯没有考虑到预先的设定,内在地可能颠覆这种回溯。

让这一点变得清晰的方式之一就是通过一种迂回,深入到分析哲学最为精密的成果当中去,让我们来谈谈格莱斯(Grice)②所精心构造的(富有意向性的[intentional])意义的

---

① 参见拉康在其《研讨班》第二十卷《仍旧》(Paris: Editions du Seuil, 1975), pp. 47-48。从这一意义上,歇斯底里所意指的是质询的失败:歇斯底里的问题在于"为什么我是你所说的那个我?"换言之,我质疑主人强加于我的象征性认同;我以"在我之中,我所是的总是多于我自身"为名来对抗它,那个对象小 a(the objet small a)。此处就是拉康反-阿尔都塞的要旨所在,作为S的主体并不是质询的结果,也不是对意识形态质询的确认,它毋宁是将质询置换为质疑,质疑所通过质询而强加于我的身份认同。

② 保罗·格莱斯(Paul Grice),美国语言学家、哲学家、政论家,有着犹太人血统。他创立了转换生成语法理论,这一理论不仅获得语言学界很高的评价,而且在心理学、哲学、逻辑学等方面引起人们普遍的重视。美国国家人文科学院、国家科学院院士,1984 年获美国心理学会颁发的杰出科学贡献奖。——译者注

结构。①在格莱斯看来,当我们试图在某个术语的完整意义上来谈论某事某物的时候,会包含着以下四个层面的结构:(1)我们说 X;(2)听众必须觉察到我们有意要说 X,换言之,对 X 的解释对于我们来说是一个有意识的行为;(3)我们必须试图让听众不仅觉察到我们要说 X,而且我们还要他觉察到我们是有意识地要说 X;(4)听众必须觉察到(意识到)(3),换言之,觉察到我们的意图就是要让他觉察我们要说 X,这是一个有意识的行为。我们说"这个屋子很明亮"之所以能够成为一个可被理解的表达,只有在听众已经意识到:通过说"这个屋子很明亮",我们不仅要说屋子是明亮的,同时还要他意识到我们要他觉察到我们正在说的"这个屋子很明亮"是一个有意识的行为。如果这种论证显得有些绕来绕去,那么只要记住这样一种情景就足够了:当我们迷失在一个陌生的城市里,我们听到一个当地人用他的地方语言费尽心力地试图让我们明白一些什么事情。我们在此遭遇的是第 4 个层次所具有的纯粹形式。换言之,尽管我们并不确切地知道这个当地人要对我们说什么,但我们不仅意识到他试图想告诉我们些什么,而且还意识到了他试图让我们注意到他正在很努力地告诉我们些什么。在此我们所要强调的重点在于,歇斯底里的症状所具有的结构与格莱斯的第 4 个层次具有同构性:在这一症状当中至关重要的不仅是歇斯底里患者试图传达某种信息(这一症候的意义等待着被解码),同时,更为根本的是,他殚精竭虑地试图去确证自身,将自己接纳为交流中的一部分。他最终想告诉我们的是他的症候并非是一个毫无意义的肢体混乱,换言之,既然他有话要对我们说,所以我们应该认

---

① 参见保罗·格莱斯(Paul Grice),"意义"(Meaning),《词语方法的研究》(*Studies in the Way of Words*)(Cambridge: Harvard University Press, 1989), pp. 377-88.

真倾听。简言之，症候的最终意义是**他者**应该注意到这样一个事实：这个症候是有意义的。

或许正是这一特征，将计算机与人的主体间性区分开来：计算机所缺乏的即是一种意义的自我指涉（self-referentiality）（即黑格尔意义上的反思性）。更进一步说，在某种逻辑的时间性（temporality）①意义中就不难辨认出这种自我的指涉：通过这种反思性意义（reflective meaning）的能指，换言之，通过某种仅仅"意味着"意义之当下（presence）的能指，我们才能够"占据"（overtake）我们自身，在一种富有预见性的运动当中，建构我们自身的认同，并且这种建构并非是肯定性的，它在一种纯粹的自我指涉的意指形式当中试图逃避即将到来的意义（a meaning-to-come）②。如此这般，在这最后的手段当中，每一个意识形态主人能指的逻辑都召唤我们为之战斗：祖国、美国、社会主义，等等——它们所意指的也并非是某种充实的内容，而仅仅是一种认同的姿态。当我们说"我相信 X（美国，社会主义……）"这种纯粹的主体间性的意义在于我相信我不是孤独的，我相信还有其他人如我一般相信 X。意识形态的成因严格说来是基于多个主体（its subjects）的并存基础上，是一种信仰被灌输到主体当中所显

---

① Temporality，作为一个单词的基本含义包含着暂时性，暂存性的含义，作为一个术语，在海德格尔那里意味着一种时间性，换言之时间中的过去，现在和未来等不同阶段对于人所具有的意义。——译者注

② 在我们日常的经验当中，这种不同层面的意图之间存在的鸿沟显现在我们所谓的"礼貌"行为当中。当一次交谈要开始的时候，我们往往先说 "今天过得好吗？"（how are you today?）对于这一问题我们并非要获得严肃的答案。我们只是提供一个空洞的对话形式，以获取一个礼仪性的回答"不错"（这一空洞的形式的最好证明就在于如果我们对话的对象将这一问题"当真"，并努力试图提供详细回答的时候所显现出的拘谨与尴尬）。但同时如果将这一问题完全视为一种不真诚的伪装显然也是不正确的。尽管它在字面上，在意识的表层上并非是"认真的"，尽管我并不是真的想知道你今天过得如何，但问题却绝对包含着我真诚地试图与你开始一种友善交谈的意图。

现出的效果。①

　　这种对于"未知之事物"的"加速"认同的矛盾就是拉康所谓的菲勒斯（父亲的）能指，这一能指本身是一种能指的匮乏。如果这种能指的匮乏被反思性地颠倒为匮乏的能指，这看起来似乎有些让人难以理解，那么只要想一想马尔科姆·X（Malcolm X），这位传奇般的美国黑人领袖的故事就可以了。这是一段节选自美国"纽约时报"对斯派克·李（Spike Lee）的电影《马尔科姆·X》的评论——对此我们显然不能将其指责为基于拉康的偏见：

　　X意味着未知。美国黑人未知的语言，宗教，祖先和文化。X是奴隶主给奴隶的姓（last name）的一种替代。X还可意指一种实验，危险，有毒物质，猥亵以及药物迷恋。它同时还意味一个不能写他或者她名字的人的一个签名。具有讽刺意味的是，马尔科姆·X，如同许多伊斯兰教派的人或者其他20世纪60年代的黑人一样，都将这个字母视为一种认同匮乏的表达，尽管现在它本身就已经代表了一种身份的认同。②

　　马尔科姆·X将他的家族姓氏，也即父亲之名，用一个未知的象征替换了，这一行为的意义要比它看起来复杂。在此我们要避免被诱惑着去"寻找那个已经失去的源头"：如果我们将马尔科姆的行为仅仅归结为对失去的源头的渴望（这一源头被认为是由于奴隶的贩卖而被撕碎的对"真正"的非洲的认同），那么我们就错失了问题的重点。在此问题的重点在于对缺失的源头的指涉使得主体能够逃避某种强制性的象征性认同的固着，并"选择自由"，选择一种固

---

①　在希区柯克的电影中，充当这一要素的就是著名的麦格芬（MacGuffin）。这个推动叙述的秘密，其本身却是"什么都不是"：他的意义仅仅是一种自我指涉，它的存在就是要让主体卷入为其赋予意义的叙述当中去。

②　费勒·派登（Phil Patton）："从《马尔科姆·X》当中获益的营销人员的权利斗争"，《纽约时报》，星期一，11月8号，1992年B1版和4版。

定身份的缺失。X 作为一种空无超越了所有肯定性的象征性身份认同：这是一个鸿沟得以出现的时刻，我们发现自身处于"实验，危险，有毒物质，猥亵以及药物迷恋"等各种令人着迷的领域当中，在其中没有任何一种新的身份能够填充这一空位。

　　进一步说，这种对于未知的认同，**促使象征性身份认同的构成性特质显现出来**：每一个象征性身份认同最终都是对 X 的认同，都是对一个空洞的能指的认同，这一空洞的能指成了对未知内容的一种替代。换言之，它使我们认同于每一个身份之匮乏的象征。父亲之名，象征性身份的能指，都是拉康所反复强调的"没有所指的能指"。至于马尔科姆·X，尽管 X 意味着一种非洲源头的缺失，但同时它也再现了这种不可避免的缺失：通过让我们自身认同于 X，我们"完成"（consummate）这种源头的缺失。具有讽刺意味的是在对这种"母亲式"源头的追溯当中，在我们对它的顺从当中，我们不可避免地抛弃了它。或者，在拉康的意义上说，马尔科姆·X 的行为方式是纯粹的俄狄浦斯的行为方式：用母亲的欲望来替换了父亲之名。①

----

①　拉康的俄狄浦斯的观念与俄狄浦斯观念中的"反-俄狄浦斯"相对立。后者作为一种"压抑的"力量疏导、驯化多种多样的邪恶的驱动力，将他们强加于普罗克洛斯忒斯式（Procrustain）的父亲-母亲-孩子的三角关系当中。对于拉康来说，"俄狄浦斯"（以父亲之名的强制性）替代了某种纯粹的否定性的去疆域化（deterritorialization）逻辑（在此他采纳了法语中父亲之名 [Nom-du-Père] 的双关语：父亲之冥 [Non-du-Père]（后者中的 Non 是对父亲的一种否定，在此用"冥"来表达这种对父亲的"去势"，力图在一语双关的意义上来表达这一含义——译者注]）："父亲之名"意味着一种功能，用以某种缺失的符号凸显欲望的客体，换言之，将每一个可获得的客体转变为缺失的隐喻，关于每一个肯定性的客体，我们总是体验到如何"不是它本身"。（作为乱伦客体的"母亲"也只不过是这同一过程的另一面：那个赋予每个既定的客体所丢失了的 X 的名称。）对此或可参照维特根斯坦的一句名言："一个词语的意义等同于它的用途。""父亲"作为父权的比喻也只有在仅仅意指一种隐藏于每个欲望客体背后的断裂之时才是有用的。我们因此不应该迷恋于父亲的强制性的"呈现"：父亲的肯定性形象只是这一象征性功能的实体化，并没有真正地满足这一功能的真正要求。

父亲之名
母亲的欲望

在此最为重要的是父亲之名的虚拟特质：父亲的隐喻是一个 X，意味着它敞开了一个虚拟意义的空间，它替代了所有可能的意义。关于这种隶属于象征性秩序的虚拟特质，将其与资本主义的金融体系做一类比是最富有建设性的。正如我们从凯恩斯那里所理解的那样，资本主义经济在其确切的意义上说是"虚拟的"：凯恩斯最喜欢的格言就是从长远看来，我们都是要死的；资本主义经济的矛盾在于我们向（虚拟的）未来借钱，即借来那些将真实的价值掩盖起来的印刷纸币，却带来了真正的效益（增长）。凯恩斯与"传统"经济学之间的关键性差异在于，谁更关注于"账户的结算"（偿还债务，取消"从未来的借贷"）。凯恩斯的关键点并不仅仅在于通过"无担保"货币，通货膨胀或者国家性花费所带来的"非自然的"借贷以推动实际的经济增长，从而使得我们最终获得一个收支的平衡，借此我们能够在一个较之实际的财富更高的水准上来做账。同时，凯恩斯还不得不承认最终账目完成的时候同时也将是一场灾难，整个的体系将会崩溃。由此当代经济政策实施的艺术性就在于要延长这个虚拟的游戏，从而无限期地推迟这个最终的完成时刻。从这一意义上说，资本主义就是一个"虚拟的"体系：他被一种纯粹虚拟的收支平衡所支撑；引发的欠款永远无法清除。然而，尽管如此，在纯粹虚幻的意义上，如果要使整个体系生存，这种"平衡"必须被保留下来，如同康德的"规范性理念"（regulative Idea）一般。马克思以及那些货币主义者们反对凯恩斯的一点就在于这样一种确信：或迟或早，总有一个时刻我们不得不要完成账目的最终平衡，偿还债务，最终将体系建筑于一个固有的，"自然的"基础之上。① 拉康关于债务的观念与象征界有关，严格说来就是资本主义的债务：这种债务观念从来不是"恰当的"(proper)；它是预先"从未来借来的"；它依存于虚假未来的描述。斯大林主义的共产主义陷入了恶性循环也是如此。他凭借对未来共产主义天堂的许诺来使其当下的行为获得合法性，这些行为当中甚至包括牺牲成千上万人的生命。那些试图用美好的未来为由头来反过来为当下的暴行赎罪的人们，恰好使得那些隐蔽的如凯恩斯这般的时间结构显现出来。

---

① 关于资本主义经济的这种虚假特质可参见布瑞·罗特曼(Brian Rotman)《一无所指》(*Signifying Nothing*)，(London: Macmillan, 1987)。

第二章 我思与性别差异

第二部分
故：辩证的非逻辑性推论

第三章　根本恶及其相关事宜

"康德与边沁在一起"

今天,当康德纯粹理性的二律背反已经成了哲学的普遍共识,不再如很久之前被视为整个哲学大厦的威胁之时,或许更需要一种周密的思考,即"在其生成的过程中"来考察它。如同克尔凯郭尔曾经做的那样,将其固有的不良影响揭示出来。要完成这一目标,需要做的是关注康德的二律背反与整个大的宇宙逻辑的不同之处:阴/阳,男性/女性,光明/黑暗,排斥/吸引,等等。从来没有任何东西能够颠覆这样一种宇宙的观念:宇宙是一个有机体,其生命力就依存于这两极的张力之间。但在康德的脑海中,却萌生了一些完全不同的,并不具有可比性的想法:我们无法以连续一贯的方式将宇宙设想为一个整体;换言之,一旦我这样做了,那么我将获得两个对立的、相互排斥的宇宙整体。而我将证明,正是在这一点,在这个二律背反当中,性别差异发挥了作用:用以界定性征(sexuality)的对立的张力并不是宇宙力量(如阴/阳等)的对立两极,而是某种断裂,它阻止我们最终将宇宙设想为一个整体。性征指认了宇宙的非存在的形而上学丑闻。

为了对康德二律背反的不良影响给予更清晰的说明,让我们来回想一下菲利普·迪克的《幻觉》(Time out of Joint)这部科幻小说。其中所讲述的故事发生在美国20世纪50年代末期一个偏远的小镇上(而这个时间也正是小说被写作的时间)。一系列奇怪的经历(例如,当主人公不经意间回到他房子的后院,发现一分钟前还在那里的东西——如花园中的长凳——被替换成了一个写着"长凳"的被单)促使主人公一步步接近事实真相:实际上他生活在20世纪的70年代,一个神秘的政府机构给他洗脑,并将他重新安置到一个人造的50年代的小镇当中,目的是为了证明一个科学的假设。(克格勃[KGB]的神秘性之一就在于他们确实在乌克兰的某个地方建立了一个典型的美国小镇的复制品,以帮助那些未来的任务承担者适应美国的日常生活。)精神分析的理论给予这种用以弥补现实断裂的,并替代那缺失的客体的东西一个确切的术语:Vorstellungs-Repraesentanz(概念再现),它是对缺失的表象的一种意指性再现。①

康德的先验构造与此类似。换言之,究竟什么是我们所谓的"现实感"(sense of reality)的基本特质?什么才是我们的"常识实在论"(common-sense realism)?我们自动默认了我们所见的与那些不可见的领域之间的连续性:当我们看到一个房子正面的时候,我自然而然地会认定——尽管我并没

---

① 在此,我们省略了"50"年代所蕴含的种种历史性张力。正如弗德里克·詹姆逊所指出的那样,这种张力为这部小说提供了关键的意识形态背景(参见弗德里克·詹姆逊:"对当下的乡愁",《后现代主义》[Durham: Duke University Press, 1991])。这个无历史特征的"五十年代小镇"总是让我们想起某种美国西部的样子,这绝非偶然。美国西部已经成功地消除了人民(people)与他们的居民(habitat)之间,自然与文化之间的差异,由此也吸干了所有其他"历史性"特质。牛仔的装饰并没有成为可笑的服饰,它"自然地"与它的自然环境相混合。美国西部由此成了当代美国某种非时间意义上(timeless)的过去,牛仔也成为了当下文化与生俱来的产物,等等。现代的市民们去除了他们都市的异化,显现了他们"自然的本性"。由此,当然,西部在其纯粹意义上也是一种意识形态。

有看到——房子还有它的背面,并且在它之后还有另一个房子或者其他一些风景。简言之,"常识实在论"内在地包含着这样一个内涵,即我们人类是作为一个(有限的或者无限的)整体的世界中的一部分。相反,康德最基础的假设在于,那个将我们纳入其中,作为存在的整体的"宇宙"(universe),并不存在。由此我们对康德的命题最终产生了这样一种感觉:任何范畴(范畴,一种思想的先在形式,构造了我们所体验到的"现实")的运用如果超越了我们可能的经验现象的界限都是非法的,一旦我们试图去想象那个作为物自体之整体的"宇宙"之时,我们的理性就必将陷入不可调和的二律背反当中。在此我们需要记住的是在康德与传统怀疑论之间的差别。康德的观点不是一种简单的关于物自体的怀疑,换言之,事实是,既然我们的经验被局限在经验当中,我们从不确定是否物自体与现象拥有着同样的秩序。康德二律背反的关键在于我们能肯定地展现出物自体与现象之间并没有相同的本质:现象以及它们的内在机理都是由先验范畴构造的;一旦我们将这些范畴应用到物自体当中,应用到那些可能的经验对象之外,二律背反就出现了。然而,关键点在于宇宙的幻象并不是我们能够"现实地"否弃的东西,如果我们的经验试图保持一种连续性,这种幻象无可逃避地成为必需的。如果我不能将外在对象作为某种实体呈现给我自身,如果我不能确信我所感知到的是某种现实自身(reality-in-itself)的一部分,例如,如果我并不确信我所看到的房子有一个与其正面框对应的反面,那么我们的感知将被拆解成非连续的,成为毫无意义的混乱。① 如果没有一张纸来弥合这些空隙（正如迪克的《幻觉》一样），现实自身就分裂了。康德将这张纸定义为"先验的观念"。由此，通过康德的先验转向，现实自身被虚拟化，成为一个制造物，成为在今天的电脑科技应用中所产生的"虚拟的现实"。拉康的真实（Real）确切地说意指的是那个不愿意屈从于"虚拟化"的坚硬内核，它因此并不是一个先验的构造物。现实的这种虚拟化所具有的这种丑闻性本质，在我们将康德"与边沁"放在一起来加以阅读的时候就更加明显了，换言之，在这种阅读中加入了边沁的虚构理论（theory of fiction）。

正如《拉康选集》（écrits）中一个题目——"与萨德在一起的康德"——所意指的那样，拉康将萨德视为康德伦理学的真理：为了能够把握康德伦理革命的内核——这一内核甚至连康德自己也没有看到——我们必须要将其"与萨德"一起来阅读。同样，在康德的必要的先验幻相（Schein）与杰里米·边沁的虚构理论之间也有着相似性，这也是拉康常常用以参考的一个对比性关系。② 初看起来，"与边沁在一起的康德"并不比"与萨德在一起的康德"更少荒谬：一方面是"粗陋的"功利主义，另一方面是为了责任而承担责任的**崇高**伦理学。或许康德＝边沁与康德＝萨德两者之所以能够被理解，只是作为黑格尔的"无限的判断"（infinite judgment）所确认的最为**崇高**与最为低贱之间的合一（"精神是块头盖骨"）。在伦理领域中，边沁为康德的革命奠定了基础，完成了休谟在理论理性领域所完成的"纯粹化"。换言之，究竟是什么构成了边沁功

---

① 只要回想一下操作 Word 来书写时的情景：当我们翻阅文档的时候，我们想当然地认为整篇文章在我们眼前"翻转"着，我们默认那些从屏幕外进入屏幕中的一行行文字在进入之前就存在于屏幕的"上方"。事实上，这些文字只有在进入我们的视野当中，也就是进入屏幕的框架当中时才被"创造"出来。

② 参见《关于本体论的片段》（"A Fragment on Ontology"），《著作集》（Works）第 8 卷，第 195 – 211 页。

利主义的基础命题？对于善,工具论意义上的定义为:所谓的"善"就是有用的,能够为某种目的服务。在边沁看来,所谓的"善自身"是毫无意义的,并且是自相矛盾的。边沁掏空了善的所有实体性内涵,由此也砍断了伦理学以善为目的的绝对至善的理论基础,由此为康德的革命敞开了大门。康德的起点在于在可能的经验领域中确定上帝自身是不可能的。可能的只是将上帝想象为一种**形式**,作为我们意志的普遍形式。

通过边沁的虚构理论来阅读康德可能收获更大。边沁通过分析合法话语(legal discourse)来构造其虚构的观念。那些合法话语为了发挥应有的作用,不得不预先假定一整套实际存在物,尽管这些存在物的情形是虚幻的:一个合法的人的观念(这一观念使我们将一个组织视为一个活生生的人,这一组织被赋予了所有有血有肉的人才会拥有的种种持质:国家对于战争负有责任,总理承诺要给我们金融的支持……),某种原初的"社会契约"的观念(这一观念使我们让个体从属于法律,就如同他们被束缚于某种契约一般,尽管他们从来没有签订这一契约)等。法的无知作为所有这些假定的基础性前提,但这一前提却从来没有让我们免除罪过(当我犯法之后,我不能用我并不知道什么是被禁止的来为自己开脱,我们不得不将整个法律知识都输入每个主体当中——没有这个虚构,整个法律大厦就会坍塌)。边沁对于这种法律话语的特殊性的第一反应是,这是一种带有启蒙色彩的经验主义:这些虚构是被那些律师所构造的,目的在于模糊事情的实际状态,从而让普通的民众意识到这些律师是无可取代的调解人(同样处于早期启蒙时代的"粗陋的"宗教理论也是如此,牧师作了一些虚构,只是为了保持他们自身的权力,或者保持他们为之服务的势力的权力)。① 这就是边沁所完成的任务:将虚构还原,显现其真实的本性,由此彰显出虚构是怎样从对我们真实经验的整合中出现的:"每一个虚构都与某些真实有关联,并且只有在这一关联被发觉之后,这些虚构才能够被理解——对这一关联的概念由此获得。"②边沁进一步区分了虚构的"第一个移除"与"第二个移除",等等;简言之,他成了诸多勾勒这一过程的思想家之一。在这一过程中,最为激进的一个版本来自分析哲学的早期(维也纳学派):他们认为命题只有通过一个合法的方式,从一些与现实经验相关的要素中被推论出来才是富有意义的。("直感命题"[protocollary proposition③]所依赖的是"经验的直接对象"[sens-data]。)

然而,其中所包含的复杂性很快就显露出来,最有意思的部分在于所有的事情究竟是怎样被纠缠在一起的?关键的问题在于边沁对两种虚的划分上:**虚构的实体物**(*fictitous entities*)与**想象的(让人难以置信的)非实体物**(*imaginary nonentities*)。显然,"契约"与"金山"并不是相同意义上的实体物。尽管"契约"是虚构的(真正存在的只是屈从于这种虚构的诸多行为),但在其中并没有什么想象的成分。它并不是一个被我们的头脑所"制造的"表象,并且,它发挥着一定的作用,这一虚构具有一定的能力,它带来了一系列真实的效应。(契约要求我完成虚构的术语——"责任"所包含的种种真实行动,否则那些包含在虚构的术语——"惩罚"当中的种种后

---

① 由牧师和律师,不管以怎样的形式,所作出的虚构,都有他们共同的目的或者效果:那就是欺骗。通过欺骗来实施统治,通过统治来提高某一个群体的利益,不管这种利益是真实的还是被假定的。(《关于本体论的片段》["A Fragment on Ontology"],《著作集》[*Works*]第 8 卷,第 199 页。)

② 《关于本体论的片段》("A Fragment on Ontology"),《著作集》(*Works*)第 8 卷,第 197 页。

③ Potocollary:是由 potocol 衍生的一个词。其意指着某种依靠直接的感官而对世界的观察记录,在此将翻译为直感,以突显其来源于经验的事实。——译者注

果将落在我的头上)。然而,"金山"似乎更接近一感性的真实;展现这一概念的特质并不困难(它整合两个真实的表象,一座山的表象与金子的表象)。但在感觉当中,它却没有"契约"更为真实。因为它所指向的东西是不存在的,换言之,它是我们想象的产物。为了不混淆这两种实体,边沁才区分了虚构的实体(契约、责任、法人)以及想象的非实体(独角兽、金山)。**由此,边沁早于拉康的《一封信》(*La lettre*)提出了拉康关于象征(*Symobolic*)与想象(*Imaginary*)的区分**:虚构的实体构成了象征界,而"独角兽"等则是想象的产物。① 尽管边沁致力于将虚构还原为它的真实构成,但他不得不承认,严格意义上的虚构对立于想象的非实体,这种还原其实并不能真正的完成。我们必须以不同的方式前进,重新构造一种对真实行为的描述方式。由"契约"所描述的整个情景就是构造的实例。

这些以及其他一些困境迫使边沁得出这样的结论:虚构内在于语言("话语")当中,不运用虚构的实体我们是无法言说的:"对于语言来说——并且仅仅对于语言来说——正是虚构的实体构成了它们的存在——它们不可能的,却又必不可少的存在。"② 在此边沁所想到的不仅是法律规范意义上的诸多观念,如"契约",而是首先在于,所有语言的内在倾向都是试图将事物实体化。而就事物最初的和真实的状态而言,那些被实体化的东西最初只是这些事物的一种特性或者是事物发展的一个过程罢了:例如"水是流动的"(water is flowing)

---

① 实际上,虚构在其本质上虽是一种欺骗,但更为确切地应被称之为象征。(《精神分析伦理学,1959—1960》[The Ethics of Psychoanalysis, 1959—1960]雅克·拉康《研讨班(卷7)》,雅克-阿兰-米勒编,[London: Routledge/Tavistock, 1992],第12页。)

② 《关于本体论的片段》(A Fragment on Ontology),《著作集》(*Works*)第8卷,第198页。

成了"水的流动"(the flow of water)(尽管"流动"并不包含某种实体性的现实);"这张桌子是重的"成了"桌子的重量",等等。简言之,虚构是"这样一些客体,在每一种语言中,为了话语的目的,作为一种存在而被言说"①。边沁已经足够犀利了,他揭开幻象,以免我们陷入拜物教式的分裂("我知道那个虚构不是真实的,但我们却不得不将它们作为真实的客体来加以言说")。如果我们要以一种前后一致的,并且感性的方式来谈论现实,那么我们将不得不求助于虚构:"我们所说的,以及我们所想的任何一种现实都不得不以虚构的方式才能被我们所理解。"②换言之,拉康强调边沁是第一个意识到真理拥有一个虚构结构的人,这一点得到了证实:真理的维度通过话语被敞开,而话语的秩序如果没有虚构的支撑将失去其一致性。

边沁不得不被迫不辞劳苦地完成一系列步骤,退却的同时也妥协,从而为德里达的分析提供了理想的资料:为了拯救其理论大厦的整体性,边沁不得不引入新的补充性区分(例如虚构性实体与想象性非实体之间的区分,等等);虚构的观念具有无法去除的模糊性(它的内涵总是摇摆于中立与贬损之间:虚构有时候被视为所有罪恶的源泉,被压抑的某种含混,而有的时候又被视为不可或缺的工具)。③ 这些麻烦之下隐藏着边沁与康德共有的死穴:从虚构当中辨认出真实是可能的(对于边沁来说,就是从虚构当中辨认出真实的实体,对于康德来说,就是从那些先验概念的非法应用所导致的"先验幻

---

① 《关于本体论的片段》(A Fragment on Ontology),《著作集》(Works)第8卷,第198页。
② 《关于本体论的片段》(A Fragment on Ontology),《著作集》(Works)第8卷,第199页。
③ 对于边沁虚构理论的清晰呈现可参见豪斯·哈瑞森(Ross Harrison)所著《边沁》(Bentham)一书的第2—4章。(London:Routlege and Kegan Paul, 1983.)

象"当中辨认出先验概念的合法应用);然而,**一旦我们否弃了虚构与幻象,我们也就失去了现实本身。一旦当我们从真实中减去幻象,现实自身也就失去其逻辑推理的一致性。**康德将这种虚构称之为"先验理念"(transcendental Ideas),这些先验理念仅仅是规范性,而非构成性的:理念并不是简单将自身附加到现实当中,它们切实地补充着现实;我们关于客观现实的知识只有借助于观念才获得了它的一致性和意义。简言之,观念对于我们理性的有效运用不可或缺;它们是"**一个自然的并且也是无法逃避的幻象**"(《纯粹理性批判》A298):观念在可能的经验之外来指认存在的事物。这一幻象"与人类的理性密不可分",并且,它"甚至将在其欺骗性昭然若揭"之后仍将继续存在。(正如马克思所给出的那个著名的警告:"商品拜物教"被理论揭示出来之后将仍持存于现实生活当中)。①

---

① 我们在斯宾诺莎那里同样遭遇了"幻象"与"真理"之间的"中介"。当然其阐释的上下文与边沁不同。斯宾诺莎提出了虚构是居于真理与简单的假象之间的确定性的知识模式:虚构包含着诸多非真理,但这些非真理并非是由于对诸多理念的误解。(后来,皮耶尔·马舍雷[Pierre Macherey]正是根据斯宾诺莎的这种虚构观念展开了其阿尔都塞式的文学批评——文学虚构——作为一种特殊的知识类型并不是一种科学知识,但却可以让我们免于沉浸在想象性的经验当中,不能自拔。)这种处于两级之间的虚构观念决定了斯宾诺莎思考从错误过渡到真理的方式:我们并没有能够在直接洞察真理的基础上来揭示错误。相反,我们到达真理的方式正是源于我们对所犯错误的分析。真理,严格说来是错误的真理,换言之,是对产生错误的过程的一种洞察:"头脑应对于这种产生错误的过程所能做的仅仅是抓住这些错误得以产生的条件——历史必然的、偶然的、语言要素——由此获得了一种从'消极'理解向'积极'理解的理性把握方式。"(克里斯托弗·诺瑞斯[Christopher Norris]:《斯宾诺莎与当代批判理论的起源》[*Spinoza and the Origins of Modern Critical Theory*][Oxford: Blackwell,1991],第245页。)按照斯宾诺莎的前提,错误的和虚构的理念并非自身就是错误的和虚构的;它们只是因为知识自身的不完满而被认定的。(《知性改进论》[On the Improvement of the understanding],《斯宾诺莎著作选》[New York: Dover,1951],第18页)。一个错误的错误性得以显露的时刻,正是我们通过将其放入一个恰当的上下文,从而获得正确知识的时刻。

第三章 根本恶及其相关事宜

幻象与现实(Fantasy and Reality)

当拉康讨论现实境遇的"不稳定性"的时候,在他的脑海中所想到的一定是这种"先验幻象",即某种幻象—框架(fantasy-frame)中的现实。拉康关于弗洛伊德的解读显现出与弗洛伊德细微的差别,因此人们需要格外小心,避免错过重点。的确,"现实"通过"现实—检验"(reality-testing),通过主体区分欲望客体的幻象与可被知觉到的真实客体的方式来形塑自身。但主体从未是中立的,从而可以让他或者她完全从现实当中驱除幻象构造的现实。换言之,尽管"现实"通过"现实-检验"来确定,但**现实的框架却总是通过虚幻的幻象剩余物来构架的**:最终给予我们"现实的意义"以保障的只能是我们屈从于幻象-框架所体验到的"现实"。(现实的最终证明是对"现实的丧失"[loss of reality]的体验:当我们遭遇到那些因为其创伤性特质而不能被整合入我们的象征界的时候,"我们的世界四分五裂了"。)①

在这一意义上说,现实的地位十分不稳固:它依赖于现实

---

① 我们不得不将标准的偏执狂式的观念放置于这样一个背景当中,在任何时候,我们所推动的任何一个杠杆都可能不经意地将导致整个现实的分崩离析。弗洛伊德在《梦的解析》当中描述的一个关于排尿的梦境就是例子:小孩的小便汇成了在街道中流淌的河水,将分割街道与人行道的线条变成了河岸,最终变成了大海。这本书的作者多年前在巴黎同样体验到了这种"现实的丧失"(loss of reality):在一个非常寒冷的冬天,"我"按动抽水马桶的按钮,水在马桶中充溢着,最初水箱溢出的一丝水流与天花板上落下的一滴水汇集,而后整个卫生间却突然被水覆盖。"我"的第一个反应是:"我究竟做错了什么?为什么我要愚蠢地按那个按钮?"(这个事件的谜底其实很简单:因为在那个寒冷的冬天,水管中的水结冰,导致水管破裂,通过按动坐便器上的按钮,我引发了一次新的水的流动,水由此从破裂的洞中流出来)。这样一个事件,显现为现实的一部分,但当我们距离它太近的时候,现实自身却分裂了。对这类事件的理解只能运用拉康的术语。

-检验与幻象-框架之间微妙的平衡。康德的批判主要目的是拒斥史威登伯格(Emanuel Swedenborg)所谓的在不可言说的幻境中看到鬼魂,或者与死者交流,或者直接的(即通过直觉)与那些超感性的领域相联系等。康德的"最初洞察"同时涉及这种幻想性的"见鬼"(ghost-seeing)与莱布尼茨的理性形而上学。两者共同构成了其哲学的缘起背景,这绝非偶然:正如一些极为敏感的阐释者所指出的那样,这种去除"见鬼"的幻象在康德那里一直都是理性观念的模型。最初,人们总是试图说明康德的批评存在于一个矛盾的中间位置:我们知道,我们也能证明现象界现实自身,存在着某种在它们之外的东西。但理性(形而上学)或者直观(见鬼)也同样不能接近这个"之外"的东西。我们所能做的就是勾勒出它空洞的位置,用以限制现象界,不要通过任何方式试图将我们的知识推演到本体界。然而,此处隐藏着一个关键的误读:我们都没有考虑到我们能否给康德"恰当的方式",同时避免幼稚的实在论,即指那些接纳了现象就是本质意义上的实在的观念,以及那种"见鬼"的方式,即指那些可以直接与超感性的精神相沟通的观念。问题在于我们最为日常的对现实的经验需要一种连续性,最低限度地分享一些基本的观念,一些超越了可能经验的原则。换言之,真正需要做出的选择并不是要在幼稚的实在论与癫狂的"见鬼"模式当中来做出选择,因为**它们在某种意义上说是一回事**:或者正如拉康所说,没有幻象化的支撑,现实也并不存在。在康德死后出版的作品中,康德确实讨论了这样的问题(确切地说是在"癫狂的创造"意义上,成为幻象形式的剩余),即诸多理念(Idea)构成了我们通向现实的幻象框架:

"理念是理性所构造的原初的镜像(images)(直观),作为思想的主观物,先于我们关于事物的知识及其构成要素:它们是斯宾诺莎思想的一个缩影,即所有的事物都必须被上帝发现……理念,自我构造了一个先天的思想物(理性存在物[entia rationis])……包含着将客体整合为体系化思想的诸多原则。我们在上帝那里发现客体(依据斯宾诺莎):我们所能说的只是,关于他们的现实,他们只能在现实世界中才能遇到。"①

最后一句话很关键:自我创造观念的幻象框架是客体的现实性保障。这样,理念的那种模棱两可的地位(即具有本体论性质,又是带有主体规范性色彩的诸多原则)得到了清晰化的界说:在此关键并不在于将这种模棱两可性视为康德的矛盾或者非一致性(这是一种惯常的批判,主要来源于黑格尔),而是应在矛盾两极的共在意义上来解读它,作为一种理念的外显(ex-timate)的索引。"理念"所指的是本体物与幻象(Schein)直接的、矛盾的契合,而在幻象中并没有构造现象化现实的空间。这让我们不得不想起在弗洛伊德关于物(Das Ding)的观念中所包含的同样的模棱两可:物是那些"带来伤痛"的外在的创伤 X,它打破了封闭的围绕着幻化客体—欲望自我(Lust-Ich)的循环,从而逼迫欲望自我放弃快乐原则,去"直面现实"。然而,物同时是主体存在的最为内在的内核,牺牲这一切只是为了能够进入"外在世界"当中。在此,我们是否有必要为拉康化的现实也添加上这个激进的模棱两可?

---

① 引自 J. N. 芬迪雷(J. N. Findlay):《康德与先验对象》(*Kant and Transcendental Object*)(Oxford:Clarendon Press,1981),p. 274.

"以毒攻毒"(a hair of the Dog That Bit you)①

象征化虚构的根本矛盾在于,在同一过程当中,它不仅带来了"现实的缺失",同时却又提供了进入现实的唯一的可能性途径;缺失,虚构可能构成对现实的阻碍,但如果我们放弃了虚构,那么现实自身也解体了。这个矛盾再现了象征性秩序所具有的辩证结构,正如拉康在他的《选集》(*Ecrits*)当中指出的那样:"言说会补偿它所欠下的债(debt)"②——我们必须意识到这一命题当中所蕴含的所有的黑格尔式内涵。债务,"创伤"都是由象征性秩序所敞开的,这一点已经成为了哲学的共识,至少从黑格尔以来是如此:进入了象征性秩序之后,我们触及真实(real)的直接性就成为永远不可能的事,我们被迫接受这样一个无法补救的损失;词语引发了对于事物的(象征性)谋杀等。简言之,我们在此所讨论的是一种否定的—抽象的(negative-abstract)力量,它就是黑格尔所谓的Verstand(知性)(将原本一体化的有机体进行分析性的肢解)。③ 但关于语言创伤的讨论,我们需要小心,不要错失其

---

① 英语中的俗语,其最初用法可追溯到莎士比亚时代,当时人们认为用来治愈被狗咬伤的伤口的办法就是拔下那只狗的一根毛,敷在伤口上。由此转译为以毒攻毒。——译者注
② 雅克·拉康:《选集》(*Ecrits: A Selection*)(New York: Norton, 1977), p.144.
③ 对这一问题的进一步探讨将引发这样一个问题:概念架构(conceptual framework)的恰当性问题。因为正是在概念架构当中,自然成为一个平衡的循环,在其中所有机体与它的环境和谐相处,而人类文化则在其中被看作是一个"脱轨的自然",一个可能导致死亡的自然的疾病。可能我们只有在反观的意义上,从人类的视角当中来看,自然才被呈现为这样一种状态;正是因为这种僭越(人类的过度发展及其越轨)反过来创造了一个堕落前的样子。参见齐泽克《斜视》(*Looking Awry*)第二章。(Cambrige, MIT Press,1991.)

第三章 根本恶及其相关事宜

中的关键点。弗洛伊德曾就孩子玩线轴时总是发出"Fort-Da"的声音做出过一个经典的阐释。这个游戏显然是象征化发展过程中的一个阶段。主体在其最为初级的起点上开始进入了语言的世界。拉康对此的阐发却不同于它初看起来的样子。确切地说,这件事在起初看起来究竟是什么样子?孩子被他的母亲无法预期的离开所伤,因为这种离开,孩子感到无助,为了得到弥补,孩子开始玩这个线轴的游戏,将它抛出视野之外,然后再拉回来,同时伴随着他发出的 Fort-da("出去-回来")的声音。通过这种象征化,焦虑消失了,孩子掌控了形势,但他付出的代价却是"用词来替代了物",即用他所指认的象征物(线轴)替代了妈妈,更确切地说,用线轴从他的视线中消失又回来的行为来替代了妈妈的离开与返回。进入象征界所付出的代价就是失去了乱伦的对象,失去了作为原质(Thing)的妈妈。

然而,拉康却对此作出了极为不同的,并且更为激进的阐发:那个消失又出现的线轴并不是对妈妈的一种替代,相反,它是主体自身被牺牲掉的一部分,进入象征界需要付出的代价是主体放弃了他所有的一切。换言之,真正的牺牲并不发生在主体之外的别的地方,即没有发生在象征与客体的关系当中(线轴替代了妈妈),相反,它就在"此",**填补妈妈—原质(mother-Thing)的缺失而存在的客体就是我自身的一部分**;因此这一客体真正试图替代的是我自身存在的现实性,因为象征化不仅意味着妈妈不再是我的一个直接的客体,同时,同样地,**我也不再是她的一个客体**。我进入这个 Fort-Da 的游戏的那一刻,在实体性的个人与空洞的"自我意识"之间就出现了一个不可见的距离。换言之,我不能再直接认同于"我是谁",也无法与所有隶属于我的独特特质相认同:我的自我认同从 S(一个丰满的、实体性的、病理学意义上的主体)转变为一个$（划线的、空洞主体）。①

确切地说，逻各斯（logos）能够弥补它自身所欠下的债，或者进一步说，只有言说自身，作为肢解整体的工具，能够医治它给真实带来的创伤——"被矛扎伤的伤口还需扎伤的矛来治愈"（正如瓦格纳在他的《帕西瓦尔》中所说的那样）。面对这样的命题，我们该如何理解？因为逻辑（log.c）作为后—康德哲学的核心思想，答案会非常丰富：在马克思看来，资本主义自身产生了它自己的掘墓人（即无产阶级将通过建立一个无阶级的社会来医治这个伤痛）；对于弗洛伊德来说，移情，作为对那些创伤性记忆的一种阻挠，同时也成了进行精神分析治疗所依赖的手段；至于今天的生态危机，有一件事已经极为明了了，那就是回到任何一种形式的自然和谐已经不可能了，只有技术与科学自身能够将它们带出它们为我们构造的困境。②让我们保留在观念的层面。依据后现代主义的观点，象征性秩序能够弥补自身欠下的债，这一观念不过是黑格尔的 Aufhebung（扬弃）所构筑的幻象的一个缩影（"扬弃"：否定—留存—演进）。语言用意义来弥补了我们的现实性的缺失（用词语来替换了"物"），由此使当下（present）成为了事物的本质，换言之，现实被保留在观念当中。然而，进一步说，问题就在于象征性所欠下的债是构成性的，也因此是不可弥补的：象征性秩序的出现敞开了一个巨大的缺口（béance），从来不能被意义所填满。正因如此，意义从来不是"完整的"，它总

---

① 雅克·拉康：《选集》（*Ecrits: A Selection*）（New York: Norton, 1977），pp. 103-104.
② 这样一个辩证法还能让我们将民主与其他政治体系做一个区分：为了纠正民主的过度，他们只能依赖于与民主的基本原则相左的诸多原则（正如社会主义计划经济也不得不允许最小限度的市场刺激，尽管这些刺激常常以非法的"黑暗的市场经济"为其基本形式），由此，民主宣称：唯一能够医治民主所带来的种种问题（例如腐败，异化）的途径，只能是更加民主。

是被无意义所裁减,所玷污。

　　然而与一般观点相左,拉康并没有沿着这一道路走下来;追踪他的理论方向的最恰当方式就是回想一下反官僚的民粹主义的诸多共识:巨大的政府官僚人为地制造诸多问题,以便于将他们自身变成救世主。走出这一僵局的道路由此也只能是确认这样一个事实:那些看似已经成型的解决方案实际上仍然是问题的一部分。例如在新自由主义的反福利国家体系当中,国家的官僚机构,口头上虽然宣称能够"解决"诸如失业、社会保险、犯罪等问题,但实际上正是这些问题的始作俑者,因为它所特有的税收制度打乱了市场机制的"正常"运转。唯一的解决方案只能是:把你的解决方案放到一边,问题会自己消失掉! 尽管在此某种辩证法的要素发挥了作用(追溯起来,解决方案制造了它努力给予解决的问题本身。在这一过程中,我们自然会看到这样一种强迫性的态度,为了让问题总是存在,不得不总是提供新的或者更新的解决方案)。但在拉康(也包括黑格尔)的脑海中,情形却是相反的:在某种抽象的意义上说,那些显现出来的"问题"实际上是我们一直探索的那个"没有问题的""正常的"事物状态的必要组成部分。并不存在先于"问题"而存在的"没有问题的"无辜的事物;消除问题的时刻,也就失去了我们试图救赎的东西,我们所感到的是被"问题"威胁着。让我们回到新自由主义。它试图监管的是这样一个观念:即在今天复杂的经济体系当中,市场的"正常"运转只能依赖于国家有效地介入诸如社会安全、生态问题以及法律强制等领域当中,如果完全交给市场,市场机制将趋于自我毁灭。在此矛盾的辩证法表现在不仅问题的解决或可成为问题的一部分,从而派生出它自身的真实原因;同时,相反的从我们抽象的、有限的视域看来,那些呈现为一个问题的东西本身实际上就是它自身的解决方案。事例很丰富,例如一个"绝对的例子"(黑格尔),关于基督,它的"问题"、困境、失败——被钉死在十字架上——实际上正是基督的胜利,他的目的真正达成,人—神得到了融合与统一。换言之,按照黑格尔的理论,我们该如何看待基督之死呢?基督自身,就个人来说,已经实现了神—人的统一,在其"直接性"上,这是一个独一无二的时空性的历史事件。由此,在两千年前,"神成了人",他的死并不曾显现为一个重新的分裂,从而在信徒中带来痛苦与悲伤,相反,正是在其中,我们完成了典型的辩证转换,看到目标的实现就在朝向目标的奋斗当中,就在为实现目标而作出的(宗教性)辅助性工作当中:正是在信徒为上帝之死的悲痛当中,上帝成了某种精神,在它的"被中介化的",真正的形式当中,人—神的融合实现了。①

　　正是在这一背景下,我们才不得不思考所谓"空洞的言语"(parole vide)与"充满意义的言语"(parole pleine)之间的关系。在此我们会遭遇到一个最为典型的关于拉棻理论的误解:作为一个规则,空洞的言语被设想为空洞的、无聊的闲谈,因为在其中,言说者主体阐发的立场并没有得以呈现,而在充满意义的言说当中,主体清楚地阐发了自身的立场。就此,所谓空洞的言语与充满意义的言语之间的关系就等同于"被阐

---

① 让我们在此再添加一个音乐史的实例:在莫扎特的诸多伟大歌剧当中(《费加罗的婚礼》、《唐璜》、《魔笛》)关于"第二幕"的问题。在所有的这些歌剧当中,第二幕(或者说第二个部分。我们有充足的理由将《费加罗的婚礼》视为由两部分构成)总是包含着莫扎特诸多最高的成就——在《费加罗的婚礼》中是第三幕的最后部分,在《唐璜》中是那个六重奏,在《魔笛》中则是帕米娜自杀时的咏叹调。然而这些部分都没有得到较高的评价,显然是不公正的。当然我们无法无视在第一幕中所实现的无与伦比的和谐与平衡,我们也无法否认在第二幕中总是充斥着某些增补与充数的部分(例如在唐璜第二幕中所"增补"的那个角色)。在抽象的、非辩证的视角中,在这些部分当中包含着莫扎特艺术的内在的有限性。然而,一旦我们将这个有限性不仅视为一个偶然的生物学意义上的特质,那么它就成了一个结构的必需。这种形式上的"缺陷"发挥着揭露基本历史真理的功能:用老马克思的行话来说,正是这个形式上的有限性,这个"成功的"第二幕的不可能性,指明了社会对抗的不可消除,指明了莫扎特所追求的乌托邦式的社会综合体的不可能性。

释的主体"(subject of the enunciated)与阐释的主体(subject of the enunciation)之间的关系。即便这一规则没有低估闲谈的价值,并将其视为一个在精神分析中不可缺少的"自由联想"的途径,换言之,即将这种闲谈看作充满想象认同的话语,这样一种解读仍然错失了拉康哲学的所有意义。因为在拉康看来,这种空洞的话语本身恰恰是理解其理论的入门口令(mot-de-passage)。这一口令是如何发挥作用的?这一口令作为纯粹的一种认同姿态,准许人们进入某种象征性空间,在其中被阐释的内容将是完全不同的:例如,如果我与我们的那帮铁哥儿们设定了一个口令,以便能让我进入他的私密处。这个口令或可是"阿姨已经烤了苹果派",但它很容易就可以被置换为"斯大林同志万岁"或者任何其他的命题。由此,空洞言语的"空洞性"就在它的阐释内容的绝对空无。拉康所揭示的是人的言语的最极端的存在样态,揭示了作为一个口令所发挥的基本功能:这一口令的存在不是一种交流的手段,也并不传达任何有意义的内容。言语只是说话者相互承认的一个中介。① 换言之,确切地说,口令作为空洞的言语将主体还原为"阐释的主体",在其中,主体仅仅作为一个纯粹的象征性关键点,脱离了所有被阐释出的内容。正因如此,充满意义的言语从来不能被设想为一个简单的、直接的对空洞言语的填补(如同"本真的"与"非本真的"言语之间的对立那样)。正相反,正是通过空洞言语的空洞性(正是因为它远离被阐发的意义使得它表现为极为不同的存在),为"充满意义的言语"留下了空间。在后者当中,主体能够说清他或者她的阐释立场。这正是"被矛扎伤的伤口还需扎伤的矛来治愈"的又一表现:

---

① 雅克·拉康:《选集》(*Ecrits: A Selection*)(New York: Norton, 1977), pp. 40-56.

只有当你完全认可了"空洞言语"的空洞性,你才会希望在"充满意义的言语"中阐发你的真理。或者在黑格尔的表达当中:只有主体与那种直接的、实体性的存在脱离开来,才能为阐发他或者她的主体性内涵留下空间。将实体性的内涵作为"属于我自身的",我必须首先要建立一个纯粹的自我,一个去除了所有规定性内容的主体性的空洞形式。

根本恶(The Radical Evil)

就象征性伤痕是恶的典型范例来说,在善与恶之间的关系有着我们已经论述过的种种特性:根本恶为善敞开了空间,就如同空洞的言说为充满意义的言说留下了空间。当然,在此我们所想到的根本恶首先在康德的《单纯理性限度内的宗教》中[①]得到阐发。在康德看来,在人当中,存在着的某种向善的趋向的肯定性证明,在于主体体验到在他自身当中存在着的道德律令是一种无法忍受的创伤性压力,这一压力将让他的自尊与自爱蒙羞——因此,自我的本质当中自然存在着对道德律令的抵制,换言之,总有某种东西让人更倾向于自我的、"病理学"意义上的本性,而不是追随道德律令。康德强调了这种向恶的倾向(这一点随后被谢林所发展):我作为一个自由的存在,我不能简单地将在我自身中存在着的对善的拒斥客观化(例如说,我不是一个负责任的人,这本就是我的本性中的一部分)。我感到自身对于恶负有道德意义上的责任只是说明了这样一个事实:在无休止的超越性行动中,我必须

[①] 参见康德《单纯理性限度内的宗教》(*Religion within the Limits of Reason Alone*)(卷一)(New York: Harper and Row, 1960)。

已经自由地选择了我的永恒特性,在其中对恶的趋向要超过对善的趋向。这就是康德用来界定"根本恶"的方式:这个恶是人的先验的向恶的本性,绝非经验的-偶然的。然而,通过拒斥"恶魔般的恶"的假设,康德退回到根本恶的最终矛盾当中,退回到这样一个奇怪的境遇当中,尽管这些行为本身是恶的,但这些行为却达到了某种伦理行为形式意义上的标准。这样的行为并不源于任何病理学意义上的考虑,换言之,他们唯一的动机就是作为一个原则的恶,正是基于此,行为才能偏离病理学意义上的旨趣,转而牺牲自己。

让我们回想一下莫扎特的《唐·璜》:当最终唐·璜面对着统领石像时,唐·璜拒绝悔过,否认自己罪恶的过去,在此他的行为只能在根本恶的立场上才能被理解。唐·璜的固执仿佛是对康德的《实践理性批判》最富讽刺意味的颠覆,在康德看来,当这个浪荡子在获知激情的满足将换来绞首架,他会迅速地准备放弃这种满足。① 唐·璜非常清楚等待他的只有绞首架,但他仍然坚持自己浪荡的本性。换言之,从病理学的角度来说,此时他应该做的是摆出一副哪怕是形式上的忏悔的姿态。唐·璜知道死亡将近,为了赎罪,他坚持不失去任何东西(换言之,即将他自己从死后的折磨中拯救出来),在"原则上"他选择了坚持作为浪荡子的反抗姿态。我们怎能回避唐·璜在面对石像,面对着那个活死人说"不"的时候所具有的不屈不挠,这种不屈不挠,近乎成了不妥协伦理诉求的典

---

① 参见康德《纯粹理性批判》(*Critique of Practical Reason*)(New York: Macmillan, 1956), p. 30.

范,尽管在其中包含着邪恶的内涵。①

如果我们接受了这种"恶"的道德维度,那么仅仅将根本恶想象为与某些趋向至善的主体性观念相对立的观念显然是不够的。我们不得不更进一步,将根本恶设想为在本体论意义上先于至善,它为至善敞开了空间。换言之,究竟何为恶?恶是"死亡冲动"的别名,它固着在某些脱离了我们日常生活轨道的那些原质(Thing)中。通过恶,人脱离了动物本能的规定,换言之,恶成了对"自然"关系的彻底颠覆。② 由此,康德与谢林的典型模式揭露了它本身的非自足性。这一模式认为恶的可能性存在于人的自由选择中,在其中,他将普遍的理性与他自身的病理学本性之间的"正常"关系颠倒过来,让他的超感性的本质臣服于自我的取向。黑格尔在他的《宗教哲学讲演录》中,将人的生成的行动,即从动物变成人,视为从堕落到原罪的过程。就这一点而言,黑格尔是深刻的:正是依据根本恶所做出的最初的选择为善敞开了空间,就此打乱了整个有机的实体性模式。③ 在这一意义上说,真正的、最初的选择并非是在善与恶之间做出选择:真正的第一次选择是要选择(随后会被视为是)屈从于病理学诉求抑或选择根本恶,换

---

① 关于这种作为伦理诉求的邪恶观念,我们还可以想起许多部惊悚片,其中都讲述了杀人犯在生命的最后时刻所透露出的某种人性的光辉。在电影《触目惊心》(Deceived)当中,作为谋杀者的丈夫在将妻子勒死之后,突然良心发现般地陷入愤怒当中,反复地说着他并不愿意杀害她,但如果这是迫不得已,那么他也只好如此,尽管他并非主观上愿意。在此我们见证了一个纯粹意义上作为伦理姿态出现的恶。同样的场景出现在《爱之海》(Sea of Love)的结尾处,警探拘捕了谋杀者,那个人试图杀死他前妻的性伙伴,然而这个被拘捕的人并没有接受现实,转而出现了自杀倾向,同时一边大喊着如果你被挚爱的妻子抛弃了,将是多么屈辱的事情,随即向警探扑去,被警探开枪打死。以上两个例子都凸显了一种另类杀手的形象,他们并非是冷血的、贪婪的或者疯狂的。

② 在这一意义上说,致命的女人(femme fatale)在黑色电影的领域中,脱离人的日常轨道,成了恶的人格化身:当女人被提升为原质(Thing)的时候,性关系已经成为不可能的了。

③ 参见黑格尔《宗教哲学讲演录》(*Lectures on the Philosophy of Religion*) (Berkeley and Los Angeles: University of California Press, 1987)。

言之,选择那种毁灭性的利己主义行为方式,这一方式将为善敞开空间,换言之,这一方式,通过终止生命轮回(life-circuit)的纯粹否定性的姿态,克服了病理学意义上的自然冲动。或者用克尔凯郭尔的术语来说,恶是在生成模式(in the mode of becoming)中的善自身:它"生成"为对生命轮回的彻底逃离。善与恶之间的差异或可被视为从"生成"(becoming)的模式向"即成"(being)模式的一种转换。① 这就是"被矛扎伤的伤口还需扎伤的矛来治愈"的含义:恶的空间被善填满,疗伤的工作也就完成了。善,作为"原质的面具(换言之,也就是根本恶的面具)"(拉康)成了本体论意义上次级的、补充性的努力,用以重建失去的平衡。它在社会学领域的典型代表就是社团主义的努力,他们试图(重新)建立一个和谐的、有机的、无对抗的大厦。

只要想想托马斯·莫尔(Thomas More)就足够了。这位天主教的圣人顶着压力坚决反对亨利八世与宫女的婚事。今天我们很容易地会将其视为"永世长存的人",敬佩他的刚直不阿,他的坚忍不拔,尽管他为此付出了生命的代价。但更为困难的是看到这样一个问题:他近乎固执的坚韧对于大多数的同代人来说是一次重创。从"共产主义"的视角看来,他的刚直不阿是一种"非理性的"自我毁灭,他的行为成为一种恶,因为这种恶切入了社会的有机体当中,威胁到了王权以及整个社会秩序的稳定性。所以,尽管托马斯·莫尔的动机毫无

---

① 我们在此一定要小心避免回溯性设想的陷阱:弥尔顿的《失乐园》中,撒旦并不是康德的根本恶——撒旦仅仅是通过雪莱(Shelley)和布莱克(Blake)的浪漫主义视角而得出来的一个形象。当撒旦说:"恶,你是我的善"(Evil, be thou my Good),这还不是根本恶,而仅仅是将一些恶错误地放在了善的位置上。根本恶的逻辑恰恰存在于它的反面,换言之,在这样的命题中:"善,你是我的恶。"它填补了恶的空间,原质的空间,创伤性要素的空间,这样的根本恶用一些(次级的)善打破了封闭的有机体的循环。

疑问是好的,但**他的行为的形式结构却是"根本恶"**:他的极端的反抗行为是对社会整体的善的一种蔑视。就这一点而言,他与耶稣不是一样的吗?耶稣的行为对于传统的犹太共同体来说,难道不也是对他们的生活基础的一种破坏吗?难道耶稣不是"要分裂,不要团结",要儿子与父亲相互背叛,兄弟之间相互反目吗?

现在,我们将看到,通过过渡到其谓项,"实体成为主体"究竟是如何发生的。让我们以资本主义为例:对于前资本主义时代的那个合作社会来说,资本主义就是一种恶,它是一种断裂,它打破了封闭的前资本主义经济的平衡——究竟为什么?因为它提供了这样一个关于"谓项"的实例——一个次级的、附属的社会总体性要素(金钱),近乎疯狂的、如同杀人魔一般的、将自己推向终结。然而,一旦资本主义获得了它自身的一个再生产循环的新平衡,进入了以它自身为中介的总体性,换言之,它建立了一个属于它自己的体系,"设定了它自身的前提",恶就被置换了:**现在**被视为恶的存在,确切说来是之前"善"的剩余——那是前资本主义对资本主义最后的抵抗,它将干扰资本的循环,这是一种新的形式的善。我们一般这样理解"辩证过程":实体,作为内在的本质,异化—外化自身,同时又将**"他者"**通过自我中介内化回自身。这种理解显然是一种误读:那个最终将偏离的要素"整合"起来的实体,显然不同于最初被偏离的实体。一个新的平衡建立起来了,那个最初的有机整体的附属要素将自身建构为一个整体的新中介。非异化的实体性整体的起点并没有在"脱盐"(desalination)之后"返回到自身"。相反,它变成了一个新的整体的实体性要素,而这一要素的根在原初实体当中。

选择恶的可能性与主体性相关,这一命题或许应该从相反的方面来加以理解:**如此这般的主体就是恶**。就我们作为

"人类"来说,在某种意义上,**我们总已选择了恶**。关于这一点,我们无须求助于黑格尔,仅早期拉康主义的黑格尔就已经通过一些修辞的表达来诠释了那个"否定之否定"逻辑。在自我—心理学(ego-psychology)的观念中,自我的"成熟"就在于能够承受各种挫折,拉康对这一观念的阐发是这样的:"如此这般的自我本质上就是挫折。"①自我形成于对镜像的想象性认同过程当中,而镜像同时也是自我的对手以及它潜在的妄想症的迫害者。源于镜像一侧的挫折构造了自我。这个颠覆性的逻辑是黑格尔的:最先出现的那些阻碍主体欲望满足的挫折正是其存在的最终支撑。②

约翰·福特(John Ford)的《青山翠谷》(*How Green Was My Valley*)总是被误读为一部拙劣的怀旧影片并在怀旧的注视之下,将恶视为一种伦理姿态。主人公,希尔·摩根

---

① 雅克·拉康:《选集》(*Ecrits: A Selection*)(New York: Norton, 1977),第42页。这样一个关于自我"成熟"的界定将敞开另外一个问题:那就是潜在的自我-心理学的义务论假设(deontological assumptions),即在保守的自我-心理学的视角看来是一些非成熟的反抗行为,从较为激进的心理学看来,却是从最初的独立中成长起来,获得完全的批判自主性的标志。从"激进"的心理学视角出发,毋宁说那些默默忍受无休止磨难的自我才是真正的"非成熟"状态。同样的情形出现在"正常的异性恋关系"当中:在 60 年代的"性解放"之前,在这些新教徒的国家中,这种正常的异性恋被解释为在婚姻的限制之内蕴含的性行为,以至于婚外性行为都自然地获得了一种症候性的特质,换言之,它被视为一种病理学紊乱的标志。(在更为自由的环境下,这种婚外性行为与婚姻的忠诚性有着紧密的关联,婚姻的忠诚性被阐释为一种强硬的"病理学"意义上的精神态度。)拉康的方法改变了我们讨论问题的领域:"病理学"不能被肯定性的伦理规范所界定,**它意味着主体与这些规则之间的关系**,即这些规则是否作为创伤性的指令而发挥作用?抑或它们是否被压抑了,或者被全部获知?等等。

② 拉康同样经常运用这种修辞性的颠倒来勾勒自我与它的症候之间的关系:仅仅说明自我构造了症候,以便保持它与本我(Id)的力量之间微弱的平衡,这显然是不够的。自我自身,就其本质而言,是一种症候,一种妥协—形式(compromise-formation),一个能够让主体规范他或者她的欲望的工具。当我们对 X 有欲求的时候,我们总是让我们自身去认同某种欲求着 X 的自我形象(self-image)(即理想的自我)。例如,当我们被某部伤感的老电影所俘获,感动地流下了眼泪,我们并不是当即突然出现的,这是因为我们预先将我们自身视为一个"天真的",并总能被这类电影所感动的观看者。确切说来,我们理想的自我形象就是我们的症候,它就是组织我们欲望的工具:主体通过他或者她的自我-症候来欲求着。黑格尔的最终颠覆,就在客体与它的缺失之间。从定义上说,不仅客体总是缺失的,而且这样的客体早已为缺失预留了位置,它就是物质化的缺失。

(Hew Morgan)以画外音的方式倒叙了故事。在即将离开威尔斯莫矿区之前,主人公回忆了他瑰丽的童年,那是一个庞大的父权制家族共同生活的天堂。他的目光总是痴迷于被"进步"所毁掉的美好过去。在那个紧密的大家庭中,每一天的琐事也具有仪式化的内涵(从矿井工作结束后回家,周六家庭聚餐)。就这一点而言,电影为观众挖了一个陷阱:通过希尔回忆的视角,它让那些它希望观者看到的东西都显现出来,却实际上掩盖这样一个事实,即"青山翠谷"真正衰落的原因并不在于不可逃避的日益扩张的经济逻辑,而是在于那个矿工社区愚昧而传统的生活方式,这一生活方式阻碍了他们对于新时代的适应力。换言之,要为这种衰落负责的,这个恶的真正源头,正在这个故事被讲述的视角当中,这个怀旧的视角仅就其与外在命运形成严重对抗的意义而言,它就是恶的源头。在此我们看到了这样一个典型电影的案例,正是它将故事的叙述视角本身问题化,"陌生化"。①

为什么康德没有将他关于根本恶的论点带来的所有后果和盘托出？答案很简单,却也很矛盾:阻止这一冲动的正是那个迫使他讨论根本恶的逻辑,即那个"真正的对立"(real opposition)的逻辑,摩尼克·大卫-莫纳尔(Monique David-Menard)曾因此建议构造某种康德思想的"幻象—框架"(fantasy-frame)。② 将善与恶作为对立的两极,作为两种对立着的肯定性的力量,康德试图改变传统中将"恶"视为"缺乏肯定的本体论意义上的连贯性"的观念。换言之,传统观念中的恶是善的缺失(这一观念的最后一个支持者就是莱布尼茨)。

---

① 对于《青山翠谷》的这种"布莱希特式"的解读,可参见泰格·伽达格尔(Tag Galagher)的《约翰·福特》(*John Ford*)(Berkeley and Los Angeles: University of California Press, 1986)。

② 参见摩尼克·大卫-莫纳尔(Monique David-Menard)的《纯粹理性中的疯狂》(*la folie dans la raison pure*)(Paris: Vrin, 1991)。

如果善与恶是对立的两极，那么与善对立的存在必然是某些肯定性的对等力量，而非我们对于善的真正本质的漠视与缺乏洞见。这种对等力量存在的证明在于我体验到了在我自身当中作为创伤性中介的道德律令，这些道德律令给我的自我认同的核心内核难以承受的压力，并最终羞辱我的自尊——因此必然存在着某种拒斥道德律令的"我"的本质，即那种更听从病理学意义上的需求而非道德律令的狂妄自大。这就是康德设想"根本恶"的方式：作为一种先验的，而非经验-偶然性的存在，人类本性的自然倾向。它以三种形式来获得表达，所有这些形式都围绕着某种主体的自我欺骗。

首先，恶的最为温和的形式是将自身归因于"人类本性的弱点"：我知道我的责任，我完全清楚，但我没有足够的力量来追随它对我的召唤，也无力抵抗"病理学"意义上的诱惑。这一立场的错误就蕴含在自我—客观化（self-objectivization）的姿态当中：我性格中的弱点并非是我既有的本性的一部分，我没有权力僭越到元语言（metalanguage）的位置上，僭越到我自身的客观观察者的位置上，以便来确认我的本性究竟要我做什么。我的"自然天性"只有在我作为完全自由的、自主的存在的时候才能决定我的行为，也因此我才能为我的行为负责。这就是"根本恶"的第一种形式用以逃避责任的方式。

第二种形式更为危险，它颠覆了第一种形式：在第一种形式的恶当中，主体清楚地意识到他的职责，只是宣称他没有能力完成这一职责。而在这里，主体宣称他可以承担责任，或者宣称正是出于道德的诉求才如此行动，但他实际的行动却是被病理学意义上的冲动所主导的。一个典型的例子就是一个严厉的老师，总是认为他对学生的体罚是为了学生的道德培育，但实际上却是为了满足他的一己之私欲。自我欺骗在此要比第一种形式更为深层，因为主体在此误认了责任。

第三种形式更糟糕,主体完全失去了内在的意识,失去了与作为特定道德中介的责任之间的内在关联,仅仅将道德视为单纯的外在的规则,仅仅是社会为了限制自我的"病理学意义"的旨趣而设置的障碍。在此,"对"与"错"的观念失去了他们的意义。因为主体之所以追随道德律令,仅仅是为了避免可能带来的不幸后果。如果他能不受惩罚地"打破法律",那么他将无所顾忌。持有这一观点的主体当被问责为何做出不道德的行为时,他要说的只是:"我没有触犯任何法律,少啰嗦!"

在此,存在着第四种可能性,它被康德排除了,这就是康德所谓的"恶魔之恶"(diabolical Evil):这正是黑格尔式的矛盾。恶设定了他的反面,换言之,恶不是外在于善而与善对立着,而是成为善的形式。在此我们必须要小心这样一种混淆:将这种"恶魔之恶"与第二种康德式的恶的形式相混淆。在第二种形式当中,恶设定了善的形式,然而我们在此所关注的只是某种病理学意义上的冲动,通过自我欺骗,将自身误认为对某种职责的履行。而在"恶魔之恶"当中,我的行为动机并非出于"病理学"意义上的冲动,而是与我的自私利益背道而驰。我所想到的对这一理论的阐释实例就是右翼腐化的独裁政体与左翼的极权政体之间的区别:对于右翼的独裁政体而言,没有被骗,每个人都知道在所有的爱国主义高调背后隐藏着对权力和财富的贪婪,而左翼极权主义则不能认为是为自私的欲望披上道德的外衣,因为他们真的为了他们所认为的道德而行动着,他们准备为此牺牲一切,甚至他们的生命。当然,富有讽刺意味的例子是雅克比的"独裁的品德";尽管在政治上,康德与雅克比相左,但后者却为前者设定了道德哲学的基础(正是黑格尔第一次洞悉了康德伦理学中的恐怖潜质)。康德有理由排斥"恶魔之恶",因为在他的哲学范围内,这种恶无法与善区分开来。①

所以,回到我们的讨论:如果道德斗争被设想为两个对立的肯定性的力量之间为互相消灭而展开的冲突,那么就无法设想,作为其中之一——恶不仅与另一方对立,试图消灭对方,同时**还通过设定了与之对立者的形式,从内部削弱了对立者**。任何时候,当康德接近这一可能性的时候(如在实践哲学中的"恶魔之恶",在律法中对君主制的审问),他很快就将其视为是无需加以思考的,同时也作为最为讨厌的对象。只有到了黑格尔的自否定逻辑之后,这一步才最终被完成了。②

康德所谓的"恶魔之恶"(作为一种伦理原则的恶)正是康德"根本恶"的必然结果,换言之,当康德拒斥了"恶魔之恶"的假定,那么康德也就逃避了他自己的发现所带来的结果。康德自己对此给出了证明。在其《纯粹理性界限内的宗教》中,康德指出,对于那些真正的恶人,我们会发现恶是他永恒的特质:这个人并非因为外在环境的影响而屈从于恶,恶就在他的"本性"当中。当然,同样,如同所有的人一样,他需要为他的这个本性负责。在此我们需要理解其中的深意:在某种"永恒的"、无时间性的、先验的行为当中,他一定选择了恶作为其存

---

① 正是考虑到"恶魔之恶",安蒂安·巴里巴尔(Etienne Balibar)另一篇极为出色的文章:《成就人民的正是人民:卢梭与康德》(*Ce qui fait qu'un peuple est un peuple, Rousseau et Kant*)(Revue de synthèse, mps. 3-4[1998]),似乎存在某些不足。巴里巴尔认为这种"根本恶"不能被还原为主体的普遍-理性的意志与他的感性的"病理学"本质之间的冲突,此刻的巴里巴尔局限在了康德的"自我知觉"(self-perception)当中。它所关注的是自由意志的内在分裂:"真正的"自由(隶属于道德律令)与 Willkür,自由选择的任意性和自我意志(self-will)之间的分裂。道德律令并非仅对我们的"病理学"冲动施加压力,我们在构筑了自我核心的"自我-意志"当中同样保留了它的力量。在这一意义上说,道德与法规的对立从这种自由意志的内在矛盾中能够被推导出来。法规作为外在的压力,受到惩罚的威胁,迫使我遵守法律,它成为对我的自由意志分裂的一种表述。如果"道德的行为"是我的现实本性的一部分,如果不需要将道德律令作为一种外在的压力,那么我们就不需要律令与法律体系的外在强制,或者按照康德的说法,人也就不是"需要主人的动物"了。

② 对这一问题的详细讨论参见齐泽克《因为他们不知道他们做了什么》(*For They Know Not What They Do*)(London: Verso Books, 1991)的第5章。

在的本质特征。这一选择行为的先验性、先天性的特质意味着他并非出于外在环境的左右，对于恶的原初选择因此不得不成为一种纯粹的伦理行为，一种试图将恶提升为某种伦理原则的行为。

到处都是烟斗

这种恶魔之恶，这个被康德视为"无需思考"的对象，严格说来是不能被再现出来的：他暗含着再现逻辑（logic of representation）的破裂。换言之，它意味着在再现领域与非再现的原质（Thing）之间的不相容。福楼拜对包法利夫人与其爱人第一次邂逅①的那次描述浓缩了所有后康德时代，即19世纪所包含的问题：这是一个由再现领域与原质的不相容所勾勒的新的认知框架。同时，性问题被提升到了不可再现的原质的层面：一对爱人进入了马车，并告诉车夫只要绕城随便溜达就好，自此，我们完全看不到在马车关闭的门帘后面究竟发生了什么。福楼拜由于受到随后"新小说派"（nouveau roman）的影响，将笔触局限于对马车漫不经心所走过的城市环境的描写，石子路、教堂塔尖等——只是在一个很短小的句子当中，一瞬间，一只裸露的手臂撩动了窗帘。这一幕的设置几乎是为了证明福柯的命题，在其《性史》第一卷中，他这样说，言说（speech）的"正式功能"就是将性隐藏起来，而正是这种言说却让秘密显露出来。换言之，用精神分析的语言来表达福柯的意指："被压抑的"内容是压抑产生出来的。作家将

---

① 参见阿兰（Alain Abelhauser）在《无法捕捉》（*D'un manque à saisir*）中的分析。Razpol 3(Ljubljana 1987)。

笔触越是放在那些毫不相关的、枯燥的建筑描述当中，我们读者越是备受折磨地渴望知道在那个马车车帘后面发生的事情。公诉人在指控《包法利夫人》带有淫秽性的时候以此段落为例，那么他已经陷入了这个陷阱。福楼拜的律师很容易就指出在这段关于石子路和老房子的客观描述中没有任何的淫秽性可言。任何的淫秽性都出自读者（在这个例子中是那些公诉人），读者为那个帘子后面发生的"真实的事情"着迷。福楼拜的这一段落与电影理论不谋而合：这段描述就如同电影中的镜外视域（hors-champ），正是镜头的缺席恰恰构成了看点。（正如很久之前已经被爱森斯坦所证明了的经典分析。）如果说狄更斯用文学的语言奠定了电影语言中三种不同的表达方式——镜头左右上下的摇动（pan shot）、特写镜头（close-up）以及蒙太奇（montage），那么福楼拜则进一步对如何表达外在性（externality）提供了范例——这种外在性逃避了一个视域与其对抗的视域之间的交换，换言之，如果要表现某个视域，那么就不得不让外在的视域保持其外在性。①

在此关键的是，不要错误地认为这种对性的描写的限制早在那个时期就开始了。如果《包法利夫人》在更早的一个世纪被写出来的话，对性的细节描写同样也是不能提及的。非常确定的是，当两个爱人进入了被隔离的那驾马车之后，我们可能读到的文字也只能是这样的："最终躲在马车的帘子后面，两位相爱的人听从了激情的驱使。"由此那些关于街道和建筑的冗长描述也就显得多余了，它们被认为失去了任何作用，因为，在这段前康德式的再现视域中，被再现的内容与帘子后面所隐藏的那个创伤性的原质之间不再存在激烈的张

---

① 在此我们可以设想将这一场景转换为电影会是怎样的一幕，镜头将这样被呈现出来：马车在空荡荡的大街上行驶着，前面是古老的宫殿和教堂，在电影的背景音中传来了最为接近原质的声音——性行为当中的呻吟声。

力。基于这样一个背景,我们或可给"现实主义"一个可能的定义,一个天真的想法是这样的:在再现的帘子后面,确实存在着某种现实(在《包法利夫人》当中,这一现实就是性行为)。"后现实主义"(Postrealism)则质疑"在那个帘子的后面"是否真的存在某种现实,换言之,后现实主义非常有预见性的发现,正是那个试图隐藏的姿态本身构造了要隐藏的东西。

类似的"后现实主义"的嘲弄最为典型地显现在了雷内·玛格利特(René Magritte)的画作当中,今天当我们提到"玛格利特"的时候所产生的联想一定是那幅声名狼藉的作品:在画着一只烟斗的画作下面却写着"这不是一只烟斗"(Ceci n'est pas une pipe)。正是以这一画作所隐含的那种内在的矛盾,米歇尔·福柯以此为题目,写了一本充满智慧的小书。① 然而,可能另一幅马格利特的画作更适合表现他的作品当中的超凡脱俗:《窗户的附近》(*La lunette d'approche*)(1963)。画作中画了一个半开的窗户,透过玻璃窗我们看到了外面的现实(蓝天上点缀着朵朵白云),然而,我们透过那个进入现实的狭窄的敞开中所看到的除了玻璃之外一无所有。这正是一个无描述的空白。对于拉康主义者来说,这幅画作或可被这样阐释:"那个玻璃窗的框架正是构筑现实的幻象—框架,正是通过这个缺口,我们洞察了那个'不可能的'现实,物自体(Thing-in-itself)。"②

这幅画作为玛格利特的矛盾提供了基本的模型,在其中

---

① 参见米歇尔·福柯《这不是一只烟斗》(*This Is Not a Pipe*)(Berkeley and Los Angeles: University of California Press, 1982)。
② 在罗伯特·海因莱茵(Robert Heinlein)的科幻小说《乔纳森·霍格的倒霉职业》(*The Unpleasant Profession of Jonathan Hoag*)中我们会看到同样的问题:当一扇窗户被打开的时候,之前从这扇窗户中看到的现实消失了,我们所看到的只是一种沉重的、不透明的"真实"(Real)的黏稠物。对这一小说详细的分析可参见齐泽克《斜视》(*Looking Awry*)(Cambridge: MIT Press, 1991)。

第三章 根本恶及其相关事宜

彰显了"康德式"的分裂：（象征化的、范畴的、先验构成的）现实与空洞的物自体，空洞的真实之间的分裂。这种分裂让现实之中产生裂缝，并赋予现实幻象的特质。从这一模型中所衍生出来的第一个变种就是那些与被描述的现实"不相干"的某些奇怪的、非连续性的要素不可思议地被安置在了它并不太合适的位置上。在《阿尔贡之战》(1959)(*La Bataille de L'Argonne*)中，巨大的石头漂浮在白云旁边，与其形成鲜明的反差；在《角斗士的坟墓》(1960)(*Tombeau des Lutteurs*)中极其不自然的巨大花朵填满了整个屋子。这些看似有些"脱节"的要素，作为幻象—客体(fantasy-object)用来填补真实所留下的空白，这正是我们从《窗户的附近》中所看到的那个半开着的窗户所敞开的缺口。在《两个神话》(*les deux mystères*)当中，"同样"的客体的数量被加倍之后，其中所透露出的那种奇怪的感觉就更加强烈了。《两个神话》是一幅对《这不是一只烟斗》加以延伸的画作。烟斗以及那个被命名为"这不是一只烟斗"的画作都被画在了一个黑板上。然而在黑板的左边，另一只巨大的烟斗自由地漂浮在一个非特定的空间当中。这幅画作的名字其实仍然可以叫作"这不是一只烟斗"。因为它正是黑格尔式的作为终极矛盾的同义反复的最好例证。两只烟斗之间的一致性道出了一个清晰的被界定的象征性现实，而它的幽灵性的对应物，则奇怪地漂浮在旁边。对黑板上所画的那幅画的命名（即"这不是一只烟斗"——译者注）见证了这两只烟斗之间的断裂：作为被建构而成的现实意义上的烟斗与作为真实的烟斗之间的断裂，换言之，即幻象—显现(fantasy-apparition)正是通过象征秩序的介入而被凸显了出来。正是象征性秩序的出现将现实(reality)分裂为它自身和真实(real)的谜一样的剩余物。每一方都将对方"去真实化"(derealizing)。

在此出现了拉康的观点,即这样一种断裂只能出现在欲望领域当中:它意指着这样一个断裂,即欲望的不可接近的原因——客体(object-cause),那个"无的转喻"——在空中自由漂浮的烟斗,与那个"经验的"烟斗之间的断裂。那个经验的烟斗,尽管我们可以用它吸烟,但它却并不是烟斗。(马克斯兄弟的笑话对这幅画的解释将是这样的:"这看起来像一只烟斗,它也能当作烟斗来用,但我们却不能因此而上当——这就是烟斗!")① 显然,那个庞大的漂浮着的烟斗将被描画的烟斗仅仅变成了"一幅画作"。同时,那个漂浮着的烟斗与在黑板上的"被驯服"了的象征性现实中的烟斗对立着,由此获得了幽灵般的、"超现实的"存在——这就如同奥托·普雷明格(Otto Preminger)的电影《罗拉》(*Laura*)中"真的"罗拉出现一样。侦探(达纳·安德鲁)盯着据说已经死去的罗拉的画像入睡了,但当他醒来的时候却发现在罗拉画像的旁边出现了"真正的"罗拉,她还好好地活着。这个"真正的"罗拉强调了这样一个事实,即画像仅仅是一个"模仿";但同时,这个"真正的"罗拉的出现却又是作为一种非对应的幻象的剩余,一个幽灵般的显现。由此,我们很容易就想到这幅画作或可被命名为"这不是罗拉"。这与塞尔吉奥·莱奥内(Sergic Leone)在《美国往事》的开头部分十分类似:电话一直没完没了地响着,最终,一只手拿起了听筒,但电影中的铃声仍旧继续响着。最

---

① 在马克斯兄弟的电影中,我们看到了与此相似的三个不同的版本,即存在与其特质之间的奇特关系的三种说法——格劳乔·马克斯(Groucho Marx)正被介绍给一个陌生人:"啊,你让我想起了马利·哈维里。""但我就是马利·哈维里。""难怪你这么像他!"——格劳乔,在法庭上为他的客户辩护:"这个人看起来像个傻瓜,行为也像个傻瓜,但所有这一切都不应欺骗你——他就是一个傻瓜!"——格劳乔,向一位小姐献殷勤:"你所有的一切都让我想起你,你的鼻子,你的眼睛,你的嘴唇,你的手,——除了你之外的所有一切!"这些矛盾的核心问题早已被俄罗斯的形式主义(例如雅克布森)谈到了。每一个谓词都带有比喻性:通过一个谓词对一个事物的描述最终都等于在描述与这个事物相似的那些东西。

初电话铃的响声隶属于"真实",而当听筒被拿起来之后,电话铃持续的响声则意指着非特定的真实的空洞。①

但这种被象征化的现实与真实的剩余之间的断裂所显现的仅仅是象征界与真实界相互纠缠的基本模式。更进一步的辩证法出现在《碧芦冤孽》(*Turn of the Screw*)②当中,这一模式被弗洛伊德称之为 Vorstellungs-Repraesentanz,即对原初缺失的一种象征性再现,某种被排除性的再现("原始的压抑")。③ 对于这一象征性再现最为典型的例子还可以参见马格利特的画作《走向地平线的人》(*Personnage marchant vers L'horizon*)(1928—29):在这幅画作中,一位不可辨认的带着圆边礼帽的男子站在五个浓重的、极不规则的墨点当中,在这些墨点上用斜体写着一些法文单词:云(nuage),马(cheval)以及枪(fusil)等。在此这些单词是那些未能再现的事物的能指性再现。福柯将这幅画视为是一种颠倒的画谜(rebus),这一点是对的。在一个画谜中,被画出的事物总是意指着某个单词,而在此,单词自己填补了那个物的缺失。对于这一基本模式,我们还可以举出多个不同的例子来加以说明。(例如《夜幕降临》[*the Fall of the Evening*]当中,夜晚的降临[falls through]穿过了窗户,打碎了玻璃——这是一个被现实化了

---

① 在这一场景中,我们所体验到的是某种外在刺激(声音,生理的需求等)所带来的反映引发了梦境中的某些行为:我们为了延续睡眠,将那些刺激的要素整合到梦境当中,然而这种整合所带来的梦境恰恰是创伤性内涵的显现,以至于我们最终不得不逃到现实中,即从睡梦中醒过来。在我们睡着的时候响起的电话铃声就是最为典型的一种刺激。它甚至在听筒被拿起来的时候仍在继续,这一场景正好说明了拉康所谓的"真实的执着"(the insistence of the real)。

② 本片改编自亨利·詹姆斯(Henry James)的同名小说。其英文名"The Turn of the Screw"(直译:《旋转的螺丝》),讲述的仍旧是鬼魂缠绕人的故事。——译者注

③ 参见弗洛伊德,"压抑"(Repression)一文,收录于《全集》第 14 卷,第 152 - 153 页,以及《无意识》,同上书,第 177 页。拉康对这一概念的解读,参见拉康《精神分析的四个基本概念》(*The Four Fundamental Concepts of Psycho-Analysis*)(New York: Norton, 1977),第 218 页。

的比喻，它隐喻着象征对于真实的入侵。）所有这些例子已经足够说明在其背后所共有的那个模式，以及所共有的那个康德式的基本断裂，即"现实"从来不能被整个地给予我们，在其中总是存在着一个缺口，用以填补这一缺口的是那些古怪的显现。

非—主体间性的他者

从那扇半开着的窗户中看过去的无法穿越的黑暗却为某个**他者**的奇异显现敞开了空间。这个**他者**先于那些"正常的"主体间性中存在的**他者**。让我们从希区柯克的电影《狂凶记》(*Frenzy*)中的某些细节说起。在为了引出第二个杀手的那一幕中，即将成为被害人的年轻女孩巴博思出现了。她在一个考文特花园(Covent Garden)酒吧中工作。在这一场景中，这个女孩刚刚与她的老板大吵一架，离开了酒吧。此刻她步入一个忙碌的市场，市场中的喧闹声在镜头接近巴博思的时候以一种非常不真实的方式突然停滞了。突然，这个神秘的停滞被一个不知从哪里来的声音打破了。这个声音似乎是从女孩的后面，同时又似乎来自她的内里。这是一个男人的声音，它轻轻地说："需要一个地方歇歇吗？"巴博思停下来，回头看了看。在女孩的身后站着一位她的老熟人，而她并不知道这个人正是之前的那个"领带杀手"。几秒钟之后，魔法消失了，我们再次听到了"现实"的声音，市场的嘈杂声再次响起。那个出现在现实的停滞当中的声音其实就是**对象 a**。那个出现在巴博思背后的家伙被侦探认为是那个声音的一种支撑：他给予那个声音以身体，同时它又与巴博思的身体纠缠在一起，它是巴博思身体中的某个肿块（正如弗洛伊德所分析的达

・芬奇的圣母所具有的双重身体，或者如在《全面回忆》(Total Recall)中，那个火星上的地下抵抗组织领导人的身体一样，这个身体竟是在另一个人胃里寄生性的肿瘤）。我们能够很容易地列出一系列相同效果的例子。在《沉默的羔羊》的一个镜头中，克拉丽丝特工与汉拔尼博士在汉拔尼的监狱中谈话，两人处于相同的位置上：在前景中，克拉丽丝的一个特写，她盯着镜头，在她后面的那道玻璃隔离墙上，我们看到了汉拔尼的倒影——这个倒影外在于克拉丽丝——成了她的另一个影子，但同时似乎比她自身更为真实。这一效果的典型案例还可以在希区柯克的《迷魂记》(Vertigo)中最为神秘的那些镜头中发现，例如斯考蒂躲在花店半掩着的门后对玛伦的凝视。当时，玛伦在靠近这道门的镜子中打量着自己，由此整个镜头被垂直地分成两半：一边被镜子占据着，其中我们看到了玛伦的镜像，而另一半则被一系列垂直的线分割开来（那些门），透过那个半掩的门的缺口，我们看到了斯考蒂的身影，他正盯着我们在另一半中所看到的那个镜像的"源头"（即玛伦本身——译者注）。这个独特的镜头具有"马格利特"的特质：在这个叙事镜头中，尽管斯考蒂在"真实"当中，而玛伦不过是一个镜像，但这个镜头的效果恰恰相反，玛伦其实被看成了真实的一部分，斯考蒂则成为一个幽灵性的肿瘤（如同格林童话《白雪公主》中的小矮人），隐藏在镜子的后面。这个镜头的"马格利特"特质在于：斯考蒂如小矮人般的身影隐约显现在那个不可穿透的黑暗当中，仿佛填补了《窗户附近》中那扇半开的窗户所留下的缺口（《迷魂记》中的镜子，当然与马格利特画作中的玻璃窗具有异曲同工之处）。在这两个例子中，被镜像化的现实最终都被那个黑色的断裂颠覆了。① 正如康德指出的那样,对于"物自体"我们无法获得确定的知识。我们能做的就是指出它的位置,为它"留出空间"。而这正是马格利特所实现的东西:一扇半开着的门的裂缝,它所形成的无法捉摸的黑暗,都为原质(Thing)留下了空间。通过在这一裂缝中安置一种凝视,希区柯克用黑格尔-拉康式的方式补充了马格利特:"如果在显现之外,没有什么事物本身,那么有的只是凝视。"②

在让-皮耶尔·博奈尔(Jean-Pierre Ponelle)版的《特里斯坦和伊索尔德》(*Tristan und Isolde*)③里,导演修改了瓦格纳的情节,将特里斯坦死后所发生的事情——伊索尔德和马克国王的到来,伊索尔德的死——解释为特里斯坦死亡的迷狂:伊索尔德的最后出现,在特里斯坦的背后,带着令人炫目的耀眼光芒。特里斯坦却瞪着我们这些观众。由此我们则发觉了他的双重的**崇高性**,看到了导致他致命的快感的肿瘤(protuberance)。同样在伯格曼的《魔笛》当中,这样的镜头总是出现在帕米娜(Pamina)与莫纳斯坦德(Monostatos)的镜头中。帕米娜的一个特写,她紧紧地盯着镜头,同时莫纳斯坦德出现在她的背后,成为她的一个双重化的阴影,如同另外一个层面的真实(那"不自然"的深紫罗兰的衣服凸显了这一点),同样莫纳斯坦德也盯着镜头。这样一种摆放方式,即主体与他或她的阴影,相互外在,并同时盯着一个共同的第三点(即

---

① 同样的一个镜头还可以在弗里茨·朗(Fritz Lang)的《蓝色栀子》(Blue Gardenia)中找到,例如安妮·巴克斯特(Anne Baxter)在半开着的门的缝隙中的窥视。
② 拉康:《精神分析的四个基本概念》,第103页。
③ 《特里斯坦与伊索尔德》这个在西方家喻户晓的爱情悲剧,其传说虽源自爱尔兰,却是由法国中世纪游吟诗人在传唱过程中形成的文字。在过去的一个多世纪里,《特里斯坦与伊索尔德》最著名的流行形式,毫无疑问是瓦格纳的同名歌剧。后被改编为电影。——译者注

作为观众的我们),凸显了主体与**他者**的关系先于主体间性。在主体间性中,两个主体在分享着共同的"现实","看着对方的眼睛",这是被父权制隐喻所支持的一种模式,然而这种用**缺失的第三点**来改变两者的凝视方向则改变了两者之间的地位:一个成了背景,而另一个则成了快感真实的**崇高**显现。①

在这些电影镜头的处理当中我们看到了共同点,他们都用某种镜头语言将面对面的主体间性转变为主体与他的阴影化的另一方的共在。那个另一方总是出现在他或她的背后,成了某种**崇高的肿瘤**:**将一方与对立的另一方浓缩在一个镜头当中**。在此呈现给我们的是一个矛盾的交往方式:不是直接的主体与他所面对的对象的交往,而是一个主体与他的一个赘生物(excrescence)之间,通过第三者的凝视所进行的交往。这就如同对立方被镜像化地反射回它的原初者那里一样。正是这第三者的凝视赋予那些场景以催眠性:主体被那种凝视所迷恋,在那凝视中看到了"他自身所包含的一切要多于他自身"。就精神分析的情形而言——分析者与被分析者的关系,不也是指明了某种向"前主体间性"的回归?即向主体(被分析者)与他的阴影性的**他者**的关系的回归,向主体与从他自身中外化出来的客体的关系回归。这样一种主体空间位置的变化意味着:在所谓的准备性交谈之后,真正的分析才开始,此时分析者与被分析者不是面对面坐着,而是分析者坐在被分析者的后面,被分析者则平躺在沙发上,盯着他面前的一片空白。这样一种安排不就是将分析者视为了被分析者的

---

① 这个第三者凝视为我们解释了裸露癖的逻辑:当一个男性裸露癖,面对他的受害者,将他的上衣揭开的时候,他试图让受害者感到震惊和羞耻,而受害者之所以感到的尴尬显然并非因为裸露癖者的行为本身,而是源于一种想象中的第三者的凝视。(同样的,这也凸显了裸露癖——这个堕落的萨德主义的目的:他并非要将受害者还原为一个客体,而是相反,他试图将其**主体化**,将其内在的分裂[即狂热与厌恶的混合体]显现出来,以此来凸显作为欲望的主体。)

对象 a，而非谈话的对象，非另外一个主体？①

不定判断（indefinite judgment）的客体

在这一点上，我们应该回到康德：在他的哲学当中，这个断裂，这个幽灵显现的空间正是由否定性和不定判断之间的区分所敞开的。康德用以表明这种区分的例子恰恰说明了这一点：在肯定性的判断中，谓词隶属于（逻辑的）主体——"灵魂是有死的"，在否定性判断中，谓词被主体所否定——"灵魂并非是有死的"；在不定判断中，并非运用否定性的谓词（即隶属于主语的系词），我们所确认的是某种非—谓语（non-predicate）——"灵魂是非—有死的（not-mortal）"（在德语中也是如此，区别只是在于断句的位置不同）——"Die Seele ist nicht sterbliche"（灵魂不是有死的）——"Die Seele ist nichtsterbliche"（灵魂是非有死的）。在此康德让人难以理解的是，他并没有使用一般的"unsterbliche"（不死的）。（参见《纯粹理性批判》A72—73）。这一区分如同发丝一般细微，但对于康德区分"对立"与"否定"的模式来说却至关重要。

——首先，**真正的对立**：两种肯定性的力量，一种力量与构成其补充性力量的反力，他们互相取消了对方。这种对立所意指的正是"现实"的构成特征：我们所体验到的"现实"总

---

① 那个幽灵般的对等物，我们自己的阴影，要"比我们自身真实得多"。在柯勒律治（Coleridge）著名的诗作《古舟子吟》（*Ancient Mariner*）当中也同样表现了这一点："就像一个孤独的旅人，心惊胆战穿过野径荒丘，他偷偷回首望了一次，从此再也不敢转回头；因为他知道有一个魔鬼，紧紧追随在他的身后。"玛丽·雪莱（Mary Shelley）曾用这样的诗句来界定弗兰肯斯坦与他令人恐怖的产物之间的关系。（这里是指由肯尼思·布拉纳导演的《玛丽·雪莱的弗兰肯斯坦》电影。又名《科学怪人》——译者注）

是由这两种对立的力量来构成(磁场中的吸引与排斥,正极与负极,等等)。一种肯定性力量的反面并非是这种肯定性力量的空无与缺席,而是另一种力量,它同样占据着它自身的肯定性现实:这样对抗的结果就是零,两种力量互相取消对方。就如同拔河中,两种对等力量的相互较量,导致的只能是绳子的静止。康德将这种真正的对立所导致的"零"提升为"**剥离的无**"(nihil privativum):它是两种对立力量相互剥离的结果。这种真正的对立关键特质在于预设了一个共同的基础:正极与负极的对立仅仅发生在磁场内部。正因如此,如果一个对象并非是磁场中的正极,那么也就不能再逻辑地推演出它具有磁场的负极——它在磁场之外存在着。

——真正的对立不能与**逻辑的矛盾**相混淆。后者的结果是一种不同形式的"零",**否定的无**(nihil negativum):它产生于被思考的客体与自身的矛盾,并最终取消自身的过程。在此康德所想到的是诸如"方的圆"或者"木质的铁"等诸如此类的东西。我们在直观上无法获得这些东西的观念(即我们无法想象一个"方的圆"究竟是什么样子),因为他们所指的正是unding:非物,一个无观念的空无的客体,仅仅包含着一个自我否定的特质,在逻辑上是不可能的。

——在此,还有第三种否定,不能被还原为真正的对立或者逻辑上的矛盾:**二律背反**。康德自诩为这一特殊矛盾的第一个阐发者。存在着某类客体,尽管在逻辑上并非自相矛盾,但在先验的意义上也不能被直观,换言之,不能在我们的经验中被想象,从而不能成为被我们所经验的现实的一部分。这些客体显然并非逻辑上的不可能,但如果我们将"可能"仅仅局限在可被我们经验的范围内的时候,我们却也很难认定它们是可能的。它们并非是被剥离了观念的空无客体,相反,它们是**被剥离了(可被直观的)客体的空无观念**。基于此,它们不能被归入"非物"的观念之下,因为它们能够被无矛盾地想象出来。问题在于尽管想象它们很容易,但我们却从未能够给它们的观念填补肯定性的、可被直观的内容。由此,康德将这种客体提升为"Gedankending",一个思想的客体(object-of-thought)(ens rationis)。这类客体的典型例子充斥在传统形而上学当中,在其中我们发现了诸多先验的二律背反:作为整体的宇宙,灵魂与上帝。所有这些观念都能被理智所想象或者构造,但我们却不能将其经验为现实的一部分(即在我们的时空框架当中,"上帝"和"灵魂"是无法进入的)。

矛盾与二律背反之间的差别,换言之,不可还原为矛盾的二律背反的特殊性带来了先验的维度:矛盾中的"零"是逻辑的(客体取消自我的观念);而二律背反中的"零"则是先验的,换言之,我们不得不关注的是那个永远为"空"的思想的客体,这种客体从未能成为我们感觉直观的、可能经验的客体。在康德看来,消解先验的二律背反"丑闻性"的方法在于将其设想为二律背反,而非矛盾。在矛盾的逻辑当中,它的两极之一必为真:昨天我读了黑格尔的《逻辑学》或者没读,非此即彼,一极的错误必然可推导出另一极的正确。然而,这一观念恰恰是在二律背反中需要避免陷入的陷阱。当我们试图将先验的二律背反视为矛盾的时候,我们就不得不被迫认定其中一极必为真——宇宙或者是有限的或者是无限的,线性的因果链条或者决定了并吞噬了一切,或者存在着某种可逃脱的自由,即某个二律背反行动的可能性,这一可能性并不能被还原为矛盾。在此逃离我们的是第三种可能性:如果因为讨论的基础(例如作为整体的宇宙或灵魂)并不存在于我们可能的经验当中,由此导致整个讨论本身就是错误的,那么情形会怎样?在这一情形下,对立的双方都是错的(作为整体的宇宙是一个纯粹的思想客体,基于我们的有限性,我们是无法为其填补直观的内容的——康德的解决办法是将其称之为数学的二律背反），或者在不同的本体论层面上说，两方都是对的（普遍的因果性被限制在现象界当中，而自由则在本体界的灵魂当中获得界定）。康德对数学的二律背反的解决方法是很大胆的：他打破了整个"世界观"（Weltanschauung）的传统（或者更为确切地说，整个世界的直观），世界（宇宙）从未在直观中被给予，严格说来，它并不存在。

思想的客体所关注的对象，我们对其完全无知，因为它们超出了我们的经验界限。然而，我们却被迫依赖于不可还原的有限的经验来意指它们。我们对它们一无所知，但我们却仍要思考它们："感性直观无法不加区分地触及所有的事物，由此为其他的以及不同的对象预留了空间。"（《纯粹理性批判》A288）换言之，我们（有限的）思考所能做的只能是划定特定的界限，限定我们知识的范围，并对于超越这一范围的东西不做任何积极的判定；由此"物自体"就是一个纯粹的缺失，成为一个特定的空间，基于我们有限的经验，这个特定的空间永远应保持为"空"。在此，我们遭遇了否定性判断与非确定的/有限的判断之间的区别：本体（noumena）就是那些非确定的-有限的判断的客体。说"某物是非—现象的（non-phenomenal）"，并非等同于说"某物不是现象的"（not phenomenal）。在此我们没有做出任何肯定性的判定，我们只是划定了一条界线，将原质放入了一个超越它自身的完全非特定的空无当中。①

---

① 在确切的意义上说，拉康的现实与真之间的区别不过是对康德的一种重复。康德区分了那种可能的（即在我们的可能经验框架内，可被作为直观客体来想象的）客体与那些尽管并非在逻辑上是不可能的，但却从不能成为经验的客体。"真"所意指的正是这种怪诞的中间领域：它在逻辑的构造中存在着，甚至必须存在着，但却从来不是被我们经验为"现实"的一部分。而这也正是康德在对象（Gegenstand）与客体（objekt）之间做区分的原因：对象是那些隶属于可能经验中的客体，而客体则意指那些从不能被直观的实体（entity）。

沿着这样一种思路,康德在《纯粹理性批判》第二版中介绍了"本体"(noumenon)的肯定性意义与否定性意义:就肯定性意义而言,本体是"某种非感觉直观的客体";而就否定性意义而言,本体就其"不是我们的感性直观的客体而言,成为某个物(thing)"。(《纯粹理性批判》,B307)在此两种不同的语法表示方法不能误导我们:肯定性的意义通过否定性的判断来表达,而否定性的意义则通过不定判断来表达。换言之,当人们认定某物为"非感性直观的客体"的时候,人们随即否定了确定原质(Thing)作为"某个感性直观的客体"的肯定性判断,人们将直观认定为毋庸置疑的基础,在这一背景下,呈现了一种对立:感性直观和非感性直观。否定性判断由此不仅意味着一种界限,同时还勾勒出了一个超越现象的领域,原质(Thing)就在其中——一个非感性直观的领域——在否定性的确定当中,原质被排除在我们的感性直观之外,同时也没有以隐蔽的方式成为某种非感性直观的客体。通过将原质(Thing)肯定性特质悬置起来,否定性的确认消除了在谓词的否定与确证(affirmation)之中所包含的共同基因。

在此在"不是有死的"(is not mortal)与"是非—有死的"(is not-mortal)之间仍然有区别:第一种情况是一种简单的否定,而第二种情况则是**某种否定性谓词被确认了**。关于本体(noumenon)的"合法"定义是它"不是我们感性直观的客体",换言之,这是一种完全否定的定义,将本体排除在现象界之外,这一判断是"无限的",因为它并没有能够界说现象学之外,本体所在之地的有限空间究竟为何。康德所谓的"先验幻象"最终就存在于将这种无限判断(infinite judgment)误读为否定性判断(negative judgement)当中:当我们将本体设想为"非感性直观的客体"之时,判断的主语是相同的(都是直观的客体),变化的只是这种直观的特质(非感性的直观抑或是感性直观),以至于主语与谓词之间(在这一语境下,在本体与现象界之间)的最低限度的"共同性"还是存在的。

黑格尔延续着康德所得出的必然结论:界限要先于那些"超越"界限的东西而存在,以至于最终康德的"物自体"观念仍然显得太过"具体化"。黑格尔在这一问题上的立场很微妙,他通过宣称超感性不过就是"作为表象的表象"而得出这样的一个结论:物自体就确切的含义说来就是**如此这般的现象的界限**。"超感性的客体(超感性直观的客体)"属于奇特的"颠倒的世界";它只是一个颠倒的呈现,一种投射,它是感性直观的另一种形式的存在,即非感性直观——或者,这让我们想起了马克思在《哲学的贫困》中对蒲鲁东的批判:"这里看到的不是一个用普通方式说话和思考的普通个体,而是没有个体的纯粹普通方式。"①(当然,这句话还包含着讽刺的意味,马克思用这样的几句话来嘲笑蒲鲁东的黑格尔主义,即蒲鲁东试图用他的经济理论来补充黑格尔思辨辩证法的形式!)而这正是"非感性直观"的奇特之处:这里没有感性直观的客体,我们得到的同样是没有感性特质的直观的普通客体。

这正是否定性判断与不定判断之间存在的细微差别:通过对谓词的否定,判断中的后半部分并非立刻颠覆了前半部分,而是将否定性移植到主语之上,重述了这个判断。例如,"他是一个充满愚笨特质的人"(He is an individual full of idiotic features),它的直接否定的形式是"他是一个没有愚笨特质的人"(He is an individual with no idiotic features),同样的否定形式还可以是这样的:"他充满了愚笨的特质,他并非是一个人。"(He is full of idiotic features without being an individual.)这种将否定从谓词转向主语的方式构建了一种逻

---

① 《马克思恩格斯全集》,第4卷,人民出版社1958版,第140页。

辑的框架，这一框架是我们的教育所导致的不期而遇的结果：将学生从偏见和陈腐当中解放出来。这种解放并非意味着一个人能毫无限制地表达自身，而是自动构建了一个新的限制，只是此刻我们不再能在这种限制背后感觉到"某个真正的人"（real person）的存在。让我们回想一下精神分析训练所意图达到的结果，即试图让个体从他或她的日常思维框架中解脱出来，释放他或者她"真实的自我"，从而释放他们本真的富有创造性的潜能（先验冥想，等等）：旧有的陈腐之见仍然在自我以及自我背后的"人性"（personality）之间保持着辩证的张力，当我们抛弃这些陈腐之见的时候，同时需要某种新的陈腐之见来填补这一空白，而这一新的陈腐之见会消解隐藏其后的个性的"深度"。简言之，个体成了真正的魔鬼，某种"活死人"（living dead）。正如好莱坞的大鳄塞缪尔·哥德维（Samuel Goldwyn）所言：我们所需要的确实是一些新的、原初的陈腐之见。

在此将"活死人"召唤出来绝非偶然，在我们的日常语言当中，当我们试图去理解某些边界模糊不清的现象的时候，我们总是要使用这种不定判断，因为这些现象隐含着被构建起来的差异，例如在活着与死亡之间所存在的差异。在大众文化当中，这些介于生与死之间的奇异生物被指认为"不死的"（例如吸血鬼，等等）。尽管他们没有死，但他们也显然不同于我们这些会死的生物一样活着。"他是非死的"（he is undead）这一判断由此是一个不定—界限的判断（indefinite-limiting judgment），它以纯粹否定的方式将吸血鬼排除在死者的领域之外，同时也没有将其放入活人的领域当中（如同在"他不是死的"[he is not dead]当中所表达的那样。事实上，吸血鬼以及其他一些"活死人"总是被指认为"某种东西"（things），由此获得了某种康德意义上的界定：吸血鬼就是一个原质（Thing），它看起来和我们很像，但却并非是我们中的一员。换言之，吸血鬼与活着的人之间的差异就是不定判断与否定性判断之间的差异：一个死去的人，不再是一个活着的人，但他或者她仍然是同一个人。一个非死的人，相反，保持了所有活着的人的特质，同时却又不是那些人中的一员。如果运用上面我们引用的马克思式的笑话，我们或可这样来界定吸血鬼：吸血鬼不是"用普通方式说话和思考的普通个体，而是没有个体的纯粹普通方式"。

有人认为这种无限判断（infinite judgment）包含着康德整个哲学革命的内涵：它先验地勾勒出了一个被构成的**现实**（reality），将其与那些奇特的，被禁止的/不可能的，原质（Thing）的**本真**（real）领域隔离开来，整个本真的领域应保持不能被思考的状态，因为其中，善与根本恶交织在一起。简言之，康德用现象界的现实与本体界的原质之间的对立来替代了传统哲学中表象与本质之间的对立，它们两者遵循着不同的逻辑：那些显现为"本质的"（即在我们当中存在的道德律令）只有在我们的有限性当中，在我们对现象界现实加以限制当中才是可能的，可思考的。如果我们能够超越这种限制，直接面对本体的原质，那么我们恰恰失去的是使我们超越感性经验的界限（道德的尊严与自由）的能力。

Ate 及其越界

为了进一步理解这种不定判断所敞开的奇特领域，让我们再次转向好莱坞。弗立兹·朗格（Friz Lang）的黑色电影《恶人牧场》（*Rancho Notorious*）（1950）。这部影片从一个典型的好莱坞的结局开始：一对正在等待他们婚礼的激吻的夫妇出现了，然而瞬间，一个粗鲁的流氓却强暴并杀害了新娘，绝望的新郎(由阿瑟·肯尼迪[Arthur Kennedy]扮演)开始了一段无可逃避的复仇之路，但这一流氓留下的唯一线索只是"掷骰子的游戏"(chuck-a-luck)，一堆毫无意义的碎片。经过长久的调查，他发现了其中的秘密："掷骰子的游戏"所意指的是一个神秘的地方，它的名字在公共场合被说出来将是很危险的，那是一个隐藏在山谷后面的大农场，它由一个叫做马兰尼·迪尔翠(Marlene Dietrich)的人统治着，她是一个上了年纪的舞厅歌手，她窝藏那些抢劫的人，并与他们按比例分赃。这部电影无法抗拒的魅力在哪里？毫无疑问在于它将较为平常的美国电影情节以神秘的方式来加以叙述，这种神秘性，就其形式而言，常常出现在那些将触角深入非洲的探险小说与电影当中(如《所罗门国王的宝藏》[*King Solomon's Mines*]、《她》[*She*]、《人猿泰山》[*Tarzan*]等)：这是一类深入从未被白人涉足的非洲地带的探险(旅行者总是被某些无法理解或者模棱两可的碎片信息所诱惑，开始一段危险的旅程，例如在瓶子中的一张便签，被烧焦的碎纸片，或者一些疯疯癫癫的人的喃喃呓语，诸如在某个地方有某些精彩抑或恐怖的事情正在发生)。一方面，探险遭遇各种危险：总是有土著人通过各种努力来告诉探险者不要穿越的一个界限(一条河，一个山的狭窄地区，深渊，等等)，因为从没有任何人从边界那边回来过。经历一系列的历险，探险者超越了那个边界，发现自己身处另一个世界，在一个纯粹幻想(fantasy)的地方，一个充满力量的黑人国王(《所罗门国王的宝藏》)，一个美丽的地方和一个神秘的皇后(《她》)，一个人与自然和谐相处的地方，在那里，人与动物可以对话(《人猿泰山》)。这类景色同样也出现在西藏：西藏的神权政治是充满智慧与和谐的田园牧歌的典范，香格里拉(在《消失的地平线》[*Lost Horizon*])只能通过一个狭窄的山谷才能到达。没有人被允许返回,唯一一个返回来的人成了疯子,因此没有人相信他所呓语的东西:在那边存在着一个被智者所统治的和平的国家。① 在《恶人牧场》当中那个神秘的叫作"掷骰子的游戏"的地方同样是一个禁地:在电影中,所有关键性的遭遇都发生在那个狭窄的山谷当中,这绝非偶然,正是这个山谷成了一条界线,将日常生活与山谷中被"她"统治的世界隔离开来。换言之,这个山谷同样还是现实与幻想的"另外一处"之间的通道。②

在所有这些故事当中存在的形式上的共同性:即在所有这些情景当中,都存在着一个莫比乌斯带的结构——如果我们沿着现实一路走来,我们会突然发现自身处于了他的反面——一个纯粹幻象的领域。③ 现在让我们沿着这样一种联想走下去:我们将在诸多伟大艺术家的发展历程中发现同样

---

① 这个乌托邦的世界当然是参照西方那个富有攻击性的父权制社会的反面来构造的:那是个被黑人国王(《所罗门国王的宝藏》)所统治的母系社会(《她》),人与自然保持和谐(《人猿泰山》),或者拥有一种平衡的智慧(《消失的地平线》)。这些小说所要传达的信息因此变得更加模糊。对于那些进入这个田园牧歌式的世界的英雄来说,生活在这个所有欲望都被满足的世界中变得无法忍受,他们都努力地意图回到那个腐败的文明当中。那个纯粹幻象的世界是一个没有剩余快感的世界,换言之,一个完美的平衡的世界,在其中欲望的原因——客体(object-cause)不再发挥作用了。

② 这就是为什么这个通道总是通过它的人造特质被指认出来(我们立刻发现这个通道是在一个室内片场当中拍摄的,它的整个背景——包括在下面的那个"恶人牧场"——都被画在一个巨大的幕布之上),在希区柯克的《艳贼》(Marnie)当中也运用了相似的手法。同样在弗朗西斯·福特·科波拉(Francis Ford Coppola)的《现代启示录》当中,我们难道没有遭遇到那个越界后的纯粹幻象的空间吗?这部电影同样表达的是某种"超越世界之终结点"的观念,"世界的终结点"显然通过越南与柬埔寨交界处的那座被焚烧后的桥表现出现,这是一个混乱和消解的地方,现实与幻象之间的界限变得模糊。然而,一旦我们穿越了这个界限,达到了另一端,那么残酷的暴力突然被非自然的平静所替代,我们进入了一个纯粹幻象的空间,库尔茨的国王,一个不自知的父亲,颠覆了"正常的"象征性的父亲,而正是这个象征性的父亲构建了现实(正如杰姆逊所指出的那样,在希区柯克的《西北偏北》当中,拉什莫尔山脉充当着"世界终结点"的角色,从总统头顶越过去,俯瞰下面山谷的镜头分明显示了一个深不可测的越界)。

③ 康德的"先验幻相"同样也是如此:尽管理性的理念并不属于现实的领域,抑或可能的经验领域,但它充当着一种象征性的闭合,这种闭合完整了、填充了它的领域。如果我们在这种现实中前行,推至极端,推到它的边界,我们将突然发现我们自身在"另一边"了,在一个"现实"无法与之对应的理念当中。

的翻转，从莎士比亚到莫扎特，他们都经历了逐渐地下坠到绝望的过程，当他们降到谷底的时候，突然转为一种天堂之乐。通过一系列的悲剧所表达的一种彻底的绝望（《哈姆雷特》，《李尔王》等）之后，莎士比亚的戏剧格调突然转变了，我们由此进入一种童话般的和谐当中，生活被美好的命运所左右，最终总是能将所有矛盾化解（《暴风雨》《辛柏林》等）。《唐·璜》带来了性关系的不可能性，彰显了两性关系的对抗。而在《唐·璜》之后，莫扎特则写作了《魔笛》，表现一对男女之间的和谐韵律。（在此需要注意这样一个矛盾，即批评是如何先于赞美！）①

我们所切近的最为恐怖与致命的，同时也是最为令人兴奋的这类转变是在拉康那里完成的。拉康通过对索福克勒斯的《安提戈涅》的讨论，借助于希腊词 ate 为我们展现了一个

---

① 同样的颠覆出现爱德华·蒙克（Edvard Munch）的绘画作品当中。紧随着其"表现主义"阶段的绝望之后，蒙克竟然进入了一个近乎祥和的状态，此时蒙克在自然韵律当中，在给予生命能量的太阳当中发现了支撑点与稳定的参照点。同样的转变还发生在杰昂·米罗（Joan Miró）早期与晚期的作品中：人们力图证明整个米罗的风格全部蕴含在他的早期的具象画作当中，晚期米罗的诸多要素，例如那些充满童趣的抽象彩色形状，就隐藏在那些具象的画作当中。米罗由此只是以某种方式"修改"他自身的著作：他已经"忘记"了以这些要素为辩证的中介，他将它们的形状——译者注）从整体中抽象出来，并让它们获得独立的显现。在现代主义当中，从表现主义向现代形式主义的转变过程中，同样的逻辑也发挥着作用。让我们回想一下诵唱（Sprachgesang），即一种"说唱"形式，在阿诺尔德·勋伯格（Arnold Schoenberg）音乐创作中的命运：在《古雷之歌》（Gurre-Lieder）当中，说唱还仍有其情节表达和推动的作用，它的出现是为了平复瓦尔德马（Valdemar）国王无法忍受的伤痛，他在为其所爱的德伟（Tove）的死而悲伤着。在夜里，国王在传统的浪漫氛围中表达着他的悲伤，而同时通过诵唱的方式，诵唱者歌颂着新的一天的黎明，以驱赶夜的恐慌。而在《月迷彼埃罗》（Pierrot Lunaire），这部勋伯格晚期作品当中，这种辩证的张力，即诵唱与浪漫主义色彩之间的张力消失了：诵唱自我解放，占据了整个领域。在更为一般的层面上，这种极端的张力向平和的幸福的颠覆性转换再现了从现代主义向后现代主义的转变。在此发生根本性变化的并不是那些被观察的对象或者事物的状态，而是这些被观察事物如何显现其恐怖的方式：我们经历了从现代主义—表现主义的恐怖向后现代主义迷狂中的极乐的转变，此刻真正的主体性维度，隐藏的正常标准都解体了。颠覆的逻辑在每个地方都是相同的：充满童趣的直接性同时也是其对立面的表现形式，换言之，作为一种最为深度的绝望的显现方式，主体不再能够直接地表达出他们的痛苦，相反却依赖于对愚蠢的无知的戏仿。在此某种"中介"消失了，主体假装获得一种"真正"的孩子般的无知。

向极乐的颠覆性转变。① 这一术语包含着一个基本的模棱两可：ate 意指一个令人恐怖的界限，这一界限不能被企及，换言之，谁触及这一界限将意味着死亡；但同时 ate 还意指着**超越这一界限的那个空间**。在此关键的问题在于界限较之于超越界限的空间的优先性，并不存在被某个界限所分割的两个空间（现实的空间和纯粹幻想的空间）；我们所有的只是现实和它的界限，一个被深渊和空无所环绕而构造出的现实。幻想的空间严格说来是次一级的存在，它给予某种界限以"实体"，或者更为确切地说，它将**不可能转变为被禁止**。界限标示出了某种根本意义上的不可能性（它不能被穿越，如果我们靠近它，我们会死），同时跨越它也是被禁止的（那些进入其中的人不能返回等）。② 由此我们已经构造了一种从恐怖向极乐神秘颠覆的模式：通过这一模式，**不可能的限制转变为禁地**。换言之，这种颠覆的逻辑就是由真实界向象征界的转换：不可能之真（impossible-real）转变为象征界禁忌的对象。在此矛盾（以及可能如此这般的禁忌的功能）存在于这样一个事实：一旦它被认定为一种禁忌，真的—不可能（real-impossible）转变为某种可能性的存在，换言之，转变为某种不可企及的存在，这并非源于其内在的，而是源于外在力量的不可能性，即将其视为禁忌。由此，我们可以发现所有禁忌共有的基本逻辑：乱伦禁忌。乱伦是一种内在的不可能性（甚至如果一个男人真的与自己的母亲交合，"这也不是那么回事"；乱伦的对象，就其定义而言，总是缺席的），象征性的禁忌只是表现为试图通过将不可能性转变为禁忌来解决这一僵局的努力。存在着一

---

① 参见《精神分析的伦理学》(1959—1960)的第 20 和 21 章，《拉康研讨班》第七卷，米勒编辑。

② 就此而言，在康德那里，将现象与本体分割开来的边界——换言之，那些仅仅将自己局限在现象界的边界——在逻辑上要优先于作为肯定性实体的本体，"先验幻象"的地位最终就如同在那些电影中超越边界所达到的国度。

个被禁止的乱伦对象(母亲),这种禁忌使得其他对象都成为可以企及的对象。①

在以上已经提到的诸多探险电影中存在的对边界的穿越遵循着相同的逻辑:越过 ate 所到达的禁地同时又正是被这种从不可能性向禁忌的转变所构造而成的。在另一个层面上说,同样的矛盾性颠覆还表现在殖民地在压迫条件下所导致的"国家的复兴":只有殖民地的被压迫("禁忌")才激发了抵抗,同时导致了可能的"国家的复兴"。那种将我们从殖民地压迫当中解救出来,回到原初传统的"自发"观念,确切说来就如同黑格尔所谓的"(外在的)反思的幻觉"(illusion):我们在此所忽视的正是我们作为这一幻觉的牺牲品,即国家,国家的身份正是由它们的存在遭受威胁的经验才得以产生的——在这种经验之前,它们并不存在。这不仅可以解释之前的反殖民地斗争,同时还可以解释存在于苏联当中的伦理张力。尽管人们今天将自身视为向前共产主义传统的回归,但显然,正是共产主义的"压迫",通过诸多禁忌的方式,打开了这种回归的空间,促使这种回归成为可能的。

通过将(不可能的)界限翻转为(被禁忌的)空间,将《唐·璜》翻转为《魔笛》,我们规避了作为不可能的真:一旦我们进入幻象(fantasy)的空间,内在的不可能性的创伤就被美好的极乐所替代。在莫扎特的《魔笛》中,那对神仙眷侣的形象构成了一个和谐的整体,最为出色地证明了拉康的命题,即幻象最终总是一个成功的性关系的幻象:特米诺(Tamino)与帕米

---

① 除了这种真(real)之不可能性与象征之不可能性,同时还有第三种,即想象的不可能性,这是一个精神病式的原则:乱伦是必须的,不可逃避的,因为每一个力比多的对象都是乱伦的。典型的例子就是清教徒的传统,它禁止每一种性关系,宣称不限于与父母,与任何力比多的对象交合都是一种乱伦。关于乱伦的三种特质(不可能性,禁忌与必须)可参见皮特·魏德曼(Peter Widmer)《乱伦禁忌的另一面》(*Jenseits des Inzestverbots*),Riss 2, 4,6(Zurich, 1986—1987).

娜(Pamina)经历了千难万险,最终穿越了界限,一起进入了符号的极乐世界(Symbolic bliss)。同样,就反殖民的国家复兴而言,更为清晰地彰显了这类极乐的梦幻色彩。那些反殖民主义的国家-解放斗争的承担者都是幻象的俘虏:他们认为他们通过斗争所"实现的是他们被压迫的先人曾经的梦想"。在此存在着某种意识形态合法化的根本机制:将现有的秩序呈现为一个梦想的实现,使得现有秩序合法化——**这并不是我们的梦想,而是我们死去的先人的梦想**,是我们先辈的梦想。这样一种观念决定了"进步的"西方人对待二十世纪的苏联的基本态度:尽管苏联曾经十分的贫困,并有诸多失误,但仍然有许多的西方访问者迷恋于这种乏味的苏联现实——为什么? 因为这种情景看起来如同遍布世界的工人们曾经的和现在的梦想的实现。任何对于苏联现实的质疑都会引发这样的负罪感:"确实,苏联曾经犯了很多错误,但当你带着讽刺的轻蔑批判他们的时候,你也就是在嘲弄和背叛了千百万为了实现这一切而遭受苦难和付出生命的先烈们。"① 这一观念与庄周梦蝶所要表达的意义是一样的:庄周梦到一只蝴蝶,醒来后却问自己:他如何知道他自己现在不是一只梦到庄子的蝴蝶?② 同样,后革命时代的意识形态努力使我们相信我们现在的生活就是对诸多先烈的梦想的实现。例如,苏联工人们的生活就是那些革命先烈们曾经梦想的社会主义天堂的生活——如果我们抱怨太多,我们就会打扰他们的好梦。这种

---

① 在此我们遭遇了所谓"被假定要相信的主体"(subject supposed to believe):既存的秩序得以合法化所依赖的是这样一个事实,即任何对它的质疑都将是对其他人幼稚的信仰的背叛(例如那些信赖苏联的全世界的工人们,他们依赖于这种信仰来赋予自己的生命以意义和一致性)。关于"被假定要相信的主体"的相关论证可参见齐泽克《意识形态的崇高客体》(*The Sublime Object of Ideology*)(London: Verso Books, 1989), pp. 185 - 186.

② 对这一矛盾的另一种解读可参见齐泽克《意识形态的**崇高客体**》, pp. 45 - 47.

向死去的**他者**的求助是当下意识形态合法化发挥作用的必要方式。而在另一层面,莫扎特《魔笛》当中两个神仙眷侣的幻象遵循着同样的逻辑:乏味的资产阶级的日常生活的现实由此发生了某种变形,当这对神仙眷侣将自身设想为是前人曾经梦想的自由爱人的实现,那么这样的现实也就获得了一个**崇高**的维度。

这个翻转的逻辑究竟在哪里?另一个与此类似的情景或许会让我们对此有更为深入的理解:在弗洛伊德所分析的那个著名的梦境"伊尔玛的注射"(Irma's injection)当中,我们不是同样也遭遇了这种相同的情景?① 这一梦境的三个阶段对应的正是想象的双重化—关系(dual-relationship),对应着它对一个不能容忍的对抗的"入侵",而这个对抗所显现的是与真的遭遇,并通过象征秩序的冒险而达到了最终的"平和"。在第一阶段,弗洛伊德"与他的病人游戏",②他与伊尔马的对话"完全被局限在想象的条件之内"③,这种双向的、特殊的关系在向她那张着的嘴看去的时候达到了顶点。

在此存在着一个恐怖的发现:一块从未见过的血肉,事情的根本显现在头的另一边,在脸的另一边,存在的一些分泌腺,这块血肉不能被界定为任何东西,这正是秘密的核心,这块血肉没有形状,却带来巨大的痛苦,引发了焦虑。焦虑的幽灵,焦虑的认同,**你就是这个**的最终发现——你就是这个,这个与你如此隔膜的存在,这个最终无形状的存在。④

---

① 参见弗洛伊德《梦的解析》(*Interpretation of Dream*)(Harmondsworth: Penguin Books, 1977)第二章。
② 《弗洛伊德理论中的自我与精神分析的技巧》,出自《雅克·拉康研讨班》第二卷,米勒编辑(Cambridge: Cambridge University Press, 1988) p. 159
③ 《弗洛伊德理论中的自我与精神分析的技巧》,出自《雅克·拉康研讨班》第二卷,米勒编辑(Cambridge: Cambridge University Press, 1988), p. 154。
④ 《弗洛伊德理论中的自我与精神分析的技巧》,出自雅克·拉康《研讨班》第二卷,米勒编辑(Cambridge: Cambridge University Press, 1988), pp. 154 - 155.

突然,这个恐怖神奇地转变为"某种心神不宁",它被拉康确切地界定为"象征性功能发挥作用的过程",① trimethylamin② 得以产生的意义正好说明了这一点;一旦做梦者(弗洛伊德)拒斥了它纳西西斯式的视角,主体在象征性的乐园中将自由翱翔。雅克-阿兰·米勒将拉康的研讨班 II 的这一章命名为"想象、真实与象征"是完全正确的。③ 在此需要避免的陷阱当然是将这种符号的极乐世界与"坚硬的真实"对立起来:拉康精神分析的一个基本命题即我们所谓的"现实"(reality)就是以这种"极乐"为背景被构造出来的,换言之,就是在将某种创伤性的真实(Real)去除的背景下构造的。这就是当拉康说幻象是现实的最终支撑的时候所意图说明的东西:当"符号的极乐世界"的幻象-框架阻塞了进入真实的深渊的道路,"现实"就获得了一个稳定的表现。幻象并不是某种梦境般的蜘蛛网,从而阻碍了我们"发现现实究竟是什么样子",相反幻象构造了我们的现实:最为通常的实体化的"现实"正是通过幻象的蜘蛛网来构造的。换言之,我们为了进入"现实"不得不付出代价:某些东西——真实的创伤——必须被"压抑"下来。

在此最为让人惊讶的是将关于伊尔玛的注射的梦与另一

---

① 《弗洛伊德理论中的自我与精神分析的技巧》,出自雅克·拉康《研讨班》第二卷,米勒编辑(Cambridge: Cambridge University Press, 1988),p. 168.

② 弗洛伊德在《梦的解析》当中谈到的一段经历,即在他与老友聚会过程中,他的老友告诉弗洛伊德,最近他正在对性进行化学研究,并提到他发现了这种叫作trimethylamine(三甲胺)的元素是性激素代谢的中间产物,它在弗洛伊德的梦中变成了性的代名词。——译者注

③ 《弗洛伊德理论中的自我与精神分析的技巧》,出自雅克·拉康《研讨班》第二卷,米勒编辑(Cambridge: Cambridge University Press, 1988),p. 161. 这种创伤向极乐的转变等同于一种脑白质切除手术,将脑肿瘤切除。就如同弗朗西斯·法默(Francis Farmer)所遭受的手术一样,其目的只是为了让她在被意识形态所控制的日常生活中"感觉舒服一些"。——原注。弗朗西斯·法默,20 世纪二三十年代百老汇的女明星,由于个性较强,对美国社会的伪善看不惯,在麦卡锡运动中遭到迫害,精神健全却被送入精神病医院,遭受了各种非人道的肉体侵害,最终接受了脑白质切除手术,重返日常生活之后变得迟钝而呆滞。——译者注

个弗洛伊德著名的梦平行来看：在那个梦中，死去的儿子出现在父亲的梦中，指责父亲："爸爸，难道你没有看到我被火烧吗？"拉康在对伊尔玛注射的梦境解释中，将我们的注意力都吸引到了弗洛伊德在看过伊尔玛的喉咙之后的评价当中，当弗洛伊德遭遇真实之后，他应该感到尴尬——正如在梦中的父亲那样，遭遇被灼烧的儿子所显现的恐怖景象。与真实的这种无法忍受的恐怖遭遇之后，睡梦中的人醒了，逃到了"现实"当中来。一个极端的结论从这两个梦境的比较中显现出来：**我们所谓的"现实"正是基于愚蠢的"符号的极乐世界"被构造出来，正是这个符号的极乐世界使得弗洛伊德能够在看到伊尔玛的喉咙之后仍然可以继续睡**。那个做梦的父亲为了避免与他被烧着儿子的谴责所形成的创伤性的真实遭遇，从梦中醒来，逃到现实当中，这一方式与弗洛伊德是相同的，后者在看过了伊尔玛的喉咙之后，"改变了语气"（Changes the register），逃离到遮蔽真实的幻象当中。

符号的至福（Symbolic Beatitude①）

在这一点上，我们应该将这一形式的内涵进一步深化：这种可怕的向符号的极乐世界的反转过程是否也是黑格尔式的"三段论"？同样的转化方式，将困境（impasse）转变为"过往"（pass），就发生在黑格尔体系的开端处，即从存在向无的转变。确切地说，"无"为什么能够被看作是存在的"真理"？存在（Being）首先被设定为一个主词（subject）（在语法的意义

---

① Beatitude，是一种幸福的宣称或者承诺，要人们具有好的美德。在基督教中有"八福"之说，意味着抵达神圣幸福所要经历的八个阶段。——译者注

上),随后被赋予了诸多的谓词,以在任何一种可能性上完成对它的界定。但所有的努力都失败了:"存在"没有获得任何富有确定性的说明,我们不能将它归入任何一个谓词当中,由此"无"作为存在的真理发挥了这样一种作用,**它将这种困境确证化(positivization)、"实体化"(substantialization)**。这种不可能性的"确证化"在黑格尔的每一个范畴向另一个范畴的运动中都发挥着作用,它总是作为第一个范畴的真理而存在:黑格尔的逻辑推演从来不仅仅是朝向更为深刻,更为具体的发展过程,它同样意味着对某种"失败"的反思性的确证化,以及非可能性的转变过程本身。让我们来谈论一个 X 时刻:所有试图把握其隐藏的本质,抑或在更为具体的情景下确证它的存在的努力都是归于失败。随即产生的这个时刻只能是确证了这一失败;在这一时刻当中,这种失败反而确证了存在。简言之,我们并没有能够把握 X 的真理,但**这一失败就是 X 的真理**。这正是黑格尔对芝诺哲学中关于运动的否定所给出的一种阐释方式:芝诺努力要做的是证明在流变的表象之下存在着某种自我确证的,不变的存在(Being)。但这一存在本身是一个空无,因此穿越这一流动的表象的努力失败了。我们只能表述出一种自我-扬弃的运动,换言之,一种自我压抑的观念运动,正因如此,赫拉克利特的运动才成为了埃利亚学派的存在(Being)的真理。

作为一种法则,我们忽略了拉康的需要—要求—欲望(need-demand-desire)三段论与黑格尔的"否定之否定"的逻辑所具有的内在相似性。首先,我们有一个出发点,它是神秘的、伪装为自然的直接的需要——这一出发点常常是已经被预先设定好的,从未被给予、"被确证"、被体验为"如此这般的"。主体需要"自然的""真实的"客体来满足他的需要(need),如果我们渴了,我们需要水,等等。然而一旦这种需要依赖于符号为中介来表达自身(其实它总是在符号中被表达),它就成了一种要求(demand):一种对**他者**的召唤,最初被召唤的**他者**就是母亲。换言之,**他者**最初被体验为这样的一个他或者她,即能够满足我们的需要、能够提供给我们所需要的客体,也能将那个客体剥夺,抑或阻碍我们获得它。这个**他者**的中介角色颠覆了我们与客体关系的基本原则:从字面上说,要求的目的指向的是那些能够满足我们需要的客体,但要求的真实目的,却是对**他者**的爱,因为这个**他者**拥有对所需客体的权利。如果**他者**回应了我们的要求,给予我们所需要的客体,那么这个客体就不再仅仅是满足我们需要的那个对象,它同时还验证了**他者**对我们的爱。(当一个婴儿哭着要求吃奶,他的真实目的是要他的母亲通过喂奶来展现对他的爱,如果母亲以冷漠的方式来回应了这种要求,那么婴儿仍旧不满意。然而如果母亲并不回应那个要求,但却抱了抱婴儿,那么最为可能的结果却是婴儿停止了哭泣。)指出拉康这种分析的内涵依赖于对黑格尔的扬弃(Aufhebung)的理解,这绝非偶然:"要求(demand)扬弃了所有事物的具体性,将这所有的一切都转变为了一种对爱的证明。"①通过将需要转变为要求,即转变为诉求于**他者**的能指,需要所指向的特定的、物质的客体就被"扬弃"了:它消除了其直接性,被确证为某种"被中介"了的事物,通过这一中介,一个对直接的现实的超越维度(爱的维度)获得了一种表达方式。这种颠倒在马克思关于商品形式的描述中同样获得了说明:一旦人们的劳动产品获得了商品的形式,它的具体的形态(它的"使用价值",它对人的需要的满足所需要具备的种种现实的特性)只能成为"交换

---

① 雅克·拉康:《选集》(Ecrits: A Selection)(New York: Norton, 1977), p.286.

价值"的一种显现形式,换言之,成为了某种非物质的、主体间关系的显现——同样,从需要向要求的转变,特定的需要的对象所发挥的作用不过就是**他者**的爱的一种显现形式而已。

  这种颠倒是"否定"的第一个阶段。在这一阶段中,形成了一个僵局,一个在需要和要求之间无法解决的对抗性关系:每一次主体获得了他想要的客体的时候,他总是有这样一种感觉:"这并不是那一个!"尽管主体"得到了他乞求的东西",但要求并没有被完全地满足。因为他要求的是**他者**的爱,并不是这个直接的、特殊的客体。需要和要求之间的这种恶性循环在婴儿厌食症("病理性"地对食物的拒斥)当中得到了最为充分的显现:它所要传达的信息确切说来并不是对食物自身的要求,而是对母亲的爱的要求。要表现这种母爱缺乏的唯一方式,对于婴儿来说只能是对食物的拒斥,即对于在具体形态中所表现出来的要求的客体的拒斥。这种困境——即对**他者**的爱的要求只能通过对需要的客体的要求才能被表达出来,致使那个被需要的客体从未是真正的"那一个"——在此通过第三种要素的介入得到了解决:**欲望**。拉康对于欲望的确切界定是:"欲望并不是对口腹之欲的满足,也不是对爱的要求,而是从要求中减去需要所得到的差额。"① 欲望是要求当中不能被还原为需要的那一部分:如果我们从要求中减去需要,我们就得到了欲望。拉康晚期持有一种典型的反黑格尔式的教学态度,他认为:"这一颠倒并不是一个简单的否定之否定。"② ——换言之,这一颠倒仍是否定之否定,尽管它并不是"简单"的(这样说,好像黑格尔的否定之否定就是一个

---

① 雅克·拉康:《选集》(*Ecrits*; *A Selection*)(New York: Norton, 1977), p.287.
② 雅克·拉康:《选集》(*Ecrits*; *A Selection*)(New York: Norton, 1977), p.287.

"简单"的颠倒!)。这种颠倒,就其向客体的回归而言是一个"否定之否定"的过程,而客体曾经在从需要向要求的转变中被消解了:在此形成了一个新的客体,它替代了在扬弃中丧失的需要的客体——**对象 a**(object a),欲望的原因—客体(object-cause)。这个矛盾的客体让那个不能被还原为需求的维度显现出来:它就如同要求(demand)所指向的(语言上的)客体的一种剩余,它多于直接的语言上所要求的东西,这个剩余现在又获得了一个实体性的存在方式。**对象 a** 就是一种"确证化"(positivization),它填补了我们每一次在经验到"这并不是那一个"时所形成的空虚。就是在这种确证的客体的非完全性与匮乏中,**对象 a** 反而确证了其存在,成为了一个客体。

在此"要求"向"欲望"的转变所实现的一种"缓解"(appeasement),其关键点在于:欲望的原因-客体的出现解决了需要与要求之间的对抗性僵局。这种**通过符号的"缓解"来解决对抗之僵局**的途径同样给予我们一个由备受诟病的"正题-反题-合题"①所构造的矩阵:这一矩阵的想象性起点是对立两极的互补关系;紧随其后的是**他者**的对抗所彰显的真实(real)。② 由此完整的互补性幻象消失了,每一极立刻转向它的反面:这一极端的张力最终通过符号化(symbolization)的方式来获得解决,只是此时,对立的关系作为差异性的存在被

---

① 在我们将黑格尔"正题—反题—合题"作为一种原则运用到对纷繁事物的分析当中之前,我们需要注意的是这种说法在黑格尔那里并不存在。黑格尔从来没有讨论过所谓"正—反—合"的逻辑模式,这一表达是在他死后由他的学生提出来的。

② 在一个"非对抗的"关系当中,每一方的自我认同都使它与另一方成为互补关系(例如女性之为女性,正是基于她与男性之间的互补关系,两者共同构筑了和谐的整体)。而在一个"对抗性"的关系中,**他者**截断了自我的身份认同,**他者**阻碍我们获取认同,阻碍我们"成为完整的自我"(当女性开始意识到与她对立的另一个性别总是阻碍她实现其成为完整之女性自身之后,那么两性之间的关系也是对抗性的)。这种对抗的观念,参见拉克劳与墨菲的《领导权与社会主义策略》(London: Verso Books, 1985),阿多诺的《否定辩证法》(New York: Continuum, 1973)。

确定下来,即两极虽然再次整合起来,但这一次的整合它们没有任何共同的基础。

在"正题"内部某个地方存在着一个"反题",因此,在某种意义上,反题或者可以从"正题"当中被抽取出来,这一观念整个的是错误的:"反题"相反就是"正题"为了让自己"具体化",即将其观念的内容现实化而缺乏的那一部分。换言之,"正题"就其自身而言是抽象的:它预设了"反题"为"中介",它只能通过与"反题"的对立而获得一种本体论层面上的一致性。然而,这并不意味着"合题"意指一种相互的完整性,一个对立两极的互补关系,换言之,就是那个所谓"没有 Y 就没有 X"的结合方式(例如,没有女人就没有男人,没有恨就没有爱,没有混乱就没有和谐等)。而黑格尔所谓的"对立的整合"颠覆了这种互补关系的虚假表象。对立的一方并不是另一方的否定。黑格尔的重点在于指出**对立的一方,就其从另一方那里抽象出来而言,就是另一方本身**。一方在将自身与另一方相对立的时候也就"转向"了对方。例如在"存在"与"无"的整合当中并没有蕴含着这样一个事实:它们预设了对方,如果没有"存在"就没有"无",反之亦然。当我们试图在其纯粹性上,在其作为与"无"相对的一个维度去把握"存在"的时候,存在却将自身显现为"无",或者用一个较为具体的政治领域中的例子来对此加以说明。普遍意志与特殊意志的"整合"并不存在于它们的相互依存当中,却存在于普遍意志向它的对立面的辩证颠倒当中:就普遍意志与多样化的特殊意志是对立的而言,普遍意志成了人们试图实现的最为特殊的意志(但此时它去除特殊意志的所有特性)。由此,我们实现了两极之间的"直接转换"(纯粹的爱变成了极端形式的恨,纯粹的善成了极端的恶,极端的无政府主义与最彻底的恐怖杂糅在一起,等等),通过两极之间的直接转换,我们超越了外在的否定性的理解层面：每一极不仅是另一极的否定，而同时也是**指向自身的否定性**，它的自否定。这种在正题与反题之间的"直接转换"所陷入的困境正是在"合题"中被解决。

在此正题与反题之间互补的想象性秩序的幻象构成了一个和谐的整体，它们彼此填补了对方的匮乏：正题所缺乏的正好由反题来提供，反之亦然（例如男人与女人所组成的和谐整体）。这种相互补充的虚假表象被一极向另一极的直接转换所打破：当一极就其自身而言与另一极对立的时候，这一极如何填补另一极的匮乏？在此，只有"合题"提供了"缓解"的表象：在其中，想象的对立被符号化，换言之，被转换为一种符号的二分体。由此在两极之间的转换被悬置起来，它们又被作为有差别的，却是"被扬弃的""内化的"两极——换言之，作为一个意指网络（a signifying network）的构成要素；如果一极不能弥补另一极的匮乏，如果不是匮乏自身，那么究竟是什么让这一极回到它自身？由此，将两极"撮合在一起"的关键原因并不在于它们互相能填补对方的匮乏，而在于它们都**拥有匮乏这一共同点**。意指的二分体的对立双方再次"合而为一"，基于它们都拥有能让它们返回彼此的"匮乏"的共同基础。基于此，我们还可以对"象征交换"（symbolic exchange）给出一个界定：在这一交换中，"象征对象"的位置被匮乏自身所占据，任何"积极的"客体对这一位置的填补都不过是这种匮乏的化身。

被符号化过程所"内化"的东西最终无非就是匮乏本身。正因如此，"合题"没有构成对立两极的同一性，没有凸显了他们共同的基础，抑或它们的对立的空间，而是相反，仅仅确认了**它们之间的差异**：最终将一个意指网络的诸多要素"连接"起来的正是它们之间的差异。在一个差异化的秩序当中，对每一要素的确认都在于它与其他要素相区别的特质当中。

"合题"由此从"强制同一"(compulsion to identify)当中凸显了差异的存在：当我们认识到"差异的优先性"的时候，当我们将"同一性"视为差异体系的产物的时候，矛盾才被解决了。换言之，从一极到另一极的直接转换，这个矛盾的、纯粹的、极端的形式所彰显的正是我们对于"强制同一"的屈从："矛盾是在同一性领域当中的非同一性，矛盾原则当中的辩证性特质构造了一个异质性的思想整体。"[1]在确切的意义上说，合题"扬弃"矛盾的方式并不是构建一个超越矛盾两极的新的整体，而是通过对同一性原初框架的否定，从而确认了由差异构成的同一性。那种认为"一个辩证过程的结论（合题）就是一个包含着差异的同一性，并且这种差异最终都被消融在同一性当中"的看法是一种误读：其实只有在"合题"当中，差异才得到确认。

黑格尔三段论的"理性核心"就在于这种想象的对立的符号化：想象的对立"恶化"为对抗的关系，其中两极直接地相互转换，并且这样一种张力只有通过内化匮乏的方式才得以解决。从"反题"向"合题"的转变过程也就是外在的否定（从外部直接对客体的否定，摧毁它的物理存在形式）转向"绝对"（自我—指涉）(self-referring)否定的过程。在后一否定中，客体通过符号化的过程被重新"设定"——换言之，客体在某种缺失的、非合作的、内在否定的背景下被设定。这种从外在否定向"绝对"否定的转变意味着客体无须再被否定、被摧毁、被取消，因为它自身已经是"肯定性"(positive)的存在了，否定性已经存在其中了："被符号化"的客体让"匮乏"得以显现，它是"匮乏的化身"。

---

[1]　阿多诺(Theodor W. Adorno)：《否定辩证法》(*Negative Dialectics*)(New York:Continuum, 1973),p.5.

第四章　作为意识形态理论的黑格尔的"逻辑学"

不充分根据之原则

"爱让我们将不完美视为即便不可爱,却也是可以容忍的。但这是一个选择。对于诸多怪诞,我们或者发之于愤怒,或者我们对其珍爱有加。已经嫁给一个律师的朋友回忆说:在第一次约会中,我了解到了他能克服很多难关,能解决很多挑剔的客户的问题;但另一方面,他却连自行车都不会骑。但正因如此,我给了他一个机会。"

这段引自《读者》的一段话说明了所谓"可爱的小缺陷"的含义,它是一种回溯式的依赖于自身理性的选择。在知识给我们所提供的理性因果链条(在拉康公式中的 S_2)与基于无条件的个性特质所做出的决定,某种选择的行动以及由此推演出的一个链条(S_1)之间存在着一个裂缝,一个不能在既有链条中加以说明的断裂。① 让我们回想一下在情节剧中的一个段落:一个人处心积虑地,或者仅仅是出于一种善意,试图

---

① 那些头脑清楚的神学家们非常知道这种回溯般的追溯原因的矛盾性:当然我们有充足的理由相信耶稣基督,但这些理由本身只有对于那些已经对之信仰的人们来说才是可以理解的。

让主角(他的一个朋友)离开他的伴侣,于是列举了关于她的诸多弱点,但却正是这些弱点激发了主角与她继续交往的决心,换言之,对她的否定反而构成了为她的一种辩护("正因如此,她才更加需要我")。① 这个原因与结果之间的断裂正是我们所谓的"转化"(transference)的根据所在,这种转换的关系,是爱的显现。我们所共有的感触告诉我们,列举爱某人的理由本身是难以接受的。当我说出:"我爱这个人,因为以下原因……"那么显然毫无疑问的是这并非是一种真正的爱。② 在真爱当中,对于那些带有否定性色彩的特质,换言之,那些可能与所爱并不相符的特质,我们却说:"正因如此我更加爱这个人!"那个激发爱的唯一特质,总是**某种非完美**的显现。

我们被理性所确定,只是因为我们认定是如此,这是一个

---

① 同样的情景发生在诺纳德·里根总统身上:那些记者们越是指责他的口音以及其他诸多失误,他的支持率反而越高。不知为了什么,反对的理由同时也就成了支持的理由。关于里根的"特氟龙执政"(特氟龙,一种不易粘连的材料,用于不粘锅,后在政治上意指里根执政中那种"过失都与其无关"的执政特质,因此里根被称之为特氟龙总统——译者注)参见约翰·库贝克(Joan Copjec)《无能为力的**他者**:美国的歇斯底里与民主》(The Unvermgender Other: Hysteria and Democracy in America), *New Formations* 14(London, Routledge,1991)。在另一层面上,这种断裂还有一个典型的例子。这个 S_1 从 S_2 的分离,即做决定的行为从既有因果链条中的脱离,还可以典型地表现在陪审团制度当中:陪审团行使着做决定的行为,由它来裁定究竟"无罪"还是"有罪",然后由法官将这一决定纳入既有的法理知识当中,将其转换为一种合适的判决。为什么这两种机制不能相互融合一下,换言之,为什么法官自身不去裁定有罪与否?难道他不比那些平民百姓更有资质吗?为什么拒斥我们的正义感,而将最终的决定留给法官?对于黑格尔来说,陪审团是自由的主体性的化身:陪审团制度的关键在于组成它的那群随机抽取来的市民与被指控的犯罪嫌疑人都是平等的——他们不代表"任何人"。关键在于我只能被与我平等的人来裁决,而不是由那些掌握着很难被一般人所掌握的法律知识的人来裁决,那些法律知识都已经超越了我的理解能力。同时,评审团还包含着一种偶然性,从而充分根据悬置起来:如果正义感仅仅意味着法律的正确运用,那么显然让法官来判断罪行更为恰当一些。交付陪审团来裁决,那么总是包含着诸多不确定的因素。由此,我们会并不确定最终的判决究竟是什么,因此有时候审判的结果总是让我们大吃一惊。

② 当然矛盾在于,确切说来,在一系列正面的、可见的特质之下其实并没有什么其他的原因,而那个**我并不知怎么**(je ne sais quoi)就陷入爱情的神秘原因其实是纯粹表面化的。由此我们可以看到所谓的"真诚的"感受是如何必须基于某种幻象(我爱上你,只是在你的表象之下隐藏着某种不可见的特性,换言之,我确信在一系列显而易见的表象之下还有某些特质存在着)。

循环。这个循环就是黑格尔在谈到所谓"预先假定"的时候所想到的。在康德的哲学中,这种回溯性的逻辑也存在着,它隐藏在盎格鲁—萨克森式的对康德的阐释传统下所谓的"合并命题"(Incorporation Thesis)①当中。主体总是存在着自主的"自发性",使其并不能完全地被还原到因果链条当中。当然,我们可以设想主体总是遵循着正常的因果链条来决定他自己的行为方式,但总是存在着某种功利主义所带来的风险(因为主体的行为总是被趋利避害的冲动所左右,据此或可通过控制那些影响他的决定的外部条件来控制主体,预期他的可能的下一步行动)。在功利主义当中所蕴含的是德国古典哲学意义上的"自发性",它与日常生活中的自发性完全相反(后者让自己受控于情绪的冲动当中)。在德国古典哲学看来,当我们"自发地"行动的时候,我们并不自由,相反我们是自然冲动的囚徒,被因果链条所决定,这一链条让我们受制于外部世界。相反,真正的自发性在于反思性:所有的缘由得以成立的根据在于我们对他们的"整合","将他们接受为我们的";换言之,主体具有源于**他者**的确定性,本质上总是主体的自我确定。一个决定由此同时既依赖于外部条件,又独立于外部条件。它"独立地"构建了自身的依赖性。在确切的意义上说,德国观念论(German Idealism)中的主体总是自我意识的主体:我的任何直接的本性特质都是虚假的(我能怎么办,我就是被如此这般地创造出来的!),我与我的冲动之间的关系总是一个被中介了的关系。我的内在冲动只有当我认识到了这种冲动之后才能左右我。这就是为什么我要为其负责的原因

---

① 关于"合并命题"参见亨利·E. 艾利逊(Henry, E. Allison)"康德的自由理论"(Cambridge: Cambridge University Press, 1990)。

所在。①

关于"预先假定"的逻辑,我们还可在另外一个层面上对其加以阐发,这就是自发地将我的经验和行动进行意识形态的叙事化(narrativization):无论我们做什么,我们重视将其放入一个更大的符号的上下文当中,在这一上下文中,我们的行为被赋予了意义。今天的前南斯拉夫塞尔维亚人与穆斯林阿尔巴尼亚人以及波斯尼亚人之间的斗争会被它自己设想为是持续了多个世纪的面对土耳其的渗透、欧洲基督教徒的抵抗行为中的一种。布尔什维克将十月革命视为所有之前激进的群众起义的最后胜利和必然结果,从古罗马的斯巴达克到法国大革命的雅各宾派都是这一过程当中的一个阶段(一些布尔什维克主义的批判家甚至将法国大革命叙事化为"斯大林主义的热月")。在柬埔寨地区的红色高棉或者光辉道路(Sendero Luminoso)②都将自己的运动视为向古老帝国的旧有光辉的回归(例如向秘鲁的印加帝国以及柬埔寨的高棉帝国的回归)。黑格尔理论的关键在于这种叙事化总是回溯式地重构我们正在进行的行动,他们从来不是仅仅提供事实,我们从来不能将这些"事实"作为我们行动的根据、语境或者前提。确切地说,作为前提,这样的叙事总是已经被我们所"设定"了。传统之为传统,只是因为我们将他们如此这般地构建起来。

我们需要牢记于心的是这种"预先假定"的行为本身最终

---

① 相反的过程同样是错误的:将责任完全归咎于个人的责任和罪过,从而放弃质疑行动得以展开的具体环境。对此,我们只要回想一下大多数对于非裔美国人犯罪率偏高所做出的解释就足够了("犯罪的气质","道德的不敏感"等)。这样的一种归因,必然使我们忽略了非裔美国人所处的特殊的社会、经济和政治环境对他们的影响。

② 光辉道路(Sendero Luminoso)是秘鲁一个极左的反政府游击队组织,自称为秘鲁共产党(Partido Comunista del Perú),其目标是实行共产主义,以工农阶级取代中产阶级。反政府组织"光辉道路"游击队成立于 20 世纪 80 年代初,以制造绑架、暗杀和恐怖袭击闻名于世。1992 年随着其最高头领纷纷落网,该组织暴力活动有所减少,但仍时常对政府军发动袭击。至今,被该组织杀害的人数超过 3 万。——译者注

的偶然性。在前南斯拉夫,共产党的检查制度既不是太苛刻,也不是太放纵。例如,那些包含有宗教内容的电影是被允许的,除非它的主角是基督教徒:我们能够看到戴弥尔(de Mille)的《十诫》(*The Ten Commandments*),但惠勒(Wyler)的《宾虚》(*Bin Hur*)却出了问题。面对后一部电影,这些检查官们以一种非常富有想象力的方式来解决自身陷入的两难困境(即如何去除掉那些"基督传说"中的基督教的意味,同时仍能保持自身故事的完整性):他们去除了三分之二的篇幅中关于基督的零星指涉,而直接将基督占据主角的三分之一的篇幅全部砍去。电影因此直接结束于那场著名的赛马场景之后。在那场赛马中宾虚(Bin Hur)战胜了米撒拉(Massala)。而米撒拉,满身是血,弥留之际告诉了宾虚,他以为已经死掉的母亲和妹妹都还活着,但却由于麻风病而成了瘸子,这一事实几乎击毁了宾虚的胜利。宾虚回到了赛场,那里如今寂静而空荡,宾虚感到自己的胜利变得毫无意义。[1] 电影在此处结束了。那些检察官修剪后的电影效果惊人:尽管毫无疑问,他们并没有一丁点的悲剧性的存在主义视野,但他们却将一部原本乏味的宗教宣传片修改成了一部存在主义的悲剧。因为它触及了我们所有成就的最终的虚无。我们胜利的顶峰也就是我们最为孤独的时刻,这一点是如何被显现出来的?检察官们没有为之添加任何东西,他们只是通过修剪原作,去除其关键的部分,但却带来了富有深度的效果,带来了一个颇有意味的存在主义视角。

这样一些矛盾让我们对德国观念论中的"自我意识"有了更为深入的理解。在拉康关于黑格尔的批评中,作为一条规

---

[1] 在原本的《宾虚》当中,宾虚找到母亲和妹妹的下落,却因她们得了麻风病不能见面,耶稣基督受难拯救了世界,借着基督的宝血医治了他们。宾虚历经种种波折与磨难,最终找寻到自己的归宿和信仰。——译者注

则,自我意识被等同于自我的透明性(self-transparency),拉康将其作为那些拒斥主体去中心化的典型哲学幻象而放弃了。然而,无论如何德国观念论中的"自我意识"却与任何形式的透明的主体自我认同毫无关系。相反它或可命名这样一个问题,即拉康所谓的"欲望之欲望"中的每一个欲望究竟是什么样的:主体在其纷繁复杂的欲望当中从来没有发现自己。主体与欲望的关系是反思性的,换言之,通过一种现实的欲求,主体隐蔽地回答了这样一个问题:"你所欲求的是你的欲望的哪一个?"①(你已经做出选择了吗?)正如我们在康德那里看到的,自我意识建筑于主体对自身的非透明性之上:康德的先验统觉(换言之,那个纯粹自我的自我意识)只有在我的本体论层面上,我无法触及我自身的时候才是可能的,即作为"能思考之物"(Thing which thinks)②。

在此,当然,这一"预先假定"的循环触及了它的僵局:这个僵局的关键在于拉康所提供的"非—全部"(pas-tout)。③

---

① 在此我们发现了拉康关于黑格尔理论中的另一个修辞上的颠倒:我们与**他者**的欲望认同,因为我们的欲望本来就已经是**他者**的欲望(这意味着:我们的欲望是**被他者**欲望着的欲望,换言之,是为了另一个欲望的欲望,内在于我们当中的最为深切的欲望被去中心化的**他者**所构造着)。实现欲望,主体只能认同于**他者**的欲望。

② 参见本书的第一章。构筑"自我意识"的欲望的反思性不仅与主体的自我透明毫无关系,而且相反,它包含着主体的极端的分裂。这一点的明证在爱与恨的矛盾当中:好莱坞曾经将埃里克·冯·施特罗海姆(Erich von Stroheim),这位在20世纪30至40年代经常扮演残忍的德国官员的演员描述为"一个你愿意去恨的男人"。"愿意去恨"(love to hate)某个人意味着这个人完美地契合了吸引我们去恨的那个替罪羊的角色。在它的另一极,在黑色电影当中致命的女人(femme fatale)显然是那个"痛恨爱了"(hates to love)的女人:我们知道她是邪恶的,但我们却违背了自己的意志,不得不去爱她。我们因此而恨我们自己和她。这种爱恨交织清楚地显现出我们自身内在的极端分裂:一个方面的我无法拒绝去爱,另一面的我则又发现这样的爱令人生厌。同时,带有同义反复性的这一爱恨交织仍然是矛盾的,例如,当我对某个人说:"我痛恨恨你。"这一点同样指向了一种分裂,我确实爱着你,但出于某种原因,我不得不恨你,我因此也恨我自己。甚至在其肯定意义上的同义反复,诸如"愿意去爱"(love to love)中隐藏着它的反面,当我这样说的时候,它一定要这样被理解:"我意愿于去爱你……(但我不能这样)"——虽然已经不能这样做了,但作为一种意志的表达还在继续。换言之,当丈夫或者妻子这样告诉他(她)们的伴侣:"我愿意爱你"的时候,离婚已经近在咫尺了。

③ 关于"非—全部"的讨论参见本书第二章。

尽管"没有任何预设的存在不是预先被设定的"。(换言之,尽管对于每个特殊的预设来说,它都是被"设定"的,不是自然的[natural],而是被**自然化了的**[naturalized]。)但我们却并不能因此而推导出这样一个普遍性的结论:"每一个预设都是被设定的。"预设 X,它"毫无特殊性",完全的无实体化的存在都抵制着这种回溯性的"设定"。这就是拉康所谓的**真实**(Real),一个不可企及的、排他的"我不知该如何"(je ne sais quoi)。在《性别麻烦》(Gender Trouble)一书中,朱迪斯·巴特勒区分了性别(sex)与社会性别(gender),即区分了一个生理的事实与文化—符号的构造之间的区别。这一区分在多年后被女性主义者广泛运用,以便指明"解剖学并非无可逃避的命运",换言之,"女性"作为一种文化产物并不能被其生物学上的差异所决定——并非是确定无疑的被固定下来的、被预设的肯定的事实,而是一个总已经被"设定"的存在:我们如何在"自然"和"文化"之间画一条线,这一问题本身就是由特定的文化语境所决定的。在文化中,将社会性别与性别区分开来的武断不应逼迫我们接受福柯将性(sex)视为一种性经验(sexuality)(就话语实践的异质性结构而言):失去的是真实(Real)所陷入的僵局。① 在此我们看到了将拉康与"解构"区别

---

① 参见朱迪斯·巴特勒《性别麻烦》(Gender Trouble)(New York: Routledge, 1990)。此后出现了一些较为激进的努力,它们试图说明每一个"被设定的"性别差异(在生物学意义上的,或者在符号秩序中)最终都是偶然的、带有回溯性的表演性效果(performative effect),换言之,它们都是已经"被设定的"。有人曾经导出这样一种带有讽刺性的结论:女人不过是戴着面具伪装成女人的男人,而男人不过是逃离于男性气质中以掩盖自己的女性气质的女人。当巴特勒揭示了将性别差异实体化的倾向所具有的困境的时候,我们不得不敬佩她的才华。最终问题也随之产生了,在这本书的"编排"当中,展现了一个无拘无束的表象性游戏,在这一游戏中,多样化的主体—位置(subject-positions)被构建了起来,颠覆了所有固定的身份。在此所遗漏的恰恰是已经被这本书所指出的一点——性别麻烦,即性经验(sexuality)就是一个构成性的麻烦,一个创伤性的僵局,每一个表演行为不过就是为了弥补这一创伤而发挥着作用。在此我们已经完成的不过就是一个从否定向肯定的自我反思性的翻转:社会性别总是存在着麻烦——为什么?因为社会性别就是对这个基础性的"麻烦"的一个回应:"正常的"性别差异的构造就是为了避免这种困境。

开来的那个非常细小,但却很关键的一点:自然与文化的对立本身就是文化的一种武断,换言之,即便承认"没有什么特殊的要素能被隔离出来成为'纯粹的自然'",但却并不就意味着"所有一切都是文化的"。"自然"作为真实(Real)始终是深不可测的 X,它拒斥着文化的同化。或者我们换个角度来说明:拉康的真实是将特殊从普遍中加以区分的那个断裂,是那个阻止我们推导普遍性的断裂,即阻止我们从"每个特殊要素都是 P"的前提跳跃到"所有要素都是 P"的普遍性结论的那个断裂。

由此,并不存在包含有非可能的-非符号化的真实(Real)的观念:在拉康那里,真实并没有隐蔽地躲藏在一个不可企及的领域,当拉康将阉割之石(rock of castration)界定为真实的时候,这绝非意味着这种阉割被从话语领域中去除,并作为一种不可触及的牺牲。象征界与真实界之间的划界,将真实作为一种禁忌的、不可企及的存在加以排除,都不过是象征行为(symbolic act)而已。这种将不可能性转变为禁忌的—排他性的**玄妙就内在于真实的僵局**当中。换言之,拉康的策略在于阻止将真实禁忌化:只要将自己投入真实的象征化当中,在这一努力的失败中,我们就可以"触及真实"。在康德的《纯粹理性批判》中,范畴超越于经验而被运用之时所产生的悖谬与不一致性恰恰证明在现象之外存在着原质(Things)。同样拉康的"真实"(le réel)只有在其形式化的过程遭受阻碍之后才能被发现。① 简言

---

① 雅克·拉康:《研讨班》(le séminair)第二十卷,《仍旧》(Encore)(Paris: Editions du Seuil,1975),p. 85. 由此,拉康的命题:"不存在任何的性关系",并不包含一种隐性的规范,抑或某种不可企及的潜在的"成熟的"异性恋的规范,在这些规范的作用下,主体总是会感到某种负罪感。而拉康的观点与此相反:在性经验的领域中,不可能构建任何能指导我们,并能获得一种普遍的、合法有效性的规范。任何构造这种规范的努力都不过是为了解决"原初"的困境。换言之,拉康没有陷入某种残酷的"超我"的构造陷阱当中,这种超我知道主体的要求不能被满足,由此让主体的存在充满负罪感;拉康的主体与象征法规之间的关系并不是主体与其不能得到满足的要求之间的关系。这种法规中的**他者**总是与旧约中的上帝有关,或者与詹森教派的晦暗的上帝有关,其中蕴含着这样一种观念:**他者**知道它要从我们这里得到什么,只有我们不能说出**他者**高深莫测的意志。而在拉康这里,法规中的**他者**自身并不知道它要什么。

之，真实的状态完全是非实体性的：它不能被整合入象征界。

"预先假定"的困境（换言之，列举那些假定的困境——外在的原因/条件，已被设定的实体等）是那些"非—全部(non-all)困境"的颠倒。一个实体很容易被还原为它的预先假定。一系列预先假定中所缺少的就是那种形式化的表演行为，它们回溯性地设定了这些假定，使其成为其所是，成为某些东西的预先假定（如同以上已经提到的诸多行为回溯性的设定了它们的原因）。"这个i上的一点"就是主人能指的同义反复，它构成了作为"一"(One)的实体。在此我们看到了在设定与预先假定之间的对称关系：**预先假定的设定寄希望于"女性化的"非—全部(non-all)的限制，从其中逃离出来的就是真实(Real)；而已被设定了内容的预先假定则通过一系列"男性化的"表演显现出来。**

黑格尔努力解决这种预先假定的设定所带来的困境（设定反思）(positing reflection)，同时通过规定的反思(determining reflection)来解决每一个设定行为（外在的反思）(external reflection)的预先假定的困境。反思的三种模式（设定的反思、外在化的反思以及规定的反思）[1]构造了整个逻辑学的模型，即三段论的模式。同一、差异、矛盾；本质/形式，形式/质料，内容/形式；形式、真实、完成的根据(complete ground)等。[2] 由

---

[1] 关于黑格尔逻辑学的详尽解读可参见齐泽克《意识形态的崇高客体》的第六章。
[2] 这就是罗伯特·皮平(Robert Pippin)在《黑格尔的观念论》(Cambridge: Cambridge University Press, 1988)一书所具有的弱点，尽管这部书被称为开创了黑格尔研究的新时代。曾经较为流行的是"历史主义的"研究方法，这些历史主义方法试图去除黑格尔的"形而上学"——辩证逻辑，它们都被视为是已经毫无意义的东西，转而认为在黑格尔中"仍然还有意义"的只有在《精神现象学》《法哲学》以及《美学》等著作中存在的那些具体的社会历史分析。而皮平则再次强调了黑格尔辩证逻辑中的关联性，更进一步凸显了通过康德对这一关联性的把握。黑格尔的立场绝不是向"前批判"的绝对的形而上学本体论的倒退，而是完全局限于康德的批评当中：黑格尔的思辨观念论带来了康德批判的终结。皮平的这一计划值得给予充分的肯定。但皮平在一个关键点上失败了，这一失败就发生于他如何对待反思逻辑的问题上。他的分析的最终结果就是我们不得不承认设定反思与外在反思的矛盾：因为他否定"确定性反思"，将其视为一种空洞的隐喻，一个试图打破这一矛盾的失败尝试。

此,对黑格尔的逻辑学所展开的讨论需要涉及两个层次:首先说明"规定的反思"中越来越具体的形式——这是康德的"先验综合"的黑格尔式的表达;其次,同时在基本的意识形态运作的相同模式中发现黑格尔的逻辑学模式。

同一性、差异、矛盾

在讨论关于"黑格尔与同一性"的命题之时,我们不能忘记这种同一性仅仅出现在《逻辑学》当中,作为一种"规定的反思":黑格尔所谓的"同一性"并不是一些简单观念上的自我同一(红色是红色,冬天是冬天……),而是某种在流变的表象背后"始终如一"的本质的同一。我们该如何规定这种同一性?如果我们试图就"事物本身"来把握事物,而对它与其他事物关系置之不理,那么它特殊的同一性就逃离了我们,我们对它不能说出任何东西。一个事物总是与其他事物相互交融着。简言之,**同一性依赖于那些构成差异的东西**。我们从同一向差异转变的时刻,所把握的是一个包含着所有差异性特质的实体的同一。例如,一个名为 X 的人的社会同一性是由与其不同的其他人所构成的社会总体才得以产生:一个人只有在与"母亲"以及"儿子"的关系中才是"父亲",在另一个关系中,他自己则成了"儿子"。下面这段引自黑格尔《逻辑学》的段落说明了一个符号意义上规定的"父亲"是如何形成的,以用以说明差异向矛盾的过渡是怎样实现的:

父亲是儿子的**他者**,儿子是父亲的**他者**,每一个只是作为这个**他者**的**他者**。同时,一个规定只能是与**他者**的关系……父亲除了与儿子的关系之外还有属于他自己的存在,但却不再是父亲,而是一个单纯的人……由此,对立包含矛盾仅仅是因为对立双方彼此以否定性的方式相互关联,**彼此扬弃**,最终彼此**漠不关心**。①

不留心的读者很容易忽视这段话的关键:"黑格尔的矛盾"的特质。"矛盾"并不发生在"父亲"与"儿子"之间(在此,我们所面对的只是相互依存的一个对立关系),它也并不是转向这样一个事实:在一个关系中(与我的儿子的关系)我是"父亲",而在另一个关系(与我的父亲的关系)中我自己成为"儿子",换言之,我"同时既是父亲又是儿子"。如果这就是黑格尔的"矛盾",那么黑格尔将不得不为逻辑的混乱而负责,因为很显然我不可能同时符合对立的两个方面。以上所引段落的最后一句话在**"父亲"自身内部**清楚地规定了矛盾:"矛盾"所指的是在我"因**他者**"所是——我的符号规定——与我"**自身**"所是(这一"所是"是从我与**他者**的关系中抽身出来之后形成的)之间的对抗关系。这是一个在主体纯粹的"是其所是"(being-for-himself)的空洞与在**他者**的关系中指认主体的特质之间的矛盾。用拉康的术语来说就是:$ 与 S_1 之间的关系。更为确切地说,"矛盾"意味着我在符号代理(symbolic mandate),即 S_1 中的自我异化,由此回溯性地从我的残酷的现实(reality)中构造出了$,即逃离了代理操控的那个空洞:我不仅是一个父亲,不仅是这个特殊的规定,而且超越了这一

---

① 黑格尔的《逻辑学》(Atlantic Highlands, N. J.: Humanities Press International,1989),p. 441. 因为我们在此仅仅关注的是矛盾观念中的悖论式的结构,因此我们将差异与对立之间的不同放到一边,没有考察在差异与矛盾之间的对立所拥有的中介性的作用。

符号代理,我只是一个空无(而这就是回溯的必然结果)。①正是这个在差异体系当中的符号再现掏空了我的"病理学"意义上的内容,换言之,从 S,这个实体性的"病理学"主体当中制造出了一个 $, 一个纯粹的自我关联的空洞。

所谓的"我因**他者**所是"被转换为一个再现我的,并由其他能指所诠释的能指(因为"儿子",我成了"父亲",等等)。在我与**他者**的关系之外,我什么都不是,我只是这些关系的整体(正如马克思已经说的那样,人的本质是社会关系的总和),只是这个"什么都不是"是一个纯粹的自我-关联的空无:我只是那个我因**他者**所是的存在,然而同时,我是那个自我规定我自己的存在,即我可以规定哪一个与**他者**的关系网络来规定我自身。换言之,我被(符号)关系网络所决定,只是因为我作为空洞的自我关联,能以这样一种方式自我规定。在此我们又遭遇了作为自我-规定的自发性:在我与**他者**的关系当中,我与我自身相关联,因为我决定了与**他者**相关的具体形式。或者,将其置换到拉康的话语公式的相关项当中:②

$$\frac{S_1}{\$} \longrightarrow S_2$$

---

① 黑格尔自己选择的这个关于父亲的例子是一个典型的具有符号功能的例子,这种选择绝非偶然的或者中性的。早在托马斯·阿奎那那里就已经开始用父亲身份的例子来说明,为了要生存下去,我们必须要接受他人对于那些我们没有亲自见证的事情所给予的说明:"如果一个人不相信任何人,除了他自己亲眼所见,那么他很难生活在这个世界上,如果一个人不相信他人,他怎么能生活? 如果他不接受某个人是他的父亲,那会怎样?"(the Pocket Thomas[New York: Washington Square Press, 1960],p. 286.) 正如弗洛伊德所指出的那样(在《摩西与一神论》[*Moses and Monotheism*]当中),与母亲身份不同,父亲身份来自外在的一种信仰,一个符号的事实:父亲之名(the Name-of-the-Father)的权威只能建筑于对他人话语的确信。

② 拉康的第四个术语,a 该如何理解? **对象 a**(the object small a)所意指的是主体试图不再依赖于意指性的再现的方式来为主体找寻肯定性支撑的一种努力:通过与 a 所构建的幻想—关系(fantasy-relation),主体 $ 获得了其"充实的存在"的想象,似乎他的真实存在独立于他与**他者**的关系,尽管他身处主体间的符号网络当中。

在此，我们必须小心，不要错失了从对立向矛盾转变的过程：这一过程与对立两极的相互交融与依存没有关联，也并非是从一极向另一极的转变。让我们用男人和女人的关系来做例子：我们可以无休止地变换着两者依存关系的基本原则（每一方都是**他者**的**他者**，任何一方的存在都是被其对立方所中介，等等）。一旦我们仍然在这种中立的普遍性背景下来设定这种对立（人类包含着两种，男人与女人），那么我们就距离"矛盾"很遥远。在"男性沙文主义"的语境下，只有男人被作为普遍的男性化身的时候，我们才触及了矛盾，因为在这种视角下，女性不过是"被阉割的男人"；由此，两极不再是对称的，男人成了唯一的人种，而女人不过是其特例罢了。（或者在结构主义语言学当中，只有对立的术语中的一方被"标示"出来，而另一方不过作为"非标示"的时候，我们进入了"矛盾"自身。）

随后，我们依据黑格尔所谓的"对立的规定"（oppositional determination）的逻辑，从对立转向了矛盾。两极普遍的、共同的根据在对立的规定中，即在对立中的一极当中"遭遇自身"。让我们回想一下马克思的《资本论》，"对立的规定"就是资本本身。资本的多样化（在多个生产性体系中的投资）必然包含着"金融资本"，这一资本成为与特殊资本对立的一般意义上的资本的直接化身。"矛盾"由此意指的就是一般资本与作为一般资本化身的特殊资本（金融资本）之间的关系。在《1857—1858年手稿》的导言当中，一个更为明显的例子在于：生产作为整个生产、分配、交换和消费的基本的、结构性原则在它的对立的规定性中"遭遇自身"。"矛盾"在此就是指作

133 为四个要素之整体的生产与作为四要素之一的生产之间的矛盾。①

确切说来,矛盾是阐明的立场与被阐明的内容之间的矛盾。这一矛盾产生于阐发者自身,通过他的言语行为自身的力量(illocutory force),仅仅在言语层面上就实现了他的阐发所要达到的目的。一个经典的政治生活的范例:当一个政治机构批评他的对立党派只考虑党派狭隘的私利的时候,它也就将自身的党派视为一种中立的力量,在为整个国家的福利而斗争。随后他僭越了**他者**的职责,将单个政党的利益尽最大可能地加以提升;因此他的话语需要徘徊于他的政党与其他政党之间。在此发挥作用的仍然是"对立的规定"逻辑,这一逻辑让所谓的超越单个政党的普遍性在其特殊政党当中遭遇到自身——这就是"矛盾"。

卓别林在《大独裁者》结束时的字幕上打出了这样一段话:"如有任何与独裁者兴格勒(Hynkel)与犹太理发师相雷同的情节纯属巧合。"这原本是电影中惯用的一种声明,否认故事情节与真实的事实之间可能的相似性(如有雷同,纯属虚构)。卓别林在此做了一个修改。《大独裁者》最终也成了关于一种巧合的同一性的电影:兴格勒(Hynkel)-希特勒(Hilter),那个无处不在的声音,成为了与那个可怜的犹太理发师的"相对立的维度",成为他的对应的影子。回想一下这一幕:在犹太社区的上空回荡着扬声器中传出的希特勒反犹太人的疯狂演说,理发师跑到街上,被各种各样的他自己的声音的回音所折磨,仿佛从他自己的阴影中逃出来一般。该影片的深意在此显现:在《大独裁者》中的犹太理发师并不仅仅

---

① 《马克思的经济学手稿》(*Marx'Grundrisse*),(London: Macmillan,1980)由大卫·麦克莱伦(David Malellan)选编, p. 99.

被刻画为一个犹太人,同时更是一个"试图逃离政治运动,试图过一种平静生活的小人物"的典型形象,(正如很多分析已经指出的那样)纳粹恰恰是这个小人物的另一个侧面,这个侧面在这个小人物的日常生活被颠覆之后爆发出来。在这一电影的意识形态层面,同样矛盾的等式在另一种对立的隐性同一性当中被表达出来:奥地利=德国。换言之,哪个国家在这部影片中一边成为受害者,同时一边成了与"托马尼亚"(Tomania)—德国(Germany)相对立的浪漫主义想象?即"奥斯特里克"(Austerlic)—奥地利。那是一个以葡萄种植为主业的小国家,无辜的人们在那里幸福地生活着,如同一个大家庭,简言之,"一个有着人性面孔的法西斯"。① 理发师的最终演说伴随着瓦格纳的《罗亨格林》(Lohengrin)的序曲,这一音乐同样是兴格勒(Hynkel)玩气球时候的一段配乐,这样一种安排获得了一种意想不到的隐喻性的维度:最后,理发师关于需要爱与和平的演说其实也就是希特勒-兴格勒自身在其小资情调左右下可能会说的一切。

形式/本质,形式/质料,形式/内容

我们在讨论中失去了前提根据,我们最终总是回到这样一种坚持:"尽管已经说了很多,但事情在本质上总是我们所想的那样。"确切地说,这正是黑格尔在其直接性意义上谈论

---

① 卓别林是否意识到这样一个富有讽刺意味的事实:奥地利,希特勒的第一个受害者,从1934年——道夫斯(Dolfuss)的右翼群体——开始就曾经是最初的纳粹合作国?在《音乐之声》当中不是也同样反映了这样一种情景:存在着一种与纳粹相反的力量,它被叫作自足的奥地利地方主义,换言之,在其中,纳粹主义与民主之间的政治-意识形态的斗争被还原为两个纳粹主义之间的斗争,一个可能过于野蛮残暴,而另一个则仍保持着"人性的面孔"。

"本质"时所意指的东西:"本质"意指着直接的内在性,"事物的本质",排斥一切外在的形式。正如俗话所说的"本性难移"。这样的例子在政治当中不胜枚举。回想一下在东方一般的右翼分子对于前共产主义者(ex-Communists)的态度就足够了。在这些右翼分子看来,不管前共产主义者实际做了什么,他们的民主"形式"对于右翼分子总是一种欺骗,因为它仅仅是形式;"本质上"他们仍然是集权主义的,等等。① 近来最能展现这种所谓"本性难移"例子的就是1985年对戈尔巴乔夫的不信任。没什么会改变,戈尔巴乔夫甚至比一般的强硬的共产主义者更为危险,因为他提供了一个富有诱惑性的、"开放的""民主"的集权主义体系,他的最终目的是强化这一体系,而不是彻底地颠覆它。黑格尔的观点使得这一判断似乎成为正确的:在所有的可能性中,戈尔巴乔夫"确实"只是想推动这一既存体系。然而,尽管他有他的目的,但他所诉诸的行动却彻底地改变了这一体系:"真理"不仅存在于对戈尔巴乔夫不信任的批评当中,同样还存在于他仅仅让自身的改变驻留在外在的形式当中。

由此被构想的"本质"仍旧是一个空洞的规定,对它的充实需要通过它在外在形式当中所要表达的、所要显现的东西。我们由此获得了一对被颠倒了的"形式/质料":形式不再是一个被动的表达方式,不再是需要人们在其后寻找所谓的"真正本质"的那个形式,而是成了促使被动的、无形式的质料得以显现的机制,正是形式赋予了质料特定的规定性。换言之,当我们意识到本质的整个确定性都基于其形式之上,那么本质,从形式的角度来说作为一种抽象的设想,变成了一种无形式

---

① 所以不管前共产主义者做什么,他们都是失败的:如果他们行为激进,那么他们显现了他们的本性;如果他们行为温和,遵循民主原则,那么他们将更为危险,因为他们掩盖了其真实的本性。

的形式的始基(substratum)，简言之，成为质料。正如黑格尔所言，规定与实体由此分开了，被设定为不同的两种存在：就一个事物而言，其质料是一个实体的被动部分（它的实体的基本层面），而"形式"则提供了特殊的规定性，使事物成其所是。

阻碍这种鲜明的对立的辩证法并不能局限于这样一个事实：我们从没有遇到过任何无形式的内容（制作陶罐的黏土已经包含着它适宜被做成陶罐的特质，即它正适合于被做成陶罐，而不是一根针），以至于"纯粹"的无形式的质料走向了它的反面，成了一个有待接纳任何具体的、确定性的、实体的设定的空形式，反之亦然。但实际上在黑格尔头脑中想法更为彻底：正是形式观念的内在矛盾同时指认了普遍性原则和个体性原则。形式将某些无形式的质料制作成某个特殊的、确定性的存在物（例如，从黏土中烧制而成的杯子），且同时形式也是一个所有特殊事物所共有的抽象的普遍性（它是那些纸杯、玻璃盆、瓷杯、金属杯所共有的那个杯子的形式）。要脱离这一僵局的唯一方式在于将质料不再设想为被动的、无形式的存在，而是将其视为自身已经包含了内在结构的质料，一个包含了它自身内容，并与形式相对立的质料。由此，为了避免退回到原初的那个所谓内在本质与外在形式的抽象对立，我们不得不要记住这样一个问题：**内容/形式（或者，更为确切的，是作为形式的内容）的关系不过就是形式与自己的同义反复的关系**。如果脱离了**被形式化了的质料**，那么内容究竟为何呢？我们由此可以将"形式"界定为某些内容在质料中被实现、被现实化的方式（以质料被充分的形式化的方式）："同样的内容"——例如恺撒被杀——可以以不同的方式被讲述出来，或者通过希腊史学家的历史编著，或者通过莎士比亚的戏剧，抑或通过好莱坞的电影。在这些不同选择中，我们能够将"形式"界定为一种可以整合多样化内容的普遍性（例如，经典的侦探小说的形式,成为了某种被符码化了的框架模式,不管作者是谁,是阿加莎·克里斯蒂[Agatha Christie],抑或厄尔·斯坦利·加德纳[Gardner E. S.],这个模式在他们的作品中都有着相同的烙印)。换言之,就质料作为形式的抽象**他者**而言,"内容"就是质料被形式所中介的途径。反之,"形式"也是内容在质料中找寻其表达的途径。在这两种情形下,内容/形式的关系与质料/形式的关系是一种同义反复:"内容"就是形式在其对立的规定中所设定的形式自身。

在从本质/形式到内容/形式转变的整个过程中,很容易就能够以一种简单的方式看到观念、判断以及从"主体逻辑"推演出的逻辑三段论,这种主体逻辑是黑格尔《逻辑学》的第三部分:本质/形式仍然驻留于观念层面,本质仍然是一个自在(in-itself)的观念,一个实存的实体性规定。随后带来的是最为"原初分裂"(Ur-Teilung)的判断,本质被分割为两个部分,这两个部分之间彼此外在,毫不相关:一个实体的层面(作为始基[substratum]的质料),另一个作为设定(形式)。当一个始基需要一种形式对它说明的时候,那么始基就需要设定。第三步最终促使了这种中介的三重结构,一个标示清晰的三段论,在其中形式是它的中间项。

形式、真实、完成的根据

黑格尔《逻辑学》中最为谨慎的部分总是包含着某种不同寻常的"预言性"维度。只有在我们了解了哲学的历史,特别是随后 150 年中对黑格尔哲学的批判的历史——其中包括阿尔都塞——我们将更为清晰地理解这一点。这一预言性的维度渗入青年马克思对黑格尔的批判以及阿尔都塞多元决定论的观念当中。阿尔都塞的多元决定论正是阿尔都塞对黑格尔的所谓"表现的因果律"（expressive causality）的另一种表述方式。

形式之根据（Formal ground）重复着对"真实本质"的直接意指，这是一种同义反复：从不为被解释的现象添加任何新的内容，它只是将经验的内容翻译、转换为根据的形式。为了理解这一过程，我们只要回想一下看病的情景。在我们讲述完自己的症状之后，医生通常这样说："这是一种……"随后出现的是一串长长的拉丁词汇，它将我们所描述的症状翻译成了医学术语，从未添加新的知识。精神分析理论自身也提供了一个关于黑格尔所想到的"形式之根据"的典型例子，这就是其所提出的关于死亡冲动的观念。通过提出 Todestrieb（德语：死亡冲动）来解释负面治疗反应（negative therapeutic reaction）（一般说来，所意指的是攻击性、破坏性的暴怒、战争等）就是一种同义反复，只是给予相同的经验内容以普遍的法规形式，例如，人们互相杀害只是因为他们被死亡冲动所驱使。黑格尔的理论在此如同牛顿物理学的一个简化版本：这个石头有重量——为什么？因为它有万有引力的作用等。然而，黑格尔对于这种形式之根据所做出的充满讥讽的评说不能让我们忽视形式之根据的积极方面，这一形式化的必要的、构造性的功能总是附带着某些只能在形式化当中才能找到的偶然性。嘲笑这种同义反复的空洞性是很容易的，但黑格尔的重点不在于此：正是通过这种形式化的特质，这一方式使得找寻真正的根据成为可能。形式化的因果律，作为一种空洞的姿态敞开了对内容的分析——正如在马克思的《资本论》中所发现的那样，资本主义条件下生产过程的形式要求为那些与资本运作相符合的物质生产组织方式的产生铺平了道路。（换言之，前资本主义生产组织方式，即那种只能在个体手工业者当中存在的组织方式,在形式上要服从于资本,资本家提供给个体手工业者原始的生产资料,随后,生产必将由资本家来重构为一种集体的工业化生产过程。)

黑格尔进一步指出,这种同义反复式的阐发,为了掩盖其真实的本质,并创造一种积极的内容,于是用某些幻想的、想象的内容来填补根据之形式的空洞,并由此构成了一种新的、特殊的现实经验内容:我们由此获得了诸如"以太"、"磁性"、"热素"以及其他神秘的"自然力量"——这些概念为那些游弋在理解(of-thought)之外的现象(由此形成某种空洞的设定)填充了积极的、规定的内容。简言之,我们得到了一个颠倒了的"颠倒的世界",在其中那些游弋在理解之外的规定却获得了积极的经验的对象。(相关的实例就存在于哲学自身当中。笛卡尔将身体与灵魂的连接点安置在松果腺当中,而这个松果腺正是一个准经验的存在,它的设定所说明的恰恰是笛卡尔不能用概念的方式来把握的内在与人自身之中的思想与实体之间的关联)对黑格尔来说,颠倒的"颠倒的世界"并不存在于超越现实的、经验的世界预设的一个超感性观念的世界,相反,这种双重的颠倒意味着超感性的观念自身重新又获得了一种感性的形式,以至于感性的世界被加倍了:好像是在我们的感性世界的旁边还存在着另一个"精神化的物质性"(spiritual materiality)世界(一个作为完美物质的以太的世界,等等)。黑格尔为什么要考虑这些问题?对这些问题的阐发提前说明了费尔巴哈、青年马克思以及阿尔都塞所宣称的"对思辨观念论的批判":思辨观念论的隐蔽的对立面及其"真理"就是实证主义,它服从于偶然的、经验的内容。换言之,观念论就是为那些经验的内容赋予了思辨的形式,并使其成为经验内容的根据。①

这种准经验的对象使得主体不能在一种纯粹概念的关系当中来把握它,对此,康德为我们提供了另一个典型的实例。在他死后发表的著作中,其提出了一个关于"以太"(aether)的假定。② 如果空间是被填满的,康德推论说,从空间中的一个位置向另一个位置的运动就是不可能的,因为所有的位置都已经被占了;然而,如果空间是空的,那么在两个被空间隔开的实体之间将不会有关联,不会有相互作用,因为在纯粹的空无当中,力量不能被传递。从这一矛盾中,康德推出了这样一个结论:空间被一种无所不在,四处渗透的某种东西填充着。它本质上与空间同质,被康德称之为"以太":一个无所不在的要素持续地填充着空间,并作为空间中所有其他"一般的"积极力量或者对象相互作用的中介而存在着。这就是黑格尔所想到的所谓"颠倒的世界":康德用以解决空洞的空间与填充的它的对象之间的对立的方式是通过预设某种对立于物质的"物质"——一种彻底的、透明的、同质的,并且持续不断的物质——这就如同在原始宗教当中超感性观念作为以太-质料性的超越物(aetherical-material Beyond)。(一旦我们接受了后牛顿时代非同质性的空间观念之后,这种假设的需

---

① 科幻电影《隐藏》(Hidden),以它最为质朴的形式提供了一个最为深刻的将观念性关系物质化的场景:在今天的福罗尼亚,日常生活一切正常地进行着,直到影片主人公戴上了一副特殊的绿色眼镜,由此他看到所有事物的真实状态——意识形态的种种指令,隐藏在日常的有意识的注视之下,例如它告诉人们"做这个,买那个……"所有这些指令围绕在主体的周围。这部电影的奇幻之处在于提供给我们一副眼镜,让我们可以"看到意识形态",它奴役着我们,而我们在没有看到其隐蔽的指令之时,还认为自己是自由的。这部电影的"错误"在于假设那些意识形态的指令都有其物质的存在形式,实际上,这些指令都是一种纯粹的符号关系:只有这些符号关系的效果是一种物质存在(换言之,《隐藏》以做改进的形式,讲述了一个经典的意识形态启蒙的故事,其中有权势的人们把持着个人的利益,有意识地欺骗大众)。

② 参见芬德雷(J. N. Findlay)《康德与先验对象》(*Kant and Transcendental Object*)(Oxford: Clarendon Press, 1981), pp. 261 – 267.

要也随之烟消云散了。)①

结果,紧随形式之根据的正是真实的根据:"根据"与"被根据"之间的差别不再是纯粹形式的,它成为内容上的差异,成为两个构成要素之间的差异。对于要被解释的现象而言,我们不得不将某些要素孤立出来,将它们视为所有其他要素的"根据"。例如,在传统的马克思主义那里,所谓的"经济基础",生产过程的结构,作为一个麻烦的,同时也是臭名昭著的"最终的要素",决定了其他所有的要素(政治的以及意识形态的上层建筑)。在此,问题随即产生:为什么是这个要素,而不是其他要素? 换言之,一旦我们将某些要素从整体中凸显出来,并视其为根据的时候,我们也必须要考虑使这一要素与整体的关系如何使其成为一种根据。"根据"能够发挥根据的作用需要特定的条件。简言之,我们要回答"为什么是这一要素,而不是其他要素"这一问题,需要详尽分析根据与被根据的要素之间的关系,正是在这一关系的分析中,我们或可发现为什么只有这一要素能够承担根据性的角色。紧随其后的一步是根据的最终模型,即完成根据。在此关键的问题在于把握黑格尔哲学成就的本质:他并没有外求于其他,甚至没有探寻那种根据自身的根据,即更深层次的超—根据(supra-Ground)。他只是在根据与其被根据的内容之关系当中来设定根据。在这一意义上,完成的根据就是形式的根据与真实的根据之整合的结果,而那些与被根据的内容有着密切关联的真实根据究竟又以什么为根据呢?——以它自身为根据,换言之,以它与被根据的关系的整体性为根据。根据以被根据的(the grounded)存在为根据。由此,我们再次触及同义反

---

① 我们在此需要记住的是康德不得不假设以太的存在,这是由其哲学的幻象-框架所决定的,换言之,由"真正的对立"的逻辑所决定:"以太"被还原为与那些日常的可测量的-可压缩-可黏合-可耗尽的事物相对立的另一类事物。

复(形式之根据),但并不是如在形式之根据当中存在的一个空洞的同义反复,在此,这个同义反复包含着以上所提到的黑格尔意义上的矛盾,它意指着整体与其"对立的规定"的同一:整体——真实的根据与其自身的同一性。

在《读〈资本论〉》中,①路易·阿尔都塞努力试图通过因果律、"多元决定论"等新的概念来阐发马克思主义当中的认识论断裂:最富有决定性的时刻在于这一因果律在整个概念体系当中所担当的决定性的角色。阿尔都塞将因果律这一观念与机械的、可传递的因果律(后者以线性的因果链条为特质,它的典型案例是前爱因斯坦的物理学)对立起来,同时还将其与表现因果律对立起来,这一因果律显然意指的是黑格尔。在整个哲学中,同样的精神的本质——时代精神(zeitgeist)——在社会的不同层面上表达着自身:在宗教层面,这一精神在新教教义中获得表达;在政治层面,这一精神则显现为市民社会从中世纪的极权社团主义中的解放;在法学层面,则表现为私有财产以及作为自由财产承担者的自由个体的出现。这种表现—传递—多元决定的因果律三段论形式与拉康的想象—真实—象征的三段论形成对应关系:表现因果律隶属于想象界,它所意指的是具有同一性的无意识的意向,在不同的质料内容中都留下了相同的印记。多元决定隐含着一个象征性的整体,因为向那个根据的回溯性反思只有在象征界才是可能的。传递的因果律意指了一和真实的无意义的碰撞冲突。今天,在生态危机爆发的过程中,特别重要的一点在于我们要将这一危机设想为一个无意义的真实的主

---

① 参见路易·阿尔都塞《读〈资本论〉》(*Reading Capital*)(London: New Left Books, 1970), pp. 186 - 189.

体机遇(tuchē)①,换言之,我们不能"将意义植入事情当中",正如我们在面对生态危机的时候将其视为我们无情的开发自然所得到的惩罚。(回想一下关于灵魂的内在世界与外在世界和谐一致的理论就足够了。这一理论在所谓的"新时代的意识"[New Age consciousness]当中再次流行起来——这是一种新的典型的"表现因果律"。)

现在应该清楚的是,阿尔都塞对于黑格尔的"表现因果律"的批判并未切中要害:黑格尔预先在自己的概念框架中说出了阿尔都塞的批判,即在他的所谓形式、真实与完成的根据的三段论中非常完美地对应了表现、转移与多元决定的因果律的三段论。难道"完成的根据"的别名不就是那个多元决定的"复杂结构"的别名吗?在那种"复杂结构"当中,决定性的要素自身正是由于其在关系体系当中所承担的决定性的角色所决定的。②在《黑格尔或者斯宾诺莎?》③当中,皮埃尔·马世瑞(Pierre Macherey)就充满矛盾地坚持认为斯宾诺莎的哲学一定要被解读为对黑格尔的一种批评——好像斯宾诺莎读过黑格尔,并能预先回答后者对所谓"斯宾诺莎主义"的批判一样。黑格尔与阿尔都塞之间的关系也可以做这样一种解读:黑格尔预先勾勒出了阿尔都塞对(阿尔都塞意义上的)"黑格尔主义"的批判,甚至他补充了阿尔都塞思想中缺失的要素,从而避免他自身构想出多元决定论的观念,即补充了主体

---

① tuchē:拉康在《精神分析的四个基本概念》当中用以讨论巧合(accident)/机遇(chance)的时候所使用的概念。拉康按照亚里士多德的方法,将机遇(chance)划分为两个,一个是主体的机遇,被称之为 tuchē,客体的"机遇"被称为自发性(automaton)。而所有主体的机遇,正是"与真实的遭遇"。参见 http://art3idea.psu.edu/locus/TUCHE.pdf ——译者注

② 关于这一点最先由碧翠斯·朗格里斯(Beatrice Longuenesse)在她的佳作《黑格尔与形而上学批判》(Paris: Vrin, 1981)中提到。

③ 参见皮埃尔·马世瑞(Pierre Macherey)《黑格尔或者斯宾诺莎?》(Paris: Maspero, 1975)。

性的要素。这一主体性并不能被还原为通过质询而获得的想象性(误)认同,换言之,这一主体性不能作为$,成为空洞的主体。

从"自在"到"自为"

让我们就此停止,不要试图从《逻辑学》第二部分的结尾处去分辨出相同的模型,只要确认这样一个问题就足够了:整个逻辑学的基本对抗性矛盾就是根据与条件之间的对抗,事物的内在本质(真实的本质)与导致这一本质得以实现的外在环境之间的对抗,即在此重要的问题在于对抗不可能在"更高层次的综合"上被整合,两个维度之间不存在共同点。(只有到了《逻辑学》的第三部分,"主观逻辑"的观念当中,这种不可通约才得以被超越。)由此需要在主观设定与外在制约之间做出选择:人们是自发地创造了他赖以生存的世界,还是他们的行动总是受制于外在环境?哲学的普遍共识在此通过设定一种"恰当的手段"(proper measure)来达到一种妥协:确实,我们有选择的可能性,我们能够自由地构想各种计划,但所有这一切只能在既有传统的框架内,只能在一个已经决定了我们可进行选择的既有环境之内。这正如马克思在《路易·波拿巴的雾月十八日》中所说的那样:"人们自己创造自己的历史,但是他们并不是随心所欲地创造,并不是在他们自己选定的条件下创造,而是在直接碰到的、既定的、从过去承继下来的条件下创造。"①

然而,这正是黑格尔所勾勒的"辩证合题"。这一观念的

---

① 《马克思恩格斯选集》第1卷,人民出版社1995年版,第585页。

关键在于我们没有办法在两个方面之间划一条分界线：每一个内在的潜能都能被转换（它的形式能被转换）为一个外在的条件，反之亦然。简言之，确切地说，黑格尔在此所做的是打破了对于事物的内在潜能与外在条件之关联的一般观念。遵照这种一般观念，事物的内在潜能与外在条件作为两个平等的对立方被设定，其目的就是要实现其内在的潜能。黑格尔哲学的最终结果比这一哲学表面看起来得更为激进：它显现为一种反-进化的特质，特别显现在**自在**与**自为**这一对范畴当中。这一对范畴通常作为黑格尔相信进化论的明证（从"自在"向"自为"发展）。但进一步的考察将驱散这一进化的幽灵。作为"自为"的对立面而存在的"自在"同时意味着以下两个方面：第一，这只是潜在的存在，作为内在可能性，与那些已经被外化和实现的现实（actuality）相对立；第二，现实自身作为外化的、直接的、"原始的"客观性与主观的中介相对立，由此现实仍然有待被内在化，有待使其成为意识。在这一意义上说，"自在"是还未达到它的观念层面（Notion）的现实。

以上两点解读打破了对进步的辩证法的一般看法：一般说来，进步意味着客观的内在潜能的逐渐实现，是一种自发的自我发展的过程。黑格尔对于这一问题的说法是直接而清晰的：客体自我发展的内在潜能与加诸其上的外在力量所形成的压力严格说来是合作关系，他们形成了同一整体的两个方面。换言之，客体的潜能，以一种近乎强制的形式，一定要在它的外在现实当中实现出来。例如（这一例子来自黑格尔自己）说一个学生从受教育的开始就有获知的潜能，在教育的过程当中，他将逐渐地实现自己的创造性潜能，这就等于说，这些内在的潜能从开始就必须要在现实中实现自身，这种"必须"如同主人的权威，将自己的要求强加在学生身上。今天，我们可以将这一带有悲剧性色彩的例子应用于作为革命之主体的工人身上：确信工人阶级"自在的"、潜在的是一个革命的主体，也就是确信这种潜能一定要在党当中被现实化，这样的党知道革命的任务，因此给工人阶级施加影响，指引他们实现他自身的潜能。由此党的"领导角色"是合法的，教育工人阶级认清他们的潜能，敦促他们承担起自己的历史责任是这个党的权力。

现在我们可以看出为什么黑格尔的观念与那种将从自在到自为的发展看作是进步的进化论观点相去甚远了。"自在"的范畴严格说来与"为我们"的观念相连，这些观念总在外在的事物自身中。例如说黏土是一个陶罐的"自在的"形态，意味着说这个陶罐已经存在于匠人的脑子当中，而这个匠人随后将会作用于这块黏土，从而制造出陶罐。现在说"在正确的条件下，学生将意识到他的潜能"，这完全是骗人的。当他并没有能够意识到他的潜能的时候，我们坚持说"他没有意识潜能，只是因为条件不成熟"。我们所犯的这种犬儒主义的错误就如同布莱希特在其著名的《三个便士的歌剧》(The Threepenny Opera)中所说的那样："如果不是条件不允许的话，我们本来是善良的，而非粗鲁的。"对于黑格尔来说，外在的环境并非是内在潜能实现的障碍，相反，这些外在环境恰是内在潜能的真正本质是否得以实现的检验场所：如此这般实现的潜能是否是真正的潜能，或者只是一些无效的幻觉？或者用斯宾诺莎的术语说："设定的反思"将事物视为在其永恒本质当中所是的事物，sub specie aeternitatis（在永恒的相下），而"外在的反思"则将事物看作 sub specie durationis（在延续的相下），即他们的存在依赖于一系列外在的偶然的环境。在此，所有的问题都围绕着黑格尔如何克服"外在反思"。如果黑格尔的目的只是将偶然的条件所构筑的外在性还原为内在本质根据的自我中介（这就是对黑格尔"观念论"所持有的一般观念），那么黑格尔的哲学就仅仅是"极端化的斯宾诺莎主义"。但黑格尔究竟做了什么呢？

让我们从拉康的角度来接近这一问题：究竟在何种意义上20世纪40—50年代的拉康是一个黑格尔主义者？为了弄清楚他的黑格尔主义，只要详尽考察一下他关于在精神分析的治疗当中分析者的"被动性"问题就足够了。如果"现实的总是合理的"，那么分析者就不必将他的解释强加到被分析者，他所能做的就是通过偶尔打断他的谈话来为被分析者扫清道路，以便被分析者可以达到他自己的真理。这就是黑格尔谈到所谓的"理性的狡计"的时候所想到的。分析者并非要通过让被分析者直面"事物的真实状态"，从而弱化被分析者的自欺欺人，最终显现其"美丽的灵魂"；相反，他只是让被分析者信马由缰，去除掉所有那些作为借口的种种障碍，最终强迫他去揭示"他究竟是什么做成的"。在这一意义上，"现实的即是合理的"：我们对于现实的内在合理性的信任——典型的黑格尔哲学意义上的——意味着现实只是提供了主体所认定的合理性的检验根据，当主体被剥夺了可作其失败之借口的外在障碍的时候，他的主体位置反而因为这种内在的非本真性而坍塌了。在此我们所拥有的是一种犬儒化了的海德格尔主义：本来既然客体自身就是非一致性的，既然保持其外表的一致性的正是一些外在的障碍，这些障碍抑制了它的内在潜能，那么如果要摧毁这一客体，使其坍塌的最有效方式就是放弃任何解释，去除它的所有障碍，让"其是其所是"的存在，为它的潜能的发展提供自由的空间。①

难道黑格尔关于"理性之狡计"的观念不包含着一种向前-康德的理性主义形而上学的"倒退"吗？在此将康德对上帝存在之本体论证明的批判与黑格尔对于上帝的再次确证对立起来，这已经成了哲学的共识，以此来证明黑格尔的这种再确证不过是黑格尔回归经典的形而上学理论的明证。这一过程总是被这样讲述出来：康德证明存在不是一个述谓（predicate），因为在述谓的层面上来界定一个事物的内容，那么现实的100元与观念上的100元是没有差异的。由此推论，关于上帝存在的观念同样如此。有人试图在康德当中发现拉康那个奇特的参照象征而界定出的"真实"：存在是真实的，仅当其不能被还原为观念—象征（notional-symbolic）的确定性的网络结构。然而，这种共识不得不被整个的拒斥。

康德关于这一问题的讨论的真实内涵还远未提炼出来；他分两步来完成这一讨论（参见《纯粹理性批判》，A584—603）。首先，他表明在关于上帝存在的本体论证明当中一个隐形的条件子句（if-clause）仍然发挥着作用。确实，"上帝"的确意指这样一种存在：其存在隐含于它的观念当中，但我们仍

---

① 拉康在借鉴黑格尔的"美丽灵魂"（Beautiful Soul）的时候，犯了一个很大的错误，他混淆了两个不同的意识：拉康以"心灵之法则"（Law of the Heart）之名来谈论"美丽灵魂"，对抗社会的不公（参见《选集》[*Ecrits: A Selection*]，p.80中的例子）。对于黑格尔来说，"美丽灵魂"与"心灵之法则"完全不同：前者热衷于发掘世界的阴暗面，但却同时积极参与到他们的再生产当中（拉康将其恰当地运用到了对多拉[Dora]的分析当中，后者是弗洛伊德关于歇斯底里的案例分析）；而"心灵之法则与自负的弗拉茨"所意指的却是另外一种精神病式的态度——一种自称为救世主的人所持有的态度。在这一救世主看来，他自身的内在法则应该适用于所有人，当世界并不如他所愿的时候，他会偏执地做出这样的解释：世界（他的社会环境）之所以没有随其所愿，是由于某些黑暗势力的存在（就如同启蒙推崇者将自己没能获得民众的支持归罪于教士们对于宗教迷信的宣传）。拉康运用他自己所构造的概念来阐发"美丽灵魂"与"心灵之法则"之间的区分，从而使拉康的问题变得更加富有神秘色彩：歇斯底里的美丽灵魂将自身栖居于**大他者**当中。它在主体间性的领域中作为面向**他者**所提出的要求。而心灵之法则则与精神病理学紧密相关，包含着对于黑格尔所谓的"精神实体"的拒斥和悬置。

然必须预设这样一种存在是存在着的(换言之,所有的本体论证明实际上都表明,如果上帝存在,那么它就必定要存在),以至于它使得这样一种看法成为可能:并不存在由观念可以推导出来的存在。一个无神论者甚至会将这个上帝本质视为对抗上帝存在的证明:并不存在上帝,因为没有人能够设想出一个存在,使其观念能推导出存在。康德的第二步指向了同样的关键点:术语"存在"的合法性运用在于能够指认客体(object)在现象层面上的现实(phenomenal reality)所具有的经验的可能性。然而,**理性与直观之间的差异就在于现实的构成性(constitutive of reality)**:主体认为某物"在现实中存在",仅仅因为他的表象被直观所带来的偶然的、经验的内容所填充,换言之,在主体被动的被感知的影响下,某物才得以存在。存在不是一个述谓,不是一个客体的观念的一部分,恰恰因为,为了从观念转变为存在,人们必须要为之附加上由直观带来的被动性要素。正因如此,"必要的存在"(necessary existence)的观念是自相矛盾的——每一个存在在界定的意义上说都是偶然的。①

黑格尔对所有这一切将作何回应?黑格尔绝没有回到传统的形而上学:他在康德自己所敞开的视域当中来批驳康德。由此他正是从对立的终点处来接近问题:"成为观念"(zum-Begriff-kommen)究竟是如何影响到客体的存在的?当一个事物"达到了它的观念",这对于它的存在究竟产生了怎样的影响?为了澄清这一问题,让我们来回想一下拉康的这样一个命题:马克思主义并不是一种"世界观",②即并不是这样一种观念,无产阶级通过对他的历史地位的认知而成为现实革

---

① 在经验现实中的存在由此与拉康的真实相对立:确切地说,就上帝并非被体验到的、经验的现实的一部分而言,上帝属于真实。
② 雅克·拉康《研讨班》第二十卷《仍旧》,p. 32.

命的主体。① 历史唯物主义并不是关于历史发展的中性的"客观知识",因为它是一个历史主体的自我认知的行动。由此,它蕴涵了无产阶级的主体地位。换言之,对于历史唯物主义的恰当"知识"是一种自我指涉(self-referential),它改变了它的"客体"。正是通过认知的行为,客体成为了它真正所是的存在。因此"阶级意识"的提升对于其客体(无产阶级)的存在产生了影响,将其转变为现实革命的主体。难道精神分析不也是如此吗?难道对于症候的阐发没有构成一种在真实界中的象征的直接介入吗?难道它没有提供一个典型的案例用以说明话语究竟是如何影响到症候的真实(Real)吗?另一方面,这个象征的效用预设一种实体,其存在与某种非知识密切相关;知识被设定的时刻(通过阐释),也就是存在解体之时。在此存在并不是一个事物的述谓,而是意指事物与其谓词相互关联的方式,更为确切地说,是事物借助于它的述谓特性(predicates-properties)(曲折地)与它自身相关联。② 当无产阶级开始意识到他的"历史使命"之时,关于他自身的述谓并没有改变,改变的只是他与这些述谓之间相关联的方式,而这种改变影响了他的存在。

为了指明对于"历史使命"的意识,传统的马克思主义运用了黑格尔的一对概念:"自在/自为",为了达到"阶级意识",无产阶级从"自在的阶级"转变为"自为的阶级"。在此发挥作用的辩证法是一个遭遇失败的辩证法:向"自为"的转变,向观念的转变,包含着存在的丧失。这种失败的遭遇在一个充满激情的爱情当中表现得最为明显。当我仅仅屈从于激情的时

---

① 这一观念在乔治·卢卡奇的《历史与阶级意识》当中获得了极富哲学内涵的阐发。
② 康德自身已经预感到了在存在与其自我关联之间的这种联系。他在其《纯粹理性批判》当中赋予充满活力的综合(这种综合不仅关注于"谓词",同样也关注"存在")以规范性的特征。

候,这段感情是"自在"的,并没有意识到在我身上究竟发生了什么。随后,当爱情结束之后,在我的回忆当中,这段感情成了"自为的"——我在回想当中意识到我曾经是怎样的,意识到我失去了什么。对于我所失去的一切的意识催生了一种幻想,这是存在与认知之间不可能之关联的幻想(如果当时我知道我有多幸福,那该有多好……)。但黑格尔的那个"自在自为"(Au-und-Fuer-sich)真的就是那个不可能的关联吗,就是那个当我幸福的时候,我就已经意识到这份幸福的那个幻觉时刻吗?这种自在自为难道不是一种仍与"自为"相关,从属于"外在反思"的无遮蔽的幻觉吗?在这一幻觉当中,我曾经是幸福的,却并不自知。这种关于幸福的回溯性的洞察难道不正是源于失去幸福的一种体验吗?

这种外在反思(external reflection)的幻觉在电影《义胆风云》(Billy Bathgate)那里得到了充分的体现。这部电影改编自 L. 多克托罗(L. Doctorow)的小说。电影整体上是失败的,它留给人们的唯一印象就是它是对一部出色的文学作品极为苍白而扭曲的反映(reflection)。但对于那些看过电影之后再去读小说的人来说,他会感到一种令人不快的惊讶。因为小说的结尾接近于平淡无奇的"大团圆"(happy ending)(在小说中,比利窃取了舒尔茨隐蔽的财产);许多精心设计的细节,对于那些并不熟悉小说情节的人来说,都是一些有趣的片段,这些片段并不是改编自小说,而是相反,那段富有传奇色彩的从失事船只中幸存的片段实际上是被改编者添加上去的。简言之,电影的失败反而映衬出小说的"出色"。在此这本"出色"的小说已不是那个被改编成电影的小说,而是由于电影自身所引发的一种回溯性的妄想。①

"根据"对决"条件"

这个概念性的背景使我们可以重构根据和条件的恶性循环。让我们回想一下一般对于种族歧视得以产生的原因的阐发。在这一阐发中一系列的根据与环境-条件的概念被激发出来。人们将种族主义视为一种潜在的心理特质(或者更为一般地说来,被称之为"非理性的集体-施虐的爆发"),一种在特定条件下(社会的非稳定性和危机等)产生的荣格心理学的典型。从这一观点出发,种族主义特质就是根据,而当下的政治斗争就是"环境",就是其得以产生的条件。然而,究竟什么是根据,什么是条件,最终是偶然的,并且是可交换的,因此人们可以很容易将以上提到的这种心理主义的视野进行马克思主义式的颠倒,将当下的政治斗争视为真正起决定作用的根据。在前南斯拉夫的内战当中,塞尔维亚入侵的"根据"并不是典型的巴尔干半岛中原初战争的模式,而是为了争夺后共产主义塞尔维亚的权力而展开的斗争(这是老共产主义国家机器的幸存)。最终塞尔维亚的好斗特质以及其他类似的典型特性("克罗地亚种族灭绝"的特性,"在巴尔干半岛上长久

---

① 在倒错心理与神经官能症中幻象(fantasy)的角色提供了这个从自在向自为的过渡如何发挥效用的典型案例。那个倒错者就生活在他的幻象当中,演绎着这种幻象。这就是为什么倒错者并不将其视为"反映性"的关系,并不将其作为幻象来看待。用黑格尔的术语:幻象并不是被如此这般的"设定出来"的,它只是自在的。另一方面,一个歇斯底里症患者的幻象同样也是一个倒错的幻象,但其差异不仅在于一个歇斯底里患者将幻象视为一种反映的"被中介了"的关系,通俗说来,他"只幻想一个变态者实际上正在做什么",而且更为重要的一点在于在歇斯底里的视域中,幻象获得了一个不同的功能,成了一个缜密的主体间的游戏的一部分,即通过幻象的方式,一个歇斯底里者将他或者她的焦虑隐藏起来,同时却又给别人提供了一种诱惑,诱惑他人去探寻在那个歇斯底里患者的剧场中究竟上演着什么。

以来持续不断的仇恨等"),确切说来都是这些政治斗争得以实现的条件-环境。确切地说,"好斗的品性"成为一种潜在的本性,它的实现,它的产生都是源于作为其决定性根据的新近的政治斗争。由此,人们可以这样说:"在南斯拉夫内战当中的爆发可危并不是一个典型的伦理冲突,那些长久以来的仇恨只有在当下的政治斗争中才得以被激发出来。"①

然而,我们究竟该如何来摆脱这种根据与环境之间的混乱,这种互换性?让我们给出另一个例子:文艺复兴,即发生在 15 世纪,由对古代文化的重新发现而对当时的中世纪生活产生巨大影响的一次文化运动。首先,一个显而易见的解释是这样的:对古代文化的重新发现带来了中世纪"典范"的消解。在此,一个问题马上跳了出来:为什么古代文化偏偏在这个时候,而不是更早的时候对社会产生了影响?它自身给出的答案当然是将原因归于中世纪社会关系的解体,以及新的时代精神的出现,这使我们对古代有所回应,某些在"我们"之中的东西已经改变了,它使我们意识到"古代"并不是罪的异教王国,而是可以采纳的某种模式。这种阐发并不错,但我们却仍旧被束缚在一个恶性循环当中。因为这种新的时代精神自身是通过对古代文献,以及那些古典的建筑和雕塑的发现而被构造出来的。在这一方式中,所有的事物都已经在外在的环境中存在了。新的时代精神通过古代对其产生的影响而形构了自身,由此文艺复兴的思想打断了中世纪的链条。但为了古代文化的影响可被感觉到,新的时代精神必然已经活跃起来了。唯一能逃离这一困境的方式,在某种意义上,就是

---

① 这种可互换性在精神分析理论中关于创伤因果性的模糊性阐发当中得到体现:一方面,"原初的创伤"作为最终的根据被孤立出来,用以解释一系列病理形式(症候)所引发的连锁反应;另一方面,为了让 X 事件发挥创伤性的作用,主体的象征性世界首先已经以某种方式被结构出来了。

这种同义反复式的介入：新的时代精神只有通过**在其外在性中，在其外在条件下，(在古代中)已经预设了自身**的方式来构造自身。换言之，新的时代精神回溯性地将这些外在的条件（古代传统）设定为隶属于"它自身的"，这还不够，它还需要这些条件预设自身为既已存在的事实。**向外在条件(向古代)的回归必然与向"基础"，向"事物自身"，向根据的回归要协调一致**。（这正是文艺复兴对自己的设想：向我们西方文明的根基之处，希腊与罗马的回归。）我们由此并不需要依赖外在环境来实现自身的内在根据；预设的外在关系（根据预设了条件，反之亦然）在一个纯粹的同义反复当中被超越了，在这一同义反复中，事物预设了自身。这种同义反复在确切的意义上说是"空洞的"，它并没有构造任何新的东西，它只是回溯性地确认了被询问的事物**自身已经存在于它的条件中**了。换言之，这些条件的整体就是这个事物的现实实现。如此这般的一个空洞的姿态提供给我们一个关于**象征性行动**（symbolic act）最为根本性的界定。

在此我们发现了在构造民族统一性中发挥作用的所谓"对传统的再发现"所包含的矛盾：一个民族发现它的自我认同感正是通过这种同义反复，即通过发现自身已经存在于它自身的传统当中而实现。由此，"对民族传统的再发现"的机制不能被还原为"对预设的设定"，在这种设定中，外在的条件被设定为"我们的"。在此关键的问题在于，在向他的（外在的）条件回归的行动中，**(民族的)事物回归到了它自身**。向条件的回归被体验为"向我们真正的根基的回归"。

"事物返回自身"的同义反复

尽管"实际存在的社会主义"已经退出了人们的视野,并被赋予了某种带有乡愁式的想象,如同面对一种后现代式的"遗失的对象(lost object)"①,我们中的一些人仍然会回想起关于社会主义究竟是什么这样一个笑话:一个将所有之前的历史辩证综合之后形成的一个社会体系。这种综合包括了那个史前史的无阶级的社会,包括古代奴隶劳动时期,包括中世纪封建主义的统治时期,还包括资本主义的剥削以及包括所谓的社会主义,等等。这就是黑格尔同义反复式的"让事物返回自身"所意指的内涵:事物必须包含着事物的界定及其名称。换言之,在我们将事物分解为它的诸多要素之后,要在这些要素中找寻特殊的特质,能够将这多种元素整合起来,使其成为唯一的、自我界定的事物,这种努力将是徒劳的。就事物的特性与构成要素而言,一个事物整个的就"外在于其自身",事物就存在于它外在的条件中。每一个肯定性的要素都在并非是这一事物的外在环境中既已存在。试图从事物之整合的整体中产生出一个独一无二的、自我认同的事物,这样一个补充性的操作过程纯粹是一个象征性的、同义反复的过程,在这一过程中,外在的条件被设定为事物的构成条件,同时,预设了根据的存在,将多样化的条件整合起来。

这种同义反复式的"事物返回自身"催生出一个自我认同的具体结构。在拉康的术语体系当中,这种同义反复所意

---

① 在精神分析当中,弗洛伊德谈到了关于遗失的对象(lost object)。他认为人在成长过程中经历了两次对象的遗失:一次是母亲乳房的遗失,另一次这是对原初爱恋的对象,母亲本人的遗失。经历这样两次遗失之后,主体被构成了。——译者注

指的就是"缝合点（point de capiton）"，在这一点上，能指"落入"所指当中（如同我们已经提到的关于社会主义的笑话，在其中名称自身成了所意指的事物的一部分）。让我们从大众文化中来寻找与此相关的例子：那就是在斯皮尔伯格的电影《大白鲨》中那个鲨鱼杀手。直接赋予这个鲨鱼以意识形态的内涵只会带来一个误导：它是否通过这个小镇的缩影将第三世界对美国的危险象征化了？难道它不是资本主义自身剥削本性的象征吗（菲德尔·卡斯特罗的解释）？难道它不是那个未经驯服的自然对我们日常生活的破坏的象征吗？为了避免这些阐释的诱惑，我们不得不改变我们的视角：平常人的日常生活被诸多非统一的恐惧统治着。（他或可以成为大工业体系的牺牲品，或可是第三世界的移民入侵到他们固有的秩序当中，或者粗暴的自然毁灭了他的家园等等。）《大白鲨》的成功就在于为这所有自由的、漂浮着的、非一致的恐惧提供了一个共同的"承载者"，在"鲨鱼"的意指当中，所有这些恐惧都得到了显现，得以具体化。① 但随之而来的结果是：大白鲨令人迷恋的形象所发挥的作用阻碍了更进一步地对引发普通民众恐惧的那些现象所具有的社会意义（社会中介）的探寻。换言之，那个鲨鱼杀手象征了以上所提到的所有恐惧，对此我们说得过多了，但同时又说得还不够。大白鲨并没有将这些恐惧象征化，因为它在字面上取消了这些恐惧，大白鲨占据着作为恐惧的对象的位置。在此它绝不仅仅是一个象征：它成了被恐惧的对象自身。然而大白鲨又仅仅是一个象征，因为它并没有指向象征的内容，甚至堵塞了通向这一内容的道路，使内容成为不可见的了。同样，反犹太主义者眼中的犹太人的形

---

① 参见弗雷德里克·詹姆逊《大众文化中的具体化和乌托邦》，出自《可见的标示》（*Signatures of the Visible*）（New York: Routledge, 1991）。

象也是如此。"犹太人"是一种阐释，它由反犹太主义者给出，其目的是为了说明"普通民众"所体验到的种种恐惧（通货膨胀、失业、腐败以及衰退）背后的原因——所有这些现象背后都有着一双看不见的"犹太人"的双手。在此关键的问题在于"犹太人"的意指并没有给**其本身添加任何新的内容**：所有新的内容都已经存在于外在环境当中（危机，道德的堕落……）。"犹太人"的命名只是为这种外在条件的转换提供了一种附加的形象，所有这些问题现在都转变成了有着相同根基的多种表现，这个相同的根基就是"犹太人的诡计"。如同那个关于社会主义的笑话，反犹太主义的理论有多种多样：经济领域的失业和通货膨胀，政治议会的腐败和阴谋诡计，道德的滑坡，以及"无法理解的"先锋艺术，还有犹太人之名。这一名称使我们能在纷繁复杂的外在条件中辨认出相同根据。

在此我们同样还发现了偶然性与必然性之间的辩证关系发挥了作用：就它们的内容而言，它们实现了完全的融合统一（在两种情况下，唯一可以肯定的内容就是一系列的外在的条件，正是这些条件构成了我们对实际生活的体验：经济危机、政治混乱，伦理链条的消融……），从偶然性向必然性的转变过程是一个纯粹形式的转变，一种赋予名称的过程，为一系列偶然性的链条附加上必然性，将这个名称转变为对某种隐蔽根据的阐释（指认这是"犹太人的诡计"）。同样，在《逻辑学》的结尾处，我们从绝对的必然向自由的转变同样是这样一个过程。为了恰当地理解这一过程，我们不得不整个地放弃这样一种一般的观念："自由是作为一种可被理解的必然性。"（在去除了自由意志的幻想之后，我们能够确认并接受身处因果网络中的事实及其效用。）相反，在黑格尔看来，正是**主体"全面而细致"的（自由）行为回溯性地设置了必然性**。以至于正是通过主体确认（并且构造）必然性的行为，才有自由的行为以及对必然性的自我超越。黑格尔不是斯宾诺莎主义者，他所依赖的正是这种回溯性的、同义反复的述行性（performativity）①。这种述行性绝不是意指一种自由"构造"被意指内容的那种力量（词语表达的东西是我们试图让词语所表达的东西，等等）。"缝合"仅仅是将那些在外面被找到、被设定的材料整合起来。命名的行为是一种"述行性的"，**仅仅因为它自身本已就是被意指的内容的一部分**。②

这正是黑格尔用以解决设定反思与外在反思的僵局所采用的方式，同时也解开了前提预设的恶性循环以及列举被设定内容的预设前提的恶性循环：这种方式就是通过在其外在的预设当中同义反复地让事物回到自身。同样的同义反复已经出现在康德的"纯粹理性批判"当中：在那些隶属于"现实"的客体的再现当中，感性的多样性的综合隐含着一个空洞的剩余，换言之，设定 X 为一个无法获知的实体，它是被感知的现象的感觉的载体。在此引用芬德雷（Findlay）的相关论述就足够了：

我们总是将表象归因于先验对象，一个 X，我们对其一无所知。但这个先验对象依然与自我意识的综合行为具有客观的关联。先验对象，由此可以被设想为、被称之为一个本体

---

① Performativity：来源于奥古斯汀的《如何用词语来做事》（How to do the things with words），它一般指言语与语言的力量，在当代的女性主义与身份政治的话语当中同时还意指一种表述性的行为，人们正是通过这种表述性的行为来实现对身份的认同。在此将其翻译为"述行性"。——译者注

② 在确切的意义上，拉康将主人能指视为一个"空洞的"能指，一个没有所指的能指。一个空洞的承载者，重新将之前给定的内容进行安排。能指"犹太人"并没有被附加任何新的所指（所有肯定性的能指内容都源于之前给定的要素，而这些要素与如此这般的犹太人并不存在任何关联）。它只是将它们"转变"为犹太化的表达方式以作为基石，随之而来的结果是，为了回答这样一个问题："在反犹太主义的意识形态中，为什么犹太人被挑选出来成为了替罪羊?"我们很容易就屈从于反—犹太主义的陷阱当中，在犹太人中找寻一些适应于这一角色而被预先设定的神秘的特质，而犹太人被选出来去承担这一备受责难的角色其实是很偶然的。这就如同那个著名的反-反犹太主义的笑话所说的那样："犹太人和骑自行车的人要为我们所有的困境负责——为什么是骑车的人？为什么是犹太人？"

(Noumenon)或者能思考的物(Gedankending)。但意指这种能思考的物,严格说来,并不用范畴,而是某种类似一种**空洞的综合的姿态**,在这种综合当中并没有任何客观的存在真正地被置于我们面前。①

由此这个先验对象是物自体的对应物。就其被去除了任何"客观的"内容而言,先验对象是空洞的。也就是说,为了获得它的观念,我们不得不从感性客体当中抽出其整个的感觉内容,即所有通过原质(Ding)作用于主体而产生的感知。被保留下来的空洞的 X **与主体的自发自觉的综合行为有着纯粹的、客观的关联/影响**。将其放入一个矛盾的视域中来看,先验对象就其为了主体,并被主体所设定而言,它是"自在的",是非确定的 X 的纯粹的被设定性(positedness)。这个"空洞的综合的姿态",并没有给事物添加任何肯定性的规定,没有添加任何感性的特质,但就其空洞的姿态所具有的一种能力而言,这种空洞的综合构造着事物,使事物成为一个客体。这种空洞的综合的姿态在其最基本的形式,在其最基本的层面上说是一个**象征化**的行为。在芬德雷的书的第一页上,他指出:先验对象"对于康德来说,并非异于客体或者那些呈现给感觉的客体,我们对之可以判定和获知……实际上它与那个客体或者那些在本质上的、不可见的特质意义上被设想出来的客体相同,就此而言,我们对它不能做出判断,也无法知道它"。②

这个 X,这个不可再现的剩余,为自己添加了一系列的感性特质,确切地说来就是"能思考的物"。它见证了这样一个事实,即客体的整体并不寓居于客体之内,而是主体综合行为

---

① 芬德雷:《康德与先验对象》,p. 187.
② 芬德雷:《康德与先验对象》,p. 1.

的结果。(对于黑格尔来说,那种形式化的转变行为,将条件的链条转变为无条件的物,这一行为建基于自身。)让我们简略地回到反犹太主义那里,回到所谓的"统觉的综合行为"。这种综合行为从(想象的)犹太人的多样特质当中,构建了一个反犹太主义的"犹太人"形象。要做一个真正的反犹太主义者,我们不能仅仅因为犹太人是贪婪的,是剥削的而反对他。也就是说,仅仅指出犹太人有一些特殊的特质,并不足以说明这一切。我们需要进一步地说明犹太人如此这般(剥削的、贪婪的……),正是因为他们是犹太人。犹太性(Jewishness)的"先验对象"确切地说是排他性的 X,这个 X"使得犹太人成为犹太人",也正因为这个 X,我们寻找犹太人的特性本身就是徒劳的。这是一个纯粹的形式的转换,换言之,这个"综合的行为",将一系列特性整合起来意指"犹太人",并由此将这些特性转换为作为他们隐性根基的"犹太性"的诸多表现,**带来了一个客体的剩余(objectal surplus)的表象**,一个神秘的 X 的表象,一个比犹太人还要具有犹太特性的表象。换言之,一个先验对象的表象。① 在康德的《纯粹理性批判》当中,综合姿态的空洞性表现在其拒绝使用构成的(constitutive)/规范性(regulative)这对范畴。② 一般说来,构成性原则负责构成客观现实,而规范性原则则仅仅是主体的法则,指引理性,但却

---

① 在此,我们必须要注意这个对称性的颠倒所带来的非对称的、不可还原的、非特殊性的结果。换言之,当命题"犹太人是剥削的、诡计多端的、肮脏的、猥亵的……"被修改为"他是剥削的、诡计多端的、肮脏的、猥亵的……因为他是犹太人",我们不能认为后一命题是对前一命题以另外一种方式的重述。在其中某些新的东西被产生出来了,**对象a**,那个"比犹太人自己还要具有犹太特性"的对象产生出来,据此犹太人才在现象上成为犹太人的模样。这就是黑格尔的"在事物条件当中返回到事物自身"这一命题中最为重要的关键点:当我们在事物的条件(特性)中认出了其先验根据的时候,事物才返回到了它自身。

② 关于这种拒斥,可参见莫妮卡·大卫-内纳德(Monique Dav d-Menard),《纯粹理性当中的疯狂》(*la folie dans la raison pure*)(Paris: Vrin, 1991), pp. 154 - 155.

并不带来知识。然而,当康德谈及存在(Dasein)的时候,通过将"存在"与数学的/动力学的(mathmatical/dynamical)一对概念连接起来,在构成性的领域当中采用了"构成性"/"规范性"这一对概念:"在将知性的纯粹概念运用到可能的经验的过程当中,这种综合或者是数学的,或者是动力学的;因为它所关注的一部分是一般表象的直观,一部分则是它的存在。"(《纯粹理性批判》B199)。

在何种确切的意义上说,动力学的原则"仅仅是规范性原则,并与数学的原则相区别,后者作为构成性原则而存在"?(《纯粹理性批判》B223)数学化的运用范畴的原则所指向的是直观的现象的内容(物的现象层面的特质),而只有综合的动力学原则保障了我们再现的内容指向一些客观的存在,独立于感知的意识的流动。我们该如何解释这样一个矛盾,即客观存在并不依赖于"构成性的"原则,而是依赖于"规约性"原则?让我们再一次,也是最后一次回到关于反犹太主义中犹太人的形象问题。数学的综合只能将隶属于犹太人的种种现象层面的特性收集起来(贪婪、诡计多端等),而动力学的综合则完成了一种颠倒,其方式是通过将这些特质设定为不可接近的 X、"犹太性"、某种真实,某种真正的存在的一种显现。在此发挥作用的是规约性原则,因为动力学的综合并不局限于现象的特质,而是指向隐藏于其下的不可知的根基,指向先验对象。在这一确切的意义上说,犹太人的存在作为一系列不可还原的谓词,换言之,它的存在作为先验对象的纯粹的设定(Setzung)与动力学的综合密不可分。用拉康的术语来说,动力学的综合设定了一个 X 的存在,这个 X 是超越谓词的一个超-现象的"存在的坚硬内核"(这就是为什么对犹太人的仇恨并不关注于其现象层面的特质,而是指向了其隐藏的"存在的内核")——这是一个新的证明,证明了在最为基本的将客体设定为"真实存在"层面上,"理性"(reason)如何在"知性"的核心处发挥作用。更进一步的意义在于,通过经验第二层次上类比的细分,康德继续运用了 objekt(对象,客体)——(意指一种可理解的实体),而不是 Gegenstand(物,事物)——(意指仅仅一种简单的现象的实体):在动力学的规约性原则的综合运用下产生的外在的、客观的存在是"可理解的"(intelligible),而不是经验-直观的;换言之,它给客体的直观-感性的特质增加了某种可理解的、非感性的 X,并从其中构造出一个客体。

在这一意义上说,黑格尔仍然在康德的基本框架中。也就是说,康德的先验主义的基本矛盾究竟寓居于何处?康德最初的问题是:假定我们的感性给予我们多种多样的表象,我们怎么能在这些再现当中区分出哪一个仅仅是"主观的"再现,哪一个是独立于这种再现而存在的客体?答案在于:我的再现通过先验的综合获得"客观性",正是先验的综合将这些再现变成了经验的客体。我所体验到的"客观的"存在,在流变不居的现象背后的"坚硬内核",独立于我的意识之外的存在,就是我自身的(主体的)"自发的"综合行为。黑格尔讲述了同样的事情:绝对必然的建立就等于它的自我取消(self-cancellation),换言之,这种绝对必然意指的是自由的行为。这一行为回溯性地"设定"了某些东西为必然的。

"绝对的无休止的生成"

偶然性的困难就在于它的非确定性状态:这种偶然性是本体论意义上的吗?如果是的话,事物就其自身而言是偶然的;抑或偶然性是认识论意义上的?如果是的话,那么偶然性仅仅表达了这样一个事实,即我们并不清楚那个孕育出"偶然"现象的完整的因果链条。黑格尔消解了这两者之间的共同假设——存在与知识之间的外在关联,即"现实"作为仅仅被给予的东西,外在存在着,先于和外在于知识的过程。本体论版本与认识论版本之间的差别仅仅在于,其一,偶然是这个现实自身的一部分,其二,"现实"完全被必然性所决定着。与这两个版本对立的是黑格尔所提出的思辨观念论的基本命题:获取知识的过程,换言之,我们对客体的理解并非外在于客体,而是内在地由我们来决定着客体的状态(正如康德所认为的那样,我们的经验的可能性条件同时也就是经验的对象的可能性条件)。换句话说,偶然性确实成为我们知识的非完整性的表达,但**这种非完整性也在本体论上界定了知识自身的对象**——它见证了这样一个事实,即对象自身在本体论上说并没有被"实现",没有完全的现实性。由此仅仅在认识论上认识到偶然性是无效的,因为没有让我们进入本体论的天真:在偶然性的表象背后没有什么被隐藏的东西,没有什么还未知的必然性,**有的只是表象的必然性,在貌似肤浅的偶然性背后,有着一个潜在的实体性的必然性**——就如同在反犹太主义那里,最终的表象就是潜在的必然性的表象。换言之,在一系列事实(失业、道德堕落……)的表象背后隐藏的必然性就是"犹太人的诡计"。在此存在着黑格尔式的颠倒,从"外在的"反思向"绝对的"反思的颠倒:在"外在的反思"中,表象仅仅是一种外表,掩盖着某种必然性;而在"绝对的反思"中,表象就是这个(未知的)在偶然性背后的必然性的表象。或者套用更为"黑格尔式"的思辨模式,如果偶然性是一个隐藏着某些必然性的表象,那么**必然性严格说来就是这个表象自身**。

偶然性与必然性之间关系的内在对抗提供了一个黑格尔式三段论的范例:首先是"天真的"本体论的概念,在事物当中设定了差异(某些事件自身是偶然的,其他一些事件则是必然的),"外在反思"的态度视这些差异性为纯粹的认识论意义上的差异,源于我们对其未能完全地理解(当我们不能把握一个事物的因果链条的时候,我们会将一个事件体验为"偶然的")。最终,除了本体论与认识论这对术语之外,是否还有其他类似术语的存在？或者还可以用所谓**可能性**(对现实的主体性把握)与**现实性**(对客体的概念性把握)。偶然性与必然性是表达现实和可能辩证统一体的一对概念。它们之间的区分就在于:偶然性意指着在一种主体模式当中的整体,这种主体模式也是一种"绝对的无休止的"生成模式,一种主体与客体相区分的模式;而必然性与偶然性有着相同的内容,只是它是在一种客体性的模式中被思考的,这一客体性的模式是一种确定性的存在,是一种主体与客体相统一的模式,是结果的剩余(rest of Result)的模式。① 简言之,我们再次面对着纯粹形式转变的范畴;只是这一次所关注的仅仅是道德的形式:"这两种确定性的、绝对的、无休止的生成(absolute unrest of the becoming)就是偶然性,但正因为一方立刻转变为其对立面,将自己等同于另一方,因此所谓的整合不过就是对立的一方与自己的整合,两者的同一性,自己在另一方中的存在,就是必然性。"②

黑格尔的对抗性论断(counterposition)被克尔凯郭尔所采纳,使后者能用两种不同的道德模式来观察同一过程:从

---

① 即成(being)与生成(becoming)之间不可还原的对抗为黑格尔解决康德的物自体之谜提供了模型:物自体在"存在"的道德规范体系当中,就如同主体在"生成"的道德规范体系当中一样。
② 黑格尔的《逻辑学》p.545. 在此我们所遭遇的是四个一组的概念:现实性—可能性—偶然性—必然性,这是一种重复,在更高的、更具体的层面上对原初的所谓有—无—生成—确定性的重复:偶然性是可能性向现实性的过渡,而必然性则意指这种稳定的整体。

"生成"(Becoming)的视角以及从"既成"(being)的视角。①"在事实背后",历史可以被解读为受到法则所操控的一个过程,作为一种富有意义的相继发生的不同阶段,然而,就我们是历史的承担者、实现者而言,我们被整个历史过程所俘获,但某种情景——至少在"某件事情"正在发生的转折点上——呈现开放的、未经确定的,并不存在某种潜在的必然性的显现。我们必须牢记于心的是客体性的中介所具有的主体维度。我们不能将两种视角还原为一种,即宣称那种通过"回溯的方式"所发现的必然性就是"真实"的图景的视角,在这一视角中,所谓的自由不过是由于那些作为中介的幻象,这些中介漠视了他们不过是一个大的因果链条当中的一个小车轮;或者相反,在某种萨特式存在主义的视野当中所确认的某种主体的自主性和自由,将决定论的表象视为主体自发实践(praxis)的"实践惰性"(practico-inert)的客观化。在这两种情景下,宇宙的本体论整体被拯救了。在这种整体性或者表现在实体的必然性的形式当中,主体如同牵线木偶一般被操控,或者表现在主体的自发行为当中,这种自发行为将自身"客观化"在一个实体性的整体当中。在这两种选择当中,本体论的最终的非确定性丑闻被忽略了。在此黑格尔比克尔凯郭尔更富颠覆性,黑格尔通过强调可能性较之现实性的优先性而逃避了僵局,并最终达到了柏格森关于现实性(actuality)的观念,这种现实性在柏

---

① 参见齐泽克《因为他们不知道他们做什么》(*For They Know Not What They Do*)(London: Verso, 1991)中的第五章以及齐泽克《享受你的症候》(*Enjoy Your Symptom*)(New York: Routlege, 1992)第三章。

格森那里是生命过程的机械凝结。①

黑格尔哲学最终的模棱两可,以及其触及真理的非可能性也存在于这种非决定性当中:我们如何来设想一个辩证的重新整合?② 这种回溯性的视野是否能让我们辨认出内在必然性的整个发展过程? 在这一过程中,所有蕴含在事件中的观念都只能在偶然事件的相互作用当中被发现,换言之,其潜在的逻辑必然性只有在偶然性事件的相互作用中被"升华"(Aufhebung)。或者相反,这种回溯是否让我们恢复这种情景的开放性,恢复它的"可能性",它的"不可还原"的偶然性。怎样一种回溯,从客观的距离出发,能够呈现为一种必然的客观过程? 这种非确定性难道不是将我们带回到了起点上:难道不正是这种模棱两可性使得性别差异的方式在此成为了黑格尔逻辑的真正内核?

---

① 克尔凯郭尔的"生成"与"既成"的对立隐藏在海德格尔关于存在论差异(ontological difference)的论述方式当中,即他总是试图将主词动词化:"世界的世界化"(worlding of the world)等。"世界的世界化"所意指的是"世界在其生成过程中",在它的可能性当中,以此被设想为现实性(actuality)的一个非自足的模式。生存论的差异意味着(本体论意义上的)现实性与它的(存在论意义上的)可能性之间的差异。换言之,就是可能性在将自身现实化的过程所丢失的那个可能性的剩余。在另一层面上,(政治)制度的制度化(ordering of the [political] order)或可被称之为一种新制度开放性的形成过程,一个"无休止的生成"(例如在罗马尼亚,人们将旗子中曾经被红色五星——这个共产主义的象征——占据的位置挖了一个洞),在这一过程中,一个制度消失的时刻,也就是一个新的制度通过一个新的主人能指而被建构起来的时刻。

② 这种非确定性在黑格尔的《精神现象学》中也有表现:我们都知道现象学中封闭的绝对知识就是《逻辑学》最初起点的一个没有预设的关键点,一个绝对的非-知识的关键点,所有人只能将其视为一个空洞的存在,一个无的形式。现象学的道路由此成为这样的:**一个正在遗忘的过程**(a process of forgetting)。换言之,这是一个与精神逐渐的、进步的"增长记忆"的历史相对立的过程。现象学是"体系"的"导言",因为主体在其中不得不学会去除非观念的(再现性的)内容、所有非-反思性的预设所包含的错误的完满性,从而为了说明所一切都开始于"无"。在这一背景下,我们才可理解在《现象学》的最后一页上再次出现的"头盖骨"这一术语,黑格尔在此用这一术语所意指的是"绝对精神受难"的过程(黑格尔的《精神现象学》[Oxford: Oxford University Press,1977],第493页)。"受难"(calvary)的德语 Schdelsttte 的字面意思就是"头盖骨之所在"(the site of skulls)。关于"精神是块头盖骨"的无限判断(infinite judgment)由此获得某种意想不到的维度:精神在对过去记忆的凝视当中所发现的是一堆"意识"散落的骨头,黑格尔从后反思的陈旧公式,从其产生它的道路中被抽象出来,成了一具尸体。而现在这一过程不得不再次被颠倒过来:这条"道路"自身总是被这些散落的骨头所截断。

如果说偶然性与必然性之间的关系成了生成与即成之间的关系,那么将**对象 a**,这个纯粹的外观(semblance),在生成的意义上视为某种对"存在"的"预期"就是合法的了。换言之,黑格尔认为质料与非完成的形式之间是相互关联的,而这种形式仅仅是一种形式,仅仅是对完成之形式的一个"预期"。在这一确切的意义上说,**对象 a**所意指的是质料的剩余,正是这一剩余见证了这一事实,即形式并没有完全地实现它自身,它并没有作为客体的具体的确定性而成为现实的,它还只是对其自身的一种期望。空间的歪曲不得不在此被时间的歪曲所补充(如果不是我们在匆忙的回望当中所形成的一个意象[image]而造成的时间的歪曲,那么它还能是什么呢?)。从空间上说,a 是这样一个对象,只有在我们斜视它的时候,它的真正的轮廓才能被辨认出来;在直视它的时候,永远不会看清它的轮廓。① 从时间上说,a 是这样一个对象,它总是作为被期望,或者已失去的对象而存在着。只有在"还未"或"不再"的模式中存在,而从来不会在纯粹的、未分割的当下存在。康德的先验对象(a 在康德哲学中的代名词)由此成了一种幻象,显现出形式与其自身的非平等性,而非意味着质料自身多于形式而带来的剩余。

在此我们又一次遭遇了黑格尔最终的模棱两可性。依据一般的观念,辩证过程的目的是一个去除了任何质料之剩余的绝对形式。但如果情形确实如此,那么我们如何解释这一事实,即最终的结果(Result)将我们抛回了漩涡当中,并不存在其他,有的只是我们为了达到结果所不得不经历的整个路途。换句话说,从黑格尔辩证法"尚未"的构成性到"已然"的构成性之间难道不存在某种跳跃吗?我们努力去达到的目标

---

① 参见齐泽克《斜视》(*Looking Awry*)(Cambridge, MIT Press, 1991)。

（一个去除了所有质料的绝对形式），在一瞬间达到了，而这个目标其实不过就是每时每刻与我们相伴的东西。在辩证过程中"期望"没有通向它的完成，而是转为一种回溯行为（retroaction），这难道不是一个关键性的转换吗？如果完成从未发生在现在（Present），难道这不就证明了**对象 a** 拥有着不可还原的地位吗？

可能的现实性（actuality）

从"尚未"到"已然"的跳跃的存在论背景就是可能性与现实性之间的一种"位置的交换"：可能性自身，与现实性对立着，同样拥有自己的现实性——确切说来在何种意义上这一情景得以发生？黑格尔总是坚持一种绝对的原初的现实性，即探寻从现实中抽象出来的"可能性的条件"，质疑它们，为了将它们在一个理性的根据上重构；但在所有这些反思当中，现实性被预设为一种给定的东西。换言之，莱布尼茨认为造物主从多种可能的世界中选取了最好的一个，对于黑格尔来说，没有什么比这种观点更奇怪的了：关于可能世界的思考总是基于现实存在所拥有的坚硬的事实。另一方面，总是存在着某些未经加工的事实性（factuality）创伤，被我们遭遇为"现实的"；现实性总是被打上了"不可能性"之真的印记。从现实性向可能性的转变，将现实性悬置起来，质疑其可能性，由此就成为避免真实之创伤的一种努力，换言之，通过将真实视为某种在我们的象征界中富有意义的存在来构造真实。①

---

① 计算机所构造的虚拟现实难道不正是一个通过虚拟化来设想现实的范例吗？在这一过程中，现实完全从可能性的条件中被构想出来。

当然,这种可能性和现实性之间的循环(也就是说,首先是现实性的悬置,而后是它从概念的可能性中派生出来)从未实现。偶然性的范畴可以证明这一点:"偶然性"所意指的现实的内容并不能以"可能性"的概念条件为根据。根据哲学的共识,偶然性与必然性是现实的两个模式:某种"现实"就其反面是"不可能的"而言,是必然的,就其反面也是"可能的"而言(反面的事物也已以另外的方式存在着),是偶然的。然而问题就存在于这个与"可能性"有关的内在对抗:可能性意指在某种意义上能够实现它自身的可能性的东西,同时还意指着与现实的存在相对立的"仅仅富有可能性"的东西。这种内在的分裂最为清晰地表现在关于道德的讨论中可能性的观念所扮演的两种角色。一方面,我们有"空洞的可能性",为弱点所找到的外在的借口:"如果我真的想,那么我本来可以……(戒烟等)。"为了挑战这一说法,黑格尔一次次地指出可能性的真正本质(这究竟是一种真正的可能性,还是仅仅是一个空洞的预设)只有通过它的现实化才是可能被确认的:你真的可以做某事的有效证明就是你真的去做了这件事。另一方面,行为的可能性却在"意识的呼唤"之下给我们另外一种压力。当我们给出一般的借口("我已经做了所有可能做的一切,没有其他的选择"),但超我的声音却总是啃噬着我们的心灵,告诉我们:"不,你本可以做得更多!"这正是康德所想到的,当他坚持说自由就其已经作为可能性而言是现实的:当我屈从于内心的冲动而没有履行自己的义务,我的自由的现实性只有被我所意识到的"我本可以做更多"的想法所证明。[1] 这也是黑格

---

[1] 想一想康德关于法国大革命的反思。对一个自由的、理性的社会秩序的可能性的信仰被启蒙时代的民众对法国大革命充满激情的回应所证明,他们见证了自由的现实性,见证了朝向自由过程的现实性。这一过程在他们看来是人类特有的行为。参见康德《学科的冲突》(*The Conflict of Faculties*)(Lincoln: University of Nebraska Press, 1992), p. 153.

尔试图达到的目标,在他看来,现实的(das Wirkliche)并不能等同于那些仅仅存在着的东西(das Bestehende)。当我的行为(屈从于冲动的行为)并非"现实的",并不是我的真正的道德本性的一种表达的时候,我的意识刺痛了我。两者之间的差异在"意识"的伪装之下给我施加了压力。

我们可以在新近复兴的密谋理论(conspiracy theory)当中发现相同的逻辑(奥利弗·斯通[Oliver Stone]的《刺杀肯尼迪》[JFK]):究竟谁是刺杀肯尼迪凶手的幕后主使？这种密谋理论的复苏所包含的意识形态性是很清楚的:刺杀肯尼迪的凶手需要这种追溯性的创伤性维度。这一维度包括多种体验:越南战争,尼克松执政的腐败,以及60年代青年一代与成年一代之间的代沟。这些体验将肯尼迪转变成这样一个人,假设他仍然活着,或许我们能免于越南问题,60年代青年人的反抗等。(密谋理论所"压抑的"是肯尼迪的无能的痛苦事实:肯尼迪自身其实并不能阻止所有一切的发生。)密谋理论梦想出了另一个美国人,一个不同于我们在70—80年代所熟知的那个美国人。①

对于可能性与现实性之间的关系,黑格尔的看法是很精练而准确的:可能性既可多于又可少于这种可能性观念所包含的内容;就其与现实性的抽象对立而言,可能性仅仅是一个可能性,由此,它与其对立面,与非可能性相对应。另一层面,**可能性凭借其可能性的能力本身**已经拥有了某种现实性,这

---

① 这当然是对刺杀肯尼迪之密谋理论极左的一种解读方式;与之相反的一种解读是肯尼迪之死的创伤表达了对没有阴谋的政权的渴望——或者引用关于越南战争周年纪念上的一段评论所言:"对于这一届掌权的政府,越南人对其领导和权威持有怀疑态度,这种观点阻碍了道德感的增长。如果儿子们不试图学习成为父亲,那么这个国家所孕育出的政治家就不能像一个健全的领导人那样行为,而是如同一个非健全的兄妹,非亲生的兄弟一样,自身包含着很多问题。"在这一背景下,我们很容易发现在肯尼迪神话当中肯尼迪被视为最后一个"健全的领导人",一个没有错误的权威人物。

就是为什么任何试图将其现实化的进一步要求都是多余的。在这一意义上,黑格尔认为自由的观念通过一系列失败的经历而认识到自身。每一个试图实现自由的特殊努力都可能失败;从这一观点出发,自由保持着一种空洞的可能性。但对实现自由的持续追求见证了自由的"现实性",换言之,见证了自由不仅仅是一个"观念",同时还是一种趋势的显现,这一趋势关涉的正是现实的本质。另一方面,这种"纯粹的可能性"就是黑格尔"抽象的普遍性"的典型范例。此刻我所想到的是那个著名的矛盾:普遍性判断与在亚里士多德三段论中关于"存在的判断"(judgment of existence)之间的矛盾,即存在的判断隐含着判断主体的存在,而普遍性判断则在其主体完全不存在的时候仍然可以为真,因为他所考查的仅仅是主体的观念。例如,如果人们说"至少一个人(或某些人)是会死的",那么这个判断至少要有一个人存在的时候才为真。相反,如果人们说"独角兽只有一只脚",这个判断在没有独角兽存在的情况下也可以为真。因为它所考虑的仅仅是"独角兽"的观念所具有的内在的确定性。这种关联不仅仅局限于理论的反思当中,这种普遍与特殊之间的鸿沟有其显而易见的现实效用——例如在政治当中。1991年秋天公投的结果表明:在布什与一个非特定的民主党候选人之间做选择的话,那个非特定的民主党候选人会轻易获胜;然而,在布什与任何一个具体的、依赖其面孔和名字(诸如克里、科莫……)而被公众认识的单个民主党人士之间做选择,那么布什会轻易获胜。简言之,一般的民主党人会赢了布什,而布什会赢了任何一个具体的民主党人。民主党人的悲哀就在于,他没有一个"一般的民主党人"。①

可能性的状态与现实性的不同不仅仅在于它的非完成。**这样的可能性对现实的影响，在其将自身"现实化"之后就随即消失了**。可能性与现实性之间的这种短路在拉康的"象征性阉割"（symbolic castration）的观念中发挥了作用：所谓的"阉割-焦虑"不能被还原为一个精神分析的事实，即看到女性缺失了阴茎，就开始"害怕他自己也可能失去"。②"阉割焦虑"所指向的是这样一个时刻，即阉割的可能性先于它的现实性而存在着，即指向了阉割的可能性，仅仅作为一种威胁，对我们的心理领域产生了一种现实的影响。这一威胁作为对我们的"阉割"，使得我们成为了一个不可还原的缺失。正是这个可能性与现实性之间的短路界定了权力的观念：权力只有在某种潜在的威胁之下才能发挥实际上的作用，换言之，并不在权力发威的时候，反而"在其自身被保留"③当中。回想一下父权的逻辑：父亲失去控制，转而展现他的权威的时刻（开

---

① 可能性与现实性之间的矛盾关系还有另一个典型的范例：议员爱德华·肯尼迪在1980年参与了美国总统的竞选。当肯尼迪是否将作为候选人还悬而未决的时候，所有的民调显示他将轻易战胜任何民主党候选人，一旦当他公开宣布他决定参选总统的时候，他的公共支持率反而下降了。

② 这种女性阉割的观念源于古希腊的诡辩论："你所没有的，就是你已经失去的；你没有角，所以你失去了角。"这种诡辩显然是一种不连续的错误推理，但在这一诡辩当中存在着某种与这一逻辑相关的存在论焦虑，只要想一想狼人（wolf-man）就足够了，这是弗洛伊德的一个俄国患者。他总是担忧他的健康状况。他抱怨说他曾遭受电解所导致的鼻伤，但当通过一系列全面的检查证明他的鼻子没有任何问题的时候，反而引发了他无法承受的焦虑："当被告知他的鼻子不需要任何治疗，因为鼻子并没有任何问题的时候，他感到无法继续生活下去，这种没有问题反而被他视为一种无法修复的身体残缺。"（穆瑞·伽德尼尔［Muriel Gardiner］，《狼人与西蒙·弗洛伊德》［*The Wolf-Man and Sigmund Freud*］［Harmondsworth：Penguin, 1973］，p.287.）这里的逻辑与"如果你没有角，那么你就失去了它们"是同样的。如果没有任何事情可以做，那么身体也就成了一种无可修复的。在拉康的视野中，这种诡辩所指出的是一个结构/差异性的秩序的基本特征：无法忍受的绝对的缺失就出现在缺失了缺失本身的那一刻。

③ 对于与"权力的现实化"相关的"权力的潜在性"的讨论，参见齐泽克的《因为他们不知道他们做了什么》（*For They Know not What They Do*）。

第四章 作为意识形态理论的黑格尔的"逻辑学"

始怒吼，开始打骂孩子），我们只能将其视为一种无能的愤怒，换言之，这种权威的展现显现的正是父权的丧失。确切地说，象征性权威（symbolic authority），就其定义而言，总是被一种不可还原的潜在性-可能性所萦绕，总是被与仅仅作为可能性之可能相关的现实性-效用性所萦绕：我们将那些"粗陋的"，前—象征性的真实抛在脑后，在可能性获得它自身的现实性的时刻进入了象征界。（这一矛盾在黑格尔试图融合主人[未来]与奴隶之间的斗争当中发挥作用：主奴斗争的困境通过主人的象征性胜利来解决，而所谓奴隶的象征性死亡则等于说胜利的可能性就已足够了。在他们的斗争中象征性契约发挥了作用，从而终止了他们斗争中肉体的摧毁，而将胜利的可能性视为胜利的现实性。）主人的潜在威胁要远远大于他将这些威胁实施出来。这正是边沁的圆形监狱理论（Panopticon）所关注的重点：有一个**他者**——一个从中心塔上向下看的凝视——能够看着我；我并不确定自己是否被监控，由此带来的焦虑要远大于我确实意识到我已经被监控。这就是所谓的"在可能性当中"较之单纯的可能性所给出的更多的东西（剩余）。在其现实化的过程中所失去的正是那个"作为不可能性之真"。①

主人正是因其权力所具有的潜在特质，或可被界定为一种冒名顶替者，在**他者**（象征性秩序）中非法占据着缺失的位

---

① 可能性与现实性之间辩证的张力的另一幅面孔是观念与其现实化之间的张力：观念的内容只有在观念失败的形式当中才可能被现实化。让我们回想一下近来罗伯特·海瑞斯（Robert Harris）另类历史畅销书《祖国》（*Fatherland*）（London：Hutchinson，1992）：故事发生在1964年，希特勒已经获得第二次世界大战的胜利，并将他的帝国从莱茵河延伸到了乌拉尔山脉。小说试图设想的是如果希特勒获得胜利，今天的世界将发生什么：胜利之后，希特勒将西欧变成了"欧洲共同体"（European Community），一个经济共同体，拥有带有德国标记的12种货币，它的旗帜是一面以蓝色为底色，黄色星星点缀其间的旗子。（在20世纪40年代早期德国的档案中确实有这样的一个计划!）这部小说告诉我们的是，纳粹欧洲的观念在现实的纳粹主义被击败的外表之下实现了自身。

置。换言之,主人的出现严格说来具有转喻的本性:主人从未完全与其观念相匹配,也从未能够认同于作为"绝对主人"的死亡(黑格尔)。他永远保持着"转喻意义上的死亡";他的整个一致性建筑于某种延迟的、总是被保留下来的力量,他错误地宣称拥有这种力量。① 然而,从"任何占据着主人位置的人都是骗子或者小丑"这一事实推论出主人的非完满性将颠覆它的权威,这显然是错误的。"扮演一个主人"的行为始终知道怎样根据我们的利益来运用这样一个鸿沟(在主人的观念与他的现实承担者之间的鸿沟):主人强化他自身权威的方式确切地说就是将自身呈现为一个"与他人无异的人",有各种小缺陷,很容易与人沟通,特别是在其还无须被迫使用权威的时候,更是如此。在另外一个层面,这个辩证法在天主教教会中会得到更为清晰的显现:这一教会如果要稳定它的秩序,总是能够包容一些小的违规,诸如卖淫,传播色情作品等,这是一些原罪,但这些原罪不仅能够被原谅,而且如果它们能够帮助稳定婚姻,还会受到赞许。周期性的去妓院总比离婚要好得多。②

这种可能性对于现实性的优先性使得我们同时明了了阴

---

① 在此关键的问题在于作为转喻之死亡的主体问题被拉康晚期向"快感"(jouissance)的转变所影响。在"快感"当中,父亲的形象被撕裂为父亲之名,一个纯粹的象征性权威,它超越了快感(**大他者**就其定义而言超越了快感——**大他者并不会嗅**")以及快感之父(le Père-jouissance):作为主人快感(Master of Enjoyment)的父亲的缺场是否仍发挥着"转喻的死亡"的功能? 或者缺场的父亲不就是"超越死亡的生命",不朽的,无法摧毁的快感实体的集中体现?

② 正是基于这一背景,我们能够审视拉康人格特征所具有的颠覆性效果。众所周知,他尽心竭力地将自己塑造成为一个无法忍受的、近乎残酷的形象。但同时他又显得有些诙谐和古怪。那些认识他的人都试图穿透他的公共面具,以发现他本真的一面。拉康是"一个如同我们其他人一样的一个人"。然而令人惊愕的是,在他的公共面具之下,他们并没有发现一个"正常的热情的人",因为在私下,拉康同样坚持他的公共形象,他以同样的方式行为,展现了其谦虚与冷酷的混合。这种公共形象与私下性格完全的一致与人们所期望的完全相反(去除了所有私人的、"病理学的"特性,完全与公共的象征性角色一致):公共的象征性角色自身,沦为病理学的个人特质,成了偶然的个人行为。

茎能指与物恋(fetish)之间的差别。这种差别可能是模糊的,因为在两种情景下,我们都处理了一些"反思性"要素,这一要素填补了原初的缺失(物恋填补了缺失阴茎的空虚,而阴茎则正是能指之缺失的能指)。然而,作为纯粹可能性的能指,阴茎从未被完全地实现出来(换言之,它是一个空洞的能指,剥夺了任何确定的、积极的内容,用以替代任何可能的未来的意义的潜能),然而,一个物恋总是能够找到一个现实的存在(这一存在现实地替代了母亲的阴茎)。换言之,一种物恋就是一个要素,它填补了(母亲)阴茎的缺失,阴茎能指最为确切的定义就是它是它自身的一种物恋:阴茎是它自身缺失的化身,因此阴茎成了"阉割的能指"。

第三部分
我在：快感的环路

第五章 "被矛扎伤的伤口还需扎伤的矛来治愈"

歌剧作为一种音乐形式成型于1600年（蒙茘威尔第的《奥菲欧》[Monteverdi's *Orfeo*]，这部写于1603年的第一部歌剧在今天"仍旧活着"），而到了1900年以后则趋于终结（在诸多歌剧对于所谓"最真实的歌剧"之名的角逐中，普契尼的《图兰朵》，理查德·斯特劳斯的一部分歌剧，还有贝尔格的歌剧《沃采克》[Berg' *Wozzeck*]……都位列其中）。最初的歌剧，只是一种吟诵（这是蒙塔维尔第的伟大发明），随后则是尚未成为咏叹调（not-yet-aria）的阶段，最终则成了诵唱（Sprachgesang），即不再是咏叹调（no-longer-aria）的阶段。——在这两者之间歌剧与现代主体性相契合——使其能够在舞台上吟唱，表现一些富有戏剧性的事件。由此，有人试图在歌剧的历史中找寻主体性历史发展的轨迹与转变。

古典主体性终结于现代的歇斯底里的主体性出现的那一刻。确切说来，歌剧的历史处于精神分析的史前史当中：歌剧的终结与精神分析的出现相互衔接，这绝非巧合。那个推动勋伯格（Schoenberg）发动无调式革命（atonal revolution）的突出主题，那个再不可能以古典、有调式歌剧咏叹调表达的内容，正是女性的歇斯底里。（勋伯格的《期待》（*Erwartung*）作为第一部无调式杰作，所讲述的就是一个孤独女性歇斯底里的渴望。）众所周知，精神分析的头一批病人就是歇斯底里女性……

真实之回答(The Answer of the Real)

歌剧的起源处，存在着一个所谓的主体间的星丛(constellation)：主体（就其作为自发的承担者以及同时作为合法权力的主体而言）与他的主人（国王抑或神）的关系通过主人公的叙事（即化身在混乱中的集体性[collectivity]）被揭示了出来，这一关系的要点在于对主人的一种恳求，恳求主人仁慈一些，破例宽恕主人公所犯下的罪过。① 主体性最起初、最基本形式不过就是主体恳求主人稍稍悬置其法律的声音。主人应此所作的宽容之举带有一种权力与无能之间的含混性，而主体性所蕴含的戏剧性张力正源于此。对于官方的意识形态而言，这种宽容所表达的正是主人的权力，一个可以凌驾于其自身法律之上的权力：只有一个真正的主人能够实施宽容。在此我们所看到的是人性的主体与神性的主人之间的象征性交换(symbolic exchange)。当主体，一个会死的人，通过他的自我牺牲，克服了他的有限性，达到了神性的高度，而主人通过显现其仁慈的一面则展现了其固有的人性。② 然而，这一宽恕的行为同时也成为一种空洞的姿态：主人将必然性转变为一种美德，这种美德使其原本强制性的行为被提升为一种自由的行为。如果他拒斥宽容，那么主体的恳求有可能变成一场公开的革命。在此我们遭遇到了随后被黑格尔所

---

① 在此我遵循伊万·内格尔(Ivan Nagel)对于莫扎特的歌剧《自主与宽恕》(*Autonomy and Mercy*)所做出的突破性研究。

② 关于这种象征性交换，参见麦勒登·道拉(Mladen Dolar)："歌剧中的哲学"，(*Filozofija v operi*) Razpol 7 (Ljubljana, 1992)；本文受到了道拉文章的诸多启发。

阐发的主奴辩证法的复杂性：那些依赖于**他者**承认的主人，难道不正是他自己奴隶的奴隶吗？

正因如此，歌剧出现的时间与笛卡尔构造"我思"的时间十分接近，这绝不仅仅是一种巧合：我们甚至可以说，从蒙塔威尔第的《奥菲欧》到格鲁克的《奥菲欧与尤丽迪茜》（*Gluck*：*Orpheus and Euridice*）所对应的是从笛卡尔向康德的转变。从形式上说，这一转变隐含着从吟咏到咏叹调的转折；在戏剧内容上，格鲁克构造了一种新的主体性形式。在蒙塔威尔第那里，我们获得了一种最为纯粹的升华。奥菲欧将目光投向了尤丽迪茜，在失去她之后，神安慰他说：你现在失去的是作为肉体的她，而从此之后，你在每个地方，在星空中，在天空中，在清晨闪烁的露水当中都能够辨认出她的美丽。奥菲欧迅速接受了这个纳西西斯式的安慰：他被躺在他面前的尤丽迪茜的诗意光辉所俘获。（在此，当然我们可以提出另一个永恒的问题，为什么他要向后看，并将所有一切都毁灭？我们所遭遇的只是死亡驱力与创造性升华之间的联系：奥菲欧向后的凝视本身严格说来是一个倒错的行为，他就是有意要失去她，从而将其变成诗意灵感的**崇高**对象。）① 格鲁克的结尾与此完全不同：在失去了尤丽迪茜之后，奥菲欧开始吟唱那首著名的咏叹调："Che faro senza Euridicie（世上没有尤丽迪茜我该怎么活？）。"表达了自己试图自杀的倾向。在这个自暴自弃的时刻，爱神介入了，给他带回了尤丽迪茜。② 这种主体性的特殊形式，即宽恕的介入不仅仅是对主体之恳求的回应，同时还是主体决定将自己的生命置于险境之时所给出的回应——

---

① 对于奥菲欧神话的解读早已被克鲁斯·克维莱特（Klaus Theweleit）在他的《国王之书》（*Buch der Koenige*）（Frankfurt: Stroemfeld and Roter Stern, 1992）第一卷《奥菲欧与尤丽迪茜》当中提到了。

② 这一咏叹调中的歌词证明了它要真实地（Real）对它做出回应："O Dio, rispondi!"（噢，上帝，请回答！）

是由格鲁克为之附加的一种扭曲。①

　　歌剧的发展就此完成了它的第一个循环：莫扎特歌剧中的所有要素都已体现在格鲁克的歌剧当中。换言之，莫扎特的"基础模型"确切地说包含着一个主体化的姿态，即主体的自主性（我们愿意牺牲我们自己，走向终结，失去全部）引发了**他者**的怜悯。这一模式最为纯粹地表现在了格鲁克最初的两部杰作当中：歌剧《伊多梅纽斯》（*Idomeneo*）和《后宫》（*The Seraglio*）。在《后宫》中，两个相爱的人，巴萨·萨利姆（Pasha Selim）的囚徒，表达了他们对于死亡的恐惧，巴萨·萨利姆显现了他的宽容，让他们走了。莫扎特之后的诸多戏剧都或可被解读为这一模型的各种变体。例如在《费加罗的婚礼》上，这一关系被颠倒了：主人——阿尔玛维瓦伯爵（Count Almaviva）——当他将他的妻子和费加罗捉奸成双的时候，他并不打算给他们以宽恕，然而当他的骗局即将暴露之时，他自己却不得不被迫请求宽恕，而他也确实得到主体共同体的宽恕。由此产生了一个独特的和解的乌托邦时刻，主人也被平等地融合到主体的共同体当中。《唐·璜》将这种宽恕的逻辑带入它内在的否定性当中：在其中，我们既没有发现恳求，也没有发现宽恕。唐·璜骄傲地拒绝了石像（Stone Guest）要其忏悔的要求，随后带给他的不是宽恕，而是最为残酷的惩罚，他被地狱之火所吞噬。② 在此，自主性与宽恕之间

---

　　① 关于这两部《奥菲欧》之间的关系，可参见约瑟夫·卡尔曼（Joseph Kerman）的《作为戏剧的歌剧》（*Opera as Drama*）（Berkeley and los Angeles: University of California Press, 1988）第二章。
　　② 《唐·璜》的一个"解构主义"版本是这样认为的：唐·璜是一个"从不被词语所束缚"的主体，换言之，通过他的话语的述行性（话语自身行动力）维度背叛了他的承诺。（例如肖珊娜·费尔曼[Shoshana Felman]的《会说话的躯体的丑闻》[*le scandal du corps parlant*][Paris: Seuil, 1978]。）然而实际上唐·璜与此相反，尽管很显然，通过一种象征性的承诺，唐·璜所承担的要比他所承诺的多，唐·璜还是非常符合礼仪地来完成自己的承诺。唐·璜邀请石像到墓地赴晚宴，这毫无疑问仅仅是一个空洞的姿态，作为一种蔑视的亵渎性的行为，但当"真实作出了回应"，当那僵死之物接受了邀请，并真的作为石像出现在唐·璜家中的时候，唐·璜，尽管异常惊愕，但仍保持着仪态，邀请石像到桌旁就餐。

理想的平衡被打破的主要原因在于自主性出现得如此极端，它并没有给宽容留下空间，在这种自主性当中，我们不难看出康德"根本恶"的轮廓。出于完全的失望，宽恕被悬置起来，它发生了神奇的变化，在《魔笛》中，我们进入了天堂的极乐。在此我们两次通过对死亡的诉求而遭遇主体化的姿态（帕米娜[Pamina]与巴巴根诺[Papageno]都意图自杀），但介入这一死亡的诉求并阻止这一行为的并不是主人或者神灵，而是三个神奇小子（Wunderknaben）。

在此需要避免的一种企图是将莫扎特关于自主性和宽容的融合统一视为一种妥协的形式，在"尚未成为主体"（not-yet-subject）——这一主体性仍然依赖于主人的仁慈（在他与君主之间的关系中，这一主体是开明的专制主义的主体）与完全的自主性的主体——一个掌握自己命运的主体之间构建一个虚幻的平衡。如果屈从于这一企图，我们就将失去**自主性自身的根本性悖论，在其自我肯定的动作中，自主性依赖于"宽恕"，依赖于他者的符号，依赖于一种对"真实的回应"**："经验的头脑会发现宽容的回应是一种外在的善变的巧合。仅仅依赖于命运，这太过荒谬了，因为它随时可能被一些偶然的因素所打破；一个人，正如歌德所认为的那样，能够将自己的存在整合为一，'仅仅是因为种种外在的不期而遇的事物对他有所帮助'。非常虔诚地相信这个存在，并痛苦地接纳它。歌德将在生命中的自我实现委托给了从事邪恶行径的'魔鬼'。"①在莫扎特那里，资产阶级的主体，当然，拥有他的功利主义、工具主义的诡计，从一开始就努力工作（这是喜歌剧的基本要

168

---

① 内格尔（Nagel）：《自主与宽恕》（*Autonomy and Mercy*），p.26.这种主体的自主性与**他者**的宽恕之间的相互依赖在宿命论的矛盾中也有典型显现：宿命论相信所有的事物都是由上帝的宽恕预先决定的，而不是如天主教所确信的那样，我们的救赎依赖于我们的善行，从而让主体去完成诸多无休止的疯狂行为。参见齐泽克《意识形态的崇高客体》（London: Verso,1989）。

素)。那句"帮你自己,上帝也会帮助你"的至理名言在此获得全部的价值:主体从来不仅仅是一个提出请求的人,通过他的种种托词,主体总是预先设定了基础,安排了剧情,以至于给上帝-主人所剩下的只不过是在事情过后点头表示赞同,就如同黑格尔理论中的君主一般。但就其内容来说,主体的托词越是已经关注到了最终的结果,它所有的形式就越具有神秘性:为什么主体仍然需要宽恕,为什么主体自己不作出决定,为什么他仍依赖于**他者**?

与这些诡计相矛盾的,还有这样一个**他者**介入的时刻,在一个自杀式的放弃行为中,主体在一种彻底的抵抗当中让所有一切陷入险境,不再承认一切工具理性的廉价伎俩。在此时,一旦我努力去讨价还价,一旦我双手合十,许诺自我牺牲,依赖于最终宽恕的介入,那么**他者**却并不会回应。宽恕,是约翰·埃尔斯特(Jon Elster)所谓的"必然是一种附带的产物"①。它只发生在我们放弃了希望,不再依靠它的时候。这一情景正如亚伯拉罕接受上帝的命令牺牲他的儿子是一样的:因为他接受了它,上帝反而并不一定要执行这一命令。**但亚伯拉罕并不能预先知道这一点。**那个所谓"成熟的爱"所具有的矛盾不也是如此吗?我们的伴侣只有在我们让他知道我们不再幼稚地依赖于他,离开他还能好好生活的时候,才真正地体验到了我们的爱。在此存在着对真爱的严峻考验:我假装我将离开你,只有当你能够显现出你可承受失去我的痛苦的时候,你才值得我去爱。正如克劳迪·里弗尔(Claude Lefort)指出的那样②:在民主中同样存在着在对真实的回应

---

① 参见约翰·埃尔斯特(Jon Elster)《酸葡萄》(*Sour Grapes*)(Cambridge: Cambridge University Press,1982)。

② 参见克劳迪·里弗尔(Claude Lefort)《民主与政治理论》(*Democracy and Political Theory*)(Minneapolis: University of Minnesota Press,1988)。

中所需要的信任机制,由此引发了社会关联的象征性消解(在选举行为中,一个社会的未来依赖于一种带有强烈偶然性的数字游戏);其隐藏的假设在于——就长远看来,对于社会利益最好的结果从来不是直接被证明的,它总是依赖于带有神秘色彩的信任机制;根据康德的术语,这一假定的状态严格说来是规范性的,而不是构成性的,如同在康德哲学中的目的论。(正是这一鸿沟的存在为集权主义的倾向打开了空间,后者试图为社会强加一种最优的解决方案。)

最为普遍的"后现代"神话之一所关注的就是所谓的"笛卡尔式的主体性":现代性的时代已经接近它的终点了,其标志就在于绝对的、自我澄明的主体将一切吞噬了,它将所有**他者**都还原为一种"被中介的""被内化的"对象,被技术所把持,最终导致的结果是生态的危机。在此参考歌剧的历史,我们去除了这种神秘性,其方法并不依赖于设定某个"绝对的主体",如从康德到黑格尔的哲学中所表现的那样,而是阐发这种"现代主体"制高点是如何近乎绝望地去说明自主性与宽恕之间充满矛盾的整合,换言之,主体的自主性的确认如何依赖于**他者**充满怜悯的回应。①

主体性与宽恕

我们所依赖的这种"真实之回答"(answer of the Real),这种在**大他者**那里获得的支持就是黑格尔所谓的"理性的狡

---

① 正如我们将会看到的那样,对**他者**依赖的构成性特征的最终证明确切地说就是所谓的"集权主义",集权主义的哲学基础表明:集权主义的企图部分地基于主体对这种宽恕性行为的依赖。代价就在于主体被颠倒为一种自我—对象化(self-objectivization),换言之,即将自己转变为**他者**,这个谜一般的意志的客体的工具(object-instrument)。

计"。正是**大他者**将纯粹主体的困境"主体化"。主体"牺牲一切"的意愿被黑格尔设想为"意识向'我=我'的黑暗深渊的回归,在这一回归中,除了它自身之外一无所知。这种感受由此实际上是实体的消失,是对意识的超越与对持"。① 对于黑格尔的一般指责在于,在其观念论的封闭体系中,这种失败被自动颠倒为一种新的主体-实体的肯定的自我统一。但我们应该小心不要忽视这种颠倒所具有的矛盾。一方面,牺牲绝不是假的,换言之,它并不是游戏的一部分,在那种游戏中,人们可以依赖"绝对"提供一个最终幸福的结局。黑格尔在此很清楚地表明:在返回到我=我的黑夜当中所消失的东西最终就是实体自身,换言之,就是在舞台后面牵着线的超验的上帝。确切地说在其中消失的是作为理性的上帝,通过它的"狡计",保证了历史发展过程的幸福结局——简言之,也就是通常我们加之于黑格尔的那个绝对的主体—理性(Subject-Reason)的观念。黑格尔对于基督教的阐发要比其看起来更富颠覆性:黑格尔如何看待基督教中关于上帝成为人的观念(becoming-man of God);在什么层面上,黑格尔将上帝与人视为平等?通常的观点认为在人当中的"神性"使其富有永恒性、高尚性。当上帝成为人之后,开始与人同样遭受痛苦,带有了原罪性的必死性。在这一意义上说,"上帝之死"意味着主体证明自身是孤独的,在实体化的理性(substantial Reason)当中,在**大他者**当中没有任何保障。

另一方面,矛盾的是,尽管我们尽可能地远离任何的存在之绝望,远离极端冒险的"开放性"(每当一件事陷入危险之时,宽恕总是或者介入,或者不介入),向宽恕的翻转仍然是自动产生的;一旦我们真正让一切都陷入危机之时,翻转就出现

---

① 黑格尔:《精神现象学》(Oxford: Oxford University Press,1977),p.476.

了。为什么？更为确切地说，为什么德里达式的问题（如果翻转没有出现怎么办，如果在彻底的失败之后并没有随之而来的"真实之回答"，又该如何？）总是不合时宜的？在此只有一个解释是可能的：失败通过宽恕被翻转为救赎，这是一个纯粹的形式的转换行为；换言之，**宽恕的介入与之前的失败没有区别，它就是那个失败本身，也是一个自我放弃的行为，只是两者的视角不同罢了**。对于基督教来说，基督之死的那一天既是悲伤的一天，也是快乐的一天。上帝—基督不得不死，只有这样才能以信徒共同体（community of believers）的形式（圣灵）而获得重生。在此替代了那个在超越的意义上有着谜一般命运的上帝-主体的实体，我们获得的是作为信徒共同体的"实体"。从这一意义上说，"被矛扎伤的伤口还需扎伤的矛来治愈"：上帝之死是其自身的复活，杀死基督的工具也是铸造圣灵共同体的工具。

　　主体性由此包含着某种环路（loop），一个恶性的循环，一个原则性的矛盾，对此，可在三种路径上加以理解：黑格尔的路径，瓦格纳的路径以及拉康的路径。对于拉康来说，阉割是重新控制欲望的阶梯，也就是象征秩序为了重新获得自身的构成性特质，快感—原质（Thing-jouissance）一定要失去。在瓦格纳的《帕西法尔》（Parsifal）当中，被矛扎伤的伤口还需扎伤的矛来治愈。在黑格尔那里，实体的直接同一性通过主体性的中介重新占据主导。我们所谓的"主体"最终就是这个原则性矛盾的代名词，或者更为确切地说，就是它的短路，在此可能性的条件与不可能性的条件融合在一起了。这样一个双重的束缚所构成的主体，首先由康德阐明出来：作为先验统觉的我可以被称之为"自我意识"，可以将自身体验为一个自由的、自发的承担者，在其范围内作为一个"思维之物"，自身却无法被理解；实践理性的主体能够道德地行事（出于义务），却难以达及至善。这些矛盾的关键在于我们所谓的"主体化"（subjectivization）（在询唤［interpellation］中的自我认知，执行强加于其上的象征性命令）是一种防御机制，用以应对那些"成为"主体的困境与鸿沟。阿尔都塞的主体是意识形态误认：主体出现在某种行动中，在这一行动中，他自身的内在原因成为不可见的。对于歌剧的思考使得我们辨认出这个恶性循环的轮廓，这一轮廓界定了主体性的维度，但并不是阿尔都塞询唤的循环；阿尔都塞询唤的封闭性，在询唤中的误认，都不是一个"无主体的过程"的直接结果，而是对主体性创伤的一种治疗。

我们在康德三大批判中遭遇到主体与主体性的对抗。在"纯粹理性"领域当中，纯粹统觉——\$，那个空洞的"我思"——必须被陷落（lapse）为先验的幻象（Schein），将自身误认为一个"思考的实体"（thinking substance），换言之，通过自我意识，错误地认为，他自身可触及所谓的"物自体"。在"实践理性"当中，道德主体——屈从于范畴的绝对命令的普遍形式，并被这种普遍形式所构造——必然要成为至善之幻象的俘虏，将某些"病理学意义上"的要求提升为道德行为的目的和动机。在"判断力"当中，反思性的主体必然忽视一个目的论判断的纯粹的规范性本质——这个判断只能关注于主体的反思与现实之间的关系，而不是现实本身——并且将目的论误读为与现实自身相关的某种东西，将目的论误读为它的**构成性**的确定性。在这三种情形中，关键的问题在于主体的某种不可消除的**分裂**：在纯粹理性中，是\$与实体性的"人"之间的分裂；在实践理性当中，是以义务为目的的责任的完成与服务于至善之间的分裂；在判断力批判中，则是将现象与超感性的观念分离开来的**崇高**经验的鸿沟与通过美和目的论将这一鸿沟填补起来之间的分裂。在所有这三种情形中，"陷落"

(lapse)意指的是主体向主体化的转变：我作为能够获知的主体，通过将自身确认为一个拥有着丰富内容的"人"而将自身"主体化"；我作为一个道德主体，通过让我自身屈从于某种实体性的至善而将自身"主体化"；作为一种反思性的、判断的主体，我通过将自身与一种目的论的、和谐的自然结构相统一而将自身"主体化"。在这三种情形下，这种"陷落"的逻辑就是一种幻象，即便这一幻象的机制已经被揭露出来，它仍然发挥着作用：我（可能）知道目的论判断只是一种主体性的反思，而并不能对现实有真正的知识，也就不能从目的论的观察当中获得什么，等等。在这三种情形下，康德的主体被困在一种双重的束缚当中：在实践理性当中，显然，存在着康德式样的超我—翻转（superego-reverse），即"Du Kannst, denn du sollst！"（你能，因为你必须！）就成了"你必须，尽管你知道你不能，知道这是不可能的！"——换言之，这是一个从未能获得满足的不可能的要求，由此让主体陷入了一个永恒的分裂当中。（在目的论中，相反，"你知道你不应该做这件事，但你不能不做这件事"。）

将这一问题用另外一种方式来讨论，这种"陷落"（进入目的论中，进入至善的实体性观念当中）就是治愈那作为 $ 的主体的创伤，填补导致不可切近之原质的鸿沟。它将主体重新置入"伟大的存在之链"。这种双重的束缚并不是哲学问题进一步发展的绊脚石，而是推动其发展的杠杆。换言之，康德哲学所值得称道的特质同时也就是其遭到批评的特质：**通过同样的一个姿态，康德的哲学打开了一个原质的空间（可能性以及需要），使这个原质不可切近并且/或者不可能获得**——就如同敞开不得不以这种敞开瞬间被取消为代价才是可能的。① 迈蒙(Maimon),康德的同代人,是第一个指出康德理性和感性的二元论创造了先验转向(逃离休谟的怀疑主义)的需要,并使这一转向成为可能的。同样,康德通常还会因为设定物自体而遭受指责,因为在康德看来,物自体作为我们知识的必要前提(经验的"质料"需要被先验的框架所型构),同时却又不能被我们所知。在另一个层面上说,纯粹的伦理行为被道德的命令无条件地强制,但基于实践目的,某些东西仍然是不可能被完成的,因为没有人能够非常确定在我们的行为中是否完全不存在"病理学意义上的"考虑。这个实体(entity),在同一运动中既是必需的,又是不可能的,它就是拉康意义上的真实(Real)。② 康德与黑格尔的区分并没有他们看起来的那么显著。黑格尔所做的就是得出这样一个结论:让可能性的条件与非可能性的条件一致起来,如果设定和对设定的阻止绝对的一致,那么就没有必要设定物自体;换言之,自在(in-itself)的幻象正是由于阻止的行为而创造出来的。

这一设定与阻止的绝对共时性难道不就是对拉康的**对象**

---

① 这种设定与抑制的共时性在康德关于美的理论中获得了最为纯粹的表达,美的理论在设定四个基本原则的同时将这些原则划去了:没有结束的结局(finality without end)。

② 雅克比·洛克律斯基(Jacob Rogozinsiki)(在《康德与判处国王死刑的人》,[Kant et le régicide]《笛卡尔之路》第 4 期[Rue Descartes 4][Paris: Albin Michel, 1992], pp. 99 – 120)指出在康德的政治哲学中,康德的这种"同时设定了对象又否认了它"的理论倾向构成了"政治理性的自主性的二律背反"。一方面,权力属于人民(主体的整体),任何人不得滥用,任何觊觎这一权力地位的人(例如,国王)都可被界定为"专制君主"。另一方面,给予人民以权力的结果却走向了其反面,最终将导致邪恶的恐怖。这就是康德与法国大革命之间模棱两可的关系:**崇高**的热情(人民是权力的完全承担者)与无法想象的、残忍的邪恶(雅各宾的恐怖统治)并存。最终康德与民主的关系被重新确认下来:政治理性的二律背反的解决依赖于权力空位的民主观念:民主将人民仅仅设想为一个合法的权力主体,同时民主还要拒斥任何现实的代理人试图占据这一权力空位。

a的界定吗？不就是欲望的"原因—客体"(object-cause)吗？在这一意义上说，拉康或可被认为是帮助康德完成了其批判计划，为其批判哲学补充了"纯粹欲望的批判"，这个第四批判与之前的三大批判具有同样的基础。① 当欲望不再被设想为一种病理学意义上的（被确定给予的）对象，当设定欲望与欲望的取消（构成了一个自身退却的轨迹）相一致的时候，欲望就成为纯粹的。在此我们需要记住的是，康德的立场与传统的追逐无限的"唯灵主义"(spiritualist)立场之间的差异。后者不与任何感性特殊性有关联（柏拉图式的爱情，所爱的对象并非某个人，而是对某种爱的理念的迷恋）。这个差异或可这样被说明：康德的"纯粹欲望"不求助于另外一种虚无渺茫的精神性的欲望，而是将自身限定在主体有限性的矛盾当中。如果主体试图超越自己的有限性，从而完成自身向本体论视域的迈进，那么那个将他的欲望建构为"纯粹欲望"的**崇高**对象将失去（我们在康德的实践哲学中遭遇了同样的矛盾）：正是那个不可切近的原质(Thing)使我们能够进行道德的行为。

从莫扎特到瓦格纳

但故事在此还远没有结束。莫扎特的歌剧，从其基本的模式出发，通过它的各种变体，最终达到一个彻底的颠覆，表现在《魔笛》之极乐之境。这一极乐之境在一个不同的层面上，在瓦格纳的歌剧中被重复上演：从莫扎特到瓦格纳之间的断裂被贝多芬的《费德里奥》(*Fidelio*)所填补。一方面，我们发现了宽恕的介入，以及随之而来在其纯粹形式上的自我牺牲的主体化姿态：那个邪恶的监狱长皮亚罗(Pizarro)，试图解

---

① 参见 Bernard Baas《纯粹欲望》(*le désir pur*)，《奥尼卡?》(*Ornicar?*)(Paris, 1985)。

决掉贵族弗洛列斯坦（Florestan）的时候，他忠贞的妻子，莱奥诺拉，女扮男装，被雇佣为狱卒，化名"弗德里奥"，游弋在两种情境之下，一方面她要用自己的身体来保护弗洛列斯坦，另一方面又要掩盖自己的真实身份。就在皮亚罗威胁要杀死她的时候，号声响了，宣告总理大臣到了，他是国王的信使，来宣布释放弗洛列斯坦。另一方面，在此我们已经遭遇瓦格纳歌剧中的基本模式：男人通过女人的自我牺牲来获得救赎。① 有人试图证明《费德里奥》对于这对资产阶级夫妻的赞美所指的直接就是女性的救赎式的自我牺牲，其结果是双重的。因为这种道德热情，费德里奥总是被某种神奇的光环所笼罩（直到1955年，当这部歌剧在重新整修的维也纳歌剧院首演的时候，疯狂的谣言开始在维也纳散布，瘸子恢复了走路的能力，瞎子重见了光明）。对这种道德姿态的迷恋引发了某种"审美的伦理悬置"（ethical suspension of the esthetic），道德光环榨干了歌剧的舞台潜能：在关键的时刻，幕布落下了，歌剧适时地被一段音乐所打断，由此来提升**崇高**的感觉（序曲莱奥诺拉[leonora Ⅲ]，通常在总理大臣的到来与最后的欢呼之间奏出）。好像这种对**崇高**的赞美并不能迎合试图描绘的场景，好像某种东西在抵抗这种结局。②

转向瓦格纳的世界，我们不得不让男人和女人沾染上"病理学"的色彩：在此被描述的男人不再是一个无辜的主人公，

---

① 费德里奥的中介角色还可从另外一个角度来获得说明：众所周知，正是因为伟大的女高音威海敏娜·施罗德-戴维安（Wilhelmine Schroeder-Devrient）所扮演的贝多芬的费德里奥给年轻的瓦格纳留下了深刻的印象，瓦格纳才投身戏剧作曲。在《荷兰人》（Dutchman）中森塔（Senta）的角色就是特意为威海敏娜·施罗德-戴维安写的。

② 我们或可猜测到在那落下的帷幕后面所发生的一切。在二重唱"无可名状的快乐"（Namenlose Freude）与结尾之间的这个间歇被管弦乐所填补，这是一个"大爆炸"（Big Bang）的时刻，早该发生的弗洛列斯坦与莱奥诺拉之间长久的做爱终于发生。依照私人与公共之间的辩证的紧张关系，《费德里奥》凸显了这个乌托邦的时刻，这对夫妻"私人化"的爱承载了一定的公共性，它确认了一个人对政治自由的忠诚。

而是一个受尽苦难的罪人,一个流浪的犹太人,连他的死也是不被允许的,因为他是有罪的。因为过去所犯下的罪,他不得不无休止地在两种死亡之间徘徊。(弗洛列斯坦,在开启《费德里奥》第二幕的那段著名的咏叹调中不断重复着"他怎样已经完成了他的责任"[ich habe meine Pficht getan],不同于此,瓦格纳的主人公完全不能完成他的职责,回应他的伦理命令。)与这种失败的询唤对应的是那个充当着主人公拯救者的女性,带有歇斯底里的特质,以至于我们获得了某种加倍的、被镜像化了的幻象。一方面,《飞翔的荷兰人》"可以被还原为这样一个时刻,即荷兰人从他自己的画像下面——或者我们近乎可以说,是从画中——走出来,站立着,眼睛直勾勾的。森塔(Senta)诅咒了他,就如同艾尔莎(Elsa)诅咒了骑士(在《罗恩格林》[Lohengrin])一样。整个戏剧不过就是为了适时展现这一时刻。"①(《特里斯坦与伊索尔德》[Tristan und Isolde]中伟大的最后一幕难道不是这一幽灵的颠倒形式吗?伊索尔德的出现难道不是被死去的特里斯坦所诅咒的结果吗? 正因如此,最近两次瓦格纳戏剧的演出,给予了幽灵相当的戏份,这是合理的。哈利·库布[Harry Kupfer]将荷兰人诠释为歇斯底里的森塔的幻觉;让-皮耶尔·彭内尔[Jean-Pierre Ponelle]将伊索尔德的到来与死亡诠释为死去的特里斯坦的幻觉。)②另一方面,那个准备牺牲自己的女性很显然

---

① 阿多诺:《瓦格纳研究》(*In Search of Wagner*)(London:Verso,1991),p. 88. 让我们记住这一点,那幽灵在《罗恩格林》的结尾处又开始工作,那个据称是艾尔莎死去的哥哥再次出现了,成了"真之回应",回应了《罗恩格林》里热忱的祈祷者。

② 我们在《费德里奥》第二幕开场那个著名的弗洛列斯坦的咏叹调当中不是已经遭遇了这种幽灵逻辑吗? 其中莱奥诺拉作为弗洛列斯坦的幻觉而出现。她后来"在现实"中的出现难道不就是对弗洛列斯坦幻象的渴望所给予的"真实之回应"吗? 在瓦格纳戏剧中最为经典的幽灵就存在于乱伦的快感发生的地方:从《唐豪塞》(*Tannhäuser*)当中维尔斯伯格(Venusberg)到《帕西法尔》(*Parsifal*)当中的柯林莎(Klingsor)的花园,在这两种情景下,魔咒都被打破了,空间被分裂了,(男)英雄"涤荡了他的欲望",与之远离。

就是一个炫耀的男性的幽灵,在这里,就是瓦格纳自己的幽灵。对此,我们只需引用他在给丽莎(Liszt)的信中所谈到的关于他和马蒂尔德·韦森唐克(Mathilde Wesendonk)的恋情就足够了:"一个温柔女人的爱让我感到高兴;她敢于将自己抛入苦难的大海当中,以至于她可以向我说'我爱你!'。所有那些知道她有多温柔的人都能想象到她遭受了多少痛苦。我们什么也没有得到——所得到的仅仅是我被拯救了,她因意识到这一点而获得了快乐。"①正因如此,我们有理由认为《飞翔的荷兰人》是第一部"真正"的瓦格纳歌剧:一个受尽苦难的男人,被惩罚在两界之间游荡,这一形象被那个自我牺牲的女性传达出来。由此我们获得了瓦格纳歌剧最为"纯粹"的模型,其随后的戏剧不过是这一模型的一系列变种。② 在此,同时还有一个歌曲的基本形式:乞求——男人的抱怨,典型的例子就是《飞翔的荷兰人》中荷兰人的独白,由此我们了解了他悲惨的命运,在鬼船上永恒的漂泊。在瓦格纳最后一部戏剧《帕西法尔》中最有力的时刻,也是安福塔斯(Amfortas)的两个恳求,正如在《飞翔的荷兰人》当中一样,恳求的内容就是恳求的对立面,这一点开启了戏剧的历史:在瓦格纳,主人公总

---

① 引自罗伯特·唐纳通(Rober Donington)《瓦格纳的"指环"与它的象征》(*Wagner's "Ring" and Its Symbols*)(London: Faber and Faber,1990),p. 265。

② 例如在《唐豪塞》(*Tannhäuser*)中,女人被分为自我牺牲的拯救者(伊莎贝拉)与恶意的诱惑者(维纳斯),后者成了主人公堕落的原因。在此隐含的真理在于,这两个女人最终其实是一个,因为"被矛扎伤的伤口还需扎伤的矛来治愈"(这一真理在《帕西法尔》中得到了最终的实现,在其中分裂的这两个方面被整合在了昆德丽[Kundry]当中)。另一方面,在《罗恩格林》当中,主人公遭受了永久的苦难:成为他人意志的工具,上帝介入世界的手段,等等。在所有歌剧中,不分性别一概如此:不仅《纽伦堡的名歌手》(*Meistersingers of Nuremberg*)中的汉斯就是《特里斯坦与伊索尔德》中的马克皇帝(King Marke)的一个新版本,同时昆德丽也是飞翔的荷兰人,这个游荡的犹太人的最后一个版本。在这些转变当中最为关键的转变当然发生在《指环》与《帕西法尔》之间:齐格菲(Siegfried),一个无知-积极的(ignorant-active)英雄转变为了帕西法尔,一个全知—被动的(Knowing-pssive)英雄,金指环也转变成了圣器,等等。

是哀怨于他的无能，以寻求死后的安宁，换言之，以抚慰他永恒的受难的命运。① 宽恕的姿态，"真实之回答"，终结了《帕西法尔》，帕西法尔用自己的行动，在最后一分钟阻止了骑士屠杀国王安福塔斯，并用矛来治愈他被矛刺伤的伤口。以下是这个故事的梗概：

圣杯，盛着耶稣的血，被留在了蒙瓦沙（Montasalvat）城堡，但他的统治者安福塔斯身受重伤：他背叛了圣杯的神圣，让自己被昆德丽（Kundry）所诱惑，而后者正是邪恶的克林索尔（Klingsor）的奴仆，这个克林索尔将自己阉割，以拒斥性的诱惑。就在安福塔斯在昆德丽怀抱中的时候，克林索尔夺走了他的圣矛（即那个刺杀十字架上的耶稣之矛），并用这矛将国王刺伤，这个伤口让国王生不如死。年轻的帕西法尔进入蒙瓦沙城，射杀了一只天鹅，在完全不知情的情况下犯了罪，聪明的老古内曼兹（Grunemanz）发现了他就是那个被预言家所预言的可以治愈国王伤痛的纯净的愚人。于是古内曼兹将帕西法尔带到盛放圣杯的殿堂之中，参加了圣杯的仪式，让他见证了国王在其中所遭受的痛苦。然而令人失望的是，帕西法尔从这一仪式当中没有看出任何东西，古内曼兹失望地让他走了。在第二幕中，帕西法尔进入了克林索尔的城堡，昆德丽再次诱惑他，就在昆德丽亲吻他的一瞬间，帕西法尔突然想到了安福塔斯的遭遇，推开了昆德丽。当克林索尔将圣矛抛向他，意图刺伤他的时候，帕西法尔能够阻止它，并将矛拿在手上——因为帕西法尔能够抵抗昆德丽的诱惑，克林索尔没有任何方法可以控制他。通过在矛上画上十字架，帕西法尔

---

① 对死亡的欲望（"Lasciate mi morir!"［让我去死吧!］）当然是歌剧主角一开始就有的诉求，但在瓦格纳之前，这种诉求所伴随的是对生命灾难的极度失望的简单逻辑（与其忍受这样的苦难，不如死去），然而瓦格纳的主角却已经深陷在"两种死亡之间"。

驱逐了克林索尔的魔法,并将那个诱惑的城堡夷为平地。在第三幕中,帕西法尔经过了多年的流浪,在"圣星期五"这一天回到了蒙瓦沙城堡,告诉了古内曼兹,他已经找到被偷走的圣矛。古内曼兹指认帕西法尔为新的国王,帕西法尔为悔过的昆德丽施洗,昆德丽从此体验到内心的宁静,由此成就了"圣星期五的奇迹"。而后,帕西法尔进入了圣杯神庙,在那里他看到了被愤怒的骑士包围着的国王安福塔斯,奄奄一息,如同受伤的困兽。骑士们逼迫他实施圣杯仪式,国王无法这样做,他恳求骑士杀掉他,以终结他的痛苦。就在此时,帕西法尔用圣矛碰触了安福塔斯的伤口("只有圣矛能治愈你的伤口!"),治愈了安福塔斯。帕西法尔宣布自己为新的国王,并命令将圣杯永久地展示出来,就在此刻昆德丽平静地死去了。

在此我们不可避免地被这一系列奇怪的角色所震惊,正如托马斯·曼(Thomas Mann)(包括其他一些人)所言:"这是进退交替的过程,一个自我阉割的魔法师,一个绝望的双重人格,组成一个循环,一个悔过的妓女,僵硬地转变了立场,一个害相思病的牧师,等待着一个来自纯洁少年的救赎,而那个少年自己,则不过是一个纯粹的愚人与救赎者。"①

要给这个显然的混乱带来一些秩序,只要参照拉康话语矩阵(discourse-matrix)的四个要素即可:身受重伤的国王安福塔斯为 S_1,主人;魔法师克林索尔作为知识的类似物(semblance)——S_2(这种类似源于克林索尔的状态,他是他的魔法城堡的幽灵化显现,一旦帕西法尔为这个城堡画上十

---

① 引自露西·帕克特(Lucy Beckett)的《帕西法尔》(*Parsifal*)(Cambridge: Cambridge University Press, 1981), p. 119.

字架,那么城堡就坍塌了);①昆德丽是$,一个被分裂的歇斯底里的女人(她对**他者**的诉求就是要拒绝她的诉求,换言之,拒斥她的征服);帕西法尔,这个纯粹的愚人,作为**对象 a**(objet petit a),他是昆德丽欲望的原因—客体(object-cause),他对女性的魅力毫无感觉。② 一个更深层次的奇怪的特质在于这部歌剧中缺乏恰如其时的行为。实际发生的一切都是一系列否定的或者空洞的、纯粹象征性的姿态:帕西法尔**不能理解**仪式的含义;他**拒绝**昆德丽的诱惑;他在矛上**画上十字架**;他**宣称**自己是国王。在此存在着帕西法尔最为**崇高**的维度:他消解了日常的行动(积极的,"做某事"的行动),而将自己局限在一个最为基本的对立中,即局限在行动的取消/拒斥与空洞的象征姿态之间的对立。③ 帕西法尔做了两个决定性的姿态:在第二幕中,他拒绝了昆德丽的要求,在第三幕中,在这部戏剧的关键点上,伴随着四重鼓奏响,他宣布自己是国王

---

① 克林索尔另一个更为本质的特征在于他的自我阉割——这在开始就证明了他不能被性诱惑所操控。这种对一个人的性能力的残忍剥夺确证了谢林的命题,后者认为真正的极端的邪恶,与性欲敌对,要比善本身更富有"精神性"。克林索尔在精神上操控着昆德丽,他对她的诱惑毫无感觉,这正是他极端邪恶的证明。

② 同样的矩阵模型让我们在莫扎特的《唐·璜》的关键转折的开始之处就体会到这种奇怪的转向,在第二幕的六重唱当中,四个人相继进入舞台(爱德威[Elvira],莱奥里奥[Leporello],唐·奥塔维奥[Don Ottavio],唐纳·安娜[Donna Anna]),他们占据了拉康话语矩阵的四个位置:爱德威[Elvira]是一个分裂的主体,在她的欲望($)中处于混乱的、自相矛盾当中;尽管前后并不一致,但她的言语却在其混乱中——换言之,在其歇斯底里中——包含着真理性。莱奥里奥[Leporello]同样陷入混乱当中,但却以一种非本真性的、强制性的方式,表达了一个仆人错误的认知(S_2),换言之,他努力地通过诡计来摆脱所有的困境。剩下的两个位置都是自我一致的。唐·奥塔维奥[Don Ottavio],是那个自信的主人(S_1),他试图安慰绝望的书纳·安娜[Donna Anna],但他的安慰却总是肤浅的和自负的,换言之,是非本真的,他的话不比莱奥里奥,那个骗子少。最终我们得到了一个本真的并自我一致的主体位置,这个主体位置却是一个死亡驱力的位置,一个主体性匮乏的位置,一个可被任何对象自由侵占的位置,在安娜对奥塔维奥的回答中,华丽辞藻堆砌,她说"只有死亡"(Sol'la morte)能够真正地安慰她。

③ 有两个例外的情景(帕西法尔杀死天鹅,以及他杀死了守卫克林索尔城堡的骑士),但显然这些行为发生在舞台外面,我们只是看到了这些行为的结果(如死去的天鹅落在舞台上,以及克林索尔对这场战争的描述)。

("……他会同意今天我成为国王")。在第一种情况下,我们看到的是一个重复性的行为,帕西法尔认同了安福塔斯的痛苦,并将这种痛苦放置到自己的身上;在第二种情况下,我们看到的是作为述行性的行动,帕西法尔承担了国王的使命,成为圣杯的守护者。① 但是,这一系列怪异的(非)行动究竟告诉了我们什么呢?

"我将与你讲述薄膜(Lamella)……"

让我们从阻碍安福塔斯在死亡中获得安宁的那个神秘伤口开始吧。这一伤口,当然,是它的对立面的别名,即它是某种剩余快感的别名。为了更确切地勾勒出它的轮廓,让我们以一本关于拉康的新书为出发点。这本书是理查德·布斯柏(Richard Boothby)的《死亡与欲望》(*Death and Desire*)②。它的中心议题尽管最终是错误的,但却满足了某种对称的要求:似乎为一个谜团补充了一个丢失的要素。三元结构:想象-真

---

① 正是在这一时刻,帕西法尔对于从原罪中解脱出来的纯真的自然美景十分敏感(圣星期五的奇迹):这个"纯真"的自然绝不仅仅是如此这般的"自然","在他自身"当中的自然——他之所以"纯真"只是因为主体给它赋予了这样的特质。或者更为确切地说:自然成为纯真的,只是因为帕西法尔接受了成为国王的象征性召唤。在此并不是主体自身内部被纯真化,从而让他自身最终被脱离了原罪,而是帕西法尔的述行性的行为让自然自身脱离了原罪。在此将《帕西法尔》与《纽伦堡的名歌手》相比较将是十分有趣的:在两种情形下,关键点都发生在第三幕的第一部分中,在一个"私人化"的场景下,而在这一幕的第二部分中的公共仪式则看起来不过是一种正式的说明,用以强调已经发生了的事情。在《帕西法尔》中,关键点出现在帕西法尔宣称接受新国王的象征性召唤的时刻,而在《纽伦堡的名歌手》当中——多少有些让人惊讶——这个关键点出现在汉斯与爱娃之间张力的解决之时(经过了绝望的被压抑的近乎乱伦情感的极度宣泄之后,汉斯放弃了爱娃,将她移交给了华尔特)。"内在的宁静与和解"(在《帕西法尔》中"圣星期五的奇迹",《纽伦堡的名歌手》中的五重奏"获奖歌曲"[Morgenlich leuchtend])出现在关键的内在转变与公共仪式之间(帕西法尔承袭圣杯王座,在《纽伦堡的名歌手》中的歌唱比赛):虽然它们的功能是要让主人公准备接受严峻的考验,但实际上它所内含的却是每一件事已经预先决定了,战斗在其正式打响之前已经获得了胜利。

② 理查德·布斯柏(Richard Boothby):《死亡与欲望》(*Death and Desire*)(New York:Routledge,1991)。

实-象征,让拉康的理论空间获得了一个基本的协调,但这三个维度从来不是同时被思考的,也从来不是在同步的意义上获得说明,人们总是不得不在一个时间内选择其中的两个来讨论(就如同克尔凯郭尔的三元结构"美学-伦理-宗教"一样):象征与想象,真实与象征。由此导致的结果是在拉康的阐释中,总是或者趋向于强调想象-象征一维(象征化,象征的现实化,基于50年代的拉康所提出的想象的自我欺骗),或者强调象征-真实一维(在晚期拉康当中,象征化的失败所带来的与真实的创伤性遭遇)。布斯柏用以进入拉康理论大厦的路径在于提出了第三个还未经研究的维度:想象与真实。换言之,在布斯柏看来,镜像阶段的理论并不仅仅是拉康早期对精神分析的一种贡献,而且还指认了这样一个基本的事实,即这一阶段规定了人的状态:在镜像当中的异化,源于他未成熟的出生以及在生命的最初几年里他的/她的无助。这个潜意识中的虚像(imago)打破了流动着的生命的延续,它带来了一个不可还原的裂口,鸿沟,永远地将想象的自我——这个对人有益的,但却是静止的镜像,某种定格的电影画面——从变化多端的、混乱的各种肉体驱力(bodily drives)——真实的本我(Id)中分离出来。从这一视角来看,象征严格说来是第二级自然,它是想象与真实之间的原初张力:象征空间的敞开得益于对各种肉体驱力的排除。象征化意指着主体的努力,这种努力总是碎片化的,并最终注定要失败,但象征化通过象征的再现带来了澄明,而真实的肉体驱力却被想象的认同所排除:通过主体对于被放逐的真实的碎片的整合,象征化成了一种妥协—型构(compromise-formation)。

在这一意义上,布斯柏将死亡驱力阐释为那些被放逐者的再次出现,此时自我通过想象性认同来构造了自身:向各种冲动的回归被自我体验为一种致命的威胁。因为这种回归在现实中必然导致想象性认同的消解。被拒斥的真实由此以两种方式回归了：作为一个野蛮的、破坏性的、非象征化的狂躁；或者以象征性中介的形式回归，换言之，在象征性中介中被"扬弃"（aufgehoben）。布斯柏理论的凝练之处依赖于将死亡驱力阐发为它的对立面，即作为生命力的返回，作为本我的一部分，这一本我被强加于自我的呆板的面具所驱逐。由此，在"死亡驱力"中重现的**最终是生命本身**。自我将这种回归视为是一种死亡的威胁，这本身就确证了自我倒错的"被压抑"的特性。"死亡驱力"意味着生命自身对自我的反叛：死亡的真正再现就是自我自身，作为一个僵化了的虚像（imago），打破了生命的流动性。

基于这一背景，布斯柏还重新解释了拉康关于两种死亡之间的区分：第一种死亡是自我的死亡，它的想象性认同的消解；而第二种死亡则意指着对前象征性流动的生命自身的打破。然而问题也开始于这个简单而凝练的建构：其理论的代价是将拉康的理论大厦最终还原为一个在生命哲学（Lebensphilosophie）领域中的对立，即原初的变化多端的生命力量与随后这种生命力量被塞入虚像的普罗科斯塔斯之床（Procrustian bed）后留下的凝结物之间的对立。因此，布斯柏的研究就无法触及拉康的这样一个洞见，即象征性秩序，"代替死亡"，"羞辱了"身体之真实（the real of body），让身体之真从属于一个陌生的自发性（automatism），破坏了它的"自然的"、本能的节奏，由此**生产出了欲望的剩余**，换言之，**作为（AS）一个剩余的欲望**：那个"羞辱了"活生生的肉体的象征性机制同样产生了羞辱的对立面，即不朽的欲望，排斥了象征化的"纯粹生活"的真实。

为了阐明这一点，让我们回到瓦格纳的《**特利斯坦与伊索尔德**》（*Tristan und Isolde*），这样一个例子，在对其最初的审视中,肯定了布斯柏命题。伊索尔德忠实的仆人布兰干尼给一对恋人的春药究竟发挥了什么样的作用?"瓦格纳从没有向我们暗示特利斯坦与伊索尔德的激情源于春药的物理性反应,而只是因为两个人都喝了被他们想象为死亡之水的东西,从而相信他们都在最后一次瞭望大地、海洋和天空,他们感到自己可以自由地表达,当药物开始起作用的时候,隐藏在他们之中的爱意迸发出来,这一爱意甚至连他们自己都不曾感觉到。"①关键的问题在于,当特利斯坦与伊索尔德喝下春药的时候,他们发现自己在"两种死亡之间",活着,但却已经摆脱了所有象征界的束缚。**只有在这样一个主体性的位置上,他们才能承认他们的爱**。换言之,春药的"**神奇功效**"仅仅在于悬置了"**大他者**"——社会责任所构筑的象征界的现实(名誉、誓言等)。这种看法是否与布斯柏关于"在两种死亡之间"的理论一致呢?布斯柏将这种状态设想为这样一个空间,在其中,想象性认同以及附着于它的象征性认同都失效了,以至于被驱逐的真实(纯粹的生命驱力)能够在它的力量中显现出来,尽管这一显现是以与生命驱力相对的方式,即死亡驱力的方式出现的。根据瓦格纳,特利斯坦与伊索尔德的激情表达了对于死亡的"永久宁静"的渴望。然而,在此需要避免的陷阱在于,将这种纯粹的生命-驱力视为一种存活下来的实体性的存在,并视这一存在优先于被象征性框架所捐捉到的存在形式;这种"视觉的幻象"会让我们看不到正是以象征秩序为中介,机体的"本能"才被转变为不可抑制的渴望,这一渴望最终只能在死亡当中获得满足。换言之,这个超越死亡的"纯粹的生命",即这样一种渴望超越了生死轮回,难道它不是象征

---

① 恩斯特·纽曼(Ernset Newman):《瓦格纳的夜晚》(*Wagner Nights*)(London: The Bodley Head,1988),p. 221。

化的产物吗？以至于象征化自身产生了逃避它的剩余。将象征性秩序视为一种中介，填补了被镜像认同所敞开的想象与真实之间的鸿沟，布斯柏避免象征的构成性的矛盾：象征自身带来了一个它自身很善于医治的创伤。

在此我们应当做这样一个理论的拓展，以一种新的方式来审视拉康-海德格尔之间的关系。20世纪50年代，拉康以海德格尔"向死而生"（Sein-zum-Tode）的理论为背景来阅读"死亡驱力"，将死亡看作是象征化的内在的和最终的界限，因为死亡带有不可回避的时间性的特质。而在60年代，拉康转向了"真实"的研究，一个不可摧毁的生命在"两种死亡之间"生长出来，作为畏的最终对象。拉康在《精神分析的四个基本概念》的第15章的最后对这一思想的轮廓给予了勾勒。在那里拉康依据来自于柏拉图所研讨的阿里斯托芬的寓言，而构筑了他自己的神话，关于"混沌的婴儿"（L'hommelette）①（小人儿—煎蛋）②的神话：

每当卵子膜被打破，而里面的胎儿正在成为一个新生儿的时候，想象一下，在一刹那，某种东西飞出来了，我们可以此来看待一个卵子，就像以此来看待一个人，也就是混沌的婴儿（hommelette），或者薄膜（lamella）那样简单。

薄膜是某种极其扁平的东西，它像变形虫一样运动着。它的结构还要更复杂一些。但它四处跑动。由于它……与性行为中的存在者（sexed being）在性活动中丧失的东西有关，它，就像和性行为中的存在者相关的变形虫一样，是不朽的——因为它能够历经一切的分割，历经裂殖的干涉而不死。它死而复生。

---

① 法语 L'hommelette，由 homme（人）和 omelette（煎蛋卷）两个词组合而成，在拉康这里一语双关，即指小孩，又指如鸡蛋一般混沌不堪的状态。——译者注
② 显然拉康在此受到了这一俗语的启发："不打碎鸡蛋，做不成鸡蛋卷。"

好吧！这还不能打消我们的疑虑。但设想一下，它过来了，在你安静地睡着的时候，它裹住了你的脸……

我无法明白，我们如何不与拥有这些属性的存在物开战。那可不会是一场轻松的战斗。这种薄膜，这种器官，其特点恰恰是不存在，但它依旧是一个器官……它是力比多。

它是力比多，纯粹的生命本能，也就是说，不死的生命，不受压抑的生命，不需要器官的生命，简单化了的、不可毁灭的生命。它恰恰是通过遵从有性繁殖之循环的事实而从活着的存在者当中被减除出去的东西。**对象 a** 的一切可列举的形式都是它的代表和等价物。**对象 a** 仅仅是它的代表，它的形象。乳房——作为一个哺乳动物有机体的模糊的、基本的特质，例如胎盘——确切地代表了个人在出生时候所失去的他自身的一部分，而这一部分用以将最为深层的丢失的对象象征化了。①

我们在此所拥有的是优先于主体间性的**他者**（otherness）：主体与这种变形虫似的生物之间"不可能"的关系就是拉康通过他的公式$S \lozenge a$试图触及的东西。②澄清这一点的最好方法就是让我们将拉康所描述的东西与大众文化联系起来。雷格里·斯科特（Ridley Scott）的"异形"难道不是最纯粹形式的"薄膜"？在电影中第一个真正恐怖的镜头就是在那个未知的星球上如子宫般的洞穴中，当它裂开的时候，异形从卵状物中跃出，猛地贴在约翰·赫特（John Hurt）的脸上。在这个镜头中包含了拉康所描述的那个故事的全部。这个变形虫，一

---

① 雅克·拉康：《精神分析的四个基本概念》（*The four Fundamental Concepts*）（New York: Norton, 1979）, pp. 197 - 198.

② 在此，关于薄膜（lamella），我们不能突兀地将其与母亲的身体等同起来。正如弗洛伊德在他的一封信中指出的那样：双重化的典型（mode of double）（以及薄膜的典型）并不是母亲，而是胎盘——这是孩子身体的一部分，在出生的一瞬间，通过新生（newborn），借助于他的母亲，失去了。

个膨胀的生物,覆盖住主角的脸,替代了超越所有有限形式的那个无法遏制的生命,而那些有限的形式不过是这一生命的再现与形象(在电影的后半部分,"异形"能够变成各种不同的形式),这一生命是永恒的,不可被摧毁的。(让我们回想一下那个令人战栗的时刻就足够了:一个科学家用手术刀砍下了那个覆盖在赫特脸上的生物的一条腿,从伤口上留下的液体滴落在金属地板上,立即腐蚀了它;没有什么能够抵抗异形。)①

第二个范例带我们回到了瓦格纳,我们从希尔贝尔格(Syberberg)电影版的《帕西法尔》当中发现了这样一些细节:希尔贝尔格将安福塔斯的伤口描述为一个外在的,由他的仆人用他前面的一个枕头托着的伤口。它的形状如同一个阴道,血从其中持续不断地流出来(如同一个没有终结时代的阴道)。这个令人感到颤抖的敞开——一个自组织的器官(让我们回想起所有在科幻小说中的典型形象,例如一个自己就可以存在下去的巨大双眼)——这个敞开意指着生命的不可摧毁性:安福塔斯的痛苦在于他不能死去,他不得不忍受永世的磨难,最终,帕西法尔用那个刺伤他的矛医治那个伤口,安福塔斯最终能够休息下来,死去了。这个安福塔斯的伤口,在他之外作为一个不死的东西,继续存在着,这就是"精神分析的

---

① 确切地说,在之后《异形》的续集当中,这种物理性的、可感知的"薄膜"的影响逐渐消失了。这也是为什么续集逊色于第一部的原因所在。《异形》吸引人的地方在两点:第一,"异形"主题的双重含义:瑞特蕾(Ripley),这个男性群体中的"异形",同时也是"异形"的携带者;第二,在电影中隐含着的自杀倾向(瑞特蕾曾知自己已经怀有了"异形",并且这个异形迟早会从她的胸口跳出来,在第一部《异形》当中,此刻唯一的解决方式就是瑞特蕾将自己投向融化的铁——这是唯一的方法,用以摧毁那个"在其身体中,又并非她自身"的那一部分,即 a,即在她自身当中的那个剩余—对象[surplus-object])。

对象"。①

瓦格纳式的述行性（Performative）

如果说，《飞翔的荷兰人》铸就了瓦格纳叙述的基本模型——通过女性的自我牺牲完成对男性的救赎——那么《帕西法尔》，他的最后一部戏剧，则可被视为对瓦格纳戏剧所有变迁的一个总结，在某种意义上达到了一个其创作的制高点。莫扎特的《魔笛》与此类似。②《魔笛》与《帕西法尔》的平行关系是众所周知的。只要回想一下伯格曼（Bergman）电影版本的《魔笛》中那个美妙的细节就可以了：在第一幕与第二幕的间隙，那个扮演萨拉斯特罗（Sarastro）的演员所研究的是《帕西法尔》的乐谱。在两部作品中，都有一个年轻的，未经世事的主人公，经历了诸多的考验，最终替代了年老的统治者（萨拉斯特罗被塔米诺［Tamino］所替代，而帕西法尔则替代了安福塔斯）。杰克·查理雷（Jack Chailley）甚至编造了一个独特的叙事，为了能够接受《魔笛》或者《帕西法尔》的故事，我们不得不接受这一叙事："帕（西法尔/塔米诺），一个来自东方的王子，离开了他的父母亲，以便寻找未知的（骑士/国王），"等

---

① 希尔贝尔格《帕西法尔》所透露的问题存在于一种颠倒了意识形态的特殊模式当中，这一模式被称之为**没有认同的质询**。同样的矛盾在 Franz Kafka［弗兰兹·卡夫卡］的小说中也发挥着作用，参见齐泽克《意识形态的**崇高客体**》第5章。主体发现自己在不知道要被质询什么的时候被质询了。没有任何的认同，自我确认被给出。正是这个确切说来"空洞的"质询，这种非特殊化的观念召唤着我们，并让我们感到了深切的罪恶感，而对此，我们缺乏任何认知，不知道**他者**要从我们这里要什么。"你要怎样"（Che vuoi?）源于**他者**，无法被**他者**所回应。或者从另一角度说，希尔贝尔格《帕西法尔》给我们诸多华丽的丰富的象征，而我们这些观众，在其中寻找意一致性的信息都是徒劳的。这种过剩阻碍了意义的产生，带来了经过拉康所洗礼的快感—意义（jouis-sence），即在意义中的快感（enjoyment-in-meaning）。

② 关于瓦格纳的《帕西法尔》的一般介绍可参见露西·贝克莱特（Lucy Beckett）《帕西法尔》（*Parsifal*）（Cambridge：Cambridge University Press，1981）。

第五章 "被矛扎伤的伤口还需扎伤的矛来治愈"

等。① 在两部著作中更为关键的相似叙事在于两部戏剧主角的出场：第一眼看去，主角出场的事件都是微不足道的（帕西法尔射杀天鹅，塔米诺与龙搏斗，随后失去了意识，等等），这些事件只有在我们将其视为主角出场的仪式的时候，才获得意义。在《魔笛》和《帕西法尔》中，王子为了从"被颠覆"转为"被祝福"需要付出的代价就是行为的"变体"（transubstantia-tion②）；通过解读，外在的事件被转变为一些神秘的迹象。大多数解读者都陷入了这种寓言化的陷阱，试图为《帕西法尔》的解读提供一个神秘的密码（查理雷在其中看到了自由共济会［Free Masonic］的最初的仪式，而罗伯特·道明通［Robert Donnington］则提供了一个荣格式的解读：帕西法尔是英雄心理变迁的象征，从最初的乱伦当中挣脱出来，最终与"永恒的女性"［eternally feminine］融合，等等）。而我们的目标是拒斥这种解码的诱惑，那么我们将如何进行呢？

列维-斯特劳斯为我们提供了不同的方法：我们应将注意力放在《帕西法尔》不同于瓦格纳之前戏剧的那些要素，以及那些与圣杯神话的诸多不同之处。它与《飞翔的荷兰人》的区别在于受难的英雄——安福塔斯国王——并不是被女性，而是被一个"纯粹的傻子"，帕西法尔所拯救。这个差异是否意味着厌女式的颠覆？瓦格纳的《帕西法尔》的秘密——同时也是它的关键所在——在于没有挖掘源于帕西法尔原初神话的那个关键的组成部分，即所谓的质疑测验（Question Test）。在最初的神话中，当帕西法尔见证了圣杯仪式的时候，他并不知道他所看到的究竟是什么——一个受伤的王国，摆动一个

---

① 杰克·查理雷（Jack Chailley）：《理查德·瓦格纳的〈帕西法尔〉：歌剧教义》("*Parsifal*" *de Richard Wagner: Opéra initiatique*)（Paris：Editions Buchet/Chastel 1986）pp. 44 - 45.

② 这个词在宗教中意指一种圣餐变体，即面包和酒经过了神父的祝圣后变成了耶稣的身体和血。——译者注

奇怪的、充满魔力的容器——出于礼貌,他并没有追问这些仪式的意义所在。不久他发现自己犯了一个致命的错误:如果当时他问了安福塔斯究竟怎么了,那个圣杯究竟是为了谁,那么安福塔斯就可以从他的伤痛中解脱出来了。经过了诸多的磨难之后,帕西法尔再次访问了安福塔斯,问了这些问题,并由此解脱了国王。对于瓦格纳来说,他简化了圣杯仪式,仅仅将其还原为圣杯容器的展示,而省去了原来神话当中那些梦幻般的场景:一个年轻的侍卫惊慌地在国王的午餐大厅中来回奔跑,展示着那个滴着鲜血的矛,引来了守卫的骑士们仪式性的惊呼,带着恐慌和痛苦。

在此我们仅仅看到一个强迫性—神经官能症式的纯粹仪式。就如同弗洛伊德所标注的那个 30 岁结婚的女人:"她从自己的房间跑到临近的房间中,站在正中央的桌子旁边,摇动了召唤她的管家的铃铛,吩咐她去做一些无关紧要的事情,然后让管家一个人走了,随后她又跑回了她自己的房间。"① 阐释:在她的婚礼当晚,她的丈夫却不能勃起;他不断地从他的房间转到她的房间以便再试一次。第二天早上,因为害怕管家不能发现血迹(这是他与新娘成功交合的符号),丈夫在被单上撒上了红墨水。目前这个仪式性的症状的关键就在于在那个女人所站的位置旁边的那张桌子上有一个大污点。通过站在这个奇怪的位置上,女人试图向那个**他者**的凝视(化身为管家)证明,那个"污点在那里",换言之,她的目的是为了吸引**他者**的凝视去注意那个特定的污点,一个证实她的丈夫性能力的真实之碎片(当这种症状发生的时候,女人正处于与他的丈夫离婚的过程中,这一症状的目的是保护他免受关于离婚

---

① 参见弗洛伊德《精神分析导论》(*Introductory Lectures on Psychoanalysis*)(Harmondsworth:Penguin Books,1975),pp. 300 - 301.

原因的恶意流言,换言之,防止**他者**联想到他的性无能)。有可能关于帕西法尔的传统神话版本中那个滴血的矛所带有的强迫性展示或可被解读为同样的情景,它是国王能力的一种象征(如果我们接受这样一种阐释,即滴血的矛凝聚了两个特质:不仅是医治伤口的矛,同时还是导致国王瘫痪的病根。同样,阴茎需要血来证明其能力,同时也是剥夺贞操的武器)。

就质疑测验(Question Test)的本质而言,《帕西法尔》如同瓦格纳《罗恩格林》的一个对立性的补充。歌剧围绕的是一个被禁止追问的问题,换言之,都是围绕着一个自我摧毁的女性焦虑的矛盾。在《罗恩格林》当中,一个无名的英雄救了艾丽莎·范·布哈班(Elsa von Brabant),并娶了她,但却禁止她追问他究竟是谁,叫什么名字。一旦她这样做,他将不得不离开她(第一幕那个著名的"不要询问我"[Nie Sollst du mich befragen])。由于无法克制的诱惑,艾丽莎问了这个致命的问题;在那个更为著名的咏叹调(第三幕"在那遥远的国度"),罗恩格林告诉艾丽莎,他是一个圣杯骑士,帕西法尔的儿子,来自蒙瓦沙城堡,在诉说完之后,罗恩格林便骑着天鹅飞走了,不幸的艾丽莎随后死去了。① 这一情景让我们总是会想起电影《超人》和《蝙蝠侠》中的主人公(在《超人》中那个让人困惑的记者,在《蝙蝠侠》中那个奇怪的百万富翁),在其中我

---

① 关于这种好奇的女人追问被禁止问的问题(或者,依照蓝胡子的传说,进入一个被禁止入内的房间)的另一个不同的版本如希区柯克的《美人计》以及弗里茨·朗[Fritz Lang]的《门后的秘密》等)总是被阐释为一个女人准备直面她自身(女性的)性别的秘密:"潘多拉的盒子"最终替代了女性的生殖器。或者将视角颠覆过来看更富有意义,即不再将神秘想象为去遮蔽某种主人的无能、欺诈。(被禁止的)门后的秘密在于:阴茎也仅仅是一个外表,不仅对于女人是如此,男人自身也早已被"阉割"了。仅仅指出瓦格纳那备受屈辱的主人是一个关键性角色,这太过肤浅了。想一想《尼伯龙根的指环》(Ring des Nibelungen)中的阿尔贝西就足够了(不要说他不得已将指环交给沃坛[Wotan]所下的诅咒,就是在此之前,他的屈辱已经显露无遗了:他的仆人,那些尼伯龙根人,看到了他作为诸神无助的囚徒,不得不将他所有的金子都贡献了出去)。

们发现了同样的逻辑:作为他们的伴侣的那些女人总是有一种感觉,即她们的伴侣可能是一个神秘的公共英雄,但她们的伴侣本人却尽力将揭开真相的一刻延迟下去。在此我们在被迫的选择中证明了阉割的存在:男人是分裂的,被分裂成日常化的、与他人有着性关系的柔弱家伙,而同时还是一个象征界命令的回应者,一个公共的英雄(圣杯骑士、超人以及蝙蝠侠)。我们不得不做出选择:如果我们想维持正常的性关系,那么我们不得不禁止追问我们的伴侣的"真实身份",一旦我们逼迫他们揭示出他们的"象征性身份",那么我们也注定要失去他们。① 在此"瓦格纳的述行性"从《飞翔的荷兰人》(在这部剧的最终,被触怒的不知名的船长当众宣布他是一个"飞翔的荷兰人",数个世纪以来一直游荡在大海上,为了寻找他忠贞的妻子,随后塞塔[Senta]自己投向海边的悬崖自尽了)到《帕西法尔》(当帕西法尔行使了国王职能,揭开了圣杯,昆德丽死去了)都有所体现。在这些例子中,述行性的姿态是英雄们公开地承认他在象征界的使命,揭开了他们的象征性身份,而这一点与女人的存在格格不入。《帕西法尔》中的困境在于,它颠覆了《罗根格林》中的质疑测验:在《帕西法尔》中,致命的后果是没有追问需要追问的问题。② 我们该如何解释这一点?

---

① 当拉康说,"精神分析的秘密"就在这样一个事实:"没有性行为(sex act),只有性征(sexuality)",行为确切地说可被设想为一个述行性的担当,由主体来完成他的象征界的命令,如同在《哈姆雷特》的那一段中,当哈姆雷特终于可以行动的时候——尽管太晚了——即他这样宣布:"我,丹麦的哈姆雷特"的时候,他在性征秩序中已经成为不可能的行动了,换言之,一旦男人宣布他的使命,说"我……"(罗恩格林、蝙蝠侠、超人),他也就将被性征领域(domain of sexuality)驱逐出去了。

② 在此吸引眼球的是,这种对立与性别的差异相关:在《罗恩格林》当中,女人问了被禁止追问的问题,而在《帕西法尔》当中,男人则没有问他应该追问的问题。

第五章 "被矛扎伤的伤口还需扎伤的矛来治愈"

超越阴茎

我们在质疑测验中所遭遇的是症候在它与作为象征性秩序的**大他者**之间的关系中所具有的症候逻辑的纯粹形式：身体的伤痛——症候——能够在将这一伤痛放入语言当中而获得治愈；换言之，象征性秩序能够对真实产生作用。帕西法尔在他无知的中立当中充当着**大他者**：一个简单的问题"他究竟怎么了？"就如同兔八哥（Bugs Bunny）那个著名的追问："怎么了，伙计？"，却导致了整个象征化过程的逆转，国王的伤口在被整合到象征界之后被治愈了，换言之，是通过它的象征化的实现被治愈的。① 可能一个症候在它最为基本的界定当中，并不是一个没有答案的问题，而是一个没有问题的答案。换言之，它被剥夺了某种象征性内容。这个问题不能被那些骑士自身所追问，它必须来自外面，从某个化身为**大他者**的无知的人那里。这引起了我们某种日常的经验，即在一个封闭的共同体当中所笼罩的沉闷的气氛总是突然被局外人的一个幼稚的问题打破了：这里究竟发生了什么？②

---

① 依照拉康，症候总是包含着他的观察者（被分析者的每一个症候在产生的过程中就包含着与观察者的一种关联，即观察者作为主角一定会"知道"一切，换言之，将症候的意义阐明出来），这就是帕西法尔并没有发现的奇怪的圣杯仪式的意义，即这个仪式本身就是为了他的凝视而举行的，他是这一仪式的观察者（就如同卡夫卡的《审判》，其中从乡下来的那个人从来不知道关于那个大门进出的法令只是为他一个人设定的）。

② 正是在这里，对帕西法尔"内在发展"的荣格式阐发得以凸显出来：当帕西法尔能够追问那个需要追问的问题的时候，也就意味着他的心智已经成熟了（能够心同此理的体会到他人的痛苦）。这种方法没有注意到真正的秘密所在：问题并不在于关注帕西法尔，而是另一边，圣杯的共同体，即为什么仅仅凭借着对一个问题的追问，国王就可以恢复健康，整个共同体为什么由国王的身体来加以整合？将帕西法尔解读为英雄的"内在之旅"的一种隐喻性显现，本身反而错失了关键的问题，即帕西法尔所发挥的作用是一个没有深度，也没有精神分析的"空洞的整体"：关键在于极端的无知与闻所未闻的残暴重叠在一起——并没有一个真正的人，而是某种逻辑的推动者治愈了共同体的伤痛。精神分析的理论在安福塔斯和昆德丽那里得到显现，这两个受害者的灵魂在"两种死亡之间"徘徊。

但瓦格纳留下了一个未经考察的线索：为什么？首先一个较为表层的然而却很准确的回答是：第二幕。换言之，将传统的神话改变为两幕剧的歌剧是很容易的。在莫扎特与瓦格纳之间发生的一切仅仅是**第二幕**：在莫扎特传统的两幕之间（这一模式同样被贝多芬的《费德里奥》所追随），隐性展开着另外一幕，正是在第二幕中（同样的情况发生在《罗恩格林》《沃尔松格》[Walkyre]，《诸神之黄昏》以及《帕西法尔》……），关键的转折发生了，换言之，进入了"歇斯底里化"的阶段，在其中赋予行动以"当代"感。① 有人甚至有冲动要将帕西法尔的三幕剧依照拉康的逻辑时间②来重新安排其内在的逻辑。第一幕包含着"观望的刹那"：帕西法尔观望，见证了仪式，却一无所知；第二幕则是一个"理解的瞬间"，遭遇到昆德丽，帕西法尔体验到安福塔斯的痛苦；第三幕是"终结的时刻"，采取行动加以确定，帕西法尔治愈了安福塔斯，并取而代之。

补充的一幕带来了**"大他者"**地位的某种改变。③ 在瓦格纳当中，那个"纯粹的傻子"帕西法尔不再是**大他者**的替代，那么他究竟是什么呢？在此对《帕西法尔》和《魔笛》加以比较会有所帮助。在《魔笛》中，老国王萨拉斯妥在荣耀和尊严中退下来，而在《帕西法尔》中，安福塔斯则身体伤残，不能执政，用我们的话说，就是不能履行他的行政职责《魔笛》是一首对资产阶级群体的赞美诗，其中当然充斥着大量男性－沙文主义的"智慧"，但最终仍然是一个女性——帕米娜引领着她的男

---

① 例如《罗恩格林》中的第二幕如果没有"精神分析的"复杂性表述，本来是一个极为标准的浪漫戏剧。
② 参见拉康《逻辑时间与预先确定性的断言》(Logical Time and the Assertion of Anticipated Certainty)，载于《弗洛伊德研究新动态》(Newletter of the Freudian Field)，Vol, 2, no. 2 (1988)。
③ 这种变化同样可以解释瓦格纳将流血的矛加以展示的那一幕剔除的原因。因为这种展示再一次将**大他者**视为它的一个见证者。

人经过了火与水的考验;而在《帕西法尔》那里,女性是被拒斥的——在危难的考验之下,英雄的本色就在于能否抵抗住她的诱惑。(在《魔笛》中,对塔米诺的考验也是看其在面对帕米娜的绝望恳求以及象征性地失去她的时候是否能够保持平静,而那个象征性的失去本身其实不过是迈向他们最终结合的关键一步罢了。)①在《帕西法尔》中,女性可被还原为男人的症候,她是僵死的,只有通过他的主人命令的声音才能被唤醒。

"女人是男人的症候",这是拉康反女性主义最臭名昭著的一个命题。但这一命题引发了一个基本的模棱两可,反映在拉康的理论当中,症候观念的转变。如果我们将症候看作一个被编码化的信息(ciphered message),那么当然,女性—症候显现为一个符号,她是男人堕落的化身,女性的存在是男人"已经屈从于他的欲望"的证明。对于弗洛伊德来说,症候是一个妥协—构型(compromise-formation):在症候中,主体退守到了一个被编码化的、不能辨认的信息形式当中,在那里,他欲望的真理,他所背叛的或者不能面对的真理都显现出来。因此,如果我们在这一背景下来解读"女人是男人的症候"的话,那么我们不可避免地站在了被奥托·魏宁格(Otto Weininger),这个弗洛伊德的同代人所阐发的立场上。魏宁格是一个在世纪之交臭名昭著的反女性主义者以及反犹分

---

① 在《魔笛》和《帕西法尔》中对女性的拒斥是存在差异的。这种差异集中在这一点上:在《帕西法尔》的第二幕中,昆德丽首先操纵了帕西法尔,她试图通过让帕西法尔回想起那位曾经因为帕西法尔的离去而伤心至死的妈妈,并因此而感到内疚。在此她给了帕西法尔双重的爱:妈妈的爱以及性爱("妈妈祝福的象征之吻"以及第一个爱情之吻),在帕西法尔拒绝之后,昆德丽的诱惑又转变为寻求真正的伴侣而付出的真正的爱,正在此时,昆德丽真正地开始敬仰他,并绝望地在他那里找寻一种支持,以便帮助她逃离她所在的世界。如果在《魔笛》的意义中,这第二种努力就足够了:帕西法尔现在被允许接受昆德丽"成熟的"爱,这种爱将"丧失"整合于其中,这种失去即为他原初的拒绝。然而,帕西法尔却连她的"成熟的"爱也拒绝了。

子,他写的最具影响力的一部畅销书是《性与性格》(*Sex and Character*)①。魏宁格的立场是,依据女性的本体论观念,女性不过就是男性原罪的一个物质化的体现:就女性自身而言,她并不存在,这就是为什么要清除女性的话,不是真的要与她做斗争,或者毁灭她,只要男人将自己的欲望纯洁化,提升出一种纯粹的精神,那么自动地,女性将失去她立足的根基,她将会解体。毫无疑问,瓦格纳的帕西法尔为魏宁格提供了基本的参考,因此对于魏宁格来说,瓦格纳是自耶稣以来最伟大的人:当帕西法尔纯化他的欲望,从而拒绝昆德丽的时候,昆德丽失语了,变成了一个哑巴似的,最终死去——由此证明,她的存在只是为了吸引男人的注目。

这个看似有些夸张和过时的传统近来却在黑色电影中复苏了。在被身经百战的主人公拒绝之后,那些致命的女性也变成了无形的、有毒的黏稠物一般,没有了存在的形态。看看在《马耳他之鹰》(*Maltese Falcon*)当中,斯佩德与布里奇最终的相遇就知道了。我们在此拥有的是一个纯洁的精神性的男性世界,其中存在着不能摧毁的交往,无限制的交往(如果我们可以运用一下哈贝马斯的理论构架),一个理想的主体间性的世界,女性不是一个外在的、诱惑男人堕落的积极的原因,她只是一个后果,一个结果,男人堕落的现实化的表现。因此,当男人将他的欲望中病理学意义上的剩余物纯化的时候,女人解体了,正如在这种成功的阐释之后,在我们已经将其内在的压抑性的意义象征化了之后,作为一种症候的女性也被消融了一样。拉康的另一个臭名昭著的命题——女人并不存在——的关键点不也是在这一层面上吗?女性就其自身而言

---

① 参见奥托·魏宁格(Otto Weininger)《性与性格》(*Geschlecht und Character*)(Munich: Matthes und Seitz,1980),最初出版在维也纳,1903 年。

是不存在的,即作为一个肯定性的实体,带有本体论上的一致性而言的女性是不存在的,她只是作为男性的症候而存在。当男人成为女人的俘虏的时候,魏宁格对于妥协的或者背叛的欲望谈得也相当坦率:这就是死亡驱力。在谈论了男人精神的优越,并且认为这种优越是女性不可企及之后,他在《性与性格》的最后一页,指出只有集体的自杀才是为人类敞开救赎的道路。

然而,如果我们考虑到拉康在其后期的文章和研讨班中所提到的症候的内涵,例如他谈论所谓的"乔伊斯—症候"(Joyce-the-symptom),也就是说,一个特定的意指性的型构被加诸主体的本体论层面上的一致性,使其能够构造他与快感之间的基本的、建构性的关系。那么基于在这种关于症候的理解,症候和主体之间的关系就被颠覆了:如果症候消解了,那么主体也失去了他的根基,他也解体了。在这一意义上说,"女人是男人的症候",意味着**男人自身的存在只有通过作为他的症候的女性才是可能的**:男人的本体论意义上的一致性被悬置着,被"外化"在他的症候当中。换言之,男人实际上是"外在的存在"(ex-sists):他的整个存在总是"在外的",在女性那里。另一方面,女性并不存在,但她内在存在着(insists)①,这就是为什么她只有通过男人才得以显现出来。在她内部有某种东西逃离了她与男性的关系,例如阴茎快感(phallic enjoyment),众所周知,拉康通过**"非—全部"的女性快感**('non-all' feminie jouissance)②的观念来努力去把握这种多余。由此,敞开了关于帕西法尔的两种不同的阐释路径:

---

① 在此我将 ex-sist 与 insist 视为相互对立的两个方面,凸显出 insist 当中的 in 所具有的"内在的"含义。——译者注

② 关于这种非全部的女性快感,参见雅克·拉康的《研讨班》第二十卷《仍旧》(*Encore*)(Paris:Editions du Seuil,1975);其中关键的两章被翻译为"拉康和弗洛伊德学派",发表在《女性性征》(*Feminine Sexuality*)(London:Macmillan,1982)当中。

希尔贝尔格又是对的,在那个关键的谈话结束之后(即帕西法尔拒绝了昆德丽的吻之后),他用一个女人替换了那个扮演帕西法尔的男演员。女人是男人的症候,总是陷入歇斯底里式的游戏当中,在这一游戏中,就她臣服于阴茎快感而言,女人总是希望她的要求被男人拒绝。瓦格纳的基本模式在此以另一种方式显现出来:**女人通过放弃了阴茎快感而解救了男人**。①(在此我们所看到的是与魏宁格完全不同的东西,男人通过克服他的性欲,救赎—毁灭[redeems-destroys]女人。)这是瓦格纳不愿面对的,也是他为避免承认帕西法尔在进入"超越阴茎"的领域当中被"女性化"的事实,并从而跌入了精神倒错(perversion)当中。②

更为确切地说,瓦格纳不能面对的其实是帕西法尔在昆德丽之吻中所完成的对安福塔斯的认同所隐含的"女性"本质。帕西法尔在没有能够成功通过(象征意义上)沟通和交流

---

① 弗兰克·魏德金(Frank Wedekind)在他的两部《露露》(*lu:u*)戏剧当中也意识到了帕西法尔这样一个角色所具有的那个维度:这两部戏剧分别为《大地之灵》(the Sprite of Earth)与《潘多拉的盒子》(Pandora's Box),它们随后成了埃尔伯·伯格(Alban Berg)未完成的《露露》的底本,这部作品被冠以"最后的戏剧"之称名副其实。魏德金所描写的角色,并不如人们所期待的那样,让拉格纳与昆德丽对应,而是让露露与帕西法尔对应。这个引发非议的等式,就如同黑格尔的那个无限的判断(infinite judgment):"精神是块头盖骨"一样,帕西法尔被提升为精神,与露露的无动于衷如出一辙。后者在与最终的邪恶遭遇的时候完全是一副毫无责任的天真无邪的样子,没有任何歇斯底里的痕迹。露露回应他的同伴施华兹(Schwarz)所关心的更高的精神性的事物(上帝、灵魂、爱)的时候,用了六次"Ich weiss es nicht"——"我不知道"。这就如同帕西法尔在回答古内曼兹在他杀死神圣天鹅之后对他的追问一样,他的回答也是 Das weiss ich nicht(我不知道),参见康斯坦丁·弗洛斯(Constantin Floros)《关于帕西法尔式—接受的研究》(Studien zur Parsifal-Rezeption),Musik-Konzepte, 25: Richard Wagener's Parsifal (Munich: Edition Text + Kritik, 1982), pp. 53 – 57.

② 瓦格纳的这种逃避还表现在他与《帕西法尔》中出现的两次流血的关系之中。一是在圣杯中流淌着的基督的"纯粹的"血液,一是从安福塔斯的伤口中所渗出的腐坏之血;瓦格纳拒绝承认它们是同一的。基于这一看法,我们可以理解《帕西法尔》在瓦格纳戏剧当中所处的特殊地位:沿着最初的发展脉络,却突然翻转为神话般的祝福。这一转变的关键就在于那个非歇斯底里式的女人的角色所包含的内在逻辑的演进,那是一个超越了阴茎快感的女人,在触及这一底线之后,瓦格纳"改变了记述方式"。

而体会到对安福塔斯的同情,反而是在遭遇了安福塔斯的苦难之真实(real)的时候认同了这种同情之感。其中包含了一种克尔凯郭尔意义上的对安福塔斯之痛的重复。① 在这一意义上,希尔贝尔格决定交替使用两个演员,一个男性和一个女性,同时来扮演帕西法尔,这样的做法不能被视为荣格意义上的雌雄同体的观念,即不能将帕西法尔看作是男性与女性"原则"的混合体。这种做法只是为了对瓦格纳提出一个尖锐的批评,一个提醒,即帕西法尔并不是被理所当然的视为一个独立的、心理学意义上的、"一致"的人格。② 他在自身中被分裂了,"在他自身当中包含着多于他自身的东西",他的**崇高**的阴影式的双重化(女性的帕西法尔最先以男性的帕西法尔的幽灵般的对应物而存在着,随后取代了他的位置)。③ 在这种转换当中,声音仍然保持不变(帕西法尔继续用男高音的方式来歌唱)。我们由此获得了一个在希区柯克的电影《惊魂记》(*Psycho*)当中那个诺曼·贝特先生的另一面:一个冷酷无情的老女人操持着一种男性的声音如怪兽般现身(对于这种颠覆富有讽刺意味的对立面则是,一个男人装扮成为女人,并提高嗓门如女性般说话)。希尔贝尔格的女性的帕西法尔是一个摆脱了阴茎的伪装的男人,如同褪了皮的蛇一般。在此被颠覆的是"作为一种伪装的女性特质"的观念,在这一观念中,

---

① 对此问题的进一步理解可参见齐泽克的《享受你的症候!》(*Enjoy Your Symptom!*)(New York: Routledge, 1992)。
② 这一点已经由米歇尔(Michel)在他的《电影的声音》(*La voix au ciéma*)(Paris: Cahiers du Cinéma, 1982)里提到了。
③ 遗憾的是,希尔贝尔格自己就陷入了混乱,屈从于雌雄同体的观念,从而削弱了他本有的颠覆性:在戏剧的结尾处,产生了一段最终的融合,帕西法尔们(男性的和女性)面对面地相遇了,他们彼此看着对方的眼睛,由此组成了一个相互补充的、和谐的一对。但确切说来,这是不可能发生的:因为结构的原因,主体从来不可能与他的自身客体化了的剩余—相关物(surplus-correlative)遭遇。因为后者的外在化的存在(ex-sistence),作为 S,依赖于客体的遮蔽(在拓扑学意义上,S 是客体的颠倒,S 与 a 成了莫比乌斯环上对立的两边)。

男人就是人类,整个人类的化身,而女人不过就是缺失了点什么的男人(被阉割),由此试图伪装以掩盖这种缺失。但在此相反,正是阴茎,阴茎的谓词,作为一种伪装,当我们将这个外表褪去之后,一个女人出现了。

再一次,戏剧历史中的一种对比出现了:在格鲁克(Gluck)那里,俄耳甫斯(Orpheus)①由女人来吟唱,这种性别的模糊性延续到了莫扎特的《费加罗的婚礼》中的凯鲁比诺(Cherubino),伯爵主要的竞争对手和障碍,这个纯粹的性征的化身,由女高音来演唱。② 我们或可将安福塔斯-帕西法尔看作伯爵凯鲁比诺的又一种表现形体:在《费加罗的婚礼》中,与伯爵(这是一个无助的,却又富有一定权力的主人)对抗的是一个**有着女性声音的男人**,而在《帕西法尔》当中,与安福塔斯对抗的是那个**有着男性声音的女人**。这种差异可以帮助我们将18世纪末期的戏剧与19世纪末期的戏剧区别开来:对象化的剩余从主体间的网络中凸显出来,它不再是纯粹的阴茎性征③的独一无二的外表,而是超越阴茎而来的那种神圣—禁欲主义的快感的化身。

上帝之快感的保障

在《魔笛》和《帕西法尔》中都存在着某种宽恕,最终阻止了主人公的自杀,但这种相似性不能让我们忽视两者之间存

---

① 希腊神话中传说的色雷斯诗人和音乐家。——译者注
② 让我们不要忘记在《费德里奥》当中也有这种抹杀性别差异的伪装:为了成为"费德里奥",狱卒的助手莱奥诺拉(Leonora)装扮成男人。
③ 比尼·布诺菲(Bigid Brophy),在她的《莫扎特,戏剧作家》(*Mozart the Dramatist*)的第二章注脚中谈道:"谁是凯鲁比诺? 他是谁?"(London: Libris, 1988)。凯鲁比诺只是在第一幕中用他大胆的,但同时又是充满魅力的咏叹调阐明了他的阴茎本质,"Non so piu coas son":"我不再知道我是谁,我做什么;我是火,我是冰,每一个女人都能改变我的性情,每一个女人都使我心跳加快……"所有这些歌词难道不就是那个不可能的、不经思考的阴茎自己想要说的一切吗? 难道这不就是阴茎自身让自己感觉到自己在勃起与萎缩之间的摇摆吗?

在的差异：在《帕西法尔》当中，主体化确切说来是被颠倒的：它与它的对面等同，即这种主体化就是一种自我—对象化（self-objectivization），它不得不将自身视为**大他者**的快感实现的工具。正是在这里，在**他者**的快感的观念中，我们发现了瓦格纳反犹太主义的根源：他所抵抗的是一个形式化的、空洞的规则，换言之，抵抗的是犹太人禁止为上帝之名填充一个肯定性的内容。正如拉康认为的那样，在犹太教之前的诸神隶属于真实（Real）；我们通过神圣的快感（仪式化的狂欢作乐）就可以触及它们；它们的领域是无法说清的。伴随犹太教而来的却是彻底地将快感从神圣的领域中赶出去，由此带来的结果是一种完全相反的禁忌：从"不准谈论神圣之真的名字"颠倒为"用一个肯定的承担者，神圣之形象来填补上帝之名"。简言之，现在所禁忌的不是给那个不能命名的真实以命名，而是用任何肯定性的现实来给它命名：**这个名称必须始终保持为空**。这种颠覆性的思考，尤其适合于民主观念：正如克劳德·莱福特（Clande Lefort）所指出的那样：民主隐含着这样一个区分，即空洞的象征性的权力之场（locus of power）与那些现实的、却是暂时的实施权力的人们之间的区分。为了民主能够发挥作用，权力之场必须保持为空；没有任何人允许自己与这种权力的实施有着直接的、与生俱来的关联。① 那个盛满了基督之血的圣杯的观念与这一背景完全相反：那血仍然闪烁光芒，带来生命，如果它不是那个将**权力直接合法化的"真实之碎片"**，又能是什么呢？它与生俱来地界定着，同时也隶属于权力之场。基督的这一部分，仍然存活着，并没有消失在十字架上，它指认了神圣的快感，这一部分从未从**大他者**的领域中被驱逐出去。简言之，这个观念的神学后果是这样的，

---

① 参见莱福特《民主与政治理论》（*Democracy and Political Theory*）。

瓦格纳的颠覆性在于"将基督从十字架上拉下来,或者更确切地说是阻止基督被放到十字架上":"我毫不怀疑罗伯特·哈弗里拉(Robert Raphael)是对的,他认为帕西法尔'通过洞见与同情而拯救了自己,他象征着那个还没有死去,依然活着的上帝',这个没有死去的观念是瓦格纳遭到谴责的地方。因为在三位一体的观念中,圣子只能死去,以便圣父让人进入天堂。"①这正是瓦格纳最终在头脑中所想到的"救赎者的救赎":基督为了救赎我们必须去死。在基督教看来,基督通过他在十字架上的死亡救赎了我们;而在瓦格纳看来,救赎的根本在于基督那仍旧活着的一部分,那仍未离开十字架的一部分。

由此帕西法尔见证了在生与死之间"正常"关系中所包含的深度纠结:对于生之意图的否定,同时也是对超越死亡的生命之幽灵的肯定,这种死亡超越了演进与退化之间的循环。瓦格纳式的主人公所意图的死亡是"第二种死亡",这种死亡所否定的不是自然生命循环,它所否定的是"薄膜"(lamella)的死亡,是不可摧毁的力比多的死亡。由此瓦格纳与基督教之间的鸿沟就是不可平复的:在基督教中,永恒的生命是超越死亡的生命,在圣灵中的生命,这是一个被崇拜的对象;而在瓦格纳那里,不可摧毁的生命延伸出的是一个无休止的磨难的景象。现在我们看到为什么狂喜于圣星期五的魔力,帕西法尔能够发现自然的天真:这个自然被演进与退化的循环所俘获,由不可摧毁的驱力带来,而这一驱力在死后持续存在着。② 一些对该戏剧的政治后果所展开的抽象思考影响了我

---

① 米歇尔·泰纳尔(Michael Tanner):《艺术的整体作品》("The Total Work of Art"),见《瓦格纳的陪伴》(*The Wagner Companion*)(London: Faber and Faber, 1979),P. Burbidge and R. Suton 编辑,p. 215.
② 换言之,自然正在死亡(看看在第三幕中围绕在城堡周围的颓败景色,这其中显然包含着一种生态主义的潜台词),因为国王的伤痛,因为这种不可摧毁之生命的过剩,扰乱了正常的演进与退化的循环。

第五章 "被矛扎伤的伤口还需扎伤的矛来治愈"

们所有的人：帕西法尔对安福塔斯的替代是带有极权主义色彩的**他者**快感（Other's jouissance）的对象—工具（object-instrument）对传统王权的替代。而"**他者**快感"是上帝快感（化身为圣杯）的保障者。

  这个政治的背景在《帕西法尔》的诸多特征当中显现出来，这给传统阐释者提出了问题，因为他们坚持了一种奇怪的过剩，搅乱了两个王国——一个光明的圣杯之国，一个克林索尔的黑暗之国——之间显而易见的对称。那个黑暗之国本来不过是圣杯之国堕落的、黑暗的另一面。根据露西·贝克特（Lucy Beckett），例如在《帕西法尔》中，有两处陷入了无法理解、不知所云的病态当中：在第三幕的最后，那些圣杯骑士对安福塔斯的冷酷无情（他们将国王围起来，如同他是一个受伤的动物一般）与和平的祥和的圣杯共同体的本质相冲突；同样，在第一幕当中安福塔斯与他的父亲狄都雷尔之间有一段病态的谈话（狄都雷尔要求安福塔斯举行必要的仪式，揭开圣杯以便让他能够存活下来——狄都雷尔作为一个活死人不再能够依赖现实的血而生活，而是只能依靠圣杯的显现所带来的欢愉而活着；安福塔斯绝望地建议让狄都雷尔自己进行仪式，而他只是想去死）。这段谈话证明了在圣杯王国当中隐含着的反-俄狄浦斯的特征。① 在此并非是儿子试图杀死父亲，从而占据那个命名，并获取死去父亲的象征性权威（这是标准的俄狄浦斯情节）。在此是一个想去死的儿子，这个儿子用他

---

  ① 如果传统的权威是俄狄浦斯式的，换言之，死去父亲的权威用他的父亲之名来统治着一切，那么帕西法尔应被视为反—俄狄浦斯的。列维-斯特劳斯在他的《从特鲁瓦的基督徒到理查德·瓦格纳》（De Chretien de Troyesà Richard Wagner）(*L'Avant-Sènce Opéra* 38-39：*Parsifal*[Paris, 1982], pp.8-15)中分析了帕西法尔与俄狄浦斯神话之间结构的对立：在《帕西法尔》当中的"俄狄浦斯式"的要素是圣杯之殿，克里索尔的魔法城堡的另一极（在被阉割的父亲形象的统治之下潜在的乱伦之地）。

的死换取父亲的生，并让他沉浸在快乐当中。对于狄都雷尔而言，他是最纯粹的超我的人格化：他是一个活死人，躺在棺材里，依靠着救赎者的血液，依赖着纯粹的快乐而存活着，从未现身在舞台上，他以一种幻觉般的声音（la vcix acousmatique）现身，一个自由流淌的、没有载体的声音，①敦促着他的儿子无条件地遵守他的命令，"完成你的使命！举行仪式！"——狄都雷尔的命令只是为了**满足他自己的快感**。克林索尔堕落的"黑色魔法"在超我—淫秽性（superego-obscenity）意义上说，不过是狄都雷尔"正义魔法"的对应物：狄都雷尔在《帕西法尔》当中无疑是最为堕落的角色，一个不死的父亲，一个他的儿子的寄生虫。② 圣杯之殿的这个病态的一面正是让基督教的阐释者存有戒心的地方，这里显现出了《帕西法尔》的真正本质：这部作品的真正成就在于它给一个异教的仪式赋予了基督教的内涵。③

伴随着一种新的英雄观念的诞生——一个天真的、无知

---

① 关于这种幻觉般的声音，参见舍隆（Chion）《电影中的声音》（*La voix au cinéma*）。

② 我们必须牢记于心的是玷污了圣杯之国的原罪并不是安福塔斯拜倒在昆德丽的魅力之下，从而失去圣矛，而是他的父亲狄都雷尔运用圣杯作为他自己享乐的工具，通过凝视圣杯来获得永生。这种"非自然"的执著打破了圣杯共同体正常的生命循环！在《哈姆雷特》中情形也是如此：正如拉康所指出的那样，这部戏剧中神秘性的维度之一就在于哈姆雷特的父亲并不是生活在天堂上，而是夹在"两种死亡"之间，如同一个活死人一般，虽然不再活着，却也无法在死亡中找到宁静——正如文本所暗含着的，他在"他诸多原罪的迸发"中被杀死了。所以如果在丹麦的土地上有什么东西腐烂的话，那么只能在哈姆雷特的父亲那里找到，而不是克劳迪亚斯（Claudius），这个三流的骗子。尽管那个对手表现得如同一个理想的、典范的国王。

③ 如果我们注意到所有要点，我们会在一个更为广泛的领域来思考《帕西法尔》中的仪式问题，这个仪式绝不仅仅是通过仪式化的方式来表现神圣愉悦（圣杯的揭开）：未能成功地完成仪式同样是这个仪式的一部分。安福塔斯的痛苦，绝非不能承受之苦难的自然而然的爆发，而是被仪式化了的、被形式化了的一种表演。这个"非精神分析式"的特质的显现就在第一幕的结尾处：当狄都雷尔起身-声音反复重复的那个命令，即"揭开圣杯！"之时，安福塔斯那不能忍受的伤痛奇迹般地消失了，安福塔斯能毫无困难地完成仪式表演所需要的一切动作。这绝不是一个例外，这个从失败的仪式向一个失败的仪式化表演的转变恰好提供了仪式问题的关键："仪式"是一个对失败的原初性的、构成性的、形式化的重复。

的、纯粹的愚人，逃避了主体性的构成性的分裂——这个循环终结了。我们发现自己再次处于无条件的权威之下：帕西法尔成为国王并不是因为他的英雄行为，他没有任何本领能让他胜任这一职位，相反，他能够抵抗住昆德丽的诱惑，仅仅是因为他在最初就是被选定的那个。然而，这个新的权威就其与作为法规的**大他者**之间的关系而言，与传统的权威完全不同：传统意义上英雄所获得的权威，从蒙塔威尔第到莫扎特，都是由其自己的担当来一步步获得，并在怜悯的行为中终止了原有的法规。由此执行法规的人与那些悬置法规的人是一致的，换言之，**他者**同时也是**他者**的他者，在瓦格纳的《指环》当中，神（沃坦）被莱茵金的两个巨人召唤出来，视为社会契约的保障者，但沃坦却困扰于他无法控制局面，他唯一的方法只能求助于一个与神毫不相干的人来完成救赎。在此存在的是瓦格纳关键性的转变：伤口只能由自由的行动来治愈，在较为极端的意义上说，这个自由的行动只能是来自**外面的力量**，而非象征体系自身。

内格尔（Nagel）参考了克尔凯郭尔对莫扎特的《唐·璜》所给出的著名解读，目的是为了能够通过克尔凯郭尔对盲目的、无条件的权威的再确认，以便能够直接跳跃到对现代集权主义的讨论当中：

克尔凯郭尔之后，无能的自我在自主的自我的灭绝中幸存下来，它宣称，将（那个政治的、神学的或者神秘主义的）自己排除在公共命运之外：成为一个沉默世界中的自我指定的发言人。它预言着，推广着一个新的牺牲的世界，这一世界中的残忍法规是冥顽不化的，而正是这些残忍的冥顽不化的东西被称之为法规。不久，弗兰茨·卡夫卡的故事以及卡尔·斯密特（Carl Schmitt）的法律体系开始嘲弄那些作为自由主义的吹毛求疵者对清晰的和可亲近的法律的要求。确实，这种充满争议的个人的宣称,带有神秘化的任意性,必然成为他的有罪的证明,成为他应受到惩罚的正当理由。①

瓦格纳的《帕西法尔》提供了这一问题的答案:当主体担当其象征性的角色,而"怜悯的特权",如在莫扎特和贝多芬那里一样,仍然属于**大他者**的时候,情形将会是怎样的? 这种角色的认同的代价是"真实"权力的丧失:给主体留下的仅仅是一个空洞的、形式化的确认的行为,只是让其在同义反复式的表演当中指认自己为"沉默世界的代言人"。在内格尔的描述中所缺失的是对瓦格纳地位的强调。后者填补了在《魔笛》与《费德里奥》当中资产阶级的典型形象与在卡夫卡和施密特的著作中可以辨认出的那个集权主义象征物之间的鸿沟。

倒错的环路

在力比多经济的层面上说,集权主义由主体倒错的自我-对象化(自我-工具化)来加以界定。但如果意识形态的基本要点在于自我合法化,并且我们在这种自我合法化中同样遭遇到一种所谓的"救赎的救赎者",那么在倒错与意识形态的"自我合法化"之间究竟有什么区别? 林肯的盖茨堡演讲如此有名正是因为它以极为典范的方式完成了这种自我合法化的行为。首先它界定了它的任务:此时此刻,我们站在那些牺牲的人们为之牺牲的土地上来纪念他们("我们在此为那些为了民族能够存活下来而献出生命的人奉献出这样一小块土地来供他们安息")。随后它又指出完成这一任务的不可能性:"在更为广泛的意义上说",我们不能这样做,因为那些在这里死去的人们用他们光辉的行为已经完成了他们的使命,他们的成就完全超出了我们的语言可以表达的一切。他们已经将自

---

① 内格尔:《自主与怜悯》(*Autonomy and Mercy*), pp. 147 - 148.

己奉献给了这个战地,我们在此假装要将这片土地奉献给他们本身就只能是一种高傲。("在更为宽泛的意义上,我们不能奉献出这片土地,我们不能将其奉若圣土。那些活着的和死去的勇敢的人们在此斗争着,已经将自己的一切都奉献给了它,我们如此微小的行为不能再为之增添什么"。)在此,主体与客体出现了一个关键的反思性的颠倒:"对于我们这些活着的人来说,最好的事情并不是牺牲,而是完成那些为这片土地而奋斗的人们未能完成的工作。"换言之,让我们为继续他们的工作而努力,从而使他们"没有白白死去"。(正因如此,仅仅区分出两个不同的言说方式是不够的:所谓"在狭义上说",我们牺牲在战场上;而"在较为广泛的意义上说",我们牺牲了我们自己,这个"较为广泛的意义"仅仅是一个简化的意义,换言之,正是这个反思性的颠倒带来意义的效果[sense-effect]。)这个颠倒的结果是一个献身的循环,它使得对应的两极相互支撑:我们自己通过献身于那些牺牲了他们的生命的人们未能完成的任务,以此来证明他们的牺牲没有白费,他们将仍旧活在我们的记忆当中。通过这种方式,我们真正地纪念了他们,如果我们没有完成这一任务,他们将被遗忘,因而白白死去。所以,通过将他们永远地铭记,我们真正需要做的是让我们自身成为他们未竟之事业的继承者——我们由此获得我们的角色的合法性。这种通过**他者**所实现的自我一合法化是纯粹的意识形态:死去的人们是我们的拯救者,通过让我们继续他们的工作,我们拯救了救赎者。在这一意义上,林肯让自己被死者所看到,他给他们送去了这样的消息:"我们就在这里,继续你们未完成之事业"——而这正是盖茨堡演讲的意义所在。

但林肯真的这么变态吗?他是否能将自己想象为**他者**的快感——即那些死去的英雄们快感的对象—工具(object-instrument)？绝不。在此关键的问题在于传统形而上学的恶的循环与倒错的牺牲的环路之间仍然有所区别。对此，我们首先举出这样一个例子：那个回过头来的俄耳甫斯（Orpheus）终于将妻子欧律狄克彻底牺牲为诗意灵感的**崇高**对象。① 这就是倒错的逻辑。对于自己所爱的女人说："我将永远爱你，不管你的面庞是否爬满皱纹，抑或你的身躯不再健全"，这是很正常的。但一个倒错的人，会有意地让自己的女人残缺，毁坏她美丽的面孔，以至于他能够继续爱她，以此来证明他的爱的**崇高**本质。在帕西亚·海斯密斯（Patricia Highsmith）的早期杰作，短篇小说《女英雄》中，他讲述了这样一个年轻管家，她想证明她对于她的家庭的贡献，但她每天辛勤地工作并没有被注意到，最后她选择放火烧了房子，以便她有机会从大火中救出孩子。这个封闭的环路就是对倒错（perversion）的界定。② 但这一环路却仍不能说明在斯大林主义中有意制造敌人以巩固党的做法，尽管在其中我们确实看到了这样一点：在斯大林主义中，既然党在反对左派与右派的斗争中得到巩固，那么为了巩固党的整体性，就需要制造这样的左派或者右派。

康德在《实践理性批判》中同样陷入了这样一个倒错的循环。在第一部分的结尾处，他问自己为什么上帝这样来构造世界，即在这个世界中，物自身并不能被人们所知道，至善对

---

① 俄耳甫斯是希腊神话中太阳神阿波罗之子，富有极高的艺术天赋，能够弹奏优美的乐曲。他挚爱的妻子欧律狄克被毒蛇咬死，俄耳甫斯痛不欲生，他拿出金琴来到冥王与冥后的面前，请求冥王把妻子还给他，并表示如若不然他宁可死在这里，决不一个人回去！冥王冥后见此，怜悯之情油然而生，便答应了他的请求，但提出一个条件：在他领着妻子走出地府之前决不能回头看她，否则他的妻子将永远不能回到人间。但在回去的路上，可怜的俄耳甫斯因为不忍于妻子的伤痛而忘却了冥王的叮嘱，他回过身来想拥抱妻子。最终却让妻子永远地留在了冥府。——译者注

② 既然同样的环路界定了驱力的性质，我们可以看到为什么拉康坚持认为倒错毁掉了在其最为纯粹意义上的驱力的结构。

于人们来说也是不可企及的,人本性当中有对于根本恶(radical evil)的偏向。康德的回答在于:这种不可企及正是我们的道德行为得以实施的条件,如果人能够知道物自身,那么道德行为就成为不可能的并且也是肤浅的,因为在这种情况下,我们从事道德并不是出于义务,而是出于对事物本质的洞察。因此,既然宇宙的构造的最终目的是道德,那么上帝就必须如同海斯密斯中的女英雄一样,将人创造为一个残缺的、分裂的存在,剥夺了人对事物本性的洞察,并被恶的诱惑所俘虏。① 倒错就是这个牺牲行为的完成,以此来为至善设定条件。在圣杯共同体当中同样隐含着这样一个秘密,即对于基督教的颠覆,有意将基督杀死,只是为了让基督再次扮演救赎者的角色。②

由此,帕西法尔的"被矛扎伤的伤口还需扎伤的矛来治愈"所要表达的观念与康德和黑格尔的旨归还有很大的不同。在康德那里,"伤口"只能是那个不可接近的物自体,为对它的"治愈"提供了一个神学的借口(Schein),在此关键问题在于那些看似是"伤口"的东西实际上是"治愈"的前提条件:不可接近的物自体是我们自由和道德尊严的前提条件。正因如此,康德尽量不让任何有限的主体去担当这种"刺伤你"的工具性的角色,以便实现至善。然而,这个在康德那里不允许的事却在瓦格纳那出现了:在他的作品中,我们看到了一个倒错的主体的出现,他愿意通过犯下罪过来完成"对伤口的处理",

---

① 在这一意义上说,康德的上帝如同笛卡尔的恶的灵魂(Evil Spirit):为了使道德行为成为可能,恶的灵魂故意欺骗作为主体的人。参见《实践理性批判》中"人的认识能力与人的实践规定明智地相适合的比例"一节。(*Critique of Practical Reason*)(New York:Macmillan,1956)pp. 151 - 153.

② 从另一层面上说,马丁·斯科塞斯(Martin Scorcese)的《基督最后的诱惑》讲述了同样的道理:基督自己命令犹大去背叛他,以便他能够完成他最终的拯救者的角色。犹大由此成了斯大林主义背叛者的先驱,为了理想而背叛理想。对于这个问题的解读,参见齐泽克《意识形态的崇高客体》第三章。

道路铺下了通往至善的

概而言之,对于这种倒错的逻辑的分析使我们看到了拉康理论中最为晦暗不明的关键点:驱力中的**对象 a**,确切地说是在观察驱力(scopic drive)中的**对象 a**,作为欲望的对立面,究竟扮演着怎样的角色? 拉康在他的《精神分析的四个基本概念》当中给出了一点说明,观察驱力的关键特质在于它"使自身被看到"(se fair voir)。① 然而,正如拉康立即指出的那样,这个"使自己被看到"所构建的驱力的循环,驱力所建构的环路,不能与纳西西斯式的"从**他者**那里看到自身"的环路相混淆。换言之,后者是通过**大他者**的眼睛,从**他者**的自我理想(Ego-Ideal)为出发点,以一种我向自己呈现的方式呈现出一个值得被爱的表象:我在"使自己被看到"的过程中将自身暴露给对象,这个对象其实就是一种凝视。这种凝视完全不同于我们在"通过**他者**看着我自己"的时候所丢失的东西。在意识形态构建的空间当中,这种通过"**他者**的目光看到自身"(理想-自我)的纳西西斯式的满足的表现总是通过异族的目光来反观我们自己的国家(例如,美国今天的媒体痴迷于美国如何被其他国家,诸如日本、俄罗斯等国家所崇拜或者憎恨)。第一个典型的例子就是埃斯库罗斯的《波斯人》,波斯人的失败是通过波斯皇室的眼睛看出来的:国王大流士(Darius)惊叹于希腊人如此优秀,等等,这样的情节为那些希腊的观看者提供了一个纳西西斯式的满足。但这并不是"使自己被看到"所要表达的意思,那么拉康的这个观点究竟由什么构成呢?

让我们回想一下希区柯克的《后窗》吧。这部电影被视为是观察驱力的典型呈现。近乎整部电影都被欲望的逻辑所统治着:这个欲望是由对象—原因(object-cause),即那个在后

---

① 参见拉康的《精神分析的四个基本问题》(英文本),p. 195。

院中的漆黑窗口所激发与推动的。这个窗口不仅被主体所凝视，同时也凝视着主体。在电影中，什么时候"射出的箭又返回了主体"呢？当然就是这一时刻，即在詹姆斯·斯图尔特的后窗对面房子里的那个杀人犯重新回到了斯图尔特的凝视当中，并当场将斯图尔特抓住的那个时候，这个时候詹姆斯·斯图尔特并没有"发现自己看到了自身"，而是**使自己被他所看到的对象发现**（换言之，被那个吸引他的目光穿过花园看到那间黑色屋子的那个焦点发现），我们由此从对欲望的关注转向对驱力的关注。换言之，只要我们还是一个好奇的窥探者，我们总是探寻着那个让人着迷的 X，追问那个"帘子后面"究竟藏着什么，那么我们就还驻足于欲望当中，**我们转向驱力的时候，也就是我们自身被图画中的污点，被那个不可渗透的陌生躯体，被那个吸引着我们的凝视的对象发现的时候**。这个颠倒界定着驱力：我并不能从我的凝视中看到在**他者**中的"那一点"，我所能做的就只有让我自身被"那一点"看到。这种凝视与那种从自我-理想中来反观自身的纳西西斯式的**"看"**之间的区别由此就很明显了：在凝视中，主体向你暴露的那一点仍然保持着它创伤性的异质性以及不透明性。它仍然是严格意义上的拉康式的对象，并不具有一个象征特质。这个使我自身暴露的那一点就是驱力的对象，从这一意义上说，我们或可将在欲望和在驱力内的**对象 a** 的不同状态进一步阐发清楚（众所周知，当雅克-阿兰·米勒追问拉康在《精神分析的四个基本概念》中关于这一点的论述的时候，拉康的回答是闪烁其词的）。

这种区分的另一个重要特质的揭示就在《后窗》的最后一幕当中，在这一幕里，这个欲望向驱力的转变在其纯粹的形式上被显现出来：詹姆斯·斯图尔特的绝望抵抗就是通过各种办法来阻挡凶手的前进。这个毫无意义的动作或可被解读为

对于驱力的抵抗,对于"使自身被看到"的抵制——斯图尔特疯狂地试图阻挠**他者**的凝视。①(这种遭遇的关键在于凶手的出现提出了、释放出了在**他者**中所有的这样一个问题:"Che vuoi?"你要怎样? 通过反复追问斯图尔特究竟要什么,他这样做的目的是什么,为了什么,凶手让斯图尔特遭遇了自己未能言明的欲望。斯图尔特的抵抗其实不过是试图逃避他的欲望的真理的一种绝望的努力。)②凶手将斯图尔特扔下了窗户,这一行为确切地说作为一种颠覆诠释了驱力:从窗户里掉下来,斯图尔特在一种极端的意义上落入了自己的图画当中,落入了在一个他自己可见的领域当中。用拉康的话来说,他变成了他自己的图画上的一个污点,他使自己在这一点上被看到了,换言之,在一个自己的视野中被看到了。③

抱有同样信念的一些出色的电影场景还出现在《谁陷害了兔子罗杰》当中,强硬的侦探落入了卡通的世界:在那里,他被限制在"两种死亡之间",其中没有真正意义上的死亡,只有无休止的吃掉与/或毁灭。另外一个对这一主题的偏执探讨

---

① 同样对驱力的抵抗在希区柯克的《年轻姑娘》(*Young and Innocent*)中最为著名的那个推拉镜头当中发挥着作用:鼓手的紧张眼神是害怕被看到的抵抗式样的反应,试图逃避被发现,害怕被拖入镜头当中。当然矛盾就在于此,正是这种抵制的反应反而使他不可避免地暴露了自身,换言之,将他自己的罪行公之于众,他不能忍受的是**他者**的(镜头的)凝视。

② 这种遭遇的另一个关键要素显现为一种电影说法的运用 当斯图尔特按下了闪光灯的一瞬间,整个屏幕都变成了红色,这个效果同样发生在《艳贼》当中,当玛丽娜(Marinie)看到某些引发被压抑的创伤的红色污点的时候,这个红色迅速蔓延占据了整个屏幕。在这两个例子中,这个污点与主体失去意识之间的关联非常关键:我们在此所遭遇的是拉康的 aphanisis,主体的消失,自我谋杀,因为主体被迫与自己的欲望真理遭遇,与自己的被压抑的内核遭遇。

③ 我们在影片的第一个镜头中似乎已经看到了这一线索,在他受伤之前斯图尔特所拍下的最后一个快照正好记录了他被撞伤腿的原因。这一镜头是一个真正的希区柯克式的镜头,它模仿了霍因柏德(Holbein)的《外交官》(*Ambassadors*):镜头中心那个模糊的污点就是那辆飞奔向镜头的赛车,它在撞到斯图尔特之前被捕捉到。产生这一镜头的那一瞬间也正是他失去了与这辆车的距离的时候,也就是说,他掉进了自己的照片中的那一瞬间。参见玛瑞纳·伯祖维克(Miran Božovič)"在自己视网膜之后的男人",齐泽克:《不敢问希区柯克的,就问拉康吧》(London Verso,1992)。

第五章 "被矛扎伤的伤口还需扎伤的矛来治愈"

可以在《梦境》(Dreamscape)当中找到,这是一部科幻片,讲述了一个美国总统总是被噩梦缠绕,在其中他发动了一场核武器的灾难。那些黑暗的战争狂徒总是围攻他的和平计划,甚至利用一个能够进入他人梦境的罪犯,让他在总统的梦境中去行动,在其中恐吓他,让他在梦中死于心脏病。

卓别林的最后一部电影《舞台生涯》(Limelight)同样讲述了这种欲望向驱力的过渡;我们不应被这部影片中简单的情节所蒙蔽。故事的最后是一个从后向前的推拉镜头:从后台一个垂死的小丑克莱尔延伸至前台那个美丽的芭蕾舞者的表演,她是克莱尔的最爱。在这一镜头之前,垂死的克莱尔对医生说他想看看他最爱的舞者,医生轻拍他的肩膀,安慰他说:"你会看到她!"随后,克莱尔死去了,他的身体被白色的布蒙上,镜头由此从后向前推出来,以至于镜头同时能够将那个正在前台表演的舞者也纳入其中,而此刻克莱尔却逐渐缩小为背景中依稀可见的白色污点。这个镜头最为精彩的一点在于芭蕾舞演员进入镜头的方式:从镜头后面出现,这如同希区柯克在《鸟》中那个著名的镜头,对波地家湾(Bodega Bay)投下的"上帝之眼"(God's-view)——这是另一个白色的污点从观者与电影情节之间神秘的中间地带显现出来:在此我们遭遇到了凝视的功能——它是一个在纯粹形式中的对象—污点(object-stain):医生的预言被完成了,确切地说,正是因为克莱尔已经死去了,正是因为他不再能够看到她的时候,他才最终看着她。正因如此,这个推拉镜头是一个典型的希区柯克式的镜头。通过它,真实的碎片被转变为无固定形状的污点(在背景中那个白色的点),一个整个视域都围绕其展开的污点,一个将整个视域都"玷污"了的污点(如同在《夺命狂凶》[Frenzy]当中的那个从后向前的推拉镜头一样)。换言之,这一镜头中最富有戏剧感染力的地方就在于观众意识到,并不知道克莱尔已经死去了，芭蕾舞者仍然在为他表演，为那个已经变成一个污点的克莱尔表演（戏剧伤感效果总是源于这种当事人的无知）；正是这个污点，这个背景当中的白色斑点，给这个镜头以意义。欲望在哪里变成了驱力？只要我们还停留在可见视域当中，即克莱尔欲求最后一次看看他所爱的舞者之时，我们就还停留在欲望当中，当克莱尔变成了一个白色的污点—对象（stain-object），进入他自己的照片当中，我们也就进入了驱力的领域。正因如此，仅仅说那个芭蕾舞者，克莱尔的挚爱，让自己被克莱尔看到，这是不够的，关键在于，同时，克莱尔要求那个污点的出现，以便他和他的挚爱能在相同的视域中出现。①

观察驱力总是意指着这样一个封闭的环路，在其中我进入了我看着的照片当中，与它失去了距离。如此，为了看到欲望的消极模式，决不能简单地将其翻转过来。"让自己被看到"内在地包含着一个看的行为：驱力是一个连接它们的环路。驱力最终的典型表现在于那个可见的、暂时的矛盾，它化身为一个无意义的、"不可能的"恶的循环：埃舍尔（Escher）②所构造的两只互相拉着的手，或者在封闭的永动机中流动着的瀑布；一个时间旅行的环路，在其中我回到过去，只是为了构造我自身（例如将我们父母凑成一对。）

---

① 在此我们所遭遇的是同样一个镜头中浓缩了一个场景与它的对立物。欲望所勾勒的是一个普通的主体间性的场景，在其中我们面对面地互相看着，然而当我们进入了驱力的领域中，进入了重影当中，发现我们全部站在同一边。看着一个相同的第三点。这个"让自己被看到"究竟如何构造了驱力？确切地说，一个人就是通过第三点来让自己被看到，通过一个能够包含着一个场景和它的对立物的凝视来让自己被看到，由此发现在我之中还藏有的那个我的影子，在我之中包含着多于我自己的东西，一个**对象 a**（参阅本书第三章）。

② 摩里茨·科奈里斯·埃舍尔 M. C. Escher(1898—1972)：荷兰图形艺术家。作品多为建筑或几何图形等抽象的主题，揭示规则、合理表象下的矛盾与荒谬。用图形多次表达了数学上有趣的莫比乌斯带。代表作品：《凸与凹》《上和下》《观景楼》《瀑布》。——译者注

第五章 "被矛扎伤的伤口还需扎伤的矛来治愈"

拉康用箭来描述驱力的这种走出去又返回的运动所构筑的环路，或许比这更好的例子源于一个更为自由的联想：回飞棒（boomerang）打向目标，最终却改变方向击中了自己。这就是说，当我扔出回飞棒的时候，它的目标当然是去击中要击中的对象（动物）；但这种投掷的真正艺术依赖于能够抓住那个没有击中目标，飞了回来的回飞棒（投掷这个回飞棒最为困难的部分就在于如何恰当地接住它，避免被它打伤，杜绝它造成伤害的潜在可能）。对于回飞棒的掌控说明了这其中根本的歇斯底里的分裂：主体对于回飞棒的掌控阻碍了投掷它的真正目的的实现，即"使自己被击中"，这是死亡—驱力显现的时刻。回飞棒由此所意指的正是"文化"出现的时刻，一个本能被转变为驱力的时刻，一个完成的目标（goal）与源出目的（aim）之间的分裂，一个当真正的目的不是要击中目标，而是要驻留于重复这种失误的循环当中的那个时刻。

第六章　如同在你自己的祖国中一样自在！

　　西方国家为什么对于东欧的社会主义解体如此兴奋？答案似乎是显而易见的：让西方的凝视感到兴奋的是**民主的重新被发明**。民主在西方国家中正在腐化，陷入了重重危机，民主在官僚体制的日常程序当中，在选举运动的公共化模式中正在消失，而现在民主在东欧却以一种崭新的、新奇的形式被重新发现了。由此这种兴奋是具有纯粹的意识形态性的：在东欧，西方人找寻到了他已经丢失了的源头，他们已经失去了"民主的发明"所带来的原初的体验。换言之，东欧对于西方来说就是它的自我—理想（Ich-Ideal）：西方人在一个相似的、理想化的形式中看到了自身，发现了一个值得爱的自身。令西方人兴奋不已的真正的对象是那种凝视，一个被设定的天真的凝视，来自东欧回望西方时为其民主所迷恋的凝视。东方的凝视仍然能够在西方世界中找到它们自己的"神像"（agalma），引发对民主的狂热，而西方人早已对这种狂热失去了兴趣。

　　现在在东欧出现的问题是被扭曲了的理想状态下的相互凝视：自由-民主的趋势逐渐退潮，与此同时各色的民粹主义正在上升，它包含着仇外与反犹太主义等。为了解释这些无法预期的转向，我们不得不对于民族认同的问题进行重新思考——在此精神分析理论将会有所帮助。

201　　"快感窃贼"

将一个给定的共同体连接起来的要素不能被还原为一种象征性认同:将它的所有成员连接起来的东西总是包含着对一个原质(Thing),一个快感化身所共有的关系。① 这个与原质之间的关系,通过幻象的途径被结构起来,在我们谈论由**他者**所构成的对我们的"生活方式"产生威胁的时候,这种关系处于岌岌可危之中:例如,英国白人因为不断增长的"外国人"而感到恐慌,他不惜一切代价所要努力捍卫的并不是一套用以支撑民族认同感的价值。民主的认同就其概念上说,需要由与作为原质的国家之间的关系来支撑。这个民族—原质(Nation-Thing)包含着一系列矛盾的特质。它作为"我们的原质"(our Thing)(或许我们可以说是 cosa nostra[意大利文,我们的事业,同时还是意大利黑手党的意思——译者注]),作为只有我们可以切近的东西,作为"他们",**他者**不能把握的东西,呈现给我们。看起来它似乎给我们提供了丰富性与多样性的内容,但实际上,我们唯一可以确切地说的仅仅是一个相同的、空洞的、同义反复的不同版本。我们所能说的只有一个:原质就是它"自身","真正的事物"(real Thing),"真实所是的东西"等。如果我们被问及如何来确认这个原质的存在,唯一一致的回答就是原质在其唯一的实体意义上或

---

① 关于原质观念的详细论述参见《精神分析的伦理学》(The Ethics of Psychoanalysis 1959—1960),雅克·拉康的《研讨班》第七卷,雅克-阿兰·米勒编辑(London:Routledge/Tavistock, 1992)。这里指出的是快感(jouissance[法语的快感]与 Genuss[德语的快感])不能等同于肉体愉悦(pleasure)(lust[欲念]):快感确切地说来是"非欲念中的欲念";它所意指的是一种忧郁与原质的痛苦遭遇而导致的充满矛盾的满足,它打破了"愉悦原则"(pleasure principle)的平衡。换言之,快感存在于"愉悦原则之外"。

可被称之为"我们的生活方式"。我们能做的就是列举一些我们的共同体在组织节日、婚恋仪式以及保持至今的原初的礼仪的时候所形成的一些毫无关联的碎片,这些碎片是那个可见的共同体**组织它的快感**的时候所拥有的所有细节。尽管,首先包含感情的"鲜血与土壤"(Blut und Boden)会带来一种自发的关联,我们不要忘记的是,对于这种"生活方式"的注解还有一种"左派"的解读:例如乔治·奥威尔(George Orwell)在战争期间的一些散文,在其中他试图勾勒出一个英国的爱国主义者与官方的、令人窒息的帝国主义式的爱国主义者之间的对立。他所写下的很多都是一些细节,这些细节所描述的是工人阶级的"生活方式"(例如夜晚聚集在当代酒吧等)。①

然而,简单地将民族-原质归结为某一特定"生活方式"的诸多特质也是不正确的。原质不直接是这些特质的结合;在其中包含着一些多出来的东西,一些在这些特质中"呈现"出来,但看起来又超越于这些特质的东西。共同体的成员参与了一个既定的"生活方式",**他们相信他们的原质**(their Thing),这种信念在主体间性的空间里有一个反思性的结构:我相信(民族的)原质,等于"我相信**他者**(共同体中的其他成员)也相信这个原质"。原质语义学上的空洞性限制我们说原质就是那个"真实的事物"等,它的同义反复的特征正是建立在这种矛盾的反思性的结构之上。民族-原质的存在就取决于共同体对它的信仰,确切地说,它是这种信仰自身的效

---

① 这些细节的碎片超越了民族的界限,有时候非常有影响力,例如,当罗伯特·马格贝(Robert Mugabe)被记者问起英国殖民者给津巴布韦留下的最珍贵的遗产是什么的时候,他不假思索地说是"板球"——一个毫无意义的仪式化的游戏,甚至在欧洲大陆之外也有人在玩。这一游戏包含着一些规定的动作(更确切地说,这些动作被一些未经书写出来的传统所建立起来),它扔球的方式,可以说是十分丑陋又无意义的。

果。在此这一结构就如同基督教中的圣灵,圣灵就是信仰者的共同体,基督死后就生活在其中:**相信基督就等于相信信仰本身**。换言之,相信我自身不是孤独的,我是信徒共同体的一分子,我并不需要其他外在的证明或者对我的信仰之真理的确认:就我的信仰也是他人的信仰而言,圣灵就存在了。换言之,原质的所有意义就转向了这样一个事实:它对于人民"意味着什么"。

这个充满矛盾的实体只有在主体的信仰当中(在他人的信仰当中)才得以存在,这恰好是意识形态的因果构造模式:"正常的"因果性的秩序被颠倒了,因为原因自身是被它的效果产生出来的(它激发了意识形态的实践)。正是在这一点上,拉康与"话语观念论"(discursive idealism)之间的差异显现出来:拉康没有将(民族的,等等)原因归结为一个与之相关的话语实践的述行性结果(performative effect)。纯粹的话语结果并没有足够的"实体"(substance)迫使其对原因具有恰当的吸引力——在此拉康术语中这个奇怪的"实体"概念必须被加上,以至于原因获得了它自身肯定性的本体论意义上的一致性,而精神分析意义上的实体,当然只能是快感(正如拉康在《仍旧》[*encore*]当中清楚说明的①)。一个民族的存在,就在于一系列具体的社会实践中的特殊快感,这些快感通过民族神话的重构来构造了社会实践。但这里有一个误区,即在一种"解构主义"模式当中强调了民族国家不是一个生物学意义上的,或者超历史性的事实,而是一个偶然的话语建构,一系列文本实践的多元决定的结果:这种强调忽视了民族国家作为话语的效果——实体(entity-effect)要获得它的存在论

---

① 参见雅克·拉康《研讨班》第二十卷《仍旧》第 6 章。(Paris: Editions du Seuil, 1966.)

上的一致性所必需的非话语的快感内核,那个真实的剩余。①

民族主义由此将本属于私密领域中的快感爆发出来,呈现在社会领域当中。民族国家得以形成的原因最终不过就是一个既定的民族共同体的主体通过民族神话构建了他们的快感。由此民族矛盾的关键总是会触及民族原质。我们总是为**"他者"**输入过剩的快感:他试图偷走我的快感(通过毁掉我的生活方式)以及/或者他已经接近了某些秘密的、倒错的快感。简言之,那些**他者**真正让我们感到烦恼的地方在于他组织自身快感的特殊方式,确切地说,就是与此方式有关的那些剩余的、"多余"的部分:"他们"食物的味道,"他们"宣哗的歌曲与舞蹈,"他们"奇怪的行为方式,"他们"对待工作的态度等。对于种族主义来说,**他者**或者是一个偷了我们工作的工作狂,或者是寄生于我们劳动成果的懒汉。令人感到有趣的是,从指责他们拒绝工作到转而指责他们是我们工作的窃贼之间的转换异常迅速。这里一个基本的矛盾在于我们的原质被设想为不能为他人所接近的东西,同时又是被他人威胁到了的东西。依据弗洛伊德,同样的矛盾界定了对阉割的体验,在这种主体的精神分析领域中,这种阉割是"不可能真实发生的",但无疑我们为他们的可能性而感到恐惧。由此,不同民族主体之间的不可比性不仅仅在于他们之间象征性认同的不同结构。其对普遍化的拒斥毋宁说源于他们与快感之间的关系所拥有的

---

① 主体仅仅"存在"于快感之中的事实,即"存在"与"快感"的最终一致性在拉康的早期研讨班中通过含混的存在的创伤性状态得以表达出来:"就定义而言,总有一些关于存在的某些非确定性的东西,人们实际上总是无休止地质疑他自身的现实性"(雅克·拉康的《研讨班》第二十卷,[Cambridge: Cambridge University Press, 1988],p.226)。我们如果将"存在"置换为"快感",那么这一命题将更为清晰:"就定义而言,总有一些关于快感的非确定性的东西,人们实际上总是无休止地质疑他自身的现实性。"一个根本的歇斯底里的主体位置确切地说质疑了他或她作为快感的存在,而萨德主义的倒错通过将"存在之痛"转嫁到他人(受害者)那里,从而避免了这种质疑。

独特结构:

为什么**他者**总是**他者**？我们憎恨他的原因何在？为什么我们憎恨他们的存在本身？这是因为我们憎恨在**他者**中的快感。这是我们在今天最常见到的种族主义的一般模式：一种对**他者**快感的独特组织方式的憎恨……究竟宽容与否跟科学以及人权等问题无关。只是与对**他者**快感的宽容与否有关，这个**他者**在根本上偷走了我的快感。我们当然知道对象的基础性地位早已被**他者**掠夺了。因此确切说来，这种快感的窃贼，我们将其缩写为 $-\text{Phi}$(minus Phi)，阉割的数学表达式。问题在于那个不可克服的**他者**是在我们内部的**他者**。种族主义的根源就在于对我们自身快感的痛恨。并不存在**他者**的快感，只有我的快感。如果**他者**在我当中，占据着外密性(extimacy)的位置，那么在此所憎恨的就是指向我们自己的。①

我们通过将**他者**视为快感的窃贼，从而掩盖了一个创伤性的事实：**那个所谓从我们这里被偷走的东西，其实我们从来没有拥有过**。匮乏（"阉割"）是原初的，快感总是作为"被偷走"的东西来构造自身，或者引用黑格尔在《逻辑学》中所提出的模式："它只有通过将存在抛在后面才能得以存在。"②晚期的南斯拉夫提供了研究这个矛盾的例子。在那里，我们见证了快感的"移情"和"盗窃"。每一个民族国家都建构了属于自

---

① 雅克-阿兰·米勒："外密性"(Extimité)Paris, November, 1985(未出版的演讲)。这种"快感窃贼"的逻辑同样作用于人民与国家领袖之间的关系：什么时候领导人手中所聚集和消费的财富被视为是一种"盗窃"？只有当领导人被视为是"我们之中多于我们自身的那一部分"的时候，换言之，当我们与他保持在一种让渡的关系，即他的财富与光辉同样也是"我们的"时候，领导人的财富就不是一种盗窃。而当领导人失去了他的魅力，从一个民族的化身转变为一个民族的寄生虫的时候这种情景就终结了。在战后的南斯拉夫，铁托的光辉的合法性就在于"人民在我的身上期待着这种光辉"，这样会"给他们自豪感"。在他生命的最后几年里，这种魅力消失了。同样的光辉被视为是国家资源的一种过度的浪费。

② 黑格尔:《逻辑学》(*Science of Logic*)(London: Allen and Unwin, 1969), p. 402.

己的神话,用来描述其他民族将其最为重要的快感剥夺了,这一快感是让这一国家得以生存的关键。如果我们将所有这些神话放在一起进行阅读,那么我们将获得一个埃舍尔(Escher)著名的盆状网络所构成的视觉错乱,遵循着永动机的原理,水从一个盆中导向另一个盆,直到这个循环封闭起来,由此整个过程出现了倒流,最终我们发现自己回到了原点。斯洛文尼亚人被"南方人"(塞尔维亚人,波斯尼亚人……)剥夺了快感,后者众所周知非常懒惰,有着巴尔干半岛式的腐败,以及肮脏而喧闹的快感,他们总是无休止地要求经济援助,偷走了斯洛文尼亚人的财富,否则的话,斯洛文尼亚人早就可以赶超西欧了。另一方面,斯洛文尼亚人自身又被认为是掠夺了塞尔维亚人,因为斯洛文尼亚人很勤勉,不够圆滑,并且自私算计,从不屈从于简单生活的愉悦。斯洛文尼亚人总是享受着对塞尔维亚人艰苦劳动的掠夺,通过商业的买卖,将从塞尔维亚人那里贱买来的东西再重新卖出去。斯洛文尼亚人害怕塞尔维亚人"淹没"他们,从而将失去民族的身份认同。然而,塞尔维亚人则责备斯洛文尼亚人,说他们是"分裂主义"者,因为他们不承认自己是塞尔维亚族下面的一个分支。为了将斯洛文尼亚人从"南方人"中区分开来,最近的斯洛文尼亚历史学家努力证明斯洛文尼亚人并不是斯拉夫人,而是伊特鲁利亚人;另一方面,塞尔维亚人,则擅长证明塞尔维亚人是"梵蒂冈—共产国际阴谋"(Vatican-Komintern conspiracy)的受害者:他们顽固地认为天主教与共产主义者有一个秘密的联合计划,目标就是要摧毁塞尔维亚人所具有的独立国家。塞尔维亚人与斯洛文尼亚人所共有的前提是"我们并不想成为其他人,我们只想确切无误地隶属于我们自己!"——这是确定无疑的种族主义的象征,因为它在并不存在区分的地方划出清晰的分界线。在这两个例子中,这些幻想就根植于对自己快感的憎恨。例如斯洛文尼亚人,通过痴迷压抑了自身的快感,正是这种快感返回到现实当中,化身为那些肮脏的、随和的"南方人"。①

然而,这一逻辑并没有被限制在对巴尔干固有条件的"追溯"。这种"快感窃贼"(或者用拉康自己的术语:想象性阉割)究竟是如何成为当下意识形态分析极为有用的工具的?我们还可以从美国20世纪80年代意识形态的特征获得说明:总有一个让人痴迷的观念,即在越南仍然存活着一些美国的老兵,他们已经被自己的祖国遗忘了,过着悲惨的生活。这种迷恋表现在一些富有英雄气概的探险上,在其中一个英雄要完成一项军事解救的任务(例如《蓝波2》[Rambo II],以及《越战先锋》[Missing in Action])。其隐含的幻象-场景非常有趣。好像在那里,在遥远的越南丛林中,美国人失去了他自身最珍贵的部分,被剥夺了他生命实体当中本质的一部分,他的潜能的本质。这种丢失最终导致了美国在后-越战的卡特年代的衰落和无能。找回那些被偷走的、被遗忘的部分成了里根再次强化美国之强大形象的关键。②

---

① 在此发挥作用的机制当然是一种狂想症的机制:至少在其基本层面上说是如此。狂想症包含着这种阉割功能的外在化,即外化在一个肯定性的中介中,成为某种"快感窃贼"。冒着父亲之名停止救赎(foreclosed)的危险(依照拉康来说,这是妄想症的基本结构),我们可能支持这一命题,即东欧的民族妄想症确切地说源于这样一个事实:东欧的民族还没有被构建为"真正的国家",它就如同一个失败了的、停止救赎的国家的象征性权威,以**他者**的形式,即以"快感窃贼"的形式"回到了真实当中"。

② 这一观点我得益于威廉·沃尔纳(William Warner)的论文"英雄行为:蓝波、里根主义与英雄的文化连接"(Spectacular Action: Rambo, Reaganism and Cultural Articulation of the Hero),该文提交给纽约州立大学1989年11月8日举办的"心理分析、政治与图像"研讨会。顺便说一句,《蓝波2》远逊色于《蓝波1》,后者伴随着一种极为有趣的意识形态的重新连接(rearticulation)。后者在一个人身上凝聚了两种特质:一方面,他是带有"左派"色彩的嬉皮浪荡子,受到了一个严酷长官的威胁;同时他又是一个带有"右派"色彩的孤独的复仇者,掌控了法律,并去除了腐败的官僚机构。这样两种特质的凝结当然暗含着第二种形象的霸权(hegemony),致使《蓝波1》将美国左派政治图景成功地"连接"到了"右派"当中。

没有资本主义的资本主义

在这种"快感窃贼"的逻辑中发挥作用的当然不是直接的社会现实——似乎真的有不同的民族共同体在一起生活的现实——而是**蕴含在这些不同共同体当中的内在对抗(antagonism)**。一方面,多个民族共同体毫无种族矛盾地生活在一起,这是完全有可能的事情(例如在宾夕法尼亚的阿门宗派[The Amish]与其周边的共同体);另一方面,我们也不需要"真正的"犹太人,从而将触及我们神秘快感的威胁强加到他们身上(众所周知,在纳粹德国,反犹太主义在那些没有犹太人的地方最为猖獗,在今天的前东德,那些反犹分子与犹太人之间的比例仍然是 10∶1)。我们对于"真正的"犹太人的感觉总是被一种象征性的意识形态结构所中介,这种意识形态总是对应于某种社会:犹太人问题的"真正"秘密在于我们自身的对抗。在今天的美国,犹太人曾经扮演的角色正在被日本人所占据。美国媒体津津乐道于日本人完全不知道该如何放松自己。日本的经济之所以超越美国,其原因就在于某种神秘的事实:日本人总是积累太多,消费太少。如果我们仔细考察这一指控的逻辑,很显然美国"自发的"意识形态对于日本的指责并不在于日本人没有能力去享乐,而是他们的工作和快感之间的关系,在美国人看来是扭曲的。**好像对日本人来说他们的快感来源于对享乐的拒斥**,来源于他们的热忱,他们不能放松娱乐的状态——正是这种态变威胁了美国的优越性。美国媒体在看到日本人终于学会消费的时候是如此明显地如释重负。为什么美国的电视片总是带着自我满足的感觉来描述日本游客惊讶于美国多姿多彩的娱乐产业?因为在美国人看来,最终日本人终于"和我们一样",学会了我们娱乐自己的方法。

对此现象的分析,仅仅指出这是今天资本主义社会经济对抗的转移,抑或意识形态的替换是很容易的。但问题在于,一个不争的事实是,**确切地说正是通过这种替换,欲望才被构成**。通过将内在的社会对抗转变为对**他者**(犹太人、日本人……)的痴迷,我们获得的是欲望的幻象—组成(fantasy-organization)。拉康命题的关键在于,快感最终总是**他者**的快感,换言之,将设定的快感输入给**他者**,并反过来,憎恨**他者**的快感,亦即憎恨自己的快感,这是"快感窃贼"逻辑中所包含的基本内容。① 我们用以组织自己的快感方式是多样的——黑人有更强的性能力和胃口,犹太人和日本人对金钱和工作更为关注,等等,如果没有这些方面,我们关于**他者**特殊的、过剩的快感的幻想会是什么呢?我们是否没有发现快感实际上是在一种与**他者**极为模糊的关系当中对**他者**快感的一种幻想?**他者**快感之所以能够具有如此强有力的影响力,难道不是因为我们在其中将自己与快感最为内在的关系呈现出来的缘故吗?相反,反犹太主义的资本主义者对犹太人的憎恨难道不是对于资本主义自身剩余的憎恨,换言之,即对其与自然之间的内在对抗所产生的剩余的憎恨?难道资本主义对犹太人的憎恨不是对它自身最为内在的、本质的特质的憎恨?正因如此,仅仅指出种族主义的**他者**如何构成了对我们身份认同的威胁显然是不够的。我们应该颠倒这一命题:对**他者**的幻想性的构图是我们自身最为内在的分裂的一种显现,显现出了"在我们之中却多于我们自己的那一部分",由此阻挠了

---

① 对此,拉康批判了黑格尔的主奴辩证法:黑格尔认为,奴隶顺从主人,拒斥了自身的快感,将这一快感留给了主人;相反拉康在此宣称,正是这一快感(而不是对死亡的畏惧)让奴隶始终处于被奴役状态——这一快感通过与(假定的、预先假定的)主人之间的关系而获得,即在对主人的死亡的等待中产生了快感的预期,在其中获得快感。由此,快感从来不是直接的,它总是通过预设将快感输入给他人而产生的,他总是在预期的快感中,在快感的取消中获得。

我们获得对我们自身的完整认同。**对他者的憎恨就是对我们自身快感剩余的憎恨。**

民族-原质（national Thing）由此如同某种**"特殊的绝对"（particular Absolute），拒斥着普遍化**，赋予每个中性的、普遍的观念以特殊的"音调"。正因如此，民族原质的爆发在其最为暴力的形式中，总是令人惊讶地出现国际化联合的推崇者。而这种工人运动的国际化联合最富创伤性的案例可能就是第一次世界大战爆发之后所面对的那股"爱国主义"热潮。很难想象那次创伤性经历给当时社会民主党的领导人，从伯恩斯坦到列宁带来怎样的震惊：所有国家的社会民主党（甚至俄罗斯和塞尔维亚的布尔什维克都无一例外）都屈从于沙文主义，极为爱国地站在了他们各自的政府一边，而完全无视所谓的"没有国家的"工人阶级的联合。经历这一过程的人们，在震惊中，在无力的幻象中见证了与快感之真实的遭遇。也就是说，这种"爱国主义的感受"爆发的沙文主义所包含的基本矛盾并非出人意料。在真正的战争爆发之前几年中，社会民主党就曾警告过工人们，帝国主义正在准备一场新的世界大战，让他们警惕，不要屈从于"爱国主义"的沙文主义。甚至就在战争即将爆发之前，即在萨拉热窝暗杀事件之后的几天内，德国社会民主党就警告工人们，统治阶级会以此为借口来宣战。更进一步说，社会党国际（Socialist International）采取了一个形式化的解决方法，即逼迫其成员投票反对应对战争爆发的战争债券。然而一旦战争爆发，国际联盟顿然土崩瓦解。曾经有这样一段轶事记录了这种一夜之间的颠覆对于列宁来说多么震惊：当他读到德国社会民主党的日报头版刊登的关于社会民主党人已经投票支持战争债券之时，他竟然断定这是德国警察为了让工人们误入歧途而编造的虚假新闻。

同样的情景发生在今天的东欧。一个"自发"的假定在于，在此所压抑的，并随着"集权主义"被推翻之后注定要强力爆发的一定是对各种形式的民主的欲求，从政治的多元主义到四处蔓延的市场经济，都是这种民主欲求的对象。但现在，集权主义被推翻了，我们所获得的却是越来越多的民族冲突，它们都建基于不同的"快感窃贼"的结构之上——好像在共产主义的表面之下，一种"病理学"意义的幻象还发挥着作用，人们都好像还在等待着共产主义的到来——在此，我们获得了一个关于拉康化的交流观念的典型案例，在其中言说者从其收信人那里收到了言说者自己试图传达的信息的本真形态，尽管这一信息以颠倒的形式显现出来。民族问题的出现击垮了西方人因自身价值在东方被认同所产生的那种沾沾自喜。东欧正在返回到西方的被压抑的民主欲求中。在此我们再一次指出当那些批判的左派知识分子面对民族化的快感的爆发之时（仍然固守着的）**无力的痴迷**（powerless fascination）。他们当然很不情愿于拥抱那种民族的事业（national Cause）；他们绝望地试图与其保持一定的距离。然而这种距离，非常错误地拒斥了这样一个事实，即他们的欲望已经被囊括在这一事业当中。

现在在东欧，并没有发生极端的断裂，相反，对于民族事业的痴迷仍然弥漫在这个变迁的过程中——例如齐奥塞斯库和极右民族主义趋向在罗马尼亚所获得的强大势力。在此我们遭遇了真实（Real），"它总是回到它的位置上"（拉康），即那个在社会象征性认同的极端变迁当中总是保持不变的硬核。由此将这种民族主义的上升设想为某种对所谓背叛民族之根的共产主义的"反作用"，这本身就是错误的——在这一观念当中，共产主义的力量总是打破了传统的社会组织，仅仅留下民族认同。正是共产主义的力量产生了对民族事业的强制性依附。这一依附越是排他，这种力量的结构就越是"集权主义"

的"。这种情景的极端例子出现在诸如罗马尼亚的齐奥塞斯库、柬埔寨的红色高棉、朝鲜和阿尔巴尼亚那里。① 由此在共产主义意识形态解体之后,民族的事业反而持久地存活下来。在今天罗马尼亚构造他的敌人的形象的过程中,我们发现了这种民族事业。例如:共产主义被视为一个外来的组织,毒害并破坏了民族的健康发展,它并不是源自民族内部的固有传统,由此为了民族国家的恢复健康应该将其切除。在此拥有着反犹太主义的相同意蕴:在苏联,俄罗斯民族主义组织帕姆亚特(Pamyat)总是喜欢强调在列宁的俄共政治局当中那些犹太人的"非俄罗斯"特征。在东欧一个流行的消遣不再是仅仅将所有的罪责都归于共产主义,而是喜欢玩这样的游戏:"谁在共产主义的背后?"(对于俄罗斯和罗马尼亚人来说是犹太人,对于塞尔维亚人来说,则是克罗地亚人和斯洛文尼亚人等等。)对这些敌人的构造显现了在晚期共产主义—民族主义—集权主义领域内构造敌人的最纯粹的方式:一旦丢弃了共产主义的象征性形式,我们获得的是与潜在的民族事业的关联,这一民族事业已经失去了共产主义的形式。

为什么会导致这样一种令人失望的结果?为什么专制的民族主义会压倒民主的多元主义?为什么沙文主义式的对"快感窃贼"的迷恋会替代了开放的民族多样性?因为在"真正的社会主义"国家中左派所给出的关于民族矛盾原因的阐发本身是错误的。左派的命题是民族矛盾由统治阶级的官僚体制所激发和操纵,目的是为了证明自身权力的合法性。例如,在罗马尼亚,对民族主义的痴迷,伟大罗马尼亚的梦想,企

---

① 这种依附不是没有它滑稽的一面。约翰·柏勒施(John Belushi),好莱坞"堕落"的典型化身,死于吸毒过量,仅仅因为他祖籍是阿尔巴尼亚,目前在阿尔巴尼亚享有崇高的地位:官方媒体称他为"一个伟大的爱国主义者和人道主义者",并称他"总是拥护人类事业中的正义与进步"!

图将匈牙利和其他少数民族整合其中的意图,等等,产生了一种持续的张力,将齐奥赛斯库的政权合法化了。在南斯拉夫,塞尔维亚人与阿尔巴尼亚人之间,克罗地亚人与塞尔维亚人之间,斯洛文尼亚人与塞尔维亚人之间的矛盾,只是证明了当代腐败的政府是唯一能够以国家的利益为重的合法统治者。也就是说,一旦共产主义垮台之后,民族矛盾将更为强烈。然而在近来的诸多事件中,这种假设被以最为显著的方式所驳斥。为什么这种对民族事业的依附在构造这一依附结构的政权已经垮塌之后仍然存在着?在此,将经典马克思主义与拉康的思想加以结合,或许会对问题的分析有所帮助。

资本主义的基本特质包含着**它内在的结构性不均衡**,包含着它最为内在的对抗性的特征:它的存在条件是持续的危机,持续的革命化。资本主义没有"正常的"、均衡的发展状态:它的"均衡"状态是持续的生产剩余。资本主义得以存活的唯一方式就是扩张。资本主义由此陷入了一个环路当中,一个恶的循环。这些都已经被马克思清楚地指认了出来:生产较之其他社会经济形式更能满足人的需要,资本主义同时还生产了可以满足的需要本身;财富越多,我们对财富的需求也越多。因此,这就是为什么拉康认为资本主义受控于歇斯底里的话语领域。① 这个欲望的恶性循环——在其中对欲望的满足总是同时加大了与不能满足之间的差距——界定了歇斯底里。在资本主义与弗洛伊德的超我观念之间有着同构性。超我的基本矛盾也在于包含着一个结构的非平衡:我们越是听从它的命令,越是感到我们有罪。由此,放弃必然引发更多的放弃、更多的后悔、更多的负罪感——就如同在资本主义

---

① 参见雅克·拉康《研讨班》第十七卷:"精神分析的另一面""L'enver de la psychanalyse"(Paris: Editions du Seuil, 1991)。

那里一样,生产的增长所填补的匮乏,带来了更进一步的匮乏。

基于这一背景,我们应该能够理解拉康所谓的主人(话语)的逻辑:它的角色就是要引介出**一种平衡,调节剩余**。前资本主义社会仍旧能够控制结构的非平衡,如同超我,作为一个主人具有一种控制话语。在福柯晚期的作品中,我们看到古代的主人化身为可以自控的伦理规定和"公正的标准":整个前资本主义的伦理就是要阻止人的力比多所产生的剩余无限地扩张。而在资本主义当中,主人的这种功能被悬置了,超我的恶性循环四处蔓延。

在此需要进一步明了的是各阶级联合的企图究竟是从哪里来的?换言之,为什么这种企图对于颠覆资本主义是必需的?让我们来看一下意识形态体系当中所包含的法西斯式的联合:法西斯的梦想仅仅是要拥有一个**没有能够导致结构性不平衡的"剩余"和对抗的资本主义**。这就是为什么一方面我们需要一个主人的角色——领袖——来保障社会机体的稳定性和平衡,正是这个领袖将我们从社会不均衡的发展中解救出来;另一方面,我们还需要将这一不平衡归咎于犹太人,正是他们"过剩的"积累与贪婪导致了社会的对抗。由此,这里的问题在于既然"过剩"是从外面被引介进来的,也就是说,它是外来入侵的结果,那么对这种剩余的消除就将让我们重新获得一个稳定的社会有机体,它的每一部分都组成一个和谐的合作整体,与资本主义持续的偏移相对,每一个人都将重新获得他的位置。主人的功能就是控制剩余,将剩余清楚地归于一个特定的社会承载者:"正是他们偷走了我们的快感,通过他们过剩的态度,将不平衡和对抗引入了进来。"借助于主人的角色,社会结构中内在的对抗转变为权力之间的关系,转变成为一个在我们和他们之间争夺主导权的斗争,由此导致了对抗性的不均衡。

可能这个模型还能帮助我们理解东欧的民族主义和沙文主义的重新出现,它作为某种"减震器"(shock-absorber),对抗着资本主义的开放和非均衡的蔓延。好像正是在这一时刻,资本主义的自由发展被阻止了,换言之,那个无节制的过剩的生产被打破了,它与对一个新主人的诉求相对抗,后者试图掌控一切。在此人们所要求的是一个稳定的社会有机体的建立,在其中通过去除"过剩"的要素而去除资本主义破坏性的潜能,既然这个社会有机体被体验为一个民族的有机体,那么任何非均衡的事业"自然而然地"就成了"民族的敌人"。

当民主化的对立仍然与共产主义的权力进行斗争的时候,它将所有"反极权主义"的要素纳入"市民社会"的旗帜之下,从教会到左派知识分子,在这种整合当中,关键的问题没有被注意到:所有参加者都用同样的语言来意指两种基本不同的话语,两个不同的世界。现在民主化的对立面取得了胜利,这一胜利必然采取一种分裂的形式:与共产主义权力相对抗的时候所拥有的牢固的团结在此失去了内在的基础,两个分裂的政治视域之间的裂痕无法再被掩盖了。这个裂缝就是那个著名的共同体/社会(Gemeinschaft/Gesellschaft):传统的、原初的联合的共同体与将所有原初的联合都消融的"异化的"社会。东欧的民粹主义的问题在于它从共同体(Gemeinschaft)的角度发现了共产主义的威胁,共产主义作为一个外来的躯体损害了民族共同体当中原初的机制;由此,民粹主义总是为共产主义输入了资本主义自身才有的残酷的特质。在与共产主义的"堕落"相对立的道德立场上,民粹主义中道德的大多数不知不觉地将对之前共产主义的理解延伸到作为有机体的国家。在这种用资本主义替代共产主义的症候性替代中,发挥作用的欲望是对资本主义加共同体的欲望,即欲求一个没有异化的市民社会的资本主义,没有个体之间的形式—外在（formal-external）的关系。而"快感窃贼"的幻象，以及反犹太主义的再现等都是这种不可能之欲求所必须付出的代价。

自由主义的盲点

我们或者可以充满矛盾地说，现在东欧所需要的是程度更深的异化：一个"异化"国家的建立，这一国家与"市民社会"保持着一定的距离，它仅仅是"形式上的""空洞的"，换言之，不体现任何民族共同体的梦想（由此也为所有民族共同体敞开了空间）。今天解决东欧问题的良药仅仅是更大剂量的自由民主吗？我们所拥有的方案指向了这样一个方向：东欧的民族主义阴霾让东欧难以开始一种平静的、真正多元化的民主。共产主义的解体敞开了民族主义、地方主义、反犹太主义的空间，他们憎恨所有来自国外的、对国家构成威胁的意识形态：反女性主义以及一个后社会主义道德多数派，包括反堕胎运动等——简言之，他们憎恨在整个"非理性"当中的快感。然而对于这种态度的深层次的怀疑，那些反民族主义的东欧自由知识分子的怀疑态度，正如我们已经指出的那样，本身也是由民族主义加诸自身的迷恋：自由知识分子拒斥它，嘲弄它，但同时却以无力的痴迷注视着它。知识分子通过拒斥民族主义而带来的愉悦接近于因成功阐发了自己的无能与失败而带来的满足（这常常是某种马克思主义的标签）。在另一方面，西方自由主义知识分子也常常陷入同样的陷阱当中：对他们固有传统的认同以及对贫苦劳工（red-neck）的恐惧。这是一种民粹主义的法西斯主义（例如强调在美国，波兰人和意大利人的"迟钝"，他们所组成的共同体，就是一窝所谓"专制主义人格"以及相似的自由主义的稻草人），然而同时，这些知识分子又对**他者**的原初的民族共同体表示欢迎（非裔美国人、波多黎各人等)。快感是好的,只要它不是距离我们太近,只要它总是**他者**的快感就好。

要说明这种所谓"启蒙的""社会意识"的批判分析的无用,只要回想一下克林特·伊斯特伍德(Clint Estwood)的《警探哈里系列》(*Dirty Harry*)就足够了:这一系列的第一部毫无顾忌地上映,符合右翼民粹主义的幻象(一个试图打破腐败的、无效的秩序,为了让"事情归于正轨"的复仇者,一个受虐狂,性倾向模糊的罪犯等)。而在随后的电影当中,伊斯特伍德似乎接受了自由主义者对于第一部电影的批评。在紧随第一部之后的《紧急搜捕令》(*Magnum Force*)当中,导演开始拒斥"孤独的复仇者"的逻辑,转而坚持了对法律条文的无条件尊重。《拨云见日》(*Sudden Impact*)中孤独的复仇者带有女性主义的逻辑:哈里释放了女杀人犯,一个强奸的受害人,因为她并没有在男性沙文主义的法律体系中得到应有的正义。《危险境地》(*Tightrope*)暗示了在杀人犯与法律维护者之间的相似性,尽管有与自由主义合作而产生的反思和"社会意识"的要素等,但幻象仍然贯穿在所有这些系列电影中。它对于构建我们整体的欲望空间是有效的。真正激进的意识形态批判总是超越自我满足的"社会分析",这种分析本身就是幻象的一部分,它支持了它所批判的对象,并试图吸取这种幻象框架自身所具有的力量——简言之,这类似于拉康所谓的"穿越幻象"。① 这种说法教给我们的是,在作为一种话语形式的意识形态与它的幻象—支撑(fantasy-support)之间有断裂的情形下意识形态如何发挥作用:意识形态大厦总是在不断回溯中获得重构,它内含的各个要素所具有的象征性、富有差异性的价值总是在不停地变换着,但幻象所意指的却是拒斥象征性"再生"的硬核,换言之,它将意识形态锚定在某种"实体性"的关节点上,由此提供了象征性变换背后持久不变的框架。换言之,正是因为有了幻象,意识形态才不能被还原为由一些要素构成的网络,在其中这些要素的价值完全取决于它们在象征性结构中的不同位置。

对**他者**快感所给予的模棱两可的理解是一种痴迷,这种痴迷,人们在所谓的 PC,即政治正确性(political correctness)的观念中很容易发现。所谓的政治正确性意味着一种带有强迫性的努力,试图去揭示某种新的、某种更为精致的种族主义抑或性别暴力的形式与统治(基于政治正确性,我们不能说"总统抽长杆烟斗"[a peace-pipe②],因为其中蕴含了对土著印第安人的嘲弄等)。在此问题仅仅在于"一个人如何既是白人,异性恋者,同时还能保持清醒的意识?"所有其他类型的人都强化了自身的特殊性,他们特殊的快感形式-而只有白人,同时又是非同性恋者必须保持空洞,必须牺牲他们自己的快感。在政治正确性的观点中最为薄弱的环节在于神经强迫症

---

① 要试图"穿越幻象",首先要做的事情就是去除作为欲望之满足的幻象。伍迪·艾伦在他的《夫妻们》(Husbands and Wives)中所围绕的就是这一天真的观念:众所周知,在真实生活中,艾伦与他的养女同居,一个比他小 30 岁的女孩,而在电影中,与年轻学生(朱丽叶·莱维斯)的性关系并没有能够建立起来——这是一个富有嘲弄的颠倒,在艺术家幻象的世界中,满足了在其现实生活中没有得到满足的性欲望。然而,在此很容易就可以指出,在这种情况下,弗洛伊德的幻象模式仍然完全有效:我们只要想一想由性节制幻象所获得的纳西斯式的成就感就可以明白了。在电影中,艾伦将自己描述为一个成熟的男人,知道怎样去节制自己的欲望,并与其保持一种成熟的、富有智慧的距离。

② Peace-pipe,对于印第安人来说象征着和平。——译者注

(neurotic compulsion)：问题并不在于它太过严苛,它太过幻想了,而是相反,它还不够严苛。换言之,猛一看来,政治正确性的态度包含着一种极端的自我牺牲,放弃了所有带有性别歧视性的或者种族歧视性的东西,一直致力于抹去性别和种族之间的差异,这种努力不亚于那些早期的基督教圣徒们奉献一生来寻求自身内在的原罪的努力。① 但所有这些努力都不能欺骗我们,它努力的最终伎俩不过就是要掩盖这样一个事实,即政治正确性并没有准备放弃那些最为重要的东西："我准备牺牲一切,除了……"——除了什么？除了这种自我牺牲的姿态。换言之,政治正确性的态度。这种政治正确性的态度涉及自轻自贱的自卑,其中隐含着一个黑格尔所拒斥的阐释立场与被阐释内容之间的对抗。它隐含着一种居高临下的姿态,仿佛这一切都是对那些被种族歧视所迫害的人们的一种补偿。在将白种—男人—异性恋的积极内容全部掏空之后,政治正确性保留了它主体性的普遍形式。如此这般,政治正确性的态度是一个典型的萨特式知识分子的**自欺**(mauvaise foi)。它为了让问题始终存在,而始终**不断地为其提供新的、更新的答案**。这种态度真正害怕的是这个问题的消失,换言之,即害怕白种—男人—异性恋的主体性形式不再能够实施它的霸权。政治正确性的问题在于试图去除"非正确性"的要素,结果导致了与其意愿完全相反的表象形式：它见证了一个非灵活性,即对于白种—男人—异性恋的主体形式的固守。或者,将其放入一个老旧的政治术语当中,似乎更为清晰：政治正确性的态度与其说是一个伪装了的极左,不如

---

① 政治正确性所具有的基督教背景近来得到了进一步的确认,特别在对所谓的"性骚扰"式的注视的分析中得以凸显：如果说一个人带有挑逗性的注视了对方,这是一种犯罪的话,那么这种罪也只是在主体的欲望当中,而不是在他的真实行为当中——按照基督教的观点来看,在头脑中的犯罪并不比他在现实中去犯罪要轻。

说是掩盖资产阶级自由主义意识形态的盾牌,以对抗真正的左派。①

真正困扰自由主义的是由自足的民族共同体所组织起来的快感。正是基于这一背景,我们应该思考一下美国的校车政治所带来的模棱两可的结果。例如,这一政策的主要目的是取消种族隔膜:从黑人社区里出来的孩子通过参与到白人的生活方式而拓展了他们的文化边界,而从白人社区里出来的孩子将通过与黑人孩子的交流而发现那些种族歧视是多么荒谬等。但无法规避的另一个逻辑也纠缠在这一计划当中,特别是在那些校车计划被某些"开明"的州政府以外在强制的方式强加下来之后,情形更为复杂:这一计划在取消界限的同时也毁灭了一个封闭的民族社区所拥有的快感。正因如此,校车政策,就其被某个思虑过多的社区体验为一种外在的强制而言,则加剧了种族主义,甚至在那些试图保持自身社区的封闭性,就其自身而言并没有种族主义色彩的地区,产生了种族主义(作为自由主义者,他们承认他们只是对于**他者**的新奇

---

① 与美国的这种痴迷相对应的歇斯底里的状态是传统欧洲的"批判知识分子"所陷入的痛苦:他们迷惘于究竟**哪一个合法权利是我在清醒头脑下仍然能够对之表示支持的**?换言之,传统欧洲的左派知识分子,甚至比简·爱(Jane Eyre),这个女性主义歇斯底里的典型范例还要强烈的,**试图不停地寻找一个善良主人**:他需要一个主人,但这个主人要能被他所控制,并能遵循着他的建议。这种态度引发了一个歇斯底里式的反映,一旦歇斯底里的一方掌控了权力,那么必然产生"这不是**那一个**"的反映:借此他将会为绝望寻找新的原因,以让他的"不服从"合法化(一个典型的例子是在1981年,密特朗的社会主义在选举中获胜之后,法国左派知识分子迅速发现这个社会主义的政府当中包含着较之之前的自由-保守主义政府更坏的地方,甚至包括一些带有纳粹色彩的国家主义)。

的"生活方式"感兴趣)。① 在此我们要做的是要质疑整个用以支撑这种自由态度的理论根基,我们所依据的是法兰克福学派精神分析式的主要分析路径,即所谓的"权威型人格"(authoriatarian personality)理论:所谓的"权威型人格"最终意指的是主体性的形式,它"非理性"地坚持着自己的生活方式,以自我—娱乐(self-enjoyment)的名义抵抗自由主义为它设定的"真正的利益"。"权威型人格"所表达的不过就是左派—自由主义知识分子的憎恨,因为他们有这样的观点,即那些"未能启蒙的"工人阶级并不准备接受他们的指导,而这些知识分子也因此不能为这种抵抗提供一种积极的理论支撑。②

校车的困境也使我们勾勒出自由政治伦理的内在限制,这一点在约翰·罗尔斯的分配正义理论中已经得到了阐发。③ 也就是说,校车完全符合分配正义的条件(它验证了罗尔斯所谓的"无知之幕"):它的运作不仅带来了社会公益的分配,同时还使得各个不同的社会阶层的个体获得了平等的成功机会,等等。但矛盾的是,包含那些校车的受益者却都有一种被欺骗与被愚弄的感觉——为什么?在此遭到侵犯的实际上是幻象的维度。罗尔斯分配正义的自由-民族观念最终所

---

① 考察一下皮特·威尔(Peter Weir)的《证人》(Witness)的故事情节。该故事发生在门诺教派聚集区。这一教派聚区难道不就是一个没有服从"快感窃贼"的偏执逻辑,并保持了自身固有生活方式的封闭群体吗?换言之,门诺教派的矛盾就在于,一方面他们按照最高的道德多数派原则来生活,另一方面他们与任何作为政治-意识形态运动的道德多数派完全无关;换言之,他们尽可能地远离那些道德多数派中所包含的邪恶的偏执逻辑,以及试图将自身的标准强加于**他者**的逻辑等。顺带一句,电影中最为病态的、却产生一定影响的场景就是那个新仓库的集体性建筑,它充分证明了詹姆逊所谓的当代大众文化的"乌托邦"潜质。

② 正如许多批评者已经指出的那样,"权威型人格"的理论实际上是异于法兰克福学派理论大厦之外的一个理论体:它所建基的前提被阿多诺-霍克海默的晚期资本主义主体性理论所消解。

③ 参见约翰·罗尔斯《正义论》(*A Theory of Justice*)(Cambridge: Harvard University Press, 1971)。

依赖的是"理性的"个人,他们能够抽去自身特殊的阐释立场,基于一种纯粹的"元语言"(metalanguage),站在中立的立场来发现他们"真正的利益"。这样的主体被认定是社会契约的主体,共同建立了正义。但在此所忽略的却是在这样的共同体中存在的幻象—空间(fantasy-space),它构筑了共同体的"生活方式"(它的快感方式):在这一空间中,"我们"所欲望的与(我们所觉察到的)**他者**的欲望相连,由此"我们"所欲望的将可能转而解构我们所欲望的对象(如果以这种方式,我们打击了**他者**的欲望)。换言之,人类的欲望,就其总是被幻象所中介而言,从来不能建基于(或者归属于)我们"真正的利益":我们欲望的最终确认,有时候只是在直面那些提供给我们至善的"善良的"他者的时候才确证了它自身的自主性,这种欲望的最终确认也总是与我们的至善相对立。①

每一个依据"真正利益"而获得合法性的、"被启蒙"的政治行为迟早都会遭遇某个特殊的幻象-空间的抵抗:这种抵抗总是在邪恶的逻辑以及"快感窃贼"的逻辑伪装之下。甚至诸如道德多数派的反堕胎运动,这样极为清晰的主张,从这一方面看,也比其所显现的要模糊得多:它一方面所反映的是"已经启蒙的"上层-中产阶级意识形态意图穿透下层阶级社会生活的一种努力。同时,在另一方面,在1988年伟大的矿工罢工运动中,那些英国的左派-自由主义的知识分子不是仍然感到极为不适吗?人们很快称这一罢工为"非理性的",是一种"过时了的工人阶级宗教激进主义"等。尽管所有这些说法无

---

① 幻象的观念由此意指了分配正义的内在界限:尽管**他者**的利益被考虑了进来,但**他**的幻象被误解了。换言之,"无知之幕"告诉我们,即便我们占据着共同体的最低端,我将仍然接受我的民族选择,我在我自身的幻象-框架中活动着。**如果"他者"从这个绝对的不相容的幻象框架之内来作判断,情形会怎样?** 对于罗尔斯的"正义论"所给出的拉康式的批判,参见瑞内塔·萨莱克(Renata Salecl)《自由的娇宠》(*The Spoils of Freedom*)(London: Routledge, 1993)。

疑是正确的,但事实上,这场斗争同时也是抵制传统工人阶级生活方式的一种绝望的形式。由此,就其某些特征所带有的"倒退性"而言,它并非如一般的"启蒙的"自由-左派的批评者所认为的那样,而是带有更多的"后现代的"色彩。①

对"过剩的"认同("excessive" identification)的恐惧由此成了晚期资本主义意识形态的恐惧。在其中的敌人是那些"过度—认同"(over-identifies)的狂徒。他们没有与分散的多元化的主体位置保持着必要的距离。简言之,兴奋的"结构主义者"对于"本质主义"和"固定认同"的唇枪舌剑最终不过是对着稻草人的一场斗争。分散的、多元的、结构性的主体,缺乏任何一种颠覆性的潜能,它们被后现代主义理论所推崇(主体倾向于一种特殊的、非连续的快感模式等)。这种主体所对应的是**晚期-资本主义的主体形式**。在此,是复兴马克思独到见解的时候了:资本是"去地域化"(deterritorialization)的最终力量,它将消融所有社会认同。我们或可将晚期-资本主义设想为这样一个时期:在其中,传统意识形态立场的固定性(家长式的权威,固定的性别角色等)成了日常生活中毫无拘束的商品化过程中的一个障碍。

斯宾诺莎主义,或者,晚期资本主义的意识形态

关于晚期资本主义意识形态模型的分析,值得我们回过

---

① 这种抵抗的颠倒是一种意图将**他者**以特殊的、有限的形式,保持于(在我们的凝视中所发现的)**本**真性当中。让我们审视一下关于皮特·汉德克(Peter Handke)的例子。他对于斯洛文尼亚的独立提出质疑。他认为斯洛文尼亚作为独立国家的观念是从外面强加给它的,并不源于国家内部固有的逻辑。汉德克的妈妈是斯洛文尼亚人,在他的艺术世界中,斯洛文尼亚如同一个神秘的指涉,一种现实的天堂,在其中词语仍然直接指指事物,它们奇迹般地逃离了商品化的侵袭,人们仍然植根于他原初的世界当中,等等。(参见他的《**重复**》[*Wiederholung*]。)因此真正困扰他的是,现实的斯洛文尼亚人并不试图按照他们固有的神话来行动,而是试图打破他们的本有的艺术世界的平衡。

头来重新阅读一下拉康在《研讨班》(第11卷)当中的最后几页,在那里他为我们提供了对斯宾诺莎主义的详尽阐发:"将斯宾诺莎理解为一个泛神论者的根本错误在于将上帝的领域仅仅还原为一个能指的普遍性,由此产生了一个与人类欲望的悄悄分离……[斯宾诺莎]着力于将这种欲望放入一个独立的带有神性特质的普遍性领域当中,而这只能通过能指功能的发挥才是可能的。"①也就是说,斯宾诺莎的"能指的普遍性"(universality of the signifier)究竟包含着什么? 在拉康视域中,斯宾诺莎完成了某种意指链条的均等,他消除了将 S_2(知识的链条)与 S_1(禁令、禁止、否定的能指)分裂开来的鸿沟。斯宾诺莎的实体意指着一种普遍的知识,它不需要主人-能指的支撑。换言之,它是一个在"纯粹的肯定性"的换喻世界中的存在,先于父亲隐喻的否定性割裂的介入。斯宾诺莎式的"智慧"成了一种还原:从义务论(deontology)向本体论的还原,禁令向理性知识的还原。就言语行为理论(speech-acts-theory)而言,这一还原同时还是从述行性(performative)向表述性(constative)的还原。一个典型的例子是斯宾诺莎关于上帝对亚当、夏娃发出警告的态度:"不要吃智慧树上的苹果!"这种宣称只是对于有限的头脑来说是一个禁令,因为后者不能把握在这一宣称背后隐藏的因果链条。禁令只能对缺乏理性洞察力的原始头脑才是有效的。一个可以触及理性真理的头脑对于上帝的宣称所给出的理解并不是将其看作一个禁令,而是将其视为对事物某种状态的洞察:这个苹果对于健康有损害,这是为什么亚当、夏娃被建议不要去吃。斯宾诺莎对于上帝这个禁令的解读的一个现代版本由此也产生了:

---

① 雅克·拉康:《精神分析的四个基本概念》(New York: Norton, 1977), pp. 276-77.

"警惕！这个苹果对于你的身体有害，因为这棵树被洒了农药。"①

由此，在"永恒的相下"（sub specie aeternitatis②）所观察到的现象最终是这样的：通过超越我们固有的有限性，我们将事物视为普遍象征性网络中的诸多要素。这个网络是普遍的，因为它对于经拉康洗礼的"主人—能指"的特殊要素没有作用：这个要素通过意指至善（Supreme Good）（上帝、真理、民族等）而带来了意识形态领域的封闭性。在斯宾诺莎看来，这个特殊的要素并没有传达带有因果关联的肯定性知识：与这一要素相关的是想象的瞬间以及幻想的力量，它填补了我们无知的空洞。"上帝"，作为一个超验的统治者，将他的力量强加给了世界，见证了我们人类对于把握世界内在必然性的无能。而康德却相反地确认了实践理性高于理论理性，这意味着**禁令的事实是不能被还原的**：我们，作为有限的主体，不能将命令式（imperative）还原为表述性（constative）的沉思。

斯宾诺莎与康德之间的对立，当然对主体的地位有着很大的影响。斯宾诺莎式的宇宙冥想在本质上蕴含着这样一个特质（拉康在他最初的两个研讨班中错误地将这一特质赋予了黑格尔的"绝对知识"），即通过主体的自我—消除（self-annihilation）而获得的一种立场，世界如同一个自足的机器，它可以在最高的至善当中被沉思，由此我们卸掉了对它的任

---

① 斯宾诺莎的关键点被德勒兹所触及："上帝向亚当揭示出水果会毒害他，这是因为它将作用于他的身体，它将解除他们之间的关系；但因为亚当有着很弱的理解力，他将这一作用理解为一种惩罚以及道德律令产生的原因。亚当认为上帝给了他一个讯号。以这种方式，道德包含了我们整个的律法概念，或者甚至，道德律令歪曲了正确的因果概念……神学的最大错误在于漠视和隐藏了顺从与知晓之间的差异，由此促使我们将用以顺从的规则当作了知识的模型"（吉尔·德勒兹：《斯宾诺莎：实践哲学》[Spinoza: Practical philosophy][San Francisco: City Lights Books, 1988]，p. 106）。

② 斯宾诺莎曾用的拉丁文短语，其意在说明"在本质上看"。——译者注

何责任。在这种纯粹的肯定性宇宙中,没有什么能被惩罚,只有可被把握的因果链条。与这种宇宙相对立,康德引入了一个主体的责任:我最终要为所有的事情负责,甚至那些属于我内在本性的一部分的特质都是由我在一个无时间性的、先验的行动当中所做的选择。①

看起来今天我们生活在一个新的斯宾诺莎主义时代:晚期资本主义的意识形态,就其基本特质来说带有斯宾诺莎的色彩。现在有这样一种占据主流地位的态度:面对那些诸多社会不可接受的行为,我们所做的是用理论的"解释"("罪过"不过就是由于我的无知而导致的毁灭性的行为)来替代惩罚与责难;或者想一想在那些食品罐头上写满的伪科学的数字——这个汤包含着多少胆固醇,多少热量,多少脂肪,等等(当然,在这种用中性的信息来替代直接禁令的做法中,拉康辨认出超我-命令式:"享受吧!")。

在此我们不要被当代的斯宾诺莎主义者(例如德勒兹)所误导。这些斯宾诺莎主义者在斯宾诺莎思想中挖掘出一个交往理论,用以与笛卡尔的观念决裂:笛卡尔的个体并不能通过"自我"(ego)与**他者**之间的相互承认而组成一个共同体,共同体的形成是通过有效的认同机制,通过局部影响力的相互混合,在其中一个人的"激情"也感染了另一个人,由此强化了他们之间的紧密性——这一过程被斯宾诺莎称之为 affectum imitation(效果的模仿)。主体在此并不是这一过程的自主的

---

① 从斯宾诺莎到德国观念论的转变在其写作风格上最为清楚地体现出来。斯宾诺莎的《伦理学》与黑格尔的诸多成熟著作(《百科全书》《法哲学》)在结构上具有同构性。他们都用一条线将主体文本(推理的、纯粹内在的、肯定性规则的展现)与各种评论、注释等分割开来。那些评论和注释常常以一种辩证的、笔谈论战式的模式,加入了许多当时意识形态斗争当中的参与者的观点。同时就两者的主体文本而言,它们都模仿了另外一种话语方式,在斯宾诺莎那里,这另一个话语方式,就是数学(公理等),而在黑格尔那里,主体文本则模仿了法律话语(分段等)。

承担者,而是一个空场(a place),一个局部的、横向关联的被动基础:**交往并不是在主体之间发生的,而是在效果当中直接发生的。**"我"认定自身是一个自主的、自足的主体,只是因为我忽视了其中存在着一个由多个部分组成的、客观的认同—模仿(identifications-imitations)所构成的网络。正是这个网络决定了我,并且穿越了我的自我认同的界限。① 所有这一切都显得非常具有"颠覆性",特别是相对于经典的意识形态中关于"自主主体"的讨论而言,更是如此,但在我们所谓的"后工业的消费社会"中发挥作用的难道不正是这种斯宾诺莎的机制吗? 换言之,那个所谓的"后现代的主体",被局部的效果关联所穿越的被动基础,对于那些操控他或者她的"激情"的图像(image)做出反应的那个主体,不能对这一机制有任何的控制。

在弗兰斯・弗莱格(Frances Ferguson)的文章"模糊的**崇高**"(Unclear Sublime)②中,她书写了在我们日常生活中正在不断增长的幽闭恐惧症。从意识到烟不仅对于抽烟的人有害,而且还会影响到与之为伴的不抽烟的人,到对于虐童的痴迷,由此导致了精神分析批判中诱惑理论的复兴(梅森:《侵犯真理》[Masson'The Assault on the Truth])。③ 潜藏在这些特

---

① 尽管斯宾诺莎与休谟的哲学是对立的。但在消解主体的自我认同的意义上,两者具有同构性。休谟将自我消解于知觉—观念的异质性流变当中,因为这种知觉-观念没有任何实体性的自我-认同。正是基于这一背景,我们不得不将康德的"我"设想为纯粹统觉:斯宾诺莎与休谟都对笛卡尔的思维之物(res cogitans)进行了分解,康德将这两种分解都纳入了考虑之中;由此康德所强调的是自我意识的非实体性的空洞。

② 参见弗兰斯・弗莱格(Frances Ferguson)"模糊的**崇高**"(Unclear Sublime)(Diacritics, 7, Summer 1984),pp. 4 - 10.

③ 参见杰弗瑞・梅森(Jeffrey Masson)《侵犯真理:弗洛伊德的压抑的欲望理论》(The Assault on the Truth:Freud's Suppression of the Seduction Theory)(New York:Farrar, straus and Giroux,1984),道德多数派中反堕胎运动的内在矛盾之一就在于它需要寄生于它的对立面(左派—自由主义)的基本逻辑:"未出生人的权利"仅仅是一系列近来我们潜在的权利无限拓展过程中的一个。(不能被烟危害的权利,孩子不能被虐待的权利,以及父母的"离异"需要征求孩子们的意见,孩子也需要有人一样的尊严等。)

征背景当中的是斯宾诺莎的观念：不知不觉地，在主体未能觉醒之前，我们纠缠在一个网络当中，在其中，**他者**总是侵犯着我们；最终，**他者**的出现由此被视为一种暴力。然而，为了能更强烈地意识到**他者**是如何对我们构成威胁，以及我们是如何向**他者**"暴露"与呈现，一个特定的唯我论转向发生了，这一转向界定了"后现代的"主体：这个主体就如同自身是从**大他者**那里的一次折回，保持着一种与**他者**之间原初的精神病理学意义上的距离。换言之，这个主体视自身为一个逃离法律的人（out-law），缺乏与**他者**之间可分享的共同基础。正是在这一意义上说，每一个与**他者**的契约都被视为或者体验为一个粗暴的入侵。

所谓的"宗教激进主义"在今天大众媒体当中越来越被赋予了敌人的角色（在自我—毁灭的"根本恶"的伪装之下：萨达姆·侯赛因，以及贩毒集团等），这种宗教激进主义被理解为回应占据统治地位的斯宾诺莎主义，作为它的内在的一个**他者**。结果有些悲惨，尽管理论上很富建设性：看起来，今天那些不屈服的道德品行，随时准备冒险，而不是仅仅妥协于某人的正义感所代表的善，与那些屈从于环境而让步的机会主义者所代表的恶之间的关系被颠倒了，由此触及了它隐蔽的真理。今天"盲目的狂热"，任何试图将所有的事物都推入危险境地的行为都是值得怀疑的，这就是为什么一个恰当的道德态度只能在"根本恶"的伪装之下才会存活下来。今天真正的困境在于晚期资产主义的斯宾诺莎主义是我们最终的视域：那些抵抗这种斯宾诺莎主义的企图不过仅仅是"过去的剩余"，仅仅是有限的、"被动的"知识，这些知识难道不能从本质上将资本—实体作为一种自足的机制来加以思考吗？或者我们能否有效地质疑这种斯宾诺莎主义？

民族主义的梦想,通过根本恶的梦来加以阐发

我们在哪里可以找到逃离今天这种斯宾诺莎主义的恶性循环的道路?无需强调,我们并不是要宣称那些宗教激进主义的过度认同是"反资本主义的",关键在于这些"狂热的"过度认同的当下形式是资本的"普遍主义"的内在颠倒,同时也是对其所具有的一种内在的回应。**资本的逻辑越是具有普遍性,它的对立面越是具有"非理性的宗教激进主义"**。换言之,只要我们社会构成的普遍性维度仍旧在资本的术语当中得以界定,那么就没有逃脱这一普遍性的可能。要打破这个恶性循环并不是要以"非理性的"民族主义的特殊主义来与之斗争,而是要发明一种政治实践的形式,这一形式本身包含着超越资本的普遍性维度;这一政治形式在今天的可能存在样态,当然就是生态运动。

关于东欧,留给我们的问题是什么?自由主义的视角将自由-民主的"开放性"与民族主义有机的"封闭性"相对立。这一视角怀抱着这样一种希望,即一旦我们去除了原初法西斯式的民族主义限制,一个"真正"的自由-民主的社会将会降临。这一视角并没有考虑到的一点在于:正是那个被设想为"中性的"自由-民主的框架本身产生了民族主义的"封闭性",作为他的内在对立面。① 要避免这种原初法西斯式的民族主义霸权的出现,只能是质疑那个"正常"的标准,自由-民主的资本主义的框架——就如同在某个短暂的时刻,通过"正在消失的中介",这种质疑在从社会主义过渡到资本主义的过程

---

① 在此,它重复了经典自由主义对立当中的错误,即那个"开放的"自由主义人格与"封闭的"集权主义人格的对立;同样,自由主义的视域没有注意到集权主义的个人并不是与"开放的",宽容的自由人格外在地对立着,从而成为后者简单的扭曲,而是相反,前者是后者"隐蔽"的真理与预设的前提。

中,已经完成的那样。

在东欧出现的民族紧张中,西方施加于东方的凝视遭遇了它自身的对立物,这一对立物被认定为(在同样的意义上又被取消)"宗教激进主义":世界主义的终结,面对这种向原始部落的返回,自由民主显现出无能。在此,确切地说,为了民主自身,我们不得不聚集力量,重复着典型的弗洛伊德式的英雄姿态,即通过剥夺犹太人的奠基之父:摩西与一神教,来回应法西斯的反犹太主义,这就是弗洛伊德对于纳粹的回应。弗洛伊德所做的与阿诺德·勋伯格(Arnold Schoenberg)相反,例如弗洛伊德极为轻蔑地指出纳粹不过是对犹太人的苍白模仿,两者都将自身理解为选民:近乎以一种虐待狂式的颠覆,弗洛伊德攻击了犹太人自身,努力证明他们的奠基之父,摩西,是埃及人。这种指认与历史是否属实毫无关系,在此最为重要的是他的话语策略,即证明犹太人自身已经是一个"去中心的"存在,他们的"缘起"本身就是一个拼凑的结果。问题并不在犹太人那里,而是在反犹太主义当中,反犹太主义认为犹太人"真的拥有"某种神像(agalma),即仅属于他们自身的一种神秘力量:反犹太主义是那些"相信犹太人拥有某种力量"的人,所以唯一有效地削弱这种反犹太主义的方式就是要宣称犹太人从来不占有"什么力量"。①

同样的情形,人们必须要察觉到自由民主的裂缝,这个裂缝为"宗教激进主义"敞开了空间。也就是说,今天的政治哲学只需要面对一个问题:自由民主就是我们政治实践的最终

---

① 参见西蒙·弗洛伊德:"摩西与一神教",《弗洛伊德精神分析全集(标准版)》(*The Standard Edition of the Complete Psychological Works of Sigmund Freud*)(London: Hogarth Press, 1953—1974),第 23 卷。拉康在对待女性的问题上不是也做了同样的推论吗?"女人的秘密"不过是男人的幻象,因此女性主义唯一恰当的姿态就是承认作为真实的女性并不拥有任何神秘的、由男人强加于她的 X——简言之,"女人并不存在"。

领域吗？是否有可能发现它的内在界限？标准的新保守主义的回答将是哀叹，哀叹于所谓的自由民主是"缺乏根基"的，因为当下的我们处于一种尼采式的"末人"的时代，这个时代中没有为道德英雄留下空间，我们越来越沉迷于日常生活的规律当中，而这个日常生活却又被快乐原则所操控等。在这一视野当中，"宗教激进主义"只是对这种"根基的缺失"的一种回应，一种颠覆，它试图在有机共同体当中努力寻找新的根基。而这种新保守主义的回应并没有证明形式化的民主规划，就其哲学根基而言，是如何为"宗教激进主义"敞开了空间。

康德的形式主义与形式化的民主之间的同构性是一个经典的表现方式：在两种情景下，他们的起点以及奠基都包含着一个彻底被清空、被倒空的行为。在康德那里，被倒空的并且保持空洞的是至善的空位：每一个肯定的对象注定要占据这个位置，这一行为被界定为"病理学意义上的"行为，这一行为是经验的偶然性。这就是为什么道德律令必须要被还原为施加于我们行动之上的纯粹形式，从而让我们的行为具有普遍性。同样，民主的基本运行也是权力被倒空的过程：每个试图占据这一位置的被定义为"病理学意义上的"篡位者；"没有人会不谋私利地进行统治"，（引自圣-贾思特[Saint-Just]）。在此关键点在于"民族主义"作为一个特殊的、现代的、后康德时代的现象意指了这样一个时刻，即民族，民族原质（National Thing）篡夺了、填补了被康德的"形式主义"所敞开的原质的空位，康德去除了每一个"病理学意义上的"内容。对于这种空白的填补，用康德的术语来表示，当然是 Schwärmerei（狂人分子）的狂热：难道民族主义不是政治上的一种狂热吗？

在这一意义上说，正是康德的"形式主义"，在否定性和非限定性判断（indefinite judgement）之间做出区分，康德为那些

"不死的"和近似于令人恐怖的根本恶的化身敞开了空间。在前批判时期的康德曾经用通灵者来解释形而上学之梦①；今天我们应该参照"不死"的怪兽之梦来解释民族主义。由民族来填补原质之空位就是一个典型的颠覆的案例，它界定了根本恶。关于哲学的形式主义（对于"病理学的"内容的清空）与民族主义之间的关联，康德提供了这样一个独特的观念：通过确定了原质的空位，康德有效地圈定了民族主义的空间，同时禁止我们迈入这一空间（这一迈入只有通过随后康德式的道德"审美化"才得以实现，例如在谢林那里）。换言之，民族主义最终是一个先验幻象，一种可以直接进入原质的幻象；正因如此，它化身为政治当中的狂热原则。康德坚持作为一个"世界公民"，这是因为他还没有准备去接纳"恶魔般"的恶，以及作为一种伦理态度而存在的恶的可能性。这种填补至善空位的矛盾性界定了作为当代观念的民族（Nation）。当代的民族所具有的模棱两可与矛盾就如同吸血鬼以及所有那些活死人所拥有的特质一样：他们被错误地认为是"过去的残留物"，他们的存在正是因现代性的断裂而铸就的。

　　这个病理学上的"污点"显现出今天自由民主的僵局。自由民主的问题在于：由于先天的、结构性原因，它并不能被普遍化。黑格尔说政治强权胜利的时刻正是它分裂的时刻：自由-民主的"新世界秩序"的胜利越来越被一个界限所界定，正是这个界限将它分割为"外在的"与"内在的"，一些人仍坚持内在发展（人权、社会安全的实施所促成的"发展"），另一些人则被排除在外（这些人所关注的"发展"是要能容纳他们潜能

---

　　① 参见康德《通灵者之梦，通过形而上学之梦来说明》(*Dreams of a Spirit-Seer*, *Illustrated by Dreams of Metaphysics*)，(London: S. Sonnenschein, 1900)。

的爆发,甚至这种容纳本身以忽略民主原则为代价。)①这种对立,不是资本主义与社会主义"阵营"的对立,而是或可被称之为一种当代星丛(constellation):"社会主义"阵营是真正的"第三条道路",一种在资产阶级的限制之外来探寻现代化(modernization)的努力。在现在的后社会主义危机当中存在的斗争确切说来是对某个位置的争夺,现在"第三条道路"的幻象消失了:谁还会坚持于"内",从而最终被整合入发展中的资本主义秩序?谁还会坚守于外?前南斯拉夫可能是一个典型的案例:每一个在解体过程当中浴血奋战的行动者都在为其"内在"的位置而努力,他们将自己视为欧洲文明(即当下意识形态所意指的那个资本主义的"内部")直面东方野蛮主义的最后堡垒。对于右翼的奥地利民族主义者来说,这种想象的边界就是卡拉万克山,这是一道连接奥地利与斯洛文尼亚的山脉:翻过它,就是斯拉夫部族的区域。对于斯洛文尼亚民族主义者来说,这个边界就是科尔巴河(river Kolpa),将斯洛文尼亚与克罗地亚分开:我们是中欧,而克罗地亚则已经是巴尔干了。由此我们卷入了一种本来与我们毫不相关的非理性的民族仇恨。我们其实站在他们一边,我们同情他们,就如同人们同情第三世界受压迫的受害者一样。对于克罗地亚人来说,关键的边界当然是在他们与塞尔维亚人之间,两者的对立是西方天主教文明与东方东正教的集体精神之间的对立,后者无法理解西方个人主义的价值观。塞尔维亚人最终将自身视为欧洲基督教的最后一道防线,以对抗穆斯林阿尔巴尼亚和波斯尼亚人所代表的宗教激进主义。(在此需要明确的是,

---

① 由此,这一分裂正是自由民主的普遍形式:自由民主的"新世界秩序"确证了自己的普遍性范围,这种确证依赖于为这种分裂强加上确定性的对抗、结构性的原则,以及国内与国际的关系等多个方面。我们在此所拥有的是同一与差异的辩证法:自由—民族秩序的统一性就存在于这种"外在"与"内在"分割的裂缝当中。

在前南斯拉夫的内部,奉行"欧洲文化的"方式的人正是处于这个梯子最底层的那些人,他们被所有的阿尔巴尼亚和穆斯林波斯尼亚人排除在外。)传统的自由主义的对立,即"开放的"多元化社会与"封闭的"、基于排他性的民族主义——共荣的社会之间的对立由此产生了一个自我指涉:自由的凝视自身与其对立面的逻辑是一样的。因为它与宗教激进主义的民族主义的特性一样:两者都建基于对**他者**的排除。基于此,在前-南斯拉夫所发生的事件完美地诠释了这种辩证的颠覆:那些最初看起来基于既有环境当中,作为最为落后的要素,即过去的剩余物的东西,突然之间,在一个一般的框架内发生了转向,在当下的情景中呈现出未来的特质,成了对即将发生的事情的预言。巴尔干民族主义的爆发最初被理解为是对共产主义极权主义死亡的悲痛。这一悲痛掩盖在新的民族主义外衣之下,这是一种可笑的不合时宜的判断。因为这种新民族主义实际上隶属于19世纪的民族-国家,而不是隶属于我们今天这个多元化,同时又趋于一体化的时代。然而,在其中突然清晰起来的一件事却是:前南斯拉夫的民族冲突提供了一个21世纪的旨趣,一个后冷战时代武装冲突的缩影。

这种对抗性的分裂,为红色高棉、秘鲁光辉之路(Sendero Luminoso)以及其他类似的运动敞开了空间,它们试图在当今政治中将"根本恶"人格化。如果说"宗教激进主义"作为一种对自由资本主义的"否定性判断",作为自由资本主义所宣称的普遍性的内在否定,那么诸如光辉之路的运动就是一种对资本主义所进行的"无限判断"(infinite judgement)。在黑格尔的《法哲学》中,黑格尔将暴民(Pöbel)视为现代社会的必要产物:一个在法规秩序中不能被整合的碎片,它没有任何的利益,也因此避免了所有的责任——一个从社会大厦的封闭性循环当中被排除出来的必要的结构性"剩余"。看起来直到今天，伴随着晚期资本主义的到来，这一"暴民"的观念才真正在社会现实当中获得了它完全的意识，通过某些政治力量，它们极为矛盾地整合了最为激进的、本土的反现代主义（对每一件被界定为现代性的事物都给予拒斥，如市场、金钱、个人主义），却同时附带着极为出色的现代性计划，这一计划试图抹除整个象征性传统的要素，从零开始（对于红色高棉来说，这就意味着摧毁整个教育体系，杀害知识分子）。如果不是在返回印加王朝的框架内对社会主义的架构进行重新描述，用来铺就"光辉之路"的东西又是什么呢？这种试图超越传统与现代性之间的对抗的结果是一种双重的否定：一个激进的反资本主义的运动（拒斥进入世界市场）结合了逐步地消融所有传统社会的等级制，这一消融从家庭开始（在"微观权力"实施的层面上，红色高棉的统治在其纯粹意义上说，发挥着"反俄狄浦斯"的功能，"青年人的独裁"教唆他们放弃他们的父母）。在这种双重否定的矛盾中所表达的真理就是：资本主义如果没有前资本主义社会联系的支撑就很难再生产自身。换言之，红色高棉与秘鲁共产党并不是一种野蛮主义的再现，他们所基于的背景是要构建一个对当下资本主义进行反抗的力量。在这两个运动中，他们的领导人都是一个谙熟于西方文化的知识分子，这绝非偶然（在成为一个革命家之前，波尔布特[Pol Pot]曾是金边一个法语预科的教授，以他对于兰波[Rimbaud]与马拉美[Mallarmé]的解读著称；古兹曼，"贡萨罗主席"，秘鲁光辉之路的领导人，是一位哲学教授，专攻黑格尔与海德格尔，博士论文讨论的是康德的空间理论）。正因如此，仅仅将这些运动设想为追求世界大同的激进主义，并认为这些运动仅仅是将社会空间构造成了一个"我们"与"他们"之间的对立，不可能有任何中介的存在，显然过于简单了。事实上正好相反，这些运动代表着一种避免资本主义非平衡性发展的努力，且并不是试图求助于一些之前的传统来帮助我们掌握这种非平衡（伊斯兰的宗教激进主义就同守在原初的逻辑当中，最终反而成了现代化得以实施的一个倒错[perverted]的工具）。换言之，秘鲁光辉之路努力消除了整个传统，并试图重新开始，在这一努力的背后，存在着对于现代性和传统之间的完整关系的洞见：任何试图回到传统的努力在今天都具有先天的不足，这种回归所扮演的角色最终只能是现代化进程中的一个减震器。

红色高棉和秘鲁的光辉之路成了某种对晚期资本主义的"无限判断"，它带有康德哲学的色彩：它们由于同时拒斥了对抗的两极，成了超越固有对抗的第三条道路，而正是这一对抗界定了晚期资本主义内在的动力（这一对抗是现代性的驱动力与宗教激进主义的冲击之间的对抗）。正因如此，它们——将其放入黑格尔的术语——是晚期资本主义不可或缺的一个组成部分：如果我们试图将资本主义设想为一个世界-体系，那么我们必须要考虑到这个体系所包含的内在的否定，"宗教激进主义"，以及对它的绝对否定，对它所做出的无限判断等。

基于这一背景，我们必须要评论一下在发达西方国家当中重新出现的（象征的和真实的）指向"外国人"的暴力。对于法国大革命，康德认为它所具有的世界历史意义并不能在巴黎大街上实际发生的事件当中去寻找，而是看到这一革命对于那些受过教育、已经启蒙了的大众的激发，大革命的热情使得他们意识到追求自由的意义。确实，在巴黎所实际发生的事情是恐怖的，让人不安的激情得到了释放，但这些事件却让整个欧洲不仅见证了自由的可能性，而且还见证了作为一种人类事实,朝向自由的趋势是不可阻挡的。① 事件的现实转向了基于**大他者**的道德视角而对一些被动的观察者的描述。这一转变同样发生在1992年夏天德国反移民的暴力当中(这一事件发生在前东德的罗斯托克以及其他一些城市):事件的本真意义是一种新纳粹式的计划得到了赞同,这一计划至少被沉默的大多数所"理解"——甚至一些社会民主党的高层政治家都曾运用这一观念来试图重新考虑德国自由移民政策。这种时代精神(zeitgeist)的转变隐藏着真正的危险:它为可能的意识形态霸权提供了基础,在其中"异族人"的存在被设想为民族同一性的威胁,并作为分裂政治实体的对抗得以产生的根源。

在此我们需要特别注意的是这种肆虐在整个欧洲的"后现代的"种族主义与传统的种族主义形式的区分。旧有的种族主义直接而粗糙——"他们"(犹太人、黑人、阿拉伯人、东欧人等)是慵懒的、暴力的、诡计多端的,腐蚀了我们的民族实体,等等,而新的种族主义则是"反思性的",它是种族主义的二次方(squared racism)。这就是为什么它能够采取它的对立面的形式,它甚至还与种族主义做斗争。艾蒂安·巴里巴尔(Etienne Balibar)称其为"元—种族主义"(meta-racism)②,击中了要害。后现代的种族主义者该如何来回应发生在罗斯托克所爆发的事件? 他们当然是首先指出这一事件的恐怖性,对这种新纳粹的暴行表示厌恶,但同时他们会迅速补充这样一点:这些事件,尽管很可悲,但却要从其固有的语境当中来理解;他们只是对一个真实的问题所给出的倒错的、扭曲的

---

① 参见康德《学科的冲突》(*The Conflict of the Faculites*)(Lincoln: University of Nebraska Press, 1992),p. 153.
② 参见艾蒂安·巴里巴尔:"是否存在一个新殖民主义?"("Is There a 'Neo-Racism'")艾蒂安·巴里巴尔与伊曼纽尔·沃勒斯坦(Emmanuel Wallerstein)《种族,民族,阶级》(*Race, Nation, Class*)(London: Verso, 1991)。

表达,即在当代巴比伦当中,那个给予个体生命以意义的民族共同体的归属感正在失去基础。真正的罪犯是那些主张世界普遍性的人们,他们在多元文化的名义下,将不同种族加以混淆,为了应对这一点,我们需要启动一个自我防卫的机制。① 种族隔离政策由此作为最后的反种族主义的形式被合法化了,成了防止种族紧张与冲突的一种努力。我们在此有了一个鲜明的例子以说明拉康脑海中所想到那个命题:"不存在元语言。"种族主义与元种族主义之间没有根本的差别:元种族主义是纯粹和简单的种族主义,它的危险性在于设定种族主义的对立面,并主张用种族主义的方法来作为与种族主义斗争的基本形式。

东欧"消失的中介"

对于西方自由的批判敞开了另外一条与之不同的、补充性的道路,用以解释东欧民族主义的力量:从真正的社会主义向资本主义的"转变"之路所具有的特殊性。让我们以斯洛文尼亚为例,如果说在近期斯洛文尼亚"真正社会主义"的解体过程当中,存在着可被称之为富有"悲剧性"的角色的话,那么这个角色就是斯洛文尼亚共产党。正是这个党兑现了他们的承诺,使得和平地、无暴力地向多元民主的转变得以可能。最初他们被弗洛伊德的超我矛盾所操控;他们越是想与那些与之对立的反对派做出妥协,接受他们的民主原则,那些反对派却越是猛烈地攻击他们是"极权主义",越是怀疑他们只是在"字面上"接受民主,而实际上却在策略上对抗民主。这种责难以最纯粹的方式出现,即最终在宣称共产党对民主的要求

---

① 或者引用《新闻周刊》中的一段:"可能不同种族和民族生活在一起,这并不是自然而然的……尽管没有任何人能够在德国宽恕那些对外国人的攻击,但德国人绝对有权利坚持他们的国家应该保持其民族的同一性。"

都没有给予认真的对待之后,"他们故意为之"的事实似乎显而易见了:并不让人感到惊讶的是,他们的反对派改变了责难的内容,开始指责共产党"毫无原则的行为"——你怎么能够相信一个无耻地背叛了旧有的革命岁月,转而接受民主行为的人呢?反对派的要求无疑是旧有的斯大林主义的一个滑稽翻版,后者在其恐怖的政治审判中逼迫那些被告承认他们自己的罪行,然后宣布对自己的罪行给予惩罚:对于那些共产党的反对派而言,一个好的共产党只能是那个最初组织了自由的多党派选举,而后又自愿承担起替罪羊的角色,成为不得不被打击的极权主义恐怖的代表。简言之,共产党被希望去承担一个不可能的纯粹元语言的职责,然后说:"我们承认,我们是极权主义的,我们活该在大选中失败!"这就如同斯大林主义的审判中那些承认罪行,并要求尽可能给予严厉惩罚的受害者。公共视野中的斯洛文尼亚民主共产党角色的转变真是一个谜:在通向民主的道路上,共产党是"毫无回报的",民众畏惧它,仰仗着它顶住了来自反民主力量的压力(南斯拉夫的军队、塞尔维亚的民粹主义、旧有的强硬派等),建立了自由选举;但一旦自由选举真正发生之后,这同样一个政党却突然变成了敌人。

　　这个转变的逻辑,从选举前作为"开放的"条件,转变为选举后的"封闭",或可通过"消失的中介"来加以解释,这一术语被弗里德里克·詹姆逊所阐发。① 体系达到了它的平衡,它自己建立了一个同步的整体性,正如黑格尔主义所指出的那样,它将自身外在的前提"设定"为它的内在的要素,由此抹去

---

　　① 参见弗雷德里克·詹姆逊:"消失的中介;或者作为讲故事的人的马克斯·韦伯"("The Vanishing Mediator; or Max Weber as Storyteller"),收入《意识形态理论》(*The Ideologies of Theory*)(Minneapolis: University of Minnesota Press, 1988)第二卷。

了它的创伤性缘起的痕迹。在此我们所拥有的是一个社会契约被产生出来时所具有的"开放的"情景与其随后的"封闭性"结果之间的张力。运用克尔凯郭尔的术语,这就是可能性与必然性之间的张力:当新的社会契约在必然性中建立了自身,并使得它的"可能性",那个激发它的开放的、非确定的过程成为不可见的,那么循环就闭合了。① 在这两者之间,即社会主义的统治已经解体,新的统治还未建立起来之前,我们见证了某种开放性;在这一时刻某些事物显现出来,但随后就消失不见了。在粗陋的意义上说,那些引发了民主化进程的人,那些为之努力奋斗的人,并不是从中获益的人。这种情景,并不是因为当下胜利者的篡位或者欺骗,而是因为某种更为深层的历史逻辑。一旦民主化的进程达到了它的顶点,它就埋下了它的雷管。谁真正地引发了这个过程?新社会运动,朋克,新左派。胜利一旦到来,所有这些内在动力都突然地并且神秘地失去了它的基础,并从历史的舞台上消失了。文化自身,一

---

① 对于这一问题,参见齐泽克的《因为他们不知道他们所做的》第五章。这个"消失的中介"的逻辑帮助我们澄清了对于黑格尔的"扬弃"(Aufhebung)的误读。一个一般的对黑格尔的反驳在于,在此扬弃的运动从来没有"结束",总是有某种剩余抵抗着这种扬弃,一些不能被扬弃的轨迹永远地存在着。让我们以基督教对于异教的"扬弃"为例:在基督教的发展历程当中,异教总是作为非完成的、错误的宗教、迷信、亵渎而被"重新-强调",重新整合,重新标注,重新阐释。即便在最好的情形下,这些异教不过是作为一种基督教临的范例。确切地说,究竟什么逃离了这种基督教的扬弃?我们在基督教的扬弃的视野中不可见的并不是前基督教时期宗教真实的、原初的意义,而是相反,我们不可见的正是在其"生成过程"当中的"基督教自身"(正如克尔凯郭尔所认为的那样),我们不可见的正是基督教与异教决裂并显现出来的那个姿态。一个真正富有颠覆性的行动并不是要回到前—基督教的传统当中,而是要努力在其生成过程中,在其意义形成之前把握基督教:当基督教还是一个未曾听说的丑闻之时,基督教在异教徒的视野当中发挥着什么样的作用?同样的结构出现在普遍法律中罪行的"扬弃"。那些逃离了法律掌控的并不是某些特殊的罪行,而是这种暴力的姿态本身,正是它恢复了法律的领域:法律在"其生成过程中"不过就是普遍化的罪行。(参见齐泽克《因为他们不知道他们所做的》第三章,"享用你的症候!")对于共产主义的解体同样如此,在向新秩序的建立迈进的过程中,不可见的并不是过去的轨迹,而是整个迈进的过程本身,以及那个在共产主义解体当中真正发挥作用的力量,它在新秩序建立自己的历史叙述的时候总是被从记忆当中抹去了。

系列文化倾向,急速地改变着从朋克到好莱坞,到国家诗歌（national poems）,到类-民谣的商业化音乐（这种音乐与一般的观念相反,它认为普遍化的美国西部文化遮蔽了这个国家真正的根）。我们所拥有的是一种真正的民主的"原始积累",一群朋克,一些静坐的学生,还有一些人权组织等混乱的联合,他们在新的秩序建立起来之后就消失不见了,随之消失的还有他们自身缘起的神话。同样一群人,在数年后,成为政党中的强硬派,责难新社会运动,现在,则又成了反—共产主义同盟的领导者,控诉他们所代表的"原初—共产主义"。

在它的理论层面,这种辩证性表现得更为有趣。粗略地说,最近二十年在斯洛文尼亚占据着知识分子的哲学倾向有以下几类:海德格尔主义为反对派的思想家所热衷,法兰克福的马克思主义则在"官方"政党圈内较为流行。本来我们可以期待第三阵营——拉康主义者与阿尔都塞主义者们能在两者之间发动一场真正的理论战争。但一旦真正的笔战爆发之后,所有的哲学倾向却猛烈地将矛盾指向了一个特殊的作家——阿尔都塞（另外一个更让人惊讶的事实是,笔战的对立两方,海德格尔主义和法兰克福的马克思主义不久竟然都成为了反-共产主义同盟的领导者）。在70年代,阿尔都塞实际上发挥着症候的作用:它是所有"官方"对立派的共有名称。在斯洛文尼亚的海德格尔主义者以及法兰克福学派的马克思主义者,实践派哲学家以及萨格勒布与贝尔格莱德的中心委员会的意识形态主导者,**突然都开始说同样的语言**,提出相同的责难。最初,斯洛文尼亚的拉康主义者们得以形成,正是为了试图探求"阿尔都塞"这个名字是怎样引发了所有阵营难以说清的不适感。甚至有人认为是阿尔都塞那不幸的私人生活（即阿尔都塞掐死了他的夫人）造成了他不受欢迎的理论背景,这"一小片真实"让他的理论宿敌压抑了他的理论中所包含的真实创伤（"谁会认真对待一个勒死他妻子的人的理论？"）。一个不仅仅让人感到疑惑的事实是：在南斯拉夫，阿尔都塞主义者们（更一般地说，那些接纳了"结构主义"或者"后结构主义"理论倾向的人们）是在面向民主的斗争中，保持了它的纯粹性的一群人。其他所有的哲学流派在这一点或者那一点上都曾屈从于固有统治。那些分析哲学的哲学家们给统治者送去了这样的信息："确实，我们不是马克思主义者，但我们并不危险，我们的思想是远离政治的学院派工具，所以你不仅无须害怕我们，而且让我们安静地生长本身还能为你们挣得一个好名声：在对你的政权毫无威胁的情况下，宽容地允许非马克思主义思潮的存在。"信息被准确地解读了，他们获得了偏安一隅的宁静。在波斯尼亚共和国中，法兰克福学派在 20 世纪 70 年代享受着半官方的地位，而在克罗地亚和塞尔维亚的部分地区，"官方的"海德格尔主义盛行，特别是在军界。由此产生了以下这些故事，在大学的清洗（purge）中，一些人因为不能理解否定辩证法的细节而丢掉了工作（至少这是一个掩盖事实真相的借口），或者社会主义军队当中用一种纯粹海德格尔式的语言方式来书写道歉信（"我们社会的自我防御的本质就是我们社会本质的自我防御"等。）对于阿尔都塞的抵制确认这样一个事实：阿尔都塞的理论——常常被责难为斯大林主义思想的原型——是有效地削弱极权的"自发的"理论工具；他的意识形态国家机器的理论分析了意识形态内在的信仰向外部的仪式和实践的拓展，这本身是次要的。难道没有必要关注在"真正的社会主义"当中仪式的中心位置吗？重要的是这是一种外在的服从，而不是"内在的信服"。**服从与貌似服从无法分辨。**这就是为什么真正富有"颠覆性"的路径是要"天真地"行动起来，让体系自己"食言"，即破坏它自身意识形态一致性的**外表**。

当然,这种"正在消失的中介"的消失并不仅仅发生在斯洛文尼亚。最为典型的例子就是前东德的新思维(Neues Forum)。内在的悲剧性的道德维度与其最终命运相关。它呈现了这样一点,即意识形态只能"停留在字面上",它已经不再能够将既有的权力关系进行"客观的—愤世嫉俗的"(马克思)合法化。新思维包含了一些充满激情的知识分子,他们"严肃地对待社会主义",时刻准备让所有一切陷入危机当中,以摧毁妥协的体系,用一种乌托邦式的"第三条道路"来替代和超越资本主义以及既存的社会主义。他们真诚地相信并坚持着他们并不是在为恢复西方资本主义而奋斗,因为后者已经被证明是一种无实体的幻觉。然而,我们会说,正因为如此(即一个没有实体的完全幻觉),西方资本主义本身严格说来是**非意识形态的**:它并不是在一个颠倒了的意识形态形式当中"反映"任何现实的权力关系。在这一点上,我们应该修改马克思的经典观念:在固有的观念当中,意识形态变成"愤世嫉俗的"(它接受了"字面"与"行动"之间的断裂,它不再信仰自身,不再在其自身中体验到真理,而是欺骗自身成了既有权力合法化的纯粹工具)。与这一观念相反,在某种社会构造衰落的时候,正是这个"衰落"的时期,为统治的意识形态开始"认真地对待自身"敞开了道路,从而使其能够有效地与自身的社会基础相对抗。(通过新教,基督教展开了对封建主义的对抗,而封建主义原本是它的社会基础;同样新思维将既存的社会主义冠以"真正社会主义"之名来加以反对。)通过这种方式,不知不觉地,"正在消失的中介"消解了他自身所拥有的瓦解的力量:一旦工作结束之后,他们也将被推出历史(新思维在选举中仅仅获得百分之三的支持),一个新的"无赖的时代"开始了,这一时代的当权者是那些在共产主义压迫中保持沉默的人,现在他们指控那些新思维的成员为"密谋—共产主义者"(crypto-Communists)。

从这些例子当中得出的理论教训在于意识形态的概念必须要从"表象主义的"问题当中剥离开来：意识形态与"幻觉"没有任何关系，即意识形态不再是对社会内容的一个错误的、扭曲的反映。简单说来，一个政治立足点就其所包含的客观内容以及整个的意识形态而言，它可以是正确的（真实的），反之亦然；一个政治立足点所给出的观念，它的社会内容可以被整个的证明为错，而没有任何与之相关的"意识形态"。考虑到"事实性真理"(factual truth)，新思维的立场毫无疑问带有幻觉色彩：它认为将共产主义统治解体，就会敞开一个发明新的社会形式的空间，这一新形式将超越资本主义的限制。与他们对立的是那些将赌注压在尽快向西德合并的一些力量之上，这些人希望将自己的国家尽快纳入世界资本主义的体系当中；对于这些人来说，新思维的这群人做着英雄主义的白日梦。这种看法最终证明是对的——但尽管如此，这种对新思维的批判仍然是一种意识形态。为什么？那些联邦德国模式的推崇者们包含了这样一种意识形态信仰，即相信晚期资本主义是没有问题的、没有对抗的社会状态。然而对于第一个立场来说，尽管它是关于（被阐发的）现实内容的幻觉，但通过它的"诽谤性的"，以及对于现实过度的阐释立场，还是证明了在晚期资本主义当中存在着诸多对抗。这让我们想起了拉康命题中关于"真理总是拥有虚幻（fiction）的结构"的论断：在那从"真正的既存的社会主义"向资本主义过渡的几个月中，**"第三条道路"的虚构是唯一一个还能说明社会对抗并没有消除的关节点**。在此，后现代主义意识形态批判的任务之一显现出来：指认出在既存社会秩序中存在的，以"虚构"为伪装的某些关键要素，换言之，指认出可能的乌托邦叙述的要素，这些要素没有能够改变历史，但这些要素指认了这个体系当中的对抗性特质,由此让我们能够"疏离"于那种对于既已建成的同一性的自我确信。

"大他者"的崩塌

这种"正在消失的中介"与民族主义的上升相关联的形式究竟是什么?民主共产党与新社会运动都是"正在消失的中介"的代表,它们在新的社会制度建立了自我的同一性之后都消失了,成为不可见的了。那些引发变革的实施者必须被视为新秩序的阻碍,或者用普罗普(Propp)对于民间故事叙事结构的分析时所使用的术语,①推动者必须首先成为罪犯。正如在简·奥斯丁的《傲慢与偏见》当中的卡瑟琳娜·德布夫人,她是达西与伊萨贝拉婚姻的绊脚石,但却实际上是真正的推动命运走向完美结局的命运之手。在另一方面,"民族"作为一个富有实体性的支撑正是新的统治意识形态所看到的东西,而正是这种"看见"使他们看不见,忽略掉,那"正在消失的中介":"民族"是一个幻象(fantasy),用以填补正在"消失的中介"的空位。如果我们避免陷入历史进化论的陷阱,那么我们必须要从反-进化论的神造论中吸取唯物主义的教训,以此来面对类似这样的一个矛盾:根据圣经的记载,宇宙是在大约5000年前被创造的,而不可反驳的证据表明宇宙似乎更老一些(例如一百万年前的化石等)。对这一矛盾的解决不能依赖于将圣经作隐喻式的解读("亚当和夏娃并不是人类的第一对父母,而只是对人类早期的一个比喻……"),而是要坚守圣经字面上所要表达的真理:宇宙就是在大约5000年前被创造出来的,与之同时被创造出来的还有引发误解的历史的痕迹(上

---

① 参见雅克夫列维奇·普罗普(Vladimir Propp)《民间传说的理论和历史》(*Theory and History of Folklore*)(Minneapolis: University of Minnesota Press, 1984)。

帝直接创造了化石,等等)①。过去严格说来与当下总是具有"共时性","过去"是宇宙用以思考它的对立面的方式。只要想想那个声名狼藉的"过去的残余"为"社会主义建设"所带来的种种困难就足够了。从这一意义上说,一个民族根性的故事就是从"起源的神话"开始:如果没有当初由统治阶级为了模糊当下对抗而构造的意识形态的化石,那么还有什么可称之为"民族的遗产"?

换言之,与其惊叹于这种创伤性的迷失所带来的向民族主义的急速转向,还不如接纳某种黑格尔式的颠倒,将这种震惊转向"事物本身",换言之,将这种创伤性的迷失不是看作一个问题,而是看作解决问题的关键:向民族主义的回溯只是为了让我们在"真正的社会主义解体"的时候,避免创伤性迷失,避免我们失去脚下坚实的大地。换言之,社会主义的坍塌不可被低估,如同我们在一般的看法中常常有的观念,即将"真正的社会主义"仅仅视为一种外在的强加的体系,它压抑了一些原初民族的生活——力量(life-force)。的确,"真正的社会主义"曾经是一个社会的"纯粹表象";一个发挥作用的体系,但却被人所信仰——但正是在这里,它的真正秘密出现了。这一表象是黑格尔所谓的"一个本质的表象",对于今天的我们来说,很容易从中辨认出拉康的**大他者**的轮廓:在东欧已经解体的是**大他者**(le grand Autre),社会契约的最终保证者。②如果我们掌握了足够的信息,这个**大他者**的解体或可被精确到一个确切的时间和空间当中:雷沙德·卡普钦斯基

---

① 参见(Stephen Jay Gould)"亚当的肚脐"("Adam's Navel"),出自"火烈鸟的微笑"(*Flamingo's Smile*)(Harmondsworth: Penguin Books, 1985)。
② 参见齐泽克《享受你的症候!》第二章。

(Ryszard Kapuscinski)①曾就1979年伊朗革命做了一个类似的典范式说明:沙哈(Shah)②统治的终结开始于德黑兰某个十字路口处,一个普通的路人不愿遵守警察的命令,试图逃跑。这一新闻如同大火一般迅速蔓延,突然,人们不再相信"**大他者**"。我们在此当然是一种回溯式的重构:被质疑的事件不可能仅仅成为"终结的开始";它在事件过后,"将会成为"(will have been)它所是的那样;因此它只是雪崩发生过程中起到推动作用的一个小雪球而已。

现在最为重要的那个时刻,那个决定着国家、沙哈以及革命命运的关键时刻,是这样一个时刻:一个警察从警局出来,走向一个处于人群边缘的人,提高了嗓门,命令那个人回家去。在人群边缘的这个警察和这个人本身是普通的无名小卒,但他们的相遇具有历史意义。他们都是成年人,他们都经历过一些事件,都拥有一些独特的经验。警察的经验是:如果我向某个人大喊,抬起我的警棍,这个人首先就会因恐惧而惊呆了,随后就会一溜烟地跑掉。而那个在人群边缘的人的经验是:一看到有个朝自己走来的警察,我会因为恐惧而奔跑。基于这些经验,我们可以产生出这样一幕:警察大喊,一个人奔跑,其他人也一哄而散,随后广场被清空了。但这一次,所有的事

---

① 雷沙德·卡普钦斯基(Ryszard Kapuscinski)是波兰新闻和文学界一位里程碑式的人物。他一生亲历27场革命和政变,四次被判死刑,四十余次被拘关押。同时作为作家,获46项国内国际大奖,六次提名诺贝尔文学奖候选人,创作了二十余部文学作品,有的被译成三十余种文字,在世界广为传播,被誉为20世纪最具影响力的作家之一。其主要著作有《生命中的另一天》(1976)、《皇帝》(1978)、《伊朗王中王》(1982)、《帝国》(1993)、《太阳的影子》(1998)、《与希罗多德一起旅行》(2004)。《与希罗多德一起旅行》(2004)是作者的最后一部著作,也是他集40年战地记者生涯的切身感悟,利用一生所藏资料的精华写成的一部深含寓意和思想的作品。——译者注
② Shah:伊朗国王的称号——译者注

情都不一样:警察大喊,但那个人并没有跑掉。他只是站在那里,看着警察。这是谨慎的注视,仍然带着恐惧,但同时也是坚定而傲慢的。所以,这就是这一事件发生的方式!一个在人群边缘的人傲慢地注视着官方的权威。他从未退缩,他环顾四周,在其他人脸上发现了同样的表情。就像他一样,他们的表情是小心翼翼的,仍旧带着一点害怕,但已经是坚定而不宽容的了。尽管那个警察已经开始大喊,但没有人跑掉;最终他停下来。在这里,有一段沉默的时间。我们并不知道那个警察与那个人是否已经意识到发生了什么。那个人不再害怕——这就是革命的开始!直到现在,无论何时这两个人遭遇,都会有第三者立即介入其中。这个第三者就是恐惧。恐惧是警察的同盟,却是那个人群中的人的宿敌。恐惧改变着规则,决定了一切。现在两个人发现他们独自面对着对方,恐惧消失无踪了。直到此刻,他们之间混杂着的侵犯、轻蔑、愤怒、恐惧的情绪发生了变化。现在恐惧退场了,这个扭曲的、令人憎恨的联盟突然崩塌了;某些东西被扑灭了。两个人现在互相之间变得无关紧要了,他们对彼此都是无用的了,他们可以各自走自己的路。至此,警察可以回过头来,迈着沉重的步伐回到警局,而在人群边缘的那个人则站在那里,看着逐渐消失的敌人。①

在此,为了使这一深刻的描述成为正确的,有一点需要补充说明:卡普钦斯基如此天真而直接地运用了恐惧的观念。这个介入我们这些普通公民与警察之间的第三者并不是直接

---

① 雷沙德·卡普钦斯基:《沙哈们的沙哈》(*The Shah of Shahs*)(London: Picador,1986),pp. 109-110.

的恐惧,而是**大他者**:我们害怕警察,并不是因为怕他这个人,这个如同我们一样的人,而是因为他的行为是一种权力的实施,换言之,他占据着**大他者**的,也即社会秩序的位置。去追溯和探求近来东欧的前共产主义国家的历史,以便找寻一个确切的**大他者**不再发挥作用,也即"表象被揭开"的时刻,这本身是一件有趣的研究。有的时候,这个时刻真正是一个时刻,持续大约几秒钟。例如,在罗马尼亚,"这一爆发的时刻"就发生在一次在布加勒斯特的群众集会当中,这一集会是在蒂米什瓦拉的示威之后由齐奥塞斯库召集的,目的是要证明他仍然享有民众的支持,群众开始呼喊齐奥塞斯库,他举起手,做了一个悲喜剧般的、让人困惑的手势,以表达他无力的家长般的爱,这个动作如同他试图要去拥抱他们所有人。这个时刻表明了一种颠覆,一个不同政见的人——一个社会底层的贱民,一个亡命之徒,我们这些老百姓都难以与其共处的一个人,尽管,我们并不"相信权力"——现在奇迹般地变成了一个被崇拜和认同的对象。所有**大他者**崩塌之时所共有的一个特征就是它们完全的不可预期性:没有什么发生,突然之间崩塌的时刻就到来了。"没有什么与之前相同",那个时刻之前的所有用以(服从权力)的理由,现在都成了反对的理由。那个时刻之前,我们所体验的恐惧和尊重现在都成了一种可笑的强制与野蛮的非法力量的显现。由此,显然,这种转变带有象征性的本质:这一转变所意指的并不是社会现实的一个转变(在那里权力的平衡依然如故),也不是一个"精神分析式"的转变,而是建构社会联合的象征性机制的转变。①

正是确信**大他者**的存在使得我们能够思考已经被德·拉·博艾西(De La Boétie)在他关于《自愿的奴仆》(servitude volontaire)的论文中提到的矛盾。② 人们之所以愿意放弃自由,并不能从他们的"心理"动机当中来寻找原因,例如畏惧死亡,贪婪,对于物质的欲望,等等,因为——如果他们的狂热被恰当地激发——他们会准备牺牲一切,包括他们的生命,以服从于他们的暴君。当在某些特定的条件下,我们准备牺牲一切来捍卫暴君,那么为什么我会认为不惜牺牲生命来反对暴君,对于我来说是如此困难呢?这两种牺牲之间的区别究竟在哪里?在此我们是否发现自身陷入了一个痴迷的神经官能症的恶性循环当中:我愿意去做任何事情,除了 X(在这一情境下需要自我牺牲),只是为了逃避 X?③在我们为暴君牺牲的时候,我们在**大他者**那里获得了我们的位置,而一旦冒着风险去抵抗暴君所导致的后果则是在**大他者**那里失去支撑,我被从共同体中,从社会秩序当中排除出去,而它们则化身为暴

---

① 关于那个时刻的不可预期性,我们只要回想这样一个事实就足够了:五年前,尽管许多迹象已经很明显了,但如果有人预言共产主义会坍塌,那么同样会被视为痴人说梦——伊·哈克特(Ian Hackett)将军在 1978 年的畅销书《第三次世界大战》中,将伊朗视为在反西方的阿拉伯世界当中西方利益的可靠保障,而这一年正是伊朗革命的前一年,他是如何做到的? 地理政治学的分析家们,一贯无视黑格尔所谓的"精神的默默构造",而依照这一观念,共同体的精神实体的解体已经为这一共同体的公众观察者的解体打下了基础。由此,我们可以说,关键的事情已经发生了。鼹鼠在"有什么事情发生"之前,已经完成了它的工作。这就是为什么社会大厦的崩塌总是不会发生在克服强敌之后。基于某种内爆,既存的社会制度在其内部坍塌了,神奇地失去了它的同一性。这不仅仅是一个历史的讽刺,那些无视"那个时刻的种种信号"的人们就是那些共产主义者们,他们假装以历史进步的名义在说话:他们在伊朗一直支持沙哈,在菲律宾支持马科斯(Marcos)等,完全没有听到丧钟,而这一钟声通过一些不起眼的、微小抗议已经敲响了,游戏已经结束了。

② 参见提恩·德·拉·博艾西(Etienne De La Boétie)《自愿的奴仆》(*Slaves by Choice*)(New York: Runnymede Books, 1988)。

③ 在此我们又一次遭遇莫比乌斯环的结构:当我们痴迷于躲避 X,当我们将我们整个的人生设想为对 X 的躲避,但却正是这种逃避强迫我们去拥抱这个我们一致试图逃离的 X。

君的名字。德黑兰的那个普通人只有在暴君本人失去了他在**大他者**那里的支撑，并被视为一个暴力的入侵者之后，才获得了对抗**大他者**的勇气。当我自愿在奴役当中寻求庇护的时候，我所试图逃离的是与那个**大他者**最终的无能与欺诈所可能产生的创伤性遭遇。

　　同样的矛盾可以用来解释由于"遭遇到了第三类"，例如外太空的智能存在物，而引发的痴迷与恐惧。根据所谓的"UFO阴谋理论家"，权力就掩盖在那些关于太空入侵者的信息当中：美国宇航局所拥有的不仅是外星人入侵的无可辩驳的数据，同时还包括很多它们残留物的证据（死亡的尸体，奇异的太空飞船的残片……），但美国宇航局坚持否认对这些事物有任何的知识——为什么？对于"异类"的恐惧的最终根基在于他们总是被设想为一种无法与之抗衡的力量；在此，我们需要更确切一些：那些面对异类手足无措的并不是我们，而是那些掌握权力的人们。与一个"异类"的遭遇最终显现了主人的无能，这将吸干我们对于权力无所不能的（无意识的）信仰。那种"王权怎么是空洞"的体验（就如同**大他者**怎么是不存在的）一定会引发惊慌，这就是为什么通常情况下当权者总是对于任何"与第三类遭遇"的情形一无所知，因为他们需要"避免惊慌"。确切地说来，正是"异类"的威胁袒露了**大他者**的无能和欺诈，才使得他们能够清楚地体现了拉康式的"你要怎样？"(Che vuoi?)换言之，这是一个秘密的体现，不可穿透性的体现，以及**他者**欲望的体现：那些异类如此奇异，只是因为我们对他们的军队一无所知，不知道他们如何看待我们，他们想从我们这里要些什么。我们对于"异类"的恐惧最终并不是他们对我们机体的直接侵害，而是他们的目的和意图，对于我们来说完全是不可参透的。

　　在今天这个"启蒙"的世界中，对权力的全知全能的信仰，即便不是可笑之极,也是已经过时的态度。权力的实施,所依赖的是一种断裂,即在我们有意识地知晓权力的无能当中,即我们与它之间充满讽刺意味的距离与我们对它的全知全能无意识的信仰之间的断裂;换言之,权力依赖于我们不相信我们在无意识当中相信了权力的全知全能。"狼人"自身,这个弗洛伊德最著名的分析对象走入了这个陷阱:在1951年的夏天,当奥地利仍然被联军占领的时候,狼人画了一幅维也纳郊区的一个近乎废弃的建筑,他被俄国军人当作间谍逮捕了(因为那个建筑是一个军事重地);俄国人询问他,将他搜了一个遍,指控他犯了卖国罪(因为他的姓氏是俄罗斯的)。最后,他们让他走了,但要求他在第21天的时候回来。在这段时间内,狼人被负罪感以及迫害狂想所折磨。然而三个星期后,他向俄国军队报到,负责询问他的长官已经不在了,新来的长官对他的事情一无所知;他甚至对于狼人的画作十分感兴趣,他们热烈地讨论了一会儿艺术,随后俄国人让他走了。[①] 这个巨大的变迁——从一个极端到另一个极端,权力在实施它的"非理性的"严酷,让我们充满了负罪感,而后,突然转变了调子,显现了它友好的一面,祛除了我们的恐惧,努力让我们放松下来——这是一个典型的超我发挥作用所特有的超我一模式。任何曾经服役的人都清楚地知道这种没有选择(impossible choice)的逻辑:如果你没有迅速地服从下士的命令,那么你一定会遭遇他的暴怒和威胁,但如果你完成了所有需要完成的任务,他又会嘲笑你过于热衷的态度,因为你在本不该太当真的事情上太过认真了。

这种没有选择的逻辑指出了诸如此类的理论的不足,这

---

① 参见缪尔·伽达梅(Muriel Gardiner)《狼人与西蒙·弗洛伊德》(*The Wolf-Man and Sigmund Freud*)(Harmondsworth: Penguin,1973),pp. 350–351.

些理论将述行性(performative)与权力机制等同,与建构一个权力关系的机制相等同,并由此引发了一个具有讽刺意味的对述行性的自我毁灭的模仿策略:没有选择的逻辑确切说来就是一种"实用主义矛盾"的逻辑,一个自我矛盾的述行性的逻辑。为了恰当地发挥作用,权力的话语必须是内在分裂的,它必须要述行性地"欺骗",否认自身所内含的述行性姿态。有时,真正具有颠覆性的行为是当遇到权力话语的时候,**仅仅在字面上对其加以理解**,这就足够了。

到目前为止,具有关键性的被低估了的生态危机所带来的意识形态影响力让"**大他者**的崩塌"成了我们日常生活的一部分;换言之,它吸干了对"**大他者**"的权力的无意识信仰:切尔诺比利的灾难让诸如"国家主权"这样的观念成了可笑的和过时的,这场灾难暴露了权力最终的无能。我们"自发"的意识形态对这一问题的反映,当然依赖于一种仰仗"**大他者**"的伪前现代的形式("新时代的意识":平衡的自然循环,等等)。然而我们的肉体得以幸存所仰仗的是我们能够担当起"**他者的非存在**"的事实,担当起**延迟的否定**。

索　引

（索引页码为原书页码，查阅可参考中文版边码）

Allison, Henry　哈里·埃里森　15

Althusser, Louis　阿尔都塞　41, 73, 139 - 140

Anti‐Semitism　反犹太主义　149 - 151

Badiou, Alain　阿兰·巴迪欧　4

Balibar, Etienne　艾蒂安·巴里巴尔　227

Beethoven, Ludwig van　路德维希·贝多芬　174 - 175

Bentham, Jeremy　杰里米·边沁　85 - 88, 160

Blade Runner (Ridley Scott)　《银翼杀手》（雷利·史考特）　9 - 15, 40 - 42

Boothby, Richard　理查德·布斯柏　178 - 180

Brecht, Bertolt　贝尔托·布莱希特　142

Capitalism　资本主义　10, 79 - 80, 97 - 98, 205 - 211, 216 - 219, 223

Cogito　我思　12 - 16, 56 - 69, 58 - 61, 61 - 65

Communism　共产主义　207 - 209, 226 - 234

Contingency　偶然性　153 - 156

"Cunning of reason"　"理性的狡计"　32 - 33

De La Boétie, Etienne　提恩·德·拉·博艾西　235

Descartes, René　勒内·笛卡尔　12 - 14

Desire　欲望　120 - 122

Doctorow, E. L.　E. L. 多克托罗

Doubt 怀疑 69-70
Drive 驱力 196-199

Ecology 生态 237
Evil, Radical 根本恶 95-101, 223-225
Exchange 交换 22-26

Fantasy 幻象 63-65
Ferguson, Frances 弗兰斯·弗莱格 218
Fetish 物恋 161
Film noir 黑色电影 9-12, 39-42, 187
Flaubert, Gustave 居斯塔夫·福楼拜 102
Freud, Sigmund 西格蒙德·弗洛伊德 65, 91, 105, 118, 183, 220, 236

Gluck, Christoph Willibald 克里斯托弗·威利巴尔德·冯·格鲁克 166-167
Grail, the legend of 圣杯传说 176-177, 183, 190-191

Hegel, Georg Wilhelm Friedrich 格奥尔格·威廉·弗里德里希·黑格尔 19-39, 95-96, 120-124, 128-134, 136-145, 153-161, 170-

Hitchcock, Alfred 阿尔弗雷德·希区柯克 105-107, 196-197

Ideology 意识形态 117, is not an illusion 并非幻觉 230-231
In-itself/for-itself 自在/自为 141-146
Interpellation 质询 73-77

Jameson, Fredric 弗雷德里克·詹姆逊 10, 227
Jouissance 快感 190-191, 201-205
Judgment 判断 111-113
Justice 正义 215

Kant, Immanuel 伊曼努尔·康德 13-21, 95-96, 99-101, 108-113, 138, 15-153, 171-173, 195, 221-222, 225
Kapuscinski, Ryszard 雷沙德·卡普钦斯基 232
Kierkegaard, Søren 索伦·阿拜·克尔凯郭尔 192

Lacan, Jacques 雅克·拉康 2-3, 53-71, 73-79, 89-90, 178-182, 186-188, 202

Magritte, René 雷尼·马格利

特 103-105,107
Malcolm X 马尔科姆·X 78-79
Marx, Karl 卡尔·马克思 112,137
Master 主人 33-34,159-160
Master-Signifier 2-3,40,125-126
Miller, Jacques-Alain 雅克阿兰·米勒 118,203
Money 金钱 27-29
Monteverdi, Claudio 克劳迪奥·蒙塔威尔第 165-167
Mozart, Wolfgang Amadeus 沃尔夫冈·阿玛多伊斯·莫扎特 95,117,167-168

Nagel, Ivan 伊万·内格尔 192
Nationalism 民族主义 201-211,221-222

Object 对象;客体 17-18,35-37,151-152
Objet petit a, 对象a 66,173,196-197
Opera 歌剧 165-168,174-176

Perversion 倒错 193-195
Philosophy 哲学 2-4
"Political correctness" "政治正确性" 213-214
Possibility 可能性 157-161

Prohibition 禁忌 115-116,129

Racism 种族主义 226-227
Real 真实 43,90,118,129
Reality 现实的 43-44,89-90,118-119
Reflection 反思 126-128,130,150
Renaissance 文艺复兴 147
Self-consciousness 自我意识 65-69
Sexuality 性征 43,53-58,128-130
Shakespeare, William 威廉·莎士比亚 115
Slovenia 斯洛文尼亚 226-229
Spielberg, Steven 史蒂文·斯皮尔伯格 149
Spinoza, Baruch de 巴鲁赫·斯宾诺莎 25,216-219
Subject 主体 13-16,21-35,42,168-169
Sublime 崇高 1,46-49,50-53
Syberberg, Hans-Jürgen 汉斯-于尔根·西贝尔伯格 182
Symbolic 象征;符号 87-88,178-180,119-124
Synthesis 综合 50-52,120-124

Totalitarianism 极权主义 191-193

Wagner, Richard	理查德·瓦格纳	174-177, 182-193	187
Weininger, Otto	奥托·魏宁格		-189
Woman	女性	57-58, 186	

译后记

出版于 1993 年的《延迟的否定》,系统地阐发了齐泽克对于康德、黑格尔哲学的拉康化解读。这部书被齐泽克的好友巴特勒称为"恢宏巨制",并判定为齐泽克众多著作中"迄今为止对黑格尔的最丰富的理解"[①]。也正因如此,这部书极为晦涩难懂,因为齐泽克着意将同样晦涩难懂的拉康思想加入康德、黑格尔的思想当中,使得原本已经异常沉重的德国古典哲学雪上加霜。但这部书却实在是理解齐泽克思想不能跨越的一个门槛。不管是在其早期成名作《意识形态的崇高客体》中,还是在其后各种关涉哲学、大众文化以及政治理论的相关著作中,齐泽克的"黑格尔主义"始终作为某种理论的底色浸染在他所有的著作当中,但齐泽克对黑格尔的解读所呈现出来的独特面貌在纯粹理论层面上是如何被推演出来的?这一解读究竟对于齐泽克的意识形态批判具有怎样的基础性理论意义?这些问题只在《延迟的否定》中被齐泽克较为系统而理论地阐发出来,因此在某种意义上说,《延迟的否定》是齐泽克思想奠基性的著作。它为齐泽克构建其理论大厦提供了砖瓦,它是齐泽克理论之树的根。

---

① 巴特勒:《齐泽克宝典》,胡大平等译,江苏人民出版社 2007 年版,第 10、11 页。

2007年6月,齐泽克造访南京大学,参加了拉康哲学思想的一个研讨会。我也有幸得以与齐泽克第一次面对面地进行交流,之前对于齐泽克的拜物教思想略有研究,但由于时间所限,当时较为熟悉的也仅仅是齐泽克的《意识形态的崇高客体》。而那个时候江苏人民出版社刚刚出版了一套齐泽克文集,涵盖了他近年来多部重要的哲学与政治理论著作。但在与齐泽克的交流当中,他谈到,就他个人的观点来看,到目前为止,他最为重要的理论著作却是这本《延迟的否定》。正是这次交流促成了我翻译这部著作的意愿。翻译刚刚结束之际,在与出版社沟通过程中,又闻齐泽克新近刚刚完成了一部近一千页的著作,其核心的内容仍然是对黑格尔哲学思想的阐发,这让我不得不再次强调这部已经翻译完成的著作的重要性。齐泽克是一个善于从不同的角度,用不同的语言,反反复复说着同一件事情的思想家。在其繁杂而曲折的表达当中,很多思想的本质却是不变的,正是基于这一点,我们才可能从他多样化的理论视角,色彩斑斓的理论兴奋点中理解他所贡献的仅属于他个人的理论思想。

整部书的翻译历时近5年的时间,并非出于本人的懈怠,只是在此期间我有了一年远赴法国巴黎索邦大学访学的机会。在仅仅能够携带的30公斤行李当中,除了黑格尔的《精神现象学》,我随身携带的就是这部《延迟的否定》,它陪伴我远渡重洋,在那里度过了痛并快乐着的一年时光。在齐泽克的理论形成过程中,法国当代哲学的熏陶是显而易见的,他师从拉康的女婿和知识继承人雅克-阿兰·米勒,进入精神分析的视域。因此无论是他对精神分析的运用和解读,还是对黑格尔思想的研究都带有浓重的当代法国哲学的色彩。所以虽然按照国籍的划分,齐泽克应该隶属于东欧的马克思主义学派,但齐泽克所产生的影响以及与他志同道合之人却总是聚集在法国,他与阿兰·巴迪欧,朱迪斯·巴特勒等人的对话始终是法国思想界津津乐道的话题。在法国书店的排行榜中,位居畅销书前列的除了巴迪欧,就是齐泽克,或者是两人合著的书,二者目前的影响力由此可见一斑。

于是在这一年中,我沉迷于索邦大学的图书馆,参加那里每周都会举行的拉康哲学研习班以及21世纪马克思主义研习班,这些对于理解齐泽克的理论来说都是颇有裨益的。当然不能忽略的,还有我在法期间对巴黎的博物馆所进行的地毯式搜索和参观。特别是在巴黎当代博物馆中看到的超现实主义的诸多画作,让我对齐泽克著作中常常谈论的诸如雷内·玛格利特(René Magritte)等人的画作有了最为直观的感受。

翻译齐泽克这部著作是一个极为痛苦的经历,因为他广博的理论视域让人总有目不暇接的感觉。我左右招架,仍感力不从心,常常为了一部电影、一部歌剧、一张画作、一个政治事件、一个南斯拉夫的典故和笑话的准确译名以及相关内容费尽心力。但即便如此,我仍然充满着担忧,因为如果真正能够准确而毫无疏漏地将该著作翻译完成实在需要太多的理论背景:德国古典哲学、后马克思主义意识形态理论、大众文化的最新动态、古典音乐与歌剧的历史,以及当代绘画都是不可或缺的。由于个人涵养所限,担忧之余,也只好找来学界在齐泽克领域中颇有些研究的前辈与同仁,共同帮助我进行最后的修订。中央编译局的孔明安研究员带领他的读书班曾经逐句对照英文阅读过译稿前几章,提出了诸多宝贵的意见,南开大学的莫雷老师也在百忙中为我的译稿提出了建议,让我的修订多了一份保障。我虽参考了诸位老师的意见和建议,但仍然担心在修订过程中挂一漏万。希望我没有辜负这部书所承载的理论厚度。当然希望也终究是希望,究竟如何,只能留待时间的检验。

最后,还要特别感谢南京大学的张一兵教授。当初在我与齐泽克的交流中得知这部书的重要性,随即向张老师表达我试图将其翻译成中文的愿望,当时也仅仅是在会议间歇时的偶然一句,但不久就收到了张老师寄来的该原版书,并被告知已经购买了版权。就此我才获得了这个学习和研究齐泽克思想的难得契机。虽然译稿最终完成被我"延迟"了两年,希望没有辜负张一兵教授对我的支持和信任。

夏　莹
2012 年 9 月于清华园

Tarrying with the Negative
by Slavoj Žižek
© 1993 by Duke University Press
Simplified Chinese translation copyright © 2016 by NJUP
All rights reserved

江苏省版权局著作权合同登记　图字:10-2008-200号

图书在版编目(CIP)数据

延迟的否定:康德、黑格尔与意识形态批判／(斯洛文)齐泽克著;夏莹译.— 南京:南京大学出版社,2016.3(2024.11重印)
(当代激进思想家译丛／张一兵主编)
书名原文:Tarrying with the negative:kant, hegel, and the critique of ideology
ISBN 978-7-305-14468-4

Ⅰ.①延… Ⅱ.①齐… ②夏… Ⅲ.①康德,I.(1724～1804)-意识形态-研究②黑格尔,G.W.F.(1770～1831)-意识形态-研究 Ⅳ.①B516.31②B516.35③B022

中国版本图书馆CIP数据核字(2014)第296925号

出版发行	南京大学出版社	
社　　址	南京市汉口路22号　邮　编　210093	
丛 书 名	当代激进思想家译丛	
主　　编	张一兵	
书　　名	延迟的否定:康德、黑格尔与意识形态批判 YANCHI DE FOUDING: KANGDE、HEIGEER YU YISHIXINGTAI PIPAN	
著　　者	[斯洛文尼亚]斯拉沃热·齐泽克	
译　　者	夏　莹	
责任编辑	李　博　　黄隽翀	
照　　排	南京南琳图文制作有限公司	
印　　刷	南京爱德印刷有限公司	
开　　本	920 mm×1194 mm　1/32开　印张12.625　字数294千	
版　　次	2016年3月第1版　　　印　次　2024年11月第6次印刷	
ISBN 978-7-305-14468-4		
定　　价	88.00元	

网址:http://www.njupco.com
官方微博:http://weibo.com/njupco
官方微信号:njupress
销售咨询热线:(025) 83594756

* 版权所有,侵权必究
* 凡购买南大版图书,如有印装质量问题,请与所购图书销售部门联系调换